让 我 们 古文 一 起 追 寻

HIGASHIASIA KODAINIOKERU SHOMINZOKU TO KOKKA
by Yoshiaki Kawamoto
Copyright © Yoshiaki Kawamoto, 2015
All rights reserved.
Original Japanese edition published by KYUKO-SHOIN, Co., Ltd.

Simplified Chinese translation copyright © 2020 by Social Sciences Academic Press
This Simplified Chinese edition published by arrangement with KYUKO-SHOIN, Co., Ltd., Tokyo, through HonnoKizuna, Inc., Tokyo, and Shinwon Agency Co. Beijing Representative Office, Beijing

东亚古代的诸民族与国家

東アジア古代における諸民族と国家

［日］川本芳昭 著

刘可维 译

社会科学文献出版社
SOCIAL SCIENCES ACADEMIC PRESS (CHINA)

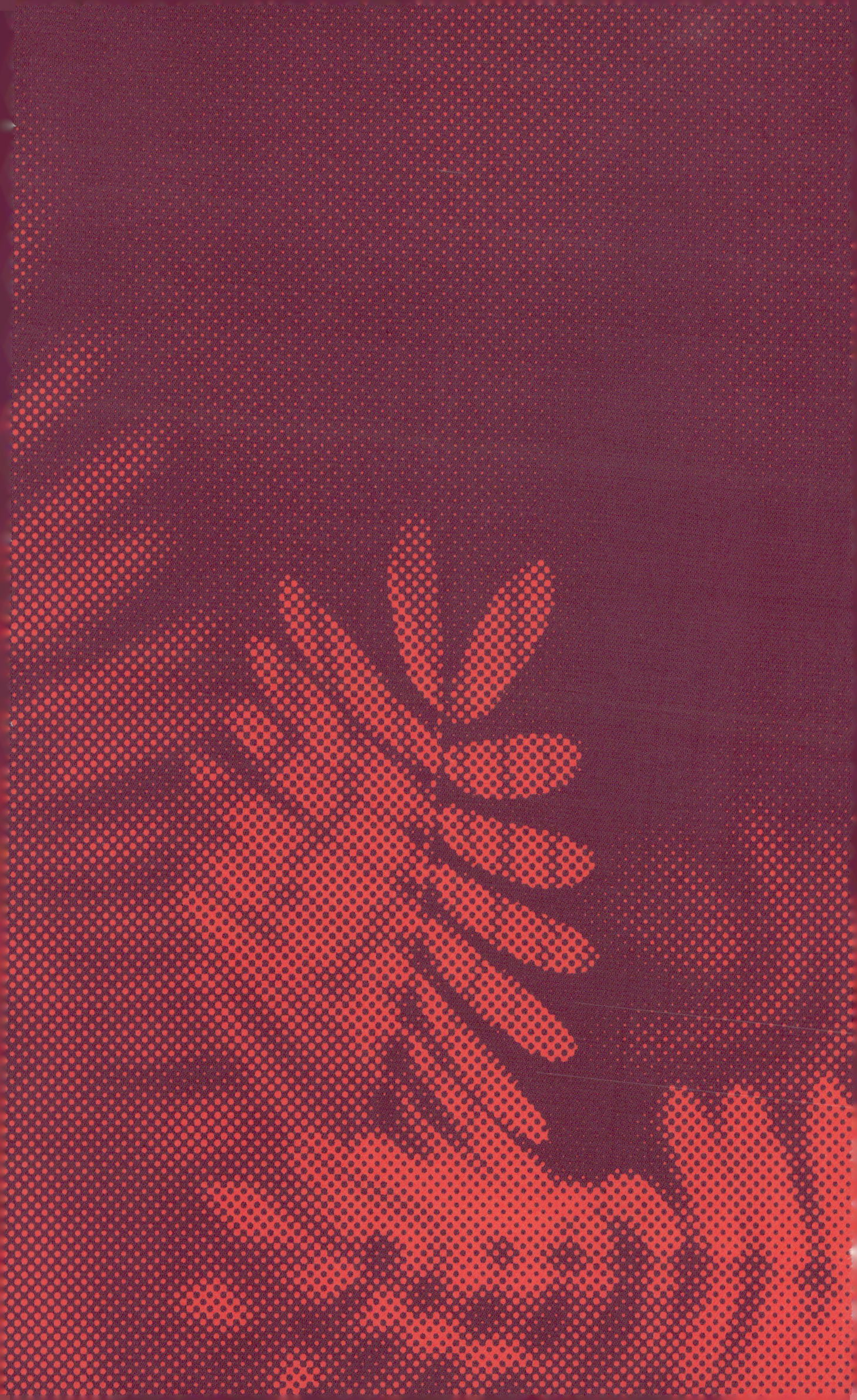

目 录

序 言 / 1

第一篇 汉唐间中国北部的动向
——以民族问题为中心

第一章 北朝国家论 / 3

前 言 / 3

第一节 孝文帝改革以前的北魏 / 8

第二节 "部"体制国家的形式化与向着中原王朝的转变 / 10

第三节 围绕对同化与中华的理解 / 14

结 语 / 22

第二章 关于北魏文成帝南巡碑 / 26

前 言 / 26

第一节 碑阴原文的"复原" / 27

第二节　研究史的整理／43

第三节　有关南巡碑碑阴的若干个人认识／54

结　语／69

第三章　关于鲜卑的文字
　　　　　——与汉唐间中华意识的广泛传播相关联／74

前　言／74

第一节　《隋书·经籍志》所见"国语"／78

第二节　关于鲜卑的文字／82

第三节　国语书籍存在的意义／85

第四章　关于三国时期的乌丸、鲜卑
　　　　　——从交流与变迁的观点所见／92

前　言／92

第一节　西汉、东汉时期的状况
　　　　——属民化与佣兵化／95

第二节　东汉末、魏晋时期的状况
　　　　——独立化与融合的开始／102

结　语／116

第五章　再论北魏内朝
　　　　　——从比较史的观点所见／119

前　言／119

目　录

第一节　对于近年来有关北魏内朝
　　　　研究的若干个人观点 / 123

第二节　从比较史的角度试论内朝——北魏
　　　　与倭国及汉 / 132

结　语 / 150

第二篇　汉唐间东亚的动向与古代日本国家的形成

第一章　汉唐间"新"中华意识的形成
　　　　——围绕古代日本、朝鲜与中国的联系 / 155

前　言 / 155

第一节　古代日本中华意识的形成 / 156

第二节　古代朝鲜诸国的情况 / 165

第三节　古代日本、朝鲜中华意识形成的先驱 / 172

第四节　魏晋南朝的世界秩序与北朝
　　　　隋唐的世界秩序 / 188

结　语 / 190

第二章　关于《隋书·倭国传》与《日本
　　　　书纪·推古纪》中的记述
　　　　——遣隋使小记 / 194

前　言 / 194

第一节　有关裴世清所携国书的记载 / 196

第二节 关于《日本书纪》中遣隋使相关
　　　　记载的可靠性／205
第三节 小野妹子的失书／211
结　语／220

第三章　关于倭国对外交涉的变迁
——从中华意识的形成与大宰府成立之间的关联所见／223

前　言／223
第一节 《魏志·倭人传》以前的外交／227
第二节 倭五王以后的日本及其外交／239
第三节 围绕大宰府的成立／259

第四章　倭五王的自称与东亚的国际形势／271

前　言／271
第一节 倭五王时代的官号自称与除正／274
第二节 倭王的自称与治天下大王／284
结　语／297

第三篇　汉唐间中国西南部的动向

第一章　关于汉唐间云南与日本的关系
——从比较史的观点出发／303

前　言／303

目　录

　　第一节　滇王之印与汉委奴国王印／307
　　第二节　此后中国西南的历史发展
　　　　　　——隋唐帝国出现以前／309
　　第三节　隋唐的扩大与中国北部、西南部的动向／325
　　结　语／334

第二章　魏晋时期四川地区的状况
　　　　　　——以民族问题为中心／338
　　前　言／338
　　第一节　四川西南部的状况／346
　　第二节　四川东部的状况／352
　　第三节　四川北部的状况／359
　　结　语／364

第三章　五胡十六国南北朝时期四川地区的状况
　　　　　　——以民族问题为中心／368
　　前　言／368
　　第一节　南朝时期的四川／373
　　第二节　北朝时期的四川
　　　　　　——北魏、西魏时代的四川／394

第四章　北朝后期四川地区的状况
　　　　　　——以民族问题为中心／406
　　前　言／406

第一节　北周时期的四川 / 407

第二节　隋代的四川 / 419

第三节　唐代以后的变化 / 428

结　语 / 443

第四篇　汉唐间围绕民族的诸问题与东亚

第一章　魏晋南北朝隋唐时期历史研究的动向
　　　　——以民族问题为中心 / 453

前　言 / 453

第一节　围绕朴汉济的学说 / 454

第二节　这一时期中国中南部地区的民族问题 / 464

结　语 / 483

第二章　围绕辽金的正统观
　　　　——与北魏的比较 / 487

前　言 / 487

第一节　有关辽的正统意识 / 491

第二节　有关金的正统意识 / 498

第三节　与北魏的比较 / 507

结　语 / 515

目 录

第三章 崔致远与阿倍仲麻吕
　　——从古代朝鲜、日本在"中华化"
　　上的关联所见／522

前　言／522

第一节　作为唐朝官僚的崔致远的自他意识／524

第二节　阿倍仲麻吕与科举登第／532

第三节　对于阿倍仲麻吕而言的中国与日本／541

第四节　后世对于阿倍仲麻吕、崔致远的评价与国制的
　　　　变迁／549

结　语／557

第四章 关于中国前近代所谓中华帝国构造的小记
　　——北魏与元、辽，以及汉的比较／559

前　言／559

第一节　与辽的比较／567

第二节　与汉的比较／592

中文版后记／603

注　释／620

序　言

笔者出版过一部题为《魏晋南北朝时期的民族问题》[1]的论文集，其中汇集了若干篇小文。

在该著作中，笔者试图解决以下诸方面的问题：第一，致力于深化中国魏晋南北朝时期北方民族的迁入对中国造成的具体影响的研究；第二，探讨了同时期中国南方非汉民族的实态；第三，致力于阐明中国文化的传入，以及人口的流动所引发的古代朝鲜、日本等地的具体变化。

上述问题意识源自笔者对以下这一问题的关注，即在魏晋南北朝时期，可与西方日耳曼民族大迁徙时代相匹敌，甚至超过其规模的内外诸民族间的抗争与流动给以中国、日本为首的诸地域带来了怎样的变化。基于这一问题意识，笔者想到如果从骑马民族国家论这样的大局出发，并且不仅限于魏晋南北朝时期，还考察包括隋唐等朝代在内的这一问题，将会得到怎样的结论呢？更为具体地讲，

东亚古代的诸民族与国家

笔者希望探讨的是在此前的研究中未能关注到的问题，即从包括汉至唐在内的更为宏观的视野出发，考察这一时期中国北部和南部，以及东北亚各地区间的历史同步性；与此同时，基于"中华化"*这一历史变迁的观点，而并非从所谓汉化、同化之类的观点出发，综合地考察其彼此间的相似与相异。基于这样的观点，在与认识这一时代时备受关注的贵族制论、东亚世界论等相关联的同时，或许可以获得有关这一时代新的统合性视野。

作为其结果，笔者阐明了以下诸点：由于这一时期人口的大量迁徙，在中国北部形成了"胡化"，与此相同，在中国南部也可见到"蛮化"的现象；并且，这一时期胡化、蛮化、汉化同步进行，逐渐形成了一个有别于秦汉时期的新的"中华"世界；伴随着上述现象的产生，从其他国家迁徙至中国北部的非汉民族超越了一直被强加给自己的"夷狄"观念，开始主张自身即为"中华"；与此同时，开始出现将这些民族建立的王朝视为中原王朝或正

---

* 自东汉末年以来的魏晋时期，基于秦汉之际形成的中华世界的崩溃、周边民族的侵入、大量移民的出现等，产生了周边民族的汉化，以及与此并行的汉族自身的胡化和蛮化。经过魏晋南北朝之际的融合，形成了与秦汉时期迥异的隋唐朝的新的中华世界。并且，古代朝鲜、倭国等其他民族、国家也吸收了由此形成的文化，逐渐具有以自身为中心的中华意识。本书将以上这种现象称为"中华化"。

序　言

统王朝的主张；五胡诸朝、朝鲜、倭国的"中华"意识是基于中原王朝的政治思想而成形的；在中原王朝形成的政治思想向"周边"地域传播时，身为难民的中国士人阶层的存在至关重要，他们将这种知识传播至非汉民族，特别是非汉民族中的统治阶层；此外，当立足于这样的观点时，可以将华北五胡诸王朝统治下参与国家建设的汉民族官僚与作为难民迁徙至朝鲜、倭国等地的渡来人理解为在东亚范围内具有相同历史性质的群体。

上述研究的终极目的在于阐明：在此后发展为世界最大民族的汉民族是如何形成的？与之相对，古代日本是如何发展，并如何面对汉民族的？

拙著刊行后，笔者致力于进一步阐明前述研究视角下的诸问题：第一，深化对魏晋南北朝时期北方民族进入中原地区后给此后的中国带来的具体影响的研究；第二，探讨中国南方非汉民族的实态；第三，中国文化的传入，以及人口的流动所引发的古代朝鲜、日本等地的具体变化。不过，笔者拓宽了考察的视野，超越了魏晋南北朝时期。如果要想解决汉民族的形成这一重大问题，可以说这也是一种必然的趋势。然而，这也造成了问题的扩大。因此，笔者一有机会就将这些研究中的一部分进行总结，同时将新观点以报告、论文等形式呈现出来。本书的第一篇第一章《北朝国家论》、第四篇第一章《魏晋南北朝隋唐时期历史研究的动向——以民族问题为中心》等,正是从这种观点出发写成的。此外,笔者的《对于魏晋南北朝时期民族问题研究的展望》[2]、《关于以中国为中心汉唐间的交流与变迁》[3]、《魏晋南朝的世界秩序与北朝隋唐的世界秩序》[4]、《北朝的国家支配与华夷思想》[5]等论文也是基于同样的立场发表的。

不过,近年来笔者的问题意识集中于以上诸方面,向着更为整体性的方向缩小。可以直截了当地讲,笔者关注的就是在前近代的东亚,"中华"与"周边"间的具体关联问题。本书将这一问题分成以下四部分展开论述:有关前近代东亚世界的构造或中华帝国的构造问题;特别是有关内朝等王朝的中央政治构造问题;有关位于中华世界"周边"的民族、国家的问题;以及两者间在构造上或发展过程中的具体关系问题。

基于前著刊行后所取得的成果,本书将从以上观点出发,论述东亚古代诸民族与国家的构造及彼此间的关联。

本书由以下四篇构成。

第一篇以北魏史为中心,考察了汉唐间中国北部的发展动向。特别论述了有关北魏前期部族与国家实态的问题("部"体制国家的实态),以及其所具有的历史意义。与此相关,还论述了新出史料、鲜卑所使用的文字等问题。此外,还考察了有关北魏之前乌桓、鲜卑的问题,以及北魏内朝与初期国家间的关系等。

第二篇论述了汉唐间古代日本、朝鲜的发展动向，提出中华意识、遣隋使、倭五王等问题，并具体探讨了大陆的情势与古代日本发展动向间的密切关系。关于中华意识的问题，本篇指出古代日本、朝鲜的中华意识的形成与当时大陆的情势间存在联系，并阐述了其源自形成于五胡诸朝的中华意识。关于遣隋使，本篇将具体探讨在遣隋使阶段逐渐形成了中华意识的倭国与再次统一中国的隋之间展开了怎样的交涉。关于倭五王，本篇将探讨其同时具有的使持节都督诸军事、安东大将军等与治天下大王两类自称的意义。

第三篇致力于阐明在这一时期中国西南地区的具体状况。在汉帝国崩溃后的国际情势中，北魏（代国）与倭国等国在接受中原王朝册封的同时，走上了独立发展的道路。本篇将具体探讨与此情况相同的中国西南地区的历史是如何发展的。以此为中心，从较为宏观的视野来论述云南与四川地区的情况，并探讨两地区与古代日本间存在的关联。

基于第一篇至第三篇考察中所获得的成果，第四篇考察了除上述以外的时代、地域，并论述了具体结论。本篇具体阐述了以下问题：被称为征服王朝的辽、金与北魏间存在的具体关联；将唐宋分为两个时代的时代划分方法与

东亚古代的诸民族与国家

民族问题间存在怎样的关联；崔致远（新罗）、阿倍仲麻吕（日本）来到南北朝时期后形成的唐帝国留学，在这些人心中，中华意识或民族意识是以怎样的形式存在的；将内朝视为关系到中华帝国构造的问题，在将由非汉民族建立的国家辽、元与可以被称为汉民族国家原型的汉进行对比之际，可以明确哪些要点。

本书并未充分地整理所涉及的多个方面的论点，而仅提出了宏观的认识，今后有必要做进一步的探讨。尽管如此，笔者认为本书为阐明在前述观点中提出的前近代东亚世界构造或中华帝国构造的具体形态问题奠定了基础。如能得到大方之家的指正，笔者将不胜荣幸。

顺便提一下，本书中收录的拙文在不改变主旨的情况下，有若干字句等方面的修正。此外，为基本保持发表时的原貌，书中存在诸如引用史料既有日文训读也有汉文原文，以及重复论述、表述不统一之类的地方，其中包含在对史料原文进行考证及展开论述等情况下的不得已之处。望读者谅解。

第一篇　汉唐间中国北部的动向
—— 以民族问题为中心

本篇以北魏、北朝为中心,探讨汉唐间中国北部政治、社会的实态。

第一章　北朝国家论[*]

前　言

永嘉之乱造成了西晋的灭亡。约八十年后，在山西北部称魏王的鲜卑拓跋部首领拓跋珪（后来的道武帝）于三九六年首次建天子旌旗，并亲率四十余万部众争霸中原。这就是可与欧洲史上法兰克帝国比肩，并成为此后北朝诸朝及隋唐帝国雏形的由非汉民族建立的国家——北魏的兴起。北魏在此后吞并了周边诸国，于四三九年其第三代皇帝太武帝之际，统一了处于极为混乱局面长达百年以上的华北，开始与江南的汉民族王朝刘宋展开对峙。

---

[*] 本章原载于一九九九年刊行的《岩波讲座世界历史》（『岩波講座世界歷史』）第九卷。本篇阐述的主题是在此前发表的诸小文的基础上总结概括而成的，因此省略了具体的考证部分。相关的具体论述可以参照此前出版的拙著《魏晋南北朝时期的民族问题》（『魏晋南北朝時代における民族問題』汲古書院、一九九八年刊行），以及本篇各部分的内容。

东亚古代的诸民族与国家

　　本章笔者希望阐述对于北魏至隋之间北朝诸朝的若干个人见解。北朝究竟是怎样一种称呼呢？如果想要探讨北朝，首先必须阐明这一点。然而，此前的研究并未对此展开论述。这是因为此前不过是将北朝按字面理解为"北方的王朝"的意思，而没有考虑到上述问题。北朝这一称呼中包含着主张拥有与南朝相对的正统性，进一步说是有资格主张这种正统性的王朝的意思。可以说《魏书》《北史》等史书被视作正史本就明显地体现了这一点。另一方面，南北朝时期以前的华北被称作五胡十六国，非常奇妙的是，为何由五胡之一的鲜卑所建立的北魏在进入南北朝时期后，即使是从汉民族史家的立场出发，也被视作一个正统王朝呢？这样的"逆转"是如何实现的呢？在五胡十六国这一名称的出现与确立过程中，崔鸿所著《十六国春秋》曾造成了较大的影响。如此一来，可以说这种逆转在崔鸿的时代即已存在。那么，将北魏视作正统王朝的历史观是由崔鸿创造的吗？历史学家的著书虽然可以决定后世如何理解当时的时代，但笔者认为这样的历史观在《十六国春秋》成书之前就已经出现。那么，其源头可以追溯至何时呢？

　　可以说，在从汉代至唐宋间存在的诸国家中，由鲜卑建立的北魏是极为特殊的国家。这是因为从汉代以后直至赵宋的中国诸王朝一直接受前代王朝的禅让，然而在此之

第一章　北朝国家论

中，北魏是一个并未接受禅让而成立的国家。因此，从中原王朝方面来看，可以说北魏王朝在正统性上有所欠缺。在立国之初，北魏以"土德"自居（中国有一种思想，认为王朝是以生成万物的木、火、土、金、水五种元素依次相生相克的原理进行更迭的。这里所说的"土德"与曹魏的"土德"、晋的"金德"等相同，是北魏依据天命所获得的五行中的位置）。然而，采用土德依据的是在建国时象征黄帝子孙的黄星曾闪耀于天空，以及拓跋的拓是胡语中土的意思之类的附会之辞，而并非继承于某个具体王朝的德运。另一方面，在五胡诸朝中，灭亡了西晋的前赵继西晋的金德后采用了水德，此后直至慕容燕，各国均按五行学说选定行次。在亲政后的改革中，北魏孝文帝废弃了截至当时一直存在的两种观点：一是因作为黄帝子孙而采用土德，二是重视继承五胡诸朝行次。他从木、火、土、金、水五德中选取水德，决定北魏承接西晋的金德。也就是说，孝文帝与五胡的传统诀别，主张北魏是继承西晋的正统王朝。这一点是造成前述历史观逆转的一个重要契机。总之，如果通观五胡十六国及北朝的历史，可以发现以孝文帝改革时期为界，历史观发生了显著的转变。这一点反映出我们今日的五胡十六国北朝史研究的视角本身在很大程度上受制于孝文帝改革以后形成的历史观。这一点同样揭示了在考察包括孝文帝改革前后历史在

· 5 ·

内的整个北朝史之际，有必要慎重地避免已有的成见。

众所周知，在中国史上魏晋南北朝时期被称作"贵族制的时代"。站在这一视角来看五胡十六国和北朝的历史的话，就会产生以下这种观点：这一时期华北的历史是一个致力于重建中华世界，并经历了非汉民族的汉化和隋唐帝国成立前的混乱的过渡时代。站在上述这样的立场上来审视当时华北的政治、社会时，由于受到史料的制约，我们主要关心的问题是中原王朝的制度、原理在胡族国家中发挥的具体作用；或倾向于对断然执行汉化政策，并进一步推进北魏"中原王朝化"的孝文帝以后的时代，也就是洛阳迁都以后的时代进行研究。

另一方面，再来关注一下近年来辽金宋元史的研究。此前这一领域的研究被分为关于辽金等非汉民族王朝的研究，以及从以中原王朝为中心的视角展开的宋元时代史的研究。这两类研究被认为在几乎互不关联的情况下进行着。为克服这种困境，改变"中国中心主义"史观，还出现了主张"欧亚史"的观点。然而，在南北朝史的研究中，几乎并未有意识地像这样将研究明显地分为两部分。此外，不能否认在研究者中存在上述倾向，但事实上多数研究者同时关心着两者，即汉民族社会与非汉民族社会。然而，对华北胡族社会形态的认识不得不依据汉文史料。在这一制约下，对上述两者的共同关注也是基于将胡

第一章 北朝国家论

族视为广义上中华世界构成要素的认识。与此相应，这种立场未能明确意识到上述两者间的差异，并在考虑到北魏以来的北朝诸国家与此后辽金等所谓征服王朝间所具有的共通之处或差异等方面的情况下，关注到其与唐宋以后时代间的关联，谋求在此基础上展开综合化研究。在这种意义上可以说，此前所积累的对于这一时代的精细研究，依然存在需要摒弃的方面。

笔者并非要求以胡族的视角为中心，再次建构这一时代。笔者主张应同时意识到"汉族的"与"胡族的"两种视角，选择不偏向于其中任何一个的综合性视角。此前的研究从同化、汉化的观点出发，有将这一时代视为过渡时代的倾向。笔者认为应基于上述综合性视角，首先致力于探明这一时代的实际状态，并谋求在此基础上展开综合性研究。站在这样的视角上，对于孝文帝改革以前北魏、五胡诸国所具有的政治、社会构造与状态进行探讨，这对阐明上述问题具有最为重要的意义。其次，有必要探明通过与中原社会的接触，北魏、五胡诸国在政治、社会上的构造与状态实现了怎样的发展。最后，还必须弄清其给后世带来了怎样的影响。本章的目的正是要阐明作为北朝隋唐原型的北魏的实态，以及这一时代与辽金宋元时期的共通点、差异点，并在此基础上尽力解答上述关键问题。

第一节　孝文帝改革以前的北魏

北魏第一代皇帝道武帝在建国后将麾下的诸部族集中到以首都平城（今山西大同）为中心的京畿一带，并施行了意将诸部族首领所具有的统率部民的权力收归国家的改革。与此前的五胡政权相比，道武帝实现了对自身帝权的显著强化。像这样被集中在一起的鲜卑诸族中的大部分，被按照东西南北部的方位原则重新编成八个"部"。这些在史书中被称作八部或八国的诸部，在此后作为北魏国家军队的核心力量，成为统一华北的原动力。

最初的这八部在此后逐渐递减为六部、四部，由此八部制被认为随着时代的发展而日趋形式化。然而，在北魏第六代皇帝孝文帝即将迁都洛阳前，可以确定尚存在六部（《魏书》卷五四《高闾传》）。笔者并非要全盘否定八部制随时代变迁而日渐形式化的这一点，而是非常担心这种形式化的全面出现反而令人忽略了孝文帝迁都洛阳以前北魏极为强烈的由非汉民族创建的国家性质。换言之，笔者认为八部制是鲜卑拓跋部族联合自草创期以来保持的部族制的最终形态，或许可以说，北魏前期是一个基于八部制的、权力集中于国家的"部"体制国家。

以下阐述笔者上述观点的理由。《南齐书》记录了南

第一章　北朝国家论

朝第二个王朝南齐的历史，其卷四七《王融传》中可见"又虏前后奉使，不专汉人，必介以匈奴（这里的匈奴实际是指鲜卑）[①]，备诸觇获。且设官分职，弥见其情，抑退旧苗，扶任种戚"的记载。总之，当时鲜卑对于汉民族的监视体制囊括官僚机构的顶层至末端，甚至涉及一般民众阶层。在这类组织中规模最大的是在当时的汉语中被称作内朝或内省（鲜卑语的称呼不详）的机构，其统括并监视作为一般行政机构的整个外朝。组成这一机构的多数官职都源自鲜卑，并且其成员基本是鲜卑人，与外朝多由汉民族组成形成了鲜明的对比。前揭《王融传》中的记述正是基于这一点。尚不清楚内朝成员的总人数，不过，作为内朝末端的监察官的人数已达到了数以千计的程度（《魏书》卷一一一《刑罚志》），由此可以推测内朝成员的人数绝非一个可以简单统计的数字。

此前论及道武帝剥夺了诸部族首领的统帅权。因此而失去地位的众人被北魏吸收到新设立的王公侯子四等爵制之中，并被授予了与其爵位等级相当的官位。而且这些有爵位者的后裔由此获得了在内朝中的首任官职，成为构建内朝的有力成员，并参与到北魏的国政之中。这样的体制在此后逐渐形成。

此外，在之前引用的《南齐书》卷五七《魏虏传》

[①] 直接引文括号内的注释均为作者所加，后文不再另做说明。——译者注

中，有对北魏太武帝时首都平城状况的描述："城西有祠天坛，立四十九木人……常以四月四日杀牛马祭祀，盛陈卤簿（天子的仪仗队伍），边坛奔驰奏伎为乐。"这一从北魏建国之初开始奉行的祭天礼仪，是与此前匈奴的龙会、此后辽的祭山仪相关的，继承了北方文化传统的礼仪。北魏前期，这种仪式在都城的西郊于每年四月四日举行，对于鲜卑及其他归顺鲜卑的民族来说，祭天发挥着象征统一的作用。

总之，当时的鲜卑人说鲜卑语，在共同保持着穿胡服、同族间婚姻等风俗习惯的同时，还建立起前述具有强烈非汉民族性质的国家体制。八部制正是构成其基础的国制。在八部体制下，拥有共同风俗习惯的鲜卑人转战于各地。与此同时，低级职位者充当皇帝的耳目，承担着监察内外的职能；而高级职位者通过继承爵位奠定了自身在官界的地位，并在皇帝的近前一边监察汉民族的行政事务，一边总揽国政。

第二节　"部"体制国家的形式化与向着中原王朝的转变

通过第一节中见到的多种象征性符号，北魏前期的鲜卑强化了彼此间结合的纽带。此外，团结起来的鲜卑人在进入汉地之后，引发了汉民族的排斥，而这种排斥又强化

第一章 北朝国家论

了鲜卑的团结。总之，可以说北魏前期的鲜卑是名副其实的统治集团。然而，随着时代的演进，这些象征性符号逐渐丧失了原有的功能。

以内朝为例，随着北魏在汉地统治范围的不断扩大，仅依靠鲜卑人来统治变得愈发困难，出现了扩大录用本地汉民族士人的现象。太武帝统一华北后，由于华北暂时进入了和平状态，这一倾向变得愈发明显。如果从监察体制方面来看，统治范围的迅速扩大造成其组织也随即变得庞大，与此相伴的行政迟滞现象也随着时代的发展逐渐凸显出来。

此外，王公侯伯子男爵位[①]的有无或高下与北魏官界中官位的高下密切相关。旧部族中实力派的后裔以此为踏板，占据了北魏官界中的重要位置。然而，在致力于对外征伐的北魏前期，爵位的这种特性招致了滥赐，以及通过贿赂取得爵位等现象的泛滥。因此，为应对上述问题，国家导入了在袭爵时降低爵位，以及爵位仅限于一代等政策，但未能取得效果。在爵位关系到官职任用的当时，可以说这种事态的出现是难以避免的。并且，这一点与前述内朝体制的受阻在本质上存在联动关系。正因如此，对于

[①] 北魏道武帝天赐年间最初确立了王公侯子四等爵制，孝文帝朝改革爵制后形成了王公侯伯子男爵制。——译者注

东亚古代的诸民族与国家

北魏来说，在审视自身的将来时，这是不能忽视的严峻事态。

此外，源于北方文化的祭天，是作为鲜卑拓跋部中心的皇族（拓跋氏）与由七个氏族组成的拓跋部支族（七族）共有的半公半私的同族祭祀，祭天的这种性质持续到孝文帝时期（这一点可以从其祭礼直到最后仍保持着皇族与七族共同举办的形式中看出）。与此相对，对于被拓跋部降服的北魏麾下的诸部族来说，他们一方面认识到自身与祭天间存在联系，但另一方面也对祭天产生了抵触情绪。《魏书》卷一〇八《礼志》孝文帝延兴二年（四七二）条记载："显祖（孝文帝的父亲献文帝）以西郊旧事，岁增木主①七，易世则更兆，其事无益于神明。"西郊祭天的内容被改变了。这里记载的与前节所述的情况稍有矛盾。不过从中可以看出，尽管这一礼仪曾被认为具有重要意义，但此时对于其本质的认识已经消失了。总之，进入孝文帝时期后，在各种因素的共同作用下，可以说西郊祭天也在一定程度上日趋形式化了。

此外，《隋书》卷三二《经籍志》中记载："又后魏（即北魏）初定中原，军容号令，皆以夷语（即鲜卑语）。后染华俗（即中原的习俗），多不能通，故录其本言（即

---

① 作者将其解释为"木人"。——译者注

第一章 北朝国家论

鲜卑语），相传教习，谓之'国语'。"同书同志中还记载："又云魏氏（即北魏）迁洛，未达华语（即汉语），孝文帝命侯伏侯可悉陵，以夷言（即鲜卑语）译《孝经》之旨，教于国人（即鲜卑），谓之《国语孝经》。"从这些记载中可以看出孝文帝迁都洛阳时，很多属于北魏统治集团的鲜卑人不仅逐渐丧失了运用鲜卑语的能力，而且他们的汉语水平也尚未达到可以理解汉籍的程度。如果将这一点与此前探讨的官制、祭祀制度中所见的形式化现象综合起来考察的话，可以推测与当初相比，鲜卑集团的凝聚力在迁都洛阳时已逐渐减弱。

面对这种情况，姑且有两条道路可供孝文帝选择。其一，重建、强化此前非汉民族统治结构的道路；其二，改变此前的路线，致力于全面导入各类中原王朝制度的道路。在选择的过程中，孝文帝自身对中原文化的倾慕也发挥了一定作用，最终其选择了后者。不过，作为现实的问题，鲜卑原本就不是一个由单一语言凝聚起来的集团，正如此前在探讨祭天礼仪时论述的那样，鲜卑是一个拥有复杂成分、结构脆弱的集团。并且，其集团中"形式化"的现象越来越严重。此外，北魏国家中胡汉之间存在人口数量、文明程度上的差异（如鲜卑并没有形成自己的固有文字等）。当考虑到上述现实问题时，可以说选择前一道路原本就隐藏着巨大的困难。正因如此，孝文帝废止了一直以来施行的凝聚鲜卑集团的诸制度，断然采用了中原王朝式的国家制度。具体来说，其中包括：废止内朝、全面改革爵制、改革军制、废止西郊祭天、详定姓族①、禁止同姓婚姻、废止胡姓、禁止胡服胡语。这是一次不仅限于官制层面，甚至触及风俗习惯的重大改革。孝文帝在改革前所构想的是经过这些改革，鲜卑贵族与汉民族贵族融合，北魏成为一个由他们共同构成国家社会中统治阶层的身份制国家。当然，这种构想与希望统一全中国的孝文帝本人所施行的以下诸政策间存在联动关系，即断然迁都至曾作为中国历代王朝首都的洛阳、改五行行次为继西晋之后的水德、将北魏树立为中国历史上的"正统"王朝等政策。

第三节　围绕对同化与中华的理解

以上诸方面最终强化了鲜卑被同化的观点，这与前言中所述的情况存在矛盾之处。然而，当时的情况是极为错综复杂的。例如，北魏太武帝的书信中曾使用了"我鲜卑"（《宋书》卷九五《索虏传》）的称谓。从中可以看出，实现了统一华北的太武帝秉持着强烈的鲜卑意识。在

---

① 姓族指大族、望族。——译者注

第一章 北朝国家论

所谓的崔浩事件中，大批汉民族的名门望族被诛杀。在这一事件的背景中，也蕴含着太武帝所具有的这种非汉民族意识。然而，正是这样的太武帝将汉民族的宗教道教定为国教，并把自身比拟为道教中的真人，号太平真君。由于佛陀并非出身于汉民族，所以五胡十六国时期以来的胡族诸王将佛教视作与自身相关的宗教而加以优待。太武帝在太平真君七年（四四六）发布的诏书中有"昔后汉荒君，信惑邪伪，妄假睡梦，事胡妖鬼，以乱天常……其一切荡除胡神，灭其踪迹……"（《魏书》卷一一四《释老志》）的内容，其中将佛陀称为胡妖鬼、胡神。与五胡诸王相反，太武帝在中国历史上首次大规模地迫害佛教，成为所谓三武一宗法难中的先驱。汉民族建立的南朝中曾涌现出像梁武帝这样狂热的佛教信徒。北魏太武帝正好与其形成鲜明的对比。

在太武帝心中，其身为鲜卑的这种意识，与将道教定为国教、废除佛教的政策之间是如何共存的呢？令人瞩目的是，在北魏之后的北朝国家北周的时代，武帝宇文邕继北魏太武帝之后第二次断然施行了废佛政策。北周与北魏同是由非汉民族建立的国家。正如"周、齐每以骑战，驱夏人（即汉民族）为肉篱，诧曰：'当剉汉狗饲马，刀刈汉狗头，不可刈草也'"（《通典》卷二〇〇《边防典》北狄条）中记载的那样，北周是一个较为粗暴的军事体制国家。作为这样一个国家的皇帝，宇文邕当然可以自如地讲胡语之一的鲜卑语（《隋书》卷四二《李德林传》，《续高僧传·释法藏传》等）。其断然执行废佛政策同样与此前胡族诸王对佛教的崇敬形成了鲜明的对比。这里出现了与北魏太武帝相同的问题，即应该如何理解这种行动与意识间的分歧。

在思考这一问题时应注意，北魏太武帝所采用的道教是否定了中国此前的道教而出现的新道教。北周武帝虽然尊崇儒学，但当他认为不论怎样承袭传统都有错误的话，甚至会毫不犹豫地改变其义理（《广弘明集·辩惑篇》）。北周武帝在废佛的诏书中曾言及，"佛生西域，寄传东夏。原其风教，殊乖中国。汉魏晋世，似有若无，五胡乱治，风化方盛，朕非五胡，心无敬事，既非正教，所以废之"（《广弘明集·辩惑篇》），阐述了自己并不属于五胡的观点。北周武帝并非五胡与其自身使用宇文的复姓并且说鲜卑语之间似乎存在矛盾。然而，上述史料中传达出的正是宇文邕作为中华皇帝的意识，他并没有拘泥于这些矛盾。同样，在前述崔浩事件中，太武帝也有过类似的言行，在此不再赘述。换言之，他们身上并没有表现出"同化"一词所蕴含的自身文化对其他文化的屈从，以及与此相伴的屈辱感。

这一时代的胡族受到汉民族文化的影响，吸收了源于

第一章　北朝国家论

汉民族的各种风俗与制度。例如，胡族效仿了汉民族在埋葬死者时将墓志放入墓中的习俗；参照周代的井田制实施了均田制等。在墓志方面，今日发现的墓志基本为北魏孝文帝迁洛以后的遗物。其数量在迁都洛阳后大幅增加，远远超过了此前（也包含秦汉时期）墓志的数量。墓志铭的形态，即字体，以及在记录本人经历后所配韵文的格式在当时固定了下来，成为此后唐宋时期中国墓志铭的原型。此外，孝文帝颁布的均田制在受到前代土地制度影响的同时，还融入了若干创新之处，成为此后北朝隋唐的均田制及古代日本班田收授制的源头。总之，这些现象展现出鲜卑对汉民族文化、制度的接受并非单纯的模仿与被同化，还通过提炼、综合，创造出作为后代典范的文化与制度。

胡族在接受汉民族文化、制度这一点上，确实存在如前述那样所谓同化的一面。然而，其自身主动地对接受的文化、制度进行了取舍。在这一点上，可以看出其与单纯的同化存在本质上的时代性差异。

如上所述，一方面，胡族致力于在经过自身提炼的同时进行中华化。另一方面，在当时也存在与此相对的情况，简而言之，就是其残存有自身的胡族文化。以下将从国制与社会风俗两个方面来探讨这一问题。

关于国制，这里首先探讨一下作为当时国制中心的中央军制度。在建国之初，北魏的中央军包括了都统长率领的殿内军队与幢将率领的由三郎、卫士所组成的军队等。此后，这两类军队中的前者转由殿中尚书率领，后者转由司卫监率领。现存史料中所见担任殿中尚书、司卫监的官员均由胡族，以及与胡族关系极为紧密的人担任。如上所述，当时中央军的构成及指挥官的称谓等均具有极为浓厚的胡族色彩。可以说孝文帝改革之前的军制是基于胡族的规则建立起来的。孝文帝对这种军制进行了大规模的改革，很可能是在南朝的影响下，创设了以领军将军统摄左卫右卫全体禁军的体制。纵观孝文帝的改革，可以说这是与废除具有强烈胡族色彩的内朝制度同步进行的在军制方面的中华化政策。此后，这种军制在宣武帝、孝明帝时期一直被沿用。六镇之乱导致北魏政权的崩溃，建立于此后的西魏创设出与此前的中央军制完全不同的军制。众所周知，这就是由八柱国大将军十二大将军统率的二十四军制，这种军制也成为此后隋唐时期府兵制的源头。一直以来，日本对于西魏二十四军制的研究主要关注其所受《周礼》的影响，并将其作为由中原王朝的军制发展而来的制度。然而，上述这种认识存在一定缺陷，即难以解释为何这一制度是以八柱国大将军十二大将军，而不是以六柱国大将军十二大将军的形式出现的。如果西魏希望重现《周礼》中天子六军之制的话，难道这一军制不应该是以

第一章 北朝国家论

六柱国大将军各统率两名十二大将军的形式出现吗？

正如此前的研究所指出的那样，这一军制的确受到了《周礼》的影响。如此一来，在可以称为当时国制核心的军制中，出现了这种"混杂"的现象，而这种现象所蕴含的历史意义至关重要。可以说《周礼》是中国政治思想的源头，西魏没有采用六柱国大将军而采用八柱国大将军，其背后一定存在与《周礼》中天子六军思想矛盾或者说凌驾于这一思想之上的传统。西魏曾以拓跋部草创期的"统国"三十六与"大姓"九十九（附属于拓跋部的诸部）中的姓氏赐予功勋卓著的诸将领。当时，在北方民族传统的背景下，隶属于"统国""大姓"的军人被改姓为其所在的"统国""大姓"的姓氏（曾经的部族、氏族之名）。基于这一点，笔者认为所谓凌驾于《周礼》之上的正是将起源于鲜卑部族时代的八族（拓跋部与作为拓跋支族的七族）、八国、八部中所见"八"视为神圣数字的思想。也就是说，在此前所见胡族接受中原文化的背后，存在鲜卑自身文化的影响。这种影响波及作为国制核心的军制，可以说具有非常重要的意义。

此外，孝文帝迁都洛阳后，以帝陵为首，并按照皇族、九姓帝族、勋旧八姓，以及其他胡族诸姓的顺序，在北郊的邙山上实施了将同族的墓葬集中到一起的族葬。此前宿白关注到这一现象，并提出了以下结论：这种现象是原始社会族葬的遗风；根据同一大家族墓群内部的排列状态可以看出，在墓葬制度上母族一方的影响仍然存在；这种墓葬形式继承了北魏平城时代以来的葬制。笔者基本赞同宿白的观点。尽管北魏当时在很多方面都进行着汉化，但与此前所见军制的情况相同，依然可以看出传统的胡族文化残存于社会风俗之中。

再者，《颜氏家训》中可以见到有关南北朝时期南北方女性差异的记载。其中南朝的女性处于男性的监督下，过着几乎与社交活动无缘的生活。与此相对，北朝的女性不仅会在诉讼时堂堂正正地争辩是非曲直，甚至还会在精心妆饰后到达官府，为自己的丈夫、儿子等请求官职。《颜氏家训》中称其为"恒代（代的首都平城）之遗风"（《颜氏家训·治家篇》）。另外，在北魏西郊祭天时，皇后会参与祭天的仪式（《魏书·礼志》）。在北齐、北周等朝举行宗庙祭祀之际，皇后也会出席（《隋书》卷七《礼仪志》）。众所周知，韦后曾参与了南郊祭天的仪式（《旧唐书》卷五一《后妃·中宗韦庶人传》）。处于这种时代风潮顶点的当属则天武后，其正是在《颜氏家训》中所谓"恒代之遗风"的演进过程中涌现的人物。这里也就不再特别强调在隋唐社会的风俗习惯中，穿着胡服、乘马之风盛行等明显受到胡族文化影响的现象了。有必要关注到上述这种女性的登场引起了汉民族在认识层面上的变化。

第一章 北朝国家论

以上考察了这一时期胡族的中华化所蕴含的意义。根据此前的探讨,这一时期胡族的中华化与其说意味着胡族单纯地被中原社会同化,不如说其创造了一个"新的中华"。

反过来考虑的话,五胡十六国时期的胡族被汉民族称为"胡""戎"等,他们意识到在以汉民族为中心的中华思想下,胡族被汉民族视为劣等的民族并被区别对待。随着时代的发展,甚至出现了接受这种认识的胡族。例如,《晋书》卷一一六《姚弋仲载记》中记载了五胡之一羌族的首领姚弋仲在训诫诸子时,传达出希望向东晋遣使并归降的意愿:"常戒诸子曰:'吾本以晋室大乱,石氏待吾厚,故欲讨其贼臣以报其德。今石氏已灭,中原无主,自古以来未有戎狄作天子者。我死,汝便归晋,当竭尽臣节,无为不义之事。'乃遣使请降。"《十六国春秋辑补·苻坚传》中记载了氐族皇帝苻坚幼年时曾向祖父苻洪请求跟随老师学习之际的情况:"八岁,请师就家学。(苻)洪曰:'尚小未可。吾年十三,方欲求师,时人犹以为速成。汝戎狄异类,世知饮酒,今乃求学耶。'欣而许之。"从诸如此类的史料可以看出胡族的这种认识。

然而,其中也存在拒绝接受上述认识的人。以下的事例从一个方面展现出这种情况。在五胡十六国之初,出于对胡族的蔑视,在汉民族中存在以下观点,即不论胡族具有多么强大的实力，最终仍是汉民族的奴仆，不能成为中华之主；然而，同时也有胡族否定这种观点，认为只要有德，即使身为胡族也能成为中华之主（《晋书》卷一〇一《刘元海载记》、同书卷一〇八《慕容廆载记》等）。此外，随着时代的进一步发展，还出现了将自身视作中华的胡族。这可以从以下事例中明确地看出，北朝将南朝称为岛夷，并且迁都洛阳后的北魏将南朝视为夷狄的世界，而将自身视作中华正统（归"正"里）。这体现在《洛阳伽蓝记》卷三《城南》龙华寺条中"伊洛之间，夹御道，东有四夷馆。一曰金陵、二曰燕然、三曰扶桑、四曰崦嵫。道西有四夷里，一曰归正、二曰归德、三曰慕化、四曰慕义。吴人投国者，处金陵馆，三年已后，赐宅归正里"的记载。这种认识方式与秦汉魏晋的观念间存在显著矛盾。因为五胡原本并非中华，而从宏观来看，这显然是一种与前述北魏孝文帝变更五行行次，以及迁都洛阳等措施具有联动关系的转变。而且，需要特别注意的是，这种中华并不等同于此前秦汉魏晋那样的中华，而是具有前述所谓新中华的性质。

结　语

在本章结尾处，笔者希望顺便说明以下两点。第一点

第一章 北朝国家论

为有关所谓"渗透王朝"（Infiltration Dynasties）这一用语的问题。魏特夫（Karl Wittfogel）曾将北魏及其前后出现于华北的非汉民族王朝与后来的"征服王朝"进行对比，将之称为"渗透王朝"。魏特夫认为这些王朝的建立者采用半和平（semi-peaceful）的方式向汉民族社会渗透，并获得政权。基于这种认识，魏特夫使用了"infiltration"一词。当考虑到这一词语基于何种程度的实证研究这一点时，笔者不得不对其抱有怀疑的态度。此外，"infiltration"一词被翻译为容易让人联想到同化的"渗透"或"潜入"，不得不说给此后的研究者带来了理解上的混乱。不过，魏特夫认为，中国历史上不同文化间开始进行全面的融合每每发生于非汉民族征服时代结束之际；辽、金、元、清各王朝所经历的文化转型也应该从这一角度进行考察。如果适当地进行修正，这一视角也可在理解"渗透王朝"时发挥作用。正因如此，如果换一种立场来看的话，可以说拙文正是对从这种视角所见"渗透王朝"的实态进行的解析。

第二点是关系到当时华北与东亚整体发展动向的问题。五胡之一的鲜卑拓跋部始祖拓跋力微于曹魏景元二年（二六一）派遣其子沙漠汗开始与中原王朝进行交往。尽管此后多次面临灭亡的危机，但北魏仍逐渐扩大了势力，最终成长为本章所描述的那种国家。当关注到北魏中华意

·23·

东亚古代的诸民族与国家

识的发展过程时，可以发现与北魏同时期并同样被视作夷狄的高句丽、百济、新罗、倭国虽然没有称帝，但这些东亚古代诸国家所具有的中华意识的发展过程与北魏极为相似。甚至可以毫不夸张地说，五胡诸国、北魏成为这些国家的先驱。笔者提出这种观点的基础在于，上述国家在历史发展过程中存在的类似之处绝不止这一点。在这些国家的相似点中，笔者对于北魏与倭国间的类似之处有过以下论述：

> 如果对比北魏与倭国的历史进程，可以看出：日本古代的伴制产生于在亚洲式共同体内部侍奉首领的职务，并最终发展为在由大和之王担任首领的政治统一体（大和政权）中分掌职务的组织，这种制度与北魏的内朝制度经历了相同的发展进程；在此过程中，出现了具有官司制色彩的倭国人制诸官与北魏内朝诸官。伴随着对律令制的接纳，倭国的人制诸官与北魏的内朝诸官均逐渐发生了变化。在这一点上也可看出两者发展中的相似之处。而且，这些制度的发展与氏族制的发展、转变、衰退密切相关，同时从中国皇帝册封的王国（代国、倭国）这一组织结构中逐渐形成了古代国家。最终，基于依据律令制进行的改革，氏族制被改造、废除。在这一方面，两者间同样

第一章 北朝国家论

存在相似的地方。

以上的内容指出了伴随着对中华文化的接受，倭国、北魏内部形成了相似的变化与联系。并且，在此基础上，笔者认为两者间的相似绝非单纯的偶然现象，而是与当时东亚整体的历史发展紧密结合在一起的。

可以说，魏晋南北朝时期在中国内外形成的民族大迁徙是形成这种联动关系的根本原因，并且这个时代的华北在东亚范围内经历了最大规模的历史变迁，呈现了丰富多彩的样态。一直以来，对于这一时代的研究往往局限在中国史、朝鲜史、日本史即某一国国别史的立场上。华北是形成这个时代历史变迁的中心。通过考察这一地区，本章扬弃了此前的研究立场，并致力于阐明当时汉民族、鲜卑族等古代东亚民族各自发挥的历史职能，以及彼此间的相互作用。

第二章　关于北魏文成帝南巡碑

前　言

本章将对新发现的北魏文成帝南巡碑展开考察，探究在该碑所记载的时代北魏国制的实态。

一九九七年第十二期《文物》上刊登了山西省考古研究所、灵丘县文物局撰写的题为《山西灵丘北魏文成帝〈南巡碑〉》的报告（以下简称《文物报告》）。此外，一九九九年第二期的《中国史研究》上刊登了曾参与调查该碑的山西省考古研究所副研究员张庆捷与山西大学师范学院副教授郭春梅联名写成的《北魏文成帝〈南巡碑〉所见拓跋职官初探》一文（以下简称《南巡论文》）。根据该论文，可以确定该碑文现存二千六百余字，其对于碑文的解读亦展现了不少新的事实。

该碑的发现给北朝史研究带来了极大的影响。此外，

第二章　关于北魏文成帝南巡碑

笔者考察过北魏的内朝制度。[1]当时，现存文献资料中有关内朝武官的记载极为有限，因此笔者未能充分地把握其实态。此次该碑的发现在填补这一方面的空白上也具有重要的意义。基于这种认识，本章将在上述两篇论文的思路下，对该碑背面所载的诸职官展开考察。

第一节　碑阴原文的"复原"

《文物报告》中记录了该碑碑文的录文。然而，其碑文的文字全部以印刷排版的方式收录，未能展现碑文的整体形象。此外，《文物报告》第七十五页、第七十六页刊登的该碑照片，特别是碑阴的照片不甚清晰，难以展现碑文的细节。尽管《文物报告》中的照片并不清晰，但勉强可以看到碑文的各行。因此，在此照片的基础上，笔者对该论文中所载碑阴的录文进行了修正。此外，笔者加上自身的认识，将碑文中的各职官、封爵、人名分开进行了"复原"。其内容如后所示。附带说一下，原碑文是按照以下所见第一列、第二列等的顺序以纵向排列的方式记载而成的。其中第一列、第二列等这样的列数依据的是《文物报告》中的表述。此外，下画线的部分是《文物报告》中姑且认定的文字。而□为《文物报告》中不能释读的文字。在史料中的黑体字是对于《文物报告》中没

· 27 ·

东亚古代的诸民族与国家

有释读或不能释读的地方，笔者按照常理进行推测可以基本肯定的文字。再者，各行各列起首处的数字是笔者为论述方便所添加的行列号码。

第一列

1 侍中 抚军大将军 太子太傅 司徒公 平原王 步六孤伊□

2 侍中 特进 车骑大将军 □太子太保 尚书 太原王 一弗步□□

3 六□将军 □羽真 襄邑子 吕河一西

4 中常侍 宁东将军 太子太保 尚书 西郡公 尉迟其地

5 中常侍 宁西将军 仪曹尚书 领中秘书 太子少师 彭城公 张益宗

6 中常侍 宁南将军 太子少傅 尚书 平凉公 林金闾

7 散骑常侍 宁东将军 西起部尚书 东海公 杨保年

8 宁南将军 殿中尚书 日南公 斛骨乙莫干

9 左卫将军 内都幢将 福禄子 乙旃惠也拔

10 宁□将军 宰官内阿干 魏昌男 代伏云右子尼

第二章 关于北魏文成帝南巡碑

11 左卫将军　内阿干　太子左卫帅　安吴子 乙旃阿奴

12 □□将军　太子庶子　内阿干　晋安男　盖娄太拔

13 扬烈将军　内阿干　阴陵男　社利幡乃娄

14 安北将军　内阿干　东平公　是娄敕万斯

15 宁东将军　内阿干　建安男　尉迟沓亦干

16 中常侍　宁南将军　太子率更令　内阿干　南阳公　张天度

17 中常侍　宁南将军　□□□　太子家令　平阳公　贾爱仁

18 散□□□（骑常侍?）　内阿干　嘉宁男　若干若周

19 □□□□□拔忍昕

20 □□□□□□□普陵

21 □□□□□□□阳男　吐难子如刽

22 □□□□□□　江乘男　一弗阿伏真

23 宁朔将军　□□　范阳子　韩天爱

24 中坚将军　□□□□　□武子　贺若盘大罗

25 库部内阿干　□□库兰

26 内行内三郎　高平国

27 内行内三郎　段鱼阳

28 宁朔将军 内行令 永平子 胡墨田

29 广威将军 建德子 内行内小 贺若贷别

30 ①内行内小 步六孤龙成 ②内行内小 贺赖去本

31 ①内行内小 素和莫各豆 ②内行内小 □金□

32 ①内行内小 乙旃伏洛汗 ②内行内小 □□□□

33 ①内行内小 □□他仁 ②内行内小 伊楼诺

34 ①内行内小 挟库仁真 ②内行内小 马棻

35 ①内行内小 高□各拔 ②内行内小 叱罗骐

36 ①内行内小 吐伏卢大引 ②内行内小 步六孤罗

37 ①内行内小 卫道温 ②内行内小 乙旃侯俟

38 ①内行内小 同□各拔 ②内行内小 吕□

39 ①内行内小 韩□生 ②内行内小 莫耐娄□

40 鹰扬将军 内行令 蔡阳男 宿六斤阿□

41 内行令 直勲 □六孤

42 右五十一人内侍之官

第二列

1 □□□□□□□□□

第二章 关于北魏文成帝南巡碑

2 右将□□□□□□□□□

3 □材将□□□□□□□□□□憨天□

4 □□□□□□□□□□□□□□

5 □□□□□□□□□□□□□□

6 □□□□□□□□□□□□□□

7 □□□□□□□□□□□□□□

8 □□□□□□□□□□□□□□

9 □□□□□□□□□□□□□□[2]

10 □□将军□列□□□王□□提折间□

11 卫大将军　乐安王　直勲　阿良

12 平东将军　乐良王　直勲　出大汗□

13 征西将军　常山王　直勲　□□连戊烈

14 散骑常侍　征东将军　光禄□□　中山公 杜丰

15 散骑常侍　平西将军　驾部尚书　□阳公 □□尸婆

16 征东大将军　驸马都尉　□□郡王　茹茹常友

17 散骑常侍　龙□将军　□□公　素和敕侯佽

18 侍中　安南大将军　殿中尚书　□□　东安王　独孤侯尼须

19 侍中　尚书左仆射　安南将军　□□□　平昌公　素和其奴

东亚古代的诸民族与国家

20　平东将军　选部尚书　□□　阳乐侯　常伯夫

21　散骑常侍　安南将军　尚书　羽真　南郡公 毛法仁

22　武卫将军　特□（进？）　□城子　比子乙得

23　散骑常侍　□□□□部尚书　丹阳公　符真卫

24　宁东将□（军？）□□□侯胡优比西□　陀

25　散骑常侍□□□□□　安复侯　拔拔侯侯头

26　散骑常侍□□□□　太子少保　仪曹尚书　扶风公　李真奴

27　散骑常侍　□□□□　□□尚书　汝南公　袁纥尉斛

28　散骑常侍　□□□□□部尚书　兴平侯　宜懃渴侯

29　宁□将军　□□□□□□　永兴侯　热阿久仁

30　□□□□□□□□　顺阳公　直懃郁豆眷

31　□□□□□□□□□□　选部尚书　长广公　豆连求周

32　□□□□□□□尚书　东□公　黄卢头

33　□□□□□□□□□书　高都公

第二章 关于北魏文成帝南巡碑

慕容白曜

34　□□□□□□□□□　鲁阳侯　韩道仁

35　□□□□□□□□□拔□地力勲真

36　□□□□□□□□□　野王侯　吕罗汉

37　□□□□□□□　斛律诺斗拔

38　□□□□□□□□　□□侯　斛律颁拔

39　□□□□□□□□中　济阳男　孔伯恭

40　□□□□□□□　□□男　胡莫那

41　□□□□□□□□　素和匹于堤

42　□□□□□□□□右以斤

43　□□□□□□□□□勲倍斤

44　□□□□□□□□□天爱

45　□□□□□□□□□乾

46　□□□□□□□□□儿

47　□□□□□□□□□□

第三列

1　中坚将军　内三郎□将　南□□□

2　折冲将军　内三郎□□　□□□□□

3　□□将军　内三郎□□　特土何□□

4　右将军　内三郎□□　□□素（和？）□与

娥驾

东亚古代的诸民族与国家

5　□□将军　内三郎□□　　□□□□□

6　鹰扬将军　内三郎□□　贺□□娄

7　中垒将军　□□□□　素和使若须

8　宁朔将军　都长史　给事中　河中□□子
盖娄内亦干

9　威远将军　都长史　给事中　高平男　杨丑頯

10　左将军　给事　夷都将　越懃右以斤

11　鹰扬将军　太官给事　慕容男吴都

12　右卫将军　驾部给事　□惕乙弍小

13　宁远将军　驾部给事　□□□进蒙

14　右军将军　殿中给事　□□子　丘目陵□仁

15　振武将军　殿中给事　□□□□乌地干

16　□□将军　殿中给事　寿张子　胡翼以吉智

17　绥远将军　中书给事　李何思

18　骁骑将军　给事　新安子　赵腾

19　骁骑将军　给事　武安子　任玄通

20　鹰扬将军　给事　驰鱼男　杨思福

21　折冲将军　给事　南□男　胡比他纥

22　东钾杖库给事　拔烈兰真树

23　宣威将军　殿中给事　出大汗僖德

24　骁骑将军　殿中给事　武原子　屋引立真□

25　骁骑将军　殿中给事　新安子　莫那娄爱仁

· 34 ·

26　骧威将军　　内三郎　　斛骨呈羯

27　轻车将军　　内三郎　　泰昌男　　赵三月

28　武毅将军　　内三郎　　斛律莫烈

29　内三郎　　高长城

30　内三郎　　其连受洛拔

31　内三郎　　独孤□□

32　宣威将军　　典弩库　　内三郎　　拔烈兰黄头

33　前将军　　内三郎　　钟离侯　　斛律羽都居

34　明威将军　　斛洛真军将　　内三郎　　万忸于忿提

35　奋威将军　　内三郎　　永宁子　　直勲　　苟黄

36　后军将军　　内三郎　　遂安子　　直勲　　乌地延

37　明威将军　　内三郎　　殷普陵

38　宁朔将军　　内三郎　　晋安子　　斛律出六拔

39　折冲将军　　内三郎　　沙渠男　　独孤去頬

40　厉威将军　　内三郎　　达奚屈居陵

41　厉威将军　　内三郎　　封平吴

42　厉威将军　　内三郎　　三次

43　威烈将军　　内三郎　　大□长命

44　伏波将军　　内三郎　　比阳男　　达奚库勾

45　威寇将军　　内三郎　　契胡库力延

46　威寇将军　　内三郎　　盖毛万言真

47　内三郎　　直勲　　乌地干

东亚古代的诸民族与国家

48　威寇将军　内三郎　直懃　解愁

49　威房将军　贺浑吐略渥　和稽乞鱼提

50　威武将军　内三郎　独孤他突

51　广威将军　内三郎　素和具文

52　广威将军　内三郎　步六孤步斗官

第四列

1　折冲将军　内三郎　北德男　□□匹和以斤

2　右将军　内三郎　□□男　□和拔□□

3　□□将军　内三郎　□比首□□

4　轻车将军　内三郎　王□□

5　武烈将军　内三郎　□□尉□

6　武烈将军　内三郎　直懃　他莫行

7　轻车将军　内三郎　野陟男　□□□懃

8　宁远将军　内三郎　比阳男　拔烈兰步爱

9　武烈将军　内三郎　独孤乙以爱

10　奋武将军　内三郎　赵道生

11　轻车将军　内三郎　夹道男　独孤□□

12　武毅将军　内三郎　□壬去右

13　扬烈将军　内三郎　□□男　段去斤

14　扬烈将军　内三郎　祁阳男　大野□石顶

15　扬烈将军　内三郎　灵开男　茹茹命以斤

第二章　关于北魏文成帝南巡碑

16　扬烈将军　内三郎　永宁男　斛律西媷

17　宣威将军　内三郎　直懃　斛卢

18　武毅将军　内三郎　敕懃阿六敦

19　武毅将军　内三郎　叱罗吴提

20　武毅将军　内三郎　斛律伏和真

21　内三郎　袁纥退　贺拔

22　①内三郎　侯莫陈乌孤　②内三郎　契胡乌巳

23　①内三郎　折枋侠提　②内三郎　素和斛提

24　①内三郎　怡吴提　②内三郎　奚斗孤男□

25　①内三郎　直懃　阿各拔　②内三郎　直懃

来豆眷

26　①内三郎　叱干幡引　②内三郎　孟菩萨

27　①内三郎　丘目陵吴提　②内三郎　王右右引

28　①内三郎　张仆兰　②内三郎　王洛生

29　鹰扬将军　北部折纥真　宣道男　泣利傿但

30　左卫将军　南部折纥真　平棘子　李敷

31　宣威将军　主客折纥真　侯文出六于

32　建威将军　□□折纥真　建德子　独孤平城

33　游击将军　内都坐折纥真　曲梁子　叱奴地□

34　宣威将军　折纥真　直懃　□

35　中都坐折纥真

36　外都坐折纥真

·37·

东亚古代的诸民族与国家

37　宣威将军　□

38　贺浑吐略渥　库狄□

39　征虏将军　令方兴侯　素和

40　中坚将军　库部内小幢将　都

41　扬威将军　内小幢将　□

42　宣威将军　内小幢将

43　中坚将军　躾乐

44　前军将军

45　鹰扬将军

46　太

47　奋武

48　威虏

49　中垒

第五列

1　宣威将军　□□□

2　宣威将军　□□　三郎幢将

3　宣威将军　三郎幢将

4　三郎幢将

5　三郎幢将

6　三郎幢将

7　宣威将军　三郎幢将

第二章 关于北魏文成帝南巡碑

8 三郎幢将　□□

9 陵江将军　三郎幢将　□□□□

10 折冲将军　三郎幢将　□□□□

11 鹰扬将军　三郎幢将　□□□□

12 宣威将军　三郎幢将　□□□□□

13 宣威将军　三郎幢将　□□□□□□□

14 三郎幢将　拔拔古斤□□

15 折冲将军　三郎幢将　□□□□□□折

16 三郎幢将　独孤□真

17 雅乐真幢将　堂宾俟其惠

18 前军将军　雅乐真幢将　□□　素和□思拔

19 宣威将军　雅乐真幢将　直懃　木□

20 后军将军　雅乐真幢将　□□子　□

21 雅乐真幢将　步六孤

22 宣威将军　雅乐真

23 雅乐真**幢将**

24 陵江将军

25 威远将军

26 宣威将军

27 宣威将军

28 扬武将军

29 后军将军

· 39 ·

东亚古代的诸民族与国家

30　宣威将军

31　后军将军

32　□□□□□□□□□□□□

33　□西将军　□□

34　□将军　□□□□以

35　□将军　□□□□□

36　□将军　直懃　乳树

37　三郎幢将　尉□□□

38　□□（将？）军　三郎幢将　张圹比

39　三郎幢将　□□子　长儿大食勤

40　三郎幢将　采洛生

41　□□□□□□

第六列

1　威

2　威□

3　丹东将军

4　轻车将军

5　折冲将军

6　□军史□□□

7　□□□□招子□□□□

8　□□将军　□□□□□□□□史□□

第二章 关于北魏文成帝南巡碑

9 □□将军 □□□□□□

10 □□将军

11 宣威将军 □令尸□那□于□

12 □□将军 □□□□爱□

13 右军将军 □□□拔天封河光

14 后军将军 □都令□拔扎□有□

15 宣威将军 □大□令□纥莫成

16 都长史 □□ 杖库令怡长命

17 建中将军

18 □□将军

第七列

1 宣威将军

2 宣威将军

3 宣威将军

4 宣威将军

5 威□将军 斛洛真

6 斛洛真 □□

7 斛洛真 □叱

8 斛洛真 纥纥□

9 宣威将军 斛洛真

10 斛洛真绍直

东亚古代的诸民族与国家

11　斛洛真　□贺赖内□□

12　斛洛真　□□□

不明列①

1　尔头

2　豆豆归

3　受礼也□

不名列②

1　**鹰扬将军**

2　**鹰扬将军**　斛[3]

3　**鹰扬将军**　斛

4　宣威将军

5　**鹰扬将军**

顺便提一下，正如在《文物报告》所附碑阴照片中所见，现存碑文的第一列的中央上部，第二列前半的中央部分、中央的上部、后半部，第四列的后半部，第五列的前半下部、中央的下部、后半部，第六列、第七列的大部分均可见到缺损的地方。在此之中，尽管第一列与第三列中可见到部分缺损，但基本保持了完好的状态。第四列除后半段外，同样也大致保存完整。

第二章　关于北魏文成帝南巡碑

第二节　研究史的整理

本节将介绍前揭张庆捷、郭春梅《南巡论文》取得的主要成果，并考察其中存在的问题。

《南巡论文》中主要提出了以下论点。

（1）第四列29～32中所见"折纥真"是相当于《魏书》中所见下大夫或大夫的鲜卑官职，很可能就是《南齐书·魏虏传》中记载的"折溃真"。

（2）第七列5～12中所见"斛洛真"即《南齐书·魏虏传》中所载被视为"带杖人"的"胡洛真"；第三列34中所见"斛洛真军将"即其长官。

（3）第一列3、第二列21中的"羽真"，此前有观点将其视为领民酋长或《南齐书·魏虏传》中所见"乌矮真"，这两种认识均不正确。关于"羽真"，在该阶段只能认定是一种中央高官。

（4）第一列28、40、41中所见"内行令"应为第一列29以后所见"内行内小"的长官。

（5）第三列、第四列中所见"内三郎"即《魏书》等史料中所见的"三郎"。第一列26、27中所见"内行内三郎"是相比"内三郎"在近侍程度上更高的实权官员。

（6）第一列10以后所见"内阿干"即《魏书》等史料中所见"内行阿干"一职的简称。

（7）第一列9中所见"内都幢将"为禁军的"首领"，是在官品上相当于二三品的高官。

（8）第四列40、41（42也应该算在内）中所见"内小幢将"为内阿干的属官。

（9）如果对比第五列中所见"三郎幢将"与"内三郎"，可以说内三郎是位阶更高的皇帝近侍官。

（10）第三列49、第四列38中所见"贺浑吐略渥"应为鲜卑的官职，其具体情况不甚明确。

以上是《南巡论文》得出的主要结论。这些观点大体上是妥当的，并且值得关注。然而，其中也产生了一些新的问题或者说疑问，以下笔者将对这些问题或疑问展开探讨。其一是（1）中有关"折纥真"相当于《魏书》中所见"下大夫"或"大夫"的观点。《南巡论文》关注到了碑文第四列30中"左卫将军　南部折纥真　平棘子　李敷"的内容。《魏书》卷三六《李顺传附李敷传》中记载：

> 高宗宠遇之（李敷）。迁秘书下大夫，典掌要切，加前军将军，赐爵平棘子。后兼录南部，迁散骑常侍、南部尚书、中书监，领内外秘书。

第二章 关于北魏文成帝南巡碑

根据以上的记载，《南巡论文》将其中所见"兼录南部"等同于碑文中"南部折纥真"。此外，当时尚书省等机构的要官中有下大夫、大夫的官职，并且李敷在从秘书下大夫迁官至南部尚书的过程中，曾经"兼录南部"。以此为据，《南巡论文》认为"折纥真"是相当于下大夫、大夫的官职。笔者赞同这一观点。不过，基于这种认识来考察当时北魏的国制，将面临一些非常值得关注的问题。以上情况可以与以下这段史料结合起来进行考察，《南齐书》卷五七《魏虏传》在叙述太武帝之际的北魏国制时，其中一节记载：

> 又有俟懃地何，比尚书；莫堤，比刺史；郁若，比二千石；受别官比诸侯。诸曹府有仓库，悉置比官，皆使通虏汉语，以为传驿。

上述《南齐书》中的记载展现了当时北魏的实际情况。并且，当时尚书与"俟懃地何"、刺史与"莫堤"、诸侯与"受别官"并非作为别称的翻译，因为史料中展现了一套直到诸曹、府的末端并对应汉族系职官但有别于中原王朝式官制秩序的鲜卑系职官。《魏书》卷一一三《官氏志》记载了道武帝天赐年间的情况：

· 45 ·

东亚古代的诸民族与国家

又制诸州置三刺史，刺史用品第六者，宗室一人，异姓二人，比古之上中下三大夫也。郡置三太守，用七品者。县置三令长，八品者。刺史、令长各之州县，以太守上有刺史，下有令长，虽置而未临民。……

上述记载一直以来被认为展现了非汉民族统治的一个侧面。考虑到这一点并基于前述认识，可以认为尽管北魏州县统治体制下刺史的情况并不明确，但在现实层面上存在本身并非刺史的鲜卑系职官"莫堤"。寇猛墓志（《汉魏南北朝墓志汇编》第49页）中所见"俟懃地河"、陆绍墓志（同前书第235页）中所见"俟懃地可"的存在，也从另一个方面证明了上述论点。这些职官也展现了几乎没有被收录到现存《魏书》中的存在于州郡乃至中央的"比官"。总之，上述的探讨可得出以下结论：北魏孝文帝改革之前，对应汉族系的职官，存在很多鲜卑系的"比官"；这并不只是存在于个别鲜卑职官之中的局部情况，而是涉及北魏国制整体的一种全面状况；除了北魏中央的内朝，这种"比官"是一种深深地渗透从中央至地方制度的结构性组织，具有极为重要的意义。

其次是有关《南巡论文》中（5）指出的第三列、第四列中所见"内三郎"即《魏书》等史料中所见"三

第二章 关于北魏文成帝南巡碑

郎"的观点。《魏书》中所见担任三郎的人，如卷三〇《周豆传》中周豆的事例：

> 初为三郎，迁军将。卒于长乐太守。

卷三四《陈建传》中的事例：

> 父阳，尚书。建以善骑射，擢为三郎。稍迁下大夫、内行长。

卷四四《伊馛传》中伊馛的事例：

> 神䴥初，擢为侍郎，转三郎，赐爵汾阳子，加振威将军。

卷四四《和其奴传》中和其奴的事例：

> 初为三郎，转羽林中郎，以恭勤致称。赐爵东阳子，除奋武将军。

此外，还有并非关于任官的事例，卷一一三《官氏志》太祖登国元年（三八六）条记载：

· 47 ·

> 是年置都统长，又置幢将及外朝大人官。其都统长领殿内之兵，直王宫；幢将员六人，主三郎卫士直宿禁中者……

如果按照《南巡论文》（5）中的观点，上述史料中所见诸事例中的三郎全部为内三郎的略称。然而，《魏书》中除上述的事例外，也有其他人担任内三郎的事例，例如豆代田（卷三〇）、豆求周（卷三〇）、陆真（卷三〇）、费于（卷四四）、娄提（卷八七）等。笔者认为像《南巡论文》那样理解的话，难以明确地解释《魏书》中所见内三郎、三郎并存现象的原因。以下尝试就这一点展开讨论。

碑阴上从第三列 1～6 可以看到有关内三郎的记载，此后第三列的 26～52，以及第四列 1～28 中也可以连续看到关于内三郎的记载。[4] 此外，在第三列、第四列所构成的有关"内三郎"的史料群之后，第五列 2 以后是关于"三郎幢将"的史料群（第五列 1 中缺少的四个字很可能也是三郎幢将）。如后文所述，该碑碑阴从第一列至第七列被认为是按照与北魏皇帝的亲近程度，由上而下记载诸官员之名的。基于这一观点，可以推测内三郎是比三郎幢将更接近皇帝的官员。

从前揭《官氏志》的记载中可知，与三郎相比，幢

第二章 关于北魏文成帝南巡碑

将是官位更高的官员。不过，正如笔者曾在另一篇论文[5]中所论述的那样，这一史料中所见的"幢将"，出现在早于"三郎"这一官职的职能分化之前的登国年间，因此并非指三郎幢将。然而，直到此后很久，幢将都保持着作为禁军指挥官的职能（这一点在后文还将进行讨论）。这样的话，根据其名称的形式可以推测，这里的三郎幢将之下应该存在被称为三郎的官职。

根据以上所述，以及前揭《魏书》中有关担任三郎这一官职的史料群的存在，假设现实中存在有别于内三郎而被称为三郎的官职，三郎幢将应是相比三郎官位更高的官职。然而，《南巡论文》将内三郎视为三郎，这就与碑文中内三郎处于三郎幢将官位之上的记载产生了矛盾。如果在没有矛盾的前提下来理解上述问题的话，三郎这一官职则有可能存在于如今已经缺失的碑阴第六列以下的部分。尽管这一观点没有跳出推测的范畴，但碑阴第三列中记载：

1　中坚将军　内三郎□将　南□□□□
2　折冲将军　内三郎□□　□□□□□
3　□□将军　内三郎□□　特土何□□
4　右将军　内三郎□□　□□素（和？）□与娥鹜
5　□□将军　内三郎□□　□□□□□

东亚古代的诸民族与国家

6　<u>鹰扬将军　内三郎</u>□□　<u>贺</u>□□<u>娄</u>

这一史料可以为前述观点提供一定的旁证。其原因如下：这一有关内三郎的史料与第三列 26 至第四列 28 之间连续记载的内三郎被分开记载下来；第三列 1 中为"中坚将军　内三郎□将　南□□□□"，如果《南巡论文》的解读无误，内三郎后所缺的一个字可以被推测为"幢"；如果这一推测正确，第三列 2～6 中内三郎之后连续缺失的两字很可能为"幢将"。换言之，第三列 1～6 的事例并非关于内三郎的事例，而是关于内三郎幢将的事例。沿着这一思路思考的话，这六例"内三郎幢将"与其他内三郎史料群分开，并被放置在更高官位上的原因也就明了了。

基于上述的认识，该碑碑阴中有关三郎的史料是按内三郎幢将、内三郎、三郎幢将的顺序记载的三郎诸官。此前笔者曾推测在内三郎、三郎幢将之后应设置有三郎的位置，这一推测成立的可能性也相应提高了。总之，从这一点来看，也难以认为《南巡论文》中视三郎为内三郎简称的认识是妥当的。

其次，是有关《南巡论文》提出的诸论点中的（7），即第一列 9 中所见"内都幢将"为禁军的"首领"（按照原文的表述），是官品相当于二三品的高官。关于这一

第二章　关于北魏文成帝南巡碑

点，如果《南巡论文》中所见"首领"一词是指长官的意思，那么（7）的观点就存在问题了。前揭《魏书》卷一一三《官氏志》太祖登国元年（三八六）条记载：

> 是年置都统长，又置幢将及外朝大人官。其都统长领殿内之兵，直王宫；幢将员六人，主三郎卫士直宿禁中者。

以及同书卷三一《于烈传》中，记载了有关太和初期的于烈：

> 迁司卫监，总督禁旅。

同书卷五一《吕罗汉传》中所录献文帝称赞历任司卫监、殿中尚书的吕罗汉的诏书中记载：

> 内总禁旅。

此前之所以认为《南巡论文》中的观点存在问题，正是因为笔者曾依据上述史料，阐述了以下主要观点。[6]

> 在建国之初，北魏的中央军包括了都统长率领的

东亚古代的诸民族与国家

殿内军队与幢将率领的由三郎、卫士所组成的军队等。此后，这两类军队中的前者转由殿中尚书率领，后者转由司卫监率领。现存史料中所见担任殿中尚书、司卫监的官员均由胡族，以及与胡族关系极为紧密的人担任。如上所述，当时中央军的构成及指挥官的称谓等均具有极为浓厚的胡族色彩。可以说孝文帝改革之前的军制是基于胡族的规则建立起来的。孝文帝对这种军制进行了大规模的改革，很可能是在南朝的影响下，创设了以领军将军统摄左卫右卫全体禁军的体制。纵观孝文帝的改革，可以说这是与废除具有强烈胡族色彩的内朝制度同步进行的在军制方面的中华化政策。

然而，如前所述《南巡论文》却将内都幢将视作禁军的"首领"。《魏书·官氏志》中保留有太和年间制定的太和前令。依据其中的官品表，殿中尚书的官品为二品中，司卫监的官品为三品上。此外，左卫将军的官品为从二品上，右卫将军的官品为从二品下。在碑阴中第一列9、11，以及第四列30中可见到左卫将军的事例。仅该碑碑阴上，就可见到同时任职的三名左卫将军。特别是此前所论及的第四列30"左卫将军　南部折纥真　平棘子李敷"的事例，可以看出这里李敷所任的左卫将军与原

第二章 关于北魏文成帝南巡碑

本作为禁军指挥官的左卫将军的形象相去甚远。此外，右卫将军的事例，在第三列 12 中记载：

右卫将军　驾部给事　□惕乙弋小

这里似乎同样偏重于驾部给事。其在多大程度上发挥了右卫将军的职能这一点令人生疑（这里所见"给事"将在后文论述）。此外，《官氏志》太祖登国元年条中记载：

幢将员六人，主三郎卫士直宿禁中者……

同书同志太和四年（四八〇）条中记载：

省二部内部（都？）幢将。

如这些记载中所见，与左卫将军相同，内都幢将的定员同样不止一名。总之，笔者很难认可内都幢将为当时禁军长官这一结论。在这种情况下，笔者认为绝对不能无视前述有明确史料记载的北魏前期"总督"禁军的殿中尚书和司卫监的存在。

根据以上诸点，笔者认为《南巡论文》中"内都幢

东亚古代的诸民族与国家

将为禁军'首领'"的观点容易导致错误的认识。

第三节 有关南巡碑碑阴的若干个人认识

第一项 有关"内侍"的实态

通读南巡碑碑阴之际,可以见到一处与其他地方性质完全不同的记载。这就是第一列42中所见:

> 右五十一人内侍之官

所谓"右五十一人"很明显是指第一列中与官职一同记录的五十一个人。然而,第二列以下名字中出现的侍中、内三郎等也确实同属于内侍之官。[7] 此外,在第一列中可以见到拥有大将军、王爵之类官爵的人物。因此,与其他列相比,第一列中记录的人物位阶更高。丘哲墓志(《汉魏南北朝墓志集释》图版二六八)中记载:

> 魏故使持节征虏将军华州诸军事华州刺史丘公之墓志。君讳哲,河南洛阳人也。……高祖孝文皇帝,猥以照重,七岁之年,擢为内行内小。

第二章 关于北魏文成帝南巡碑

正如从这一史料中所见，碑阴第一列29以下多次出现的"内行内小"很可能具有作为北族年轻贵族首任官职的性质。这一点也可以从"内小"这一官名中看出。但是，很难想象这样的一种官职比第二列所见的卫大将军、征东大将军等官职的官位更高。另一方面，按照第一列至第七列的顺序来看该碑碑阴时，其中所见官爵从整体上确实呈逐渐下降的趋势。总之，可以说该碑碑阴所见内行内小所处的位置，与官爵逐渐下降的这一记载原则之间存在矛盾之处。更值得关注的是，这种逆转的现象并非仅出现在内行内小的场合，在其他地方也有同样的情况。第二列、第三列等部分中拥有王爵、公爵、侯爵之人就被记载于第一列中具有子爵、男爵者之下。如果按常理来认识上述材料的话，不得不考虑到其中除了以官爵高下作为排列的基准外，还存在其他的原则。如此一来，自然可以想到这种原则就是按照与皇帝的远近程度来排列。尽管同样为"三郎"之官，但内行内三郎被记载于第一列，而其他的"三郎"诸官（内三郎、三郎幢将）被记载于第三列以下。如果按照上述原则来考虑这一点，就能完全理解其情况了。

不过，当这样思考时，又萌生了新的问题，即为何在碑阴第一列42处将第一列中留下名字的五十一人与第二列以下的人区别开来，并特别指明其为"内侍之官"。以下尝试就这一问题展开讨论。

《魏书》卷五《高宗纪》和平二年（四六一）条记录了南巡碑建立时的情况：

> 二月辛卯，行幸中山。……三月，……灵丘南有山，高四百余丈。乃诏群官仰射山峰，无能逾者。帝弯弧发矢，出山三十余丈，过山南二百二十步，遂刊石勒铭。……三年春正月壬午，以车骑大将军、东郡公乙浑为太原王。

同书卷六《显祖纪》中记载了四年后和平六年的情况：

> 和平六年夏五月甲辰，即皇帝位，大赦天下。尊皇后曰皇太后。车骑大将军乙浑矫诏杀尚书杨保年、平阳公贾爱仁、南阳公张天度于禁中。戊申，侍中、司徒、平原王陆丽自汤泉入朝，浑又杀之。己酉，以侍中、车骑大将军乙浑为太尉、录尚书事，东安王刘尼为司徒，尚书左仆射和其奴为司空。

碑阴第一列中：

第二章 关于北魏文成帝南巡碑

  1　侍中　抚军大将军　太子太傅　司徒公　平原王　步六孤伊□
  2　侍中　特进　车骑大将军　□太子太保　尚书　平原王　一弗步□□

  将前揭史料与以上碑阴第一列中的内容进行比较的话，可以发现第一列1中的步六孤伊□指的是陆丽，2中的一弗步□□指乙浑。其理由如下。《魏书》卷一一三《官氏志》中记载：

  步六孤氏，后改为陆氏。

  与此相同，同志中还记载：

  乙弗氏，后改为乙氏。

  在和平二年南巡碑建立的阶段，司徒为陆丽，车骑大将军为乙浑。
  更为值得关注的是前揭《显祖纪》中的记载：

  车骑大将军乙浑矫诏杀尚书杨保年、平阳公贾爱仁、南阳公张天度于禁中。

东亚古代的诸民族与国家

这里所见尚书杨保年、平阳公贾爱仁、南阳公张天度三人的名字也见于第一列之中：

> 7 散骑常侍　宁东将军　西起部尚书　东海公　杨保年
> 16 中常侍　宁南将军　太子率更令　内阿干　南阳公　张天度
> 17 中常侍　宁南将军　□□□　太子家令　平阳公　贾爱仁

此外,《魏书》卷四〇《陆丽传》中有关于陆丽即碑阴所见步六孤伊□的记载：

> 丽寻迁侍中、抚军大将军、司徒公。……高宗益重之。领太子太傅。……和平六年,……乙浑寻擅朝政,忌而害之。

同书卷一三《孝文贞皇后林氏传》中记载：

> 孝文贞皇后林氏,平原人也。……金闾兄胜为平凉太守。金闾,显祖初为定州刺史。未几为乙浑所诛。

第二章 关于北魏文成帝南巡碑

这一记载中的林金闾也出现在碑阴第一列中：

6　中常侍　宁南将军　太子少傅　尚书　平凉公　林金闾

基于中常侍是由宦官担任的官员这一点，上述两人应指的是同一人。

根据以上的探讨，可以得到以下的结论。文成帝晏驾后，乙浑为夺取权力，必须除掉碑阴第一列开头处所见的陆丽等人。换言之，乙浑为夺权，希望能掌控碑阴第一列的"内侍"。

有关这些"内侍"的重要性，从以下史料中可以看出。前揭《显祖纪》中记载：

> 戊申，侍中、司徒、平原王陆丽自汤泉入朝，浑又杀之。己酉，以侍中、车骑大将军乙浑为太尉、录尚书事，东安王刘尼为司徒，尚书左仆射和其奴为司空。

碑阴的第二列中又记载：

18　侍中　安南大将军　殿中尚书　□□　东安

· 59 ·

王　　独孤侯尼须

19　侍中　尚书左仆射　安南将军　□□□　平昌公　素和其奴

有关这里所见独孤、素和，《魏书》卷一一三《官氏志》中记载：

独孤氏，后改为刘氏。

与此相似，同志：

素和氏，后改为和氏。

因此，《显祖纪》中所见"东安王刘尼""尚书左仆射和其奴"明显就是碑阴中的"东安王独孤侯尼须""尚书左仆射素和其奴"。这意味着乙浑夺权后，刘尼担任了原由"内侍"中的第一人陆丽担任的司徒一职。乙浑夺权后至天安元年（四六六）二月被文明太后诛杀，这期间北魏王朝的朝政处于事无大小均由位在诸王之上的丞相乙浑决定的状态（《显祖纪》）。总之，在《显祖纪》中"己酉，以侍中、车骑大将军乙浑为太尉、录尚书事，东安王刘尼为司徒，尚书左仆射和其奴为司空"这一记载

第二章 关于北魏文成帝南巡碑

的背景中，蕴含着乙浑希望将自己麾下的新人员纳入碑阴所见"内侍"之中的意图。如果从另一方面来看的话，这一事件揭示出在北魏存在可以被称为"内侍中的内侍"的官员，他们不同于碑阴第二列所见拥有王爵的人（第二列10、11、12、13）、大将军（第二列11、16、18），以及第三列中所见列曹给事、内三郎等。可以说第一列最后一行所见"内侍"就是具有这种性质的内侍。附带说一下，第一列"内侍"之官中还包含中常侍等若干名宦官。尽管如此，这里所说的"内侍"并不等同于宦官。这一点可以明显地从陆丽以下的位置由北族名族占据这一点看出。

第二项　围绕《魏书》中的记载

本项将基于从南巡碑中所获得的认识，来考察有关《魏书》记载的客观性问题。

谷川道雄曾撰写《亚洲历史研究入门1　中国1》中"魏晋南北朝"的部分，其中对于《魏书》的解说如下[8]：

……由于魏收的史笔有失公正，因此出现了将《魏书》称为秽史的非难，这甚至演变为政治问题。于是在无奈之下，《魏书》被数度修改。不过，在几

· 61 ·

乎同时代的史书中，希望能尽量美化有关父祖的记载是一种人之常情。将《魏书》称为秽史的非难在很大程度上也是源于这种愿望，并且《魏书》虽本身有失公正却尚未达"秽史"的程度，这是以《四库提要》为首的后世对于《魏书》的普遍评价。

相反，不如说《魏书》是一部在很多方面均具有特色的良史。首先，其开篇的《序纪》一卷可以说是一部北魏帝国前史，是描绘了有关塞外部族联合实态的贵重史料。

《宗室传》的内容充实，也反映了具有游牧社会特色的部族封建制的遗制。……

正如上文中所述，这种评价可以说是时至今日大部分研究者对《魏书》的评价。如果关注到《序纪》《宗室传》等部分的编纂，《魏书》确实如上述评价所言。然而，魏收有意或无意地篡改了历史（例如前述所见对于某一人物或某一家族的褒贬），这与其作为历史学家别出心裁地对历史进行一定加工（《序纪》《宗室传》《释老志》的创新与充实）原本就不是一个层面的问题。即使从后者来看，可以将《魏书》视作良史，但前者关系到史书的本质，如果其真实性值得怀疑的话，那么可以说《魏书》就存在重大问题了。赵翼在《廿二史札记》卷一

第二章　关于北魏文成帝南巡碑

三魏书多曲笔条中，指出《魏书》中的曲笔之多：

……收之书趋附避讳，是非不公，真所谓秽史也。

同书同卷尔朱荣传条中，指出了有关尔朱荣记述中存在的诸多问题：

……收非曲徇尔朱，乃曲徇高氏耳。

笔者认为上述的判断切中要害。

在这一方面，此次发现的南巡碑又给我们揭示了更为深刻的问题。碑文中可以见到很多以前不为所知或虽然知道但事例较少的官职。通过考察这一现象所蕴含的历史意义便可发现问题所在，即正如《南巡论文》所指出的那样，该碑文中可以见到"折纥真"（八例）、"雅乐真幢将"（六例）、"斛洛真军将"（一例）、"斛洛真"（八例）、"内行内三郎"（二例）、"内小幢将"（三例）、"贺浑吐略渥"（二例）等完全未见于此前史料的官职。此外，碑文中可以见到此前已知官职名称的新事例，其中内行内小二十一例、内三郎六十七例、三郎幢将十九例。如前所述，记载了内行内小这一官职的史料，现在仅见于墓志之中，《魏书》中完全没有记载。内三郎的事例在《魏

· 63 ·

书》中仅存在六例。即使将三郎视作内三郎的简称，包括这样的事例在内也不过十例。三郎幢将的事例在《魏书》中仅能见到一例。以上《魏书》中的事例包括了从北魏初期到前述内朝诸官废止[9]的孝文帝改革时的全部事例。如果考虑到前述碑文记载的是和平二年建立该碑时的情况，那么两者间的差异就显得格外突出了。此外，如果此前所列举诸官是在探讨北魏历史时不值一提的小官的话，也不能因为出现上述现象而指责《魏书》。然而，如前所述，前揭诸官绝非"小官"，而是在北魏前期发挥着极其重要的作用的官职。再者，魏收也不可能不知道这些职官的存在，以及其在当时的重要性。这是因为《水经注》卷一一㶟水、㶟水出代郡灵丘县高氏山条中关于南巡碑有以下记载：

其水沿涧西转，径御射台南，台在北阜上。台南有御射石碑。

施蛰存《水经注碑录》卷三引用了上述《水经注》中的记载，并在其后注：

《太平寰宇记》著录灵丘县南十八里有御射台，下引《水经注》文云："台南有御射碑，即文成帝和

第二章 关于北魏文成帝南巡碑

平二年南巡于此,路左有山,高七百仞,命群臣射之,不过半。帝乃射之,箭过其顶三十余仞,落山南三百步。遂刻石,其碑见存,阴刊从臣姓名。"此盖郦注之佚文也。

可见,在魏收的时代,南巡碑的存在仍为世人所知。此外,北魏皇帝巡幸之际,竖立过很多像南巡碑这样的石碑。例如,《水经注》卷一一滱水、又东过博陵县南条中记载:

东流北转,径东山下。水西有御射碑。徐水又北流,西屈径南岩下。水阴又有一碑。徐水又随山南转,径东岩下,水际又有一碑。凡此三铭,皆翼对层峦,严障深高,壁立霞峙。石文云:皇帝以太延元年十二月,车驾东巡,径五回之险邃。览崇岸之竦峙,乃停驾路侧,援弓而射之,飞矢逾于岩山,刊石用赞元功。夹碑并有层台二所,即御射处也。<u>碑阴皆列树碑官名</u>。

《水经注碑录》卷三、后魏御射碑条记载其碑文:

舍按:《魏书·世祖纪》云:"帝以太延元年十

一月乙丑，行幸冀州。……十二月癸卯，遣使者以太牢祀北岳。"郦氏引碑文数语，即指此事。《太平寰宇记》云："五回山在满城县西九十里，下有三碑，即后魏所立。文云：'皇帝以太延元年车驾东巡，援弓而射。飞矢逾于岩山三百余步。'后镇军将军定州刺史乐良公乞文于射所造亭立碑，中山安喜贾聪书。"此所述可以补郦注所未详。

这座石碑建立于文成帝父亲太武帝的太延元年（四三五）。如此一来，根据前揭《水经注》画线部分"碑阴皆列树碑官名"的描述，可见与南巡碑时代接近的该碑碑阴上，也应存在与南巡碑相似的记载。

总之，魏收在撰写《魏书》之际，北魏前期的情况并未湮没于历史之中或处于难以复原的状态。如果魏收希望利用的话，可以搜集到像前述这样的史料，完全能够留下相比我们今日所见到的更为精细的北魏前期的历史。但为什么魏收如此消极地对待这样的资料呢？以下将探讨有关这一方面的问题。

笔者探讨过崔鸿《十六国春秋》中所见的历史观。在考察该问题之际，笔者曾论及：这本史书是在将五胡十六国视为非正统的历史观下编纂而成的；当北魏统一华北进入孝文帝的时代后，北魏继承西晋成为正统王朝的观念

第二章 关于北魏文成帝南巡碑

获得公认,此后形成了上述这种历史观。[10]《魏书》是《十六国春秋》之后完成的史书。建立了北魏的鲜卑拓跋部原本与五胡十六国时代胡族诸王朝同属于五胡;但当时已将北魏与十六国区分开来,北魏统一华北以前被视为五胡十六国时期,而此后则被视为正统王朝的北朝时期。《魏书》同样应是在这种时代观的影响下编纂而成的。当站在这样的立场上时,魏收自然不会特别关注北魏前期胡族色彩浓厚的历史史实。在上述的时代背景下,他的这种态度多半是在无意识的情况下形成的。如此一来,从某种程度上可以说,魏收在史书编纂过程中出现前述那样的偏颇也是不可避免的。然而,笔者认为还应关注到以下这一点。

笔者曾讨论了北魏前期在政治范畴内的社会构造,并关注了北魏前期的"北人"(以鲜卑为主)、"南人"(以汉人为主)间的对立,当时曾将此称作"北人""南人"构造。[11]在分析了《魏书》中所见北人的用例后,笔者曾提出魏收因何没有直接称呼鲜卑、胡族的疑问。就管见所及,《魏书》记载的在北魏与鲜卑相关的事迹中直接采用鲜卑这一用语的史料,仅有《魏书》卷一《序纪》中"大鲜卑山"与《魏书》卷五〇《尉元传》中"中州鲜卑"这两例。笔者在指出这一问题时曾论述道:

· 67 ·

东亚古代的诸民族与国家

  在可以被称作非汉民族国家的北齐的统治之下，撰写《魏书》的魏收有意识地删除了能让人联想到非汉民族统治的记载。[12]

结合此前的论述来考察这一问题的话，魏收的《魏书》对于北魏前期历史采取从简记载的态度，是基于当时以北朝为正统的时代观与历史认识；而对于北魏与作为其源头的五胡之间的关联，《魏书》就不只是无意识地简略这么简单了。赵翼的《廿二史札记》卷一三尔朱荣传条中曾指出有关尔朱荣记载的多处问题：

> 《北史》魏诸臣传，多与魏收书相同，惟《尔朱荣传》，当时谓荣子文畅遗收金，请为其父作佳传，收论内遂有"若修德义之风，则韦、彭、伊、霍，夫何足数"等语，故《北史》此传多有改订。……及庄帝畏逼忧祸，潜谋杀荣之事，则不甚详。使阅者但觉功多罪少，此收之舞文也。……惟荣女先为明帝嫔，荣欲以为庄帝后，帝从祖莹言立之，此事荣传中竟绝无一字，则以此后后为齐神武所纳，故讳之。然则收非曲徇尔朱，乃曲徇高氏耳。

正如这里所述，魏收在撰写《魏书》之际，即使在

· 68 ·

极为细节之处都有所斟酌。基于以上诸方面，可以看出魏收绝不仅仅是在当时的时代风潮下单纯地采用了改姓后的姓氏或篡改太平真君四年的石刻祝文等特定史料，他也怀着剔除那些与五胡相关的历史史实的强烈意图。可以说，这显示出《魏书》是一部不同于当时人们所称"秽史"意义的"秽史"。

希望探究北魏历史的人应该认识到魏收所持有的这种缜密的态度，此次发现的南巡碑正为我们展现了这一点。

结　语

总结本章所阐明的问题，可以归纳为以下几点。

第一，北魏前期，比拟于尚书的俟懃地何、比拟于刺史的莫堤等多种鲜卑系诸官在中央及地方都有设置，当时存在这种二重结构。然而，《魏书》中几乎没有收录俟懃地何、莫堤之类的鲜卑系比官。

第二，《南巡论文》中将三郎视作内三郎的观点还有进一步探讨的余地。

第三，内都幢将并非北魏前期的禁军长官。

第四，北魏前期的内侍即内朝具有多重结构。

第五，南巡碑碑阴是按照与皇帝的亲近程度，以及官爵高下的准则排列诸官员的，其中前一准则凌驾于后一准则。

第六，乙浑的谋反事件具有发生于碑阴中所谓"内侍"内部的夺权斗争的性质。

第七，《魏书》中反映出《魏书》编纂之际的时代观，其中存在关于北魏前期国制的"杜撰"部分。

第八，这种"杜撰"很可能是魏收在观念上有意识地排除一部分史料造成的。

南巡碑中在北族的"姓"、爵号等方面仍有很多问题尚待解决。最后仅列举以下三点，作为本章的结尾。

第一，有关集中出现在碑文第三列中的"给事"。笔者考察过这种"给事"并指出：根据其职掌不同，"给事"存在殿中给事、北部给事、库部给事、太医给事、监御曹给事、南部给事、都牧给事、主客给事、宿卫给事、侍御给事、奏事给事、内行给事等不同的种类；与"中散""给事中"等官职相同，随着时代的发展，其职掌也出现了分化。笔者还论述了这种分化是随着内朝复杂多极化的发展而形成的。[13]在已经阐明的有关"给事"的问题之外，此次南巡碑的发现又展现了以下新情况。①除上述诸"给事"外，还存在"太官给事""驾部给事""中书给事"的名称。②即使进入文成帝的时代，仍大量存在具体职掌、所属均不明确的仅被称为"给事"的"给事"。③《魏书》中存在若干条仅记载了"给事"而没有明确说明具体职掌、所属的事例。碑文中同时存在单

第二章 关于北魏文成帝南巡碑

称"给事"以及冠以职掌、所属的两类"给事"。因此,《魏书》中所见这种初期的"给事"也是"给事",但并非早期事例中所见"殿中给事"等官职的简称。

第二,该碑碑文所载跟随巡幸的官员中存在某种偏向。可以注意到,司卫监、中散官等这些在当时的内朝中发挥着重要作用的官员并未参加此次巡幸。这一现象是否具有某种含义还有待今后的探讨。基于该碑中的官员是以武官为中心,以及北魏的内朝具有多层结构,可以说碑中没有记载中散官绝非单纯的偶然现象。[14]

第三,《水经注碑录》卷三之六八,对于后魏御射碑,施蛰存的注记中记载:

> 《太平寰宇记》云:……此所述可以补郦注所未详。自此以后,此碑即不见著录,宋人亦未有得拓本者,以为已亡佚矣。一九三六年春,此碑忽发现出土,遂有拓本流传。上虞罗振玉有跋,载《后丁戌稿》,又录碑文于《石交录》。余至今犹未得此碑拓本,故据罗氏所录记之。碑有篆额曰"皇帝东巡之碑",二行,行三字。碑文十四行,行二十六字。首二行残泐,不可辨识。郦氏引用诸语,已不完。其文有云:"历定冀……恒山北行而归。十有二月□□五□之崄□□崇之峙……架路隅,弯弓而射之,矢逾于

东亚古代的诸民族与国家

□□五百余□。于是爰命左右将士善射者射之，若武卫将军昌黎公□□，前军将军浮阳侯阿齐，中坚将军蓝田侯代田，积射将军曲阳□□□，射声校尉□□子□亡兴，次飞督，安熹子李羔等数百人，皆天下□□也，射之莫有过崖者，或至峰旁，或及岩侧。于是群臣内外，始知上□□之远□代绝□□□咸嗟欢圣艺之神明……"其首数语与《水经注》《太平寰宇记》所引文合，故知此即郦注所称御射碑也。碑又有"三年丁丑功讫"语，则事在太延元年，立碑乃在三年也。罗振玉云，此碑出于易县猫儿洼。易县即古之广昌，亦与郦注合。广川乃今之枣强，可证史文之误矣。又史云"校猎"，盖亦校射之误。郦氏云碑阴皆列树碑官名，罗氏所得拓本则无阴，问之碑估，亦不能对，非漫灭即失拓耳。又郦氏记此碑凡三石，今碑文有云："镇东将军乐良公乞立石……三年丁丑功讫。会乐良公去，□□刺史征东□□张掖公宝周初临，续赞其事，遂刊□□□，乃作颂曰……"由是知此碑乃张掖公所建也。然上既言"三年丁丑功讫"，则乐良公所建，贾聪所书必别为一碑，非此碑矣。盖当时有三人各刻一碑，乐良公所刻为第一碑，张掖所刻为第二碑，其第三碑犹不可知，未必与第一碑同存于天壤间矣。

第二章 关于北魏文成帝南巡碑

被视为出现于二十世纪的这块碑,以及其他的碑如今已不知去向。但可以想象该碑的碑阴上应存在与本章所论南巡碑的内容相似的记述。如果发现了这块碑或其拓本,并且可以与南巡碑进行比较的话,就能期待在这一方面的研究获得新的进展。

第三章　关于鲜卑的文字
—— 与汉唐间中华意识的广泛传播相关联

前　言

本章将探讨北魏时期的鲜卑使用了怎样的文字这一问题。

笔者发表过一篇题为《四～五世纪东亚的天下意识——从与中国政治思想传播的关系所见》[1]的小文，其中指出了以下的内容。

作为古代中国政治用语的"天下"一词原本是指华夏文明的领域，除此之外还存在夷狄所居的四海。然而，随着华夏文明的疆域不断扩大，直到四海，此前属于夷狄的土地也逐渐被合并称作天下了。随着夷狄本身的中华化而扩大的天下在此后被视为新的天下，其外部又被视为四海。甚至还存在包括四海诸势力在内的天下的观念，例如

第三章　关于鲜卑的文字

在给日本遣隋使的国书中,隋炀帝将作为四海(四夷)中东夷的倭国视作包含在天下之内的国家。

此外,中国的天下意识是以中国为中心的。基于同样的原理,在中国以外的诸民族因受到中国政治思想的影响,也形成了以自身为中心的天下意识。同样的情况也出现在高句丽。这种天下及中华意识的形成不仅限于倭国、高句丽等政权,与当时的东亚形势间存在联系。这种意识起源于匈奴、鲜卑等五胡诸族建立的华北诸国。本书的第二篇第一章将详细论述这种中华意识的具体情况。

既然这种所谓天下或中华的世界认识、政治思想原本起源于中国,那么这种思想或制度自然会以某种形式传播至周边诸民族。在这种情况下,周边诸民族自然会被认为是通过阅读中国的书籍来吸收这些思想与制度的。

然而,笔者认为,在魏晋南北朝时期周边诸民族中存在传播这些思想或制度的人。他们主要为中国人,或是深受中国文化影响的人。

众所周知,这是一个在五胡入侵的背景下,包括东亚,以及北亚、东南亚、西域的广阔范围在内,形成了人口大量流动的时代。其中心位于华北。躲避战乱的人们不仅在华北内部迁徙,甚至还离开这一区域向上述的东西南北各地迁徙。

东亚古代的诸民族与国家

在这一移民、难民的浪潮中,最大规模的人口迁徙是从华北向江南的移动,当然迁徙的浪潮也波及朝鲜半岛,逃至高句丽的冬寿就是其中一例。

不过,在高句丽、百济、新罗、倭国的国制中可以见到共通的所谓"部"的制度。具体来看,高句丽存在由桂娄部、绝奴部、顺奴部、灌奴部、消奴部五部组成的部的制度;百济存在由上部、前部、中部、下部、后部组成的五部制度;新罗存在由梁部、沙梁部、牟梁部、本彼部、汉岐部、习比部组成的六部制度;日本则存在部民制。

那么为什么高句丽的五部、百济的五部、新罗的六部、日本的部等制度中一致出现了"部"这一用语呢?仅仅是因为同样要表达"分类"的意思而形成了相同的用语吗?不过,如果将古代不同地域的诸国间出现的如此相似的用语归结于这种原因,不免有过于轻率的嫌疑。以采用了"部"这一相同的用语为代表,诸国彼此间应存在某种联系,这已成为一直以来的一种定论。笔者认为其中关系到前述有关该时代"传播中国政治思想的人"的问题。

高句丽在进入五世纪后,将其首都从此前的国内城迁到了南部的平壤。此时,高句丽将之前具有浓厚血缘关系的五部制按照方位重新编为东、南、西、北、内的五部

第三章　关于鲜卑的文字

制。这种改变与北魏部体制的变迁如出一辙。

"部"这一用语正体现了上述这样的背景。如此一来，可以看出在高句丽五部制即将出现的东亚世界中，已经形成了有关"部"的观念，即"部"并非一种单纯指分类、血缘或地域集团的概念，而具有作为军事、行政单位的意味；其成员受命于王权，被集中在特定的区域内生活，并根据方位进行区划。

那么，是怎样的群体将这种观念传播至高句丽等地的呢？以下来探讨这一方面的问题。总而言之，关于这一群体，甚至不用关注到前述高句丽冬寿的事例，就能自然而然地想到那些对"部"的汉字表述有一定认识的人。

当从这一观点出发，考虑究竟是怎样的人使用了"部"这一用语时，可以进行以下的推测：古代日本将"部"读为"be"，这是从汉语"bu"的读音转化而成的；在日本古代朝廷中，来自百济的渡来人在史部掌管着朝廷的记录，他们依据百济的习惯，将汉语的"部"及其字音"be"传播到了日本。

总之，"部"在当时的东亚是一个共通的用语。倭国、百济，以及作为百济"部"制来源的高句丽甚至是新罗均使用这一用语。"部"在这些国家中均被读作"bu"或转音后的"be"等发音。

此前已谈到，在探讨这一时期朝鲜、日本的古代国家建设问题时，有必要扩展视野，考察其与建立于华北的五胡诸国间的联系。不仅限于国家建设，如果从中国文化传播的观点进行思考的话，可以认为当时造成这种传播的人口迁徙遍及江南、福建、云贵、岭南、东南亚、北亚、西域、朝鲜半岛等地，而朝鲜、日本古代国家建设问题与全面阐明当时波及以上地区的人口迁徙这一重大课题间存在关联。

拙稿大致指出了上述这些情况，希望能解决以下问题：四世纪至五世纪的东亚诸民族试图以怎样的形式促进国家与民族的形成；在此过程中，中国人或中国的政治思想又发挥了怎样的作用？有关这些问题将在本书的第二篇第三章中做进一步的讨论。本章也将在这一视野下，关注建立起北魏的鲜卑（拓跋）所使用的文字问题，探讨这一时代中"民族"自我认识的实态。

第一节 《隋书·经籍志》所见"国语"

《隋书》卷三二《经籍志》中记载了北魏迁都洛阳时的情况：

> 又云魏氏迁洛，未达华语。孝文帝命侯伏侯可悉陵，以夷言译《孝经》之旨，教于国人，谓之《国语孝经》。

第三章　关于鲜卑的文字

据此可以看出迁都之际的鲜卑尚不能完全掌握华语，即洛阳地区使用的汉语。此外，同样在《经籍志》中记载：

> 又后魏初定中原，军容号令，皆以夷语。后染华俗，多不能通，故录其本言，相传教习，谓之"国语"。

根据这条记载可知，北魏平定中原之际，拓跋鲜卑在战场上采用夷语即鲜卑语发号施令。并且，从这一史料中还可了解到受到华俗即汉民族文化的影响，在使用鲜卑语发号施令的鲜卑内部，出现了鲜卑语"衰退"的现象，在很多情况下，难以用鲜卑语传达号令。

此外，综合考察以上两则史料，可以概括出：直到平定中原之际，拓跋鲜卑使用鲜卑语维持并提升了其集团间的凝聚力；而自平定中原后，出现了拓跋鲜卑逐渐忘却鲜卑语的现象，至迁都洛阳时，这一现象已愈加显著。然而，另一方面，在鲜卑中汉语也未能获得广泛的普及，鲜卑人对于汉语的理解仍处于有限的状态。

在这种情况下，孝文帝令侯伏侯可悉陵这一非汉民族人物以鲜卑语翻译《孝经》的主旨，并用此来教授国人（拓跋鲜卑），该书被称为《国语孝经》。记载了这一内容

东亚古代的诸民族与国家

的上述史料展现出鲜卑使用了某种形态的文字,这一点非常引人关注。上述《经籍志》的记载中可以见到以下书名:

《国语》十五卷、《国语》十卷、《鲜卑语》五卷、《国语物名》四卷(后魏侯伏侯可悉陵撰)、《国语真歌》十卷、《国语杂物名》三卷(侯伏侯可悉陵撰)、《国语十八传》一卷、《国语御歌》十一卷、《鲜卑语》十卷、《国语号令》四卷、《国语杂文》十五卷、《鲜卑号令》一卷(周武帝撰)、《杂号令》一卷

从中也可以确认鲜卑拥有某种文字。
《辽史》卷三七《地理志》中记载契丹的神话为:

相传,有神人乘白马。自马盂山浮土河而东。有天女驾青牛车。由平地松林泛潢河而下。至木叶山二水合流相遇,为配偶生八子。其后族属渐盛,分为八部。每行军及春秋时祭,必用白马青牛,示不忘本云。

《魏书》卷一《序纪》中记载拓跋鲜卑首领圣武帝之

第三章 关于鲜卑的文字

际的神话为:

> 初,圣武帝尝率数万骑田于山泽,欻见辎軿自天而下。既至,见美妇人,侍卫甚盛。帝异而问之,对曰:"我,天女也,受命相偶。"遂同寝宿。旦,请还曰:"明年周时,复会此处。"言终而别,去如风雨。及期,帝至先所田处,果复相见。天女以所生男授帝曰:"此君之子也,善养视之。子孙相承,当世为帝王。"语讫而去。

正如以上所见,两种神话间存在很多共通的部分。

此外,《魏书》卷一一三《官氏志》记载圣武帝之父献帝时的情况:

> 至献帝(圣武帝父)时,七分国人,使诸兄弟各摄领之,乃分其氏。

这里记载了献帝将拓跋鲜卑分为七个氏族。这就是所谓"七族"的成立。此后,拓跋鲜卑长期维持着包括作为本宗拓跋氏在内的八族体制。[2] 这里的八族可以说与前揭《辽史》记载中所见契丹的八部非常相似。

尽管时代相异,契丹与拓跋鲜卑却在历史上留下了相

东亚古代的诸民族与国家

似的轨迹。《新唐书》卷二一九《契丹传》就曾记载：

> 契丹，本东胡种，其先为匈奴所破，保鲜卑山。魏青龙中，部首比能稍桀骜，为幽州刺史王雄所杀，众遂微，逃潢水之南，黄龙之北。至元魏，自号曰契丹。

这里将契丹记载为从原居住于鲜卑山的鲜卑中分离出来的族群。其他的史料中也有相同的记述。如果事实如此，那么从某种意义上说两者拥有相似的历史轨迹就是理所当然的事情了。并且，众所周知，契丹创造了独立的文字。而且，正如以上所见到的那样，拓跋鲜卑也采用了某种文字来记录自己的语言，并将其称为国语。这样一来，鲜卑先于契丹创造出独自的文字也就毫不稀奇了。那么以下再来考察这一方面的问题。

第二节　关于鲜卑的文字

在这种情况下，需要指出两个问题。第一，记述国语的文字是一种怎样的文字；第二，拓跋鲜卑出于什么理由使用这种文字。

有关第一个问题，《魏书》卷二《太祖纪》天兴四年

第三章 关于鲜卑的文字

(四〇一)十二月条中记载:

> 集博士儒生,比众经文字,义类相从,凡四万余字,号曰众文经。

同书卷四《世祖纪》始光二年(425)三月条记载:

> 初造新字千余,诏曰:"在昔帝轩,创制造物,乃命仓颉因鸟兽之迹以立文字。自兹以降,随时改作,故篆隶草楷,并行于世。然经历久远,传习多失其真,故令文体错谬,会义不惬,非所以示轨则于来世也。孔子曰,名不正则事不成,此之谓矣。今制定文字,世所用者。颁下远近,永为楷式。"

上述史料非常重要。前一则史料记载比照"聚经"的文字,按照"义"和"类"对文字进行了分类。其字数在四万以上。至今尚未发现由鲜卑创造的可称作鲜卑文字的文字。因此,将这里的四万字视作汉字应无大过。恐怕当时选定的是应被称为北魏王朝"正体字"的四万个汉字。在这一点上,可以说这些被选定的汉字类似于此后清代《康熙字典》中所见到的汉字。

那么,第二则史料中所见新创造的并且颁行于远近、永为楷式的新字又是怎样的文字呢？其应是与前一史料中所载文字相同的文字，即新造的千余个汉字。加上这些文字，北魏王朝的"正体字"应达到了四万一千余个。在读到当时发布的诏敕"在昔帝轩，创制造物……"时，也可得到同样的认识。可以说，其中所见"初造新字千余""制定文字""永为楷式"，特别是"初造新字千余"具有重要的意义。具体来说，尽管这千余个新字与前一则史料中所记四万余字的具体情况并不明确，但既然后一则史料记载"初造新字千余"，那么两者应当属于不同性质的文字。何德章认为第一则史料中的四万余字与用汉字记录的鲜卑语有关。[3] 总而言之，何德章将这四万余字视为像万叶假名那样使用的文字。

那么，第二则史料中初造的"新字千余"究竟又是怎样的文字呢？如果拘泥于"初造新字"的记载，就不能否认当时的鲜卑可能创造了某种形式的独特文字。

然而，至今尚未发现哪怕一个由鲜卑创造的文字。因此，应该说现阶段尚难以判断"初造新字"是由鲜卑新创造的文字。不过，此前的研究尚未关注到两则史料中所述文字间质的差异。[4] 笔者认为有必要确认这一点，即两则史料中所见文字间存在某种本质上的不同。

在这一时代中，有关这一问题的记载极少，更多的情况不得不依赖于推论。当综合考虑到如下诸点，即北魏新

第三章　关于鲜卑的文字

创造了千余个某种新字、存在一种被称为国语（鲜卑语）的语言、存在采用非汉语的国语写成的书籍、鲜卑语是不同于汉语系统的语言等方面时，可以认为：当时鲜卑语被像万叶假名那样利用汉字的字音记录下来；相对于日语、朝鲜语等语言中的助词、词尾那样的语词，鲜卑语根据一定的规则使用已确定的文字来连接单词与单词（这里的单词存在用汉字书写和以类似万叶假名的形式书写两种情况）；并且，起初在使用这样的助词等时，由于没有特定的或统一的书写规则，造成了混乱；世祖始光二年时，选定了千余个新字（汉字），并赋予其有别于汉字意思的其他功能，试图统一书写规则。不过这里要强调的是，以上的探讨是基于现阶段的史料所做出的一种推论。

第三节　国语书籍存在的意义

用国语（鲜卑语）写成的书籍不仅关系着鲜卑文字的存在与否，还涉及拓跋鲜卑是站在怎样的立场上使用了前节探讨的那种文字的问题。管见所及，尚未有对于这一问题的研究。因此，本节将针对这一点展开若干考察。

正如前揭《隋书》卷三二《经籍志》中记述的那样，鲜卑语在北魏被称作国语，并且孝文帝曾命侯伏侯可悉陵翻译《孝经》，并将其称作《国语孝经》，以此来教授鲜

· 85 ·

卑人。众所周知，《孝经》是儒学的经典，孝可以说是中华文明核心的概念。从这一观点来看，对《孝经》的学习关系着鲜卑旧有形态的转型。这展现了北魏使用鲜卑语写成的书籍并非出于强化鲜卑间纽带的目的，而是为了弱化这种纽带。应注意到鲜卑语书籍起到了与强化本民族凝聚力的契丹文等文字相反的作用。

另一方面，笔者对于《隋书》卷三二《经籍志》中"又后魏初定中原，军容号令，皆以夷语。后染华俗，多不能通，故录其本言，相传教习，谓之'国语'"这一记载已展开了若干讨论。在这种情况下，还应关注到其中"录其本言，相传教习"的部分。这是因为虽然在鲜卑语逐渐被遗忘的危机意识下，北魏才后知后觉地开始记录、学习鲜卑语，但这展现出鲜卑也同样存在其后那些创造了自身文字的非汉民族中所见到的民族意识的觉醒（可能应该将其称为萌芽）。

当这样思考时，《隋书·经籍志》记载的鲜卑语书籍中可以见到《国语》十五卷、《国语》十卷、《鲜卑语》五卷、《国语物名》四卷（后魏侯伏侯可悉陵撰）、《国语真歌》十卷、《国语杂物名》三卷（侯伏侯可悉陵撰）、《国语十八传》一卷、《国语御歌》十一卷、《鲜卑语》十卷、《国语号令》四卷、《国语杂文》十五卷、《鲜卑号令》一卷（周武帝撰）、《杂号令》一卷等，其

第三章 关于鲜卑的文字

中《国语真歌》十卷、《国语杂物名》三卷（侯伏侯可悉陵撰）、《国语十八传》一卷、《国语御歌》十一卷等书籍的存在有重要的意义。以下将阐述笔者这种认识的理由。

众所周知，日本古代的历史记载于以《日本书纪》为首的用汉文即古代中文书写而成的文献中。以现代的认识来看，可以说这是非常奇怪的现象。因为现代的日本国家不可能在记述古代日本历史时采用外国的语言。首先，其重要原因之一是当时的日本尚未形成文字。正史的记述方法同样基于中国史书的体裁。这与当时日本所处的发展阶段有关。然而，古代日本致力于以《日本书纪》《万叶集》之类的形式来保存自身的历史与文学。这与孝文帝让鲜卑学习《国语孝经》，以及由于鲜卑语逐渐被忘却而教授鲜卑语的措施之间存在很大的不同。

此外，留存的鲜卑书目中可以见到《国语真歌》十卷、《国语十八传》一卷、《国语御歌》十一卷等书名，应该注意到在鲜卑中也存在用文字记述"自民族"文学、历史的动向。今日《魏书》的开篇是几乎不见于其他正史的《序纪》。虽然乍一看其与中国正史的记叙方式可能别无二致，但其中也包含着前述圣武帝与天女之间结成圣婚，以及同样记述于《序纪》中的有关拓跋鲜卑迁至匈奴故地时的内容：

> 献帝命南移，山谷高深，九难八阻，于是欲止。有神兽，其形似马，其声类牛，先行导引，历年乃出。始居匈奴之故地。

可见，《序纪》中保留着很多有关鲜卑神话的记述。今日已无从得知魏收在编纂《魏书》之际是以怎样的形式收集到这些内容的，但完全有理由相信当时存在以某种形式记录下来的有关这些神话的资料，魏收正是基于这种资料写成了《序纪》。总之，在他撰写《序纪》前，存在某种可以被称为原《序纪》的材料。崔浩等史官编纂过北魏的国史，这成为《魏书》所依据的史料。如果要进一步探讨《序纪》来源的话，那么有必要追溯到崔浩等史官的时代。在这一时代，很可能存在类似于后代《元朝秘史》那样用国语（鲜卑语）记述的原《序纪》。当然，尽管未必达到了非常完备的程度，但其中保留着鲜卑建国事迹的可能性很高。前揭《隋书·经籍志》中所见《国语真歌》十卷、《国语十八传》一卷等鲜卑语书籍的存在似乎印证了这一点。

北宋时代的《乐府诗集》卷二一横吹曲辞条中记载：

> 后魏之世，有簸逻回歌。其曲多可汗之辞，皆燕魏之际鲜卑歌。歌辞虏音，不可晓解。盖大角曲

第三章 关于鲜卑的文字

也。……自隋已后,始以横吹用之卤簿。

《旧唐书》卷二九《音乐志》北狄乐条记载:

> 北狄乐,其可知者鲜卑、吐谷浑、部落稽三国,皆马上乐也。鼓吹本军旅之音,马上奏之,故自汉以来,北狄乐总归鼓吹署。后魏乐府始有北歌,即魏史所谓真人代歌是也。代都时,命掖庭宫女晨夕歌之。周、隋世,与西凉乐杂奏。今存者五十三章,其名目可解者六章:慕容可汗、吐谷浑、部落稽、巨鹿公主、白净王太子、企喻也。其不可解者,咸多可汗之辞。按今大角,此即后魏世所谓簸逻回者是也,其曲亦多可汗之辞。北虏之俗,呼主为可汗。吐谷浑又慕容别种,知此歌是燕、魏之际鲜卑歌,歌辞虏音,竟不可晓。

渡边信一郎非常重视隋以后的横吹乐是由这里所见的鲜卑歌所构成的这一点。他曾论及:

> 这里可以指出以下这一点:隋鼓吹部三十二曲,以及继承其谱系的唐鼓吹十五曲是用源自"簸逻回歌""真人代歌"的鲜卑语歌词演奏的,并且其被用作皇帝行幸之际的卤簿行列及夜警曲等。在最接近皇

帝权力的地方演奏的是鲜卑音乐。这无疑是在向官员、民众宣布隋唐政权的根源来自遥远的鲜卑族。……与雅乐、七部伎乐的改革相同，鼓吹乐的再次编定自然被认为是在开皇一四年（五九四）。这里确立的隋唐鲜卑系鼓吹乐存在了二百余年，直到宪宗元和初年（八〇六）在礼仪使高郢的建议下被废止（《唐书·仪卫志下》）。不论其中所蕴含的权力的历史根源与正统性所在是否被理解，这些曲乐都一直在向官员、民众演奏着。[5]

笔者赞同渡边信一郎的高见。在此还需要注意的是鼓吹乐使用鲜卑语演唱这一点与鲜卑文字间的关联。

《乐府诗集》卷二五横吹曲辞条中记载了前揭《旧唐书·音乐志》中"后魏乐府始有北歌，即魏史所谓真人代歌是也。代都时，命掖庭宫女晨夕歌之。周、隋世，与西凉乐杂奏。今存者五十三章，其名目可解者六章：慕容可汗、吐谷浑、部落稽、巨鹿公主、白净王太子、企喻也。其不可解者，咸多可汗之辞"中所举"企喻"的歌词：

企喻歌辞四曲

按企喻本北歌，《唐书·乐志》曰：……
男儿欲作健，结伴不须多。鹞子经天飞，群雀两向波。

第三章 关于鲜卑的文字

放马大泽中，草好马着膘。牌子铁裲裆，鉅鋧鹳尾条。
前行看后行，齐着铁裲裆。前头看后头，齐着铁鉅鋧。
男儿可怜虫，出门怀死忧。尸丧狭谷中，白骨无人收。

正如这里所见到的那样，企喻是北歌之一，而《乐府诗集》中收录的歌词是用汉语记录的。这首歌原本用鲜卑语歌唱，因此理应采用鲜卑语记录。在北宋时代《乐府诗集》成书之时，其文字应已经失传。不过，前揭《隋书·经籍志》中明确记载着至少流传到隋代的《国语真歌》十卷、《国语御歌》十一卷等书名。

可以说《国语真歌》十卷、《国语御歌》十一卷等书籍中收录的歌曲，对于鲜卑来说有类似于日本《万叶集》中所见诸歌那样的地位。太祖道武帝时期选定了四万余字，虽然具体内容并不明确，但此后世祖太武帝时期创造出了与此前四万余字性质不同的千余个新字。笔者认为，至少经过这两次文字整理，鲜卑形成了类似于万叶假名那样的文字表记方法，《国语真歌》《国语御歌》等书籍中的内容可能正是以这种形态记录的鲜卑语歌曲。

第四章
关于三国时期的乌丸、鲜卑
——从交流与变迁的观点所见

前 言

以上的三章探讨了北魏时代的鲜卑。本章将追溯至此前的汉与三国时期,探讨当时东胡即乌丸(顺便说明一下,乌丸在史书中也被记作乌桓)与鲜卑的实态,以及其变迁的过程,希望借此来探究拓跋鲜卑所处的历史位置。

对于三国时期的乌丸与鲜卑,以日本内田吟风[1]与中国马长寿[2]的古典式研究为代表,笔者感到文献上的研究已非常全面。然而,自米文平发现鲜卑石室(嘎仙洞)[3]以来,又形成了新的认识。此外,近年以魏坚[4]、孙危[5]等学者为代表的有关鲜卑墓葬的研究,从考古学的视角推进了对鲜卑的研究。因此,基于这样的成果,重新考察这一

第四章　关于三国时期的乌丸、鲜卑

时期乌丸、鲜卑的问题，可以说具有非常重要的意义。

《魏书》记录了由拓跋鲜卑建立的北魏的历史，其卷一《序纪》中记载了拓跋鲜卑从位于大鲜卑山（兴安岭北部[6]）的鲜卑石室启程南下直到北魏建国间的神话时代。其中记载：

> 圣武皇帝讳诘汾。献帝命南移，山谷高深，九难八阻，于是欲止。有神兽，其形似马，其声类牛，先行导引，历年乃出。始居匈奴之故地。

通过对大量鲜卑墓进行的发掘等工作，今日已基本掌握了鲜卑迁徙及在到达匈奴故地后继续南下的具体路线。现在已知鲜卑南下的出发点位于大兴安岭北部，此处邻近中俄边境，属于黑龙江，也是嘎仙洞所在地。依据前揭《魏书》的记载，可以推定鲜卑的迁徙还与此后匈奴的移动有关。总之，鲜卑的南下与北亚地区诸民族的迁徙息息相关。

此外，如《资治通鉴》卷一〇八《晋纪三〇》孝武帝太元二一年（三九六）七月，魏王拓跋珪称尊号条胡三省注曰：

> 呜呼！自隋以后，名称扬于时者，代北之子孙十

东亚古代的诸民族与国家

居六七矣，氏族之辨，果何益哉！

这里指出隋唐时期统治阶层中的六七成均由鲜卑人占据。此外，沈括所著《梦溪笔谈》卷一《故事一》中记载：

中国衣冠，自北齐以来，乃全用胡服。窄袖绯绿短衣，长靿靴，有蹀躞带，皆胡服也。

这里指出自鲜卑系国家北齐以来，中国的衣冠服饰变为了胡服，即鲜卑之服。

众所周知，鲜卑诸族南下后在加深与中原王朝关系的同时，最终在华夏文明的领域内建立起鲜卑诸王朝。其中之一的北魏成为中国统一王朝隋唐帝国的原型。[7] 总之，鲜卑的南下不仅与北亚内部诸民族的迁徙有关，而且涉及中国史乃至欧亚大陆东部整体的历史。

此外，换一个角度来看，始于黄河文明的华夏诸族的扩大在秦始皇统一中国、修筑起长城之后，迎来了一次划时代的转变。长城将南部中原地区与北部胡族之地划分开来，具有现实性及象征性的标志作用。上述所谓划时代的转变正是基于长城的修建而形成的。正如战国时期中山国的存在所表现出来的那样[8]，此前的华北处于华夷杂处的状态。而基于长城修建后所形成的态势，华夷杂处的局面得到了控制，迎来了四夷（东夷、西戎、南蛮、北狄）分布于周边的时代。[9]以长城南北为界的华夷秩序被此后的时代所继承。

然而，如前所述，此后北方民族仍继续向着长城地区特别是其内侧南下迁徙。像后来的蒙古族、满族等民族那样，北方民族甚至还建立起包括中原王朝领域与这些民族的发源地在内的大帝国。基于这种观点，笔者不禁要问，本章标题中所言有关三国时期乌丸、鲜卑的问题又与中国史乃至欧亚大陆东部的整体历史有怎样的关系呢？

基于对以上问题的关注，本章希望考察三国时期乌丸、鲜卑的移动、交流，以及与之相伴的民族变迁中所蕴含的历史意义。以下将通过探讨西汉、东汉（除末期以外），以及东汉末、魏晋时期的状况，展开这一方面的研究。

第一节 西汉、东汉时期的状况
——属民化与佣兵化

本节将关注两汉时期乌丸、鲜卑在匈奴与汉之间作为庶民、佣兵而存在的情况，探讨其不断强化与中原王朝间关系的过程。

乌丸与东部鲜卑[10]最初分布于蒙古草原东南部的西拉

木伦河与辽河流域。其中乌丸生活在南边的辽河流域，鲜卑生活在北边的西拉木伦河流域。西拉木伦河流域由三个地区组成：西拉木伦河以南为黄土地带，适合农耕；西拉木伦河以北分为东、西两部分，西部为草原地带，与蒙古草原一样，适合游牧；东部为森林地带，适合狩猎。

从《后汉书》的记载中可以得知，分布于辽河流域的乌丸在早期阶段就开始从事原始的农业耕种。[11]

据《史记》卷一一〇《匈奴传》记载：

> 其后燕有贤将秦开，为质于胡，胡甚信之。归而袭破走东胡，东胡却千余里。与荆轲刺秦王秦舞阳者，开之孙也。燕亦筑长城，自造阳至襄平，置上谷、渔阳、右北平、辽西、辽东郡以拒胡。当是之时，冠带战国七，而三国边于匈奴。

由乌丸、鲜卑等构成的东胡居住于西拉木伦河、辽河流域，其南部包括古代的上谷、渔阳、右北平、辽东、辽西五郡之地。根据上述史料可知，由于战国末年燕国将军秦开驱逐了东胡，燕国获得了这五郡之地。

此外，《史记》卷一二九《货殖列传》中记述有关燕的情况如下：

第四章 关于三国时期的乌丸、鲜卑

> 夫燕亦勃、碣之间一都会也。南通齐、赵,东北边胡。上谷至辽东,地踔远,人民希,数被寇,大与赵、代俗相类,而民雕捍少虑,有鱼盐枣栗之饶。北邻乌桓、夫余、东绾秽貊、朝鲜、真番之利。

根据这一记载可以推测,从战国时期起,乌丸、鲜卑就已经与边境的汉人进行了频繁的接触。

进入汉代,刘邦封同乡的卢绾为燕王。刘邦死后,卢绾率众投降了匈奴,被封为东胡卢王。此后,景帝在位之际的公元前一四四年,卢绾之孙卢它以东胡王的身份降汉。这样的经历暗示卢氏一族可能与东胡维持了长达约五十年的关系。

乌丸一开始向匈奴臣服是由于遭到冒顿单于的攻击。《后汉书》卷九〇《乌桓传》中记载了这一点,以及乌丸(乌桓)在汉武帝之际摆脱匈奴的控制等情况:

> 乌桓自为冒顿所破,众遂孤弱,常臣伏匈奴,岁输牛马羊皮,过时不具,辄没其妻子。及武帝遣骠骑将军霍去病击破匈奴左地,因徙乌桓于上谷、渔阳、右北平、辽西、辽东五郡塞外,为汉侦察匈奴动静。其大人岁一朝见。于是始置护乌桓校尉,秩二千石,拥节监领之,使不得与匈奴交通。

如此一来，乌丸进入了塞外的上谷、渔阳、右北平、辽西、辽东五郡（前一二〇）。不过，当时其主要的根据地是位于辽河流域的赤山与白山。

另外，根据上述记载可以推定，此前乌桓在臣服于匈奴时，曾被要求纳税，并且其妻子被当作"人质"。西汉武帝之际，乌丸摆脱了匈奴，并充当起西汉的斥候。从这一点可看出，当处于匈奴的控制之下时，乌丸很可能也被要求承担过这样的军役。

从上述史料中还可看出，汉代曾设置了由中央派遣的护乌桓校尉一职，用以掌控乌丸的情况。[12] 而匈奴一方在当时是否设置过类似官职并不明确。不过，《后汉书·乌桓传》中记载了王莽时期乌桓怨恨王莽政策的情况：

> （乌丸）由是结怨于莽。匈奴因诱其豪帅以为吏，余者皆羁縻属之。

根据这里的记载，匈奴一方很可能也采用了相似的体制。不过，匈奴任命的是乌丸的官吏，这一点让人感到其与汉朝的政策不同。

汉朝与匈奴间的关系逐渐向着有利于汉朝的方向发展。与此相伴，乌丸在扩大自身势力的同时，深化了同汉

第四章　关于三国时期的乌丸、鲜卑

朝的关系。

《后汉书》卷九〇《乌桓传》记载进入王莽时期后：

> 及王莽篡位，欲击匈奴，兴十二部军。使东域将严尤，领乌桓、丁令兵屯代郡，皆质其妻子于郡县。乌桓不便水土，惧久屯不休，数求调去。莽不肯遣，遂自亡畔，还为抄盗，而诸郡尽杀其质。由是结怨于莽。匈奴因诱其豪帅以为吏，余者皆羁縻属之。

在上述背景下，出现了乌丸势力的扩大及其与汉朝关系的深化；与此同时，乌丸逐渐隶属于汉，并且对此也表现出抵抗情绪。可以说，上述史料很好地展现了这两方面的表里关系。

到了东汉光武帝时期，情况发生了明显的变化，即《后汉书》卷一下《光武帝纪》建武二二年（四六）条记载：

> 是岁，……乌桓击破匈奴，匈奴北徙，幕南地空。

《后汉书》卷九〇《乌桓传》记载了同样的情况：

(建武)二十二年,匈奴国乱,乌桓乘弱击破之,匈奴转北徙数千里,漠南地空。帝乃以币帛赂乌桓。二十五年,辽西乌桓大人郝旦等九百二十二人率众向化,诣阙朝贡,献奴婢牛马及弓虎豹貂皮。是时四夷朝贺,络驿而至。天子乃命大会劳飨,赐以珍宝。乌桓或愿留宿卫。于是封其渠帅为侯王君长者八十一人,皆居塞内,布于缘边诸郡,令招来种人,给其衣食,遂为汉侦候,助击匈奴、鲜卑。时司徒掾班彪上言:"乌桓天性轻黠,好为寇贼。若久放纵而无总领者,必复侵掠居人。但委主降掾史,恐非所能制。臣愚以为宜复置乌桓校尉,诚有益于附集,省国家之边虑。"帝从之。于是始复置校尉于上谷宁城,开营府,并领鲜卑赏赐、质子,岁时互市焉。[13]

总之,在建武二五年(四九),乌丸从上述上谷、渔阳、右北平、辽西、辽东五郡的塞外迁入了塞内。此后,乌丸的定居地扩展至上述五郡之外的地区,包括代郡、雁门、太原、朔方,以及内蒙古鄂尔多斯一带的草原等地(《后汉书·乌桓传》)。

乌丸的迁入与南匈奴[14]迁徙至汉地的情况相同。汉族与胡族的世界被秦汉帝国修筑的长城这一现实中的巨大建筑物分开。尽管如此,以越过长城的方式进行的胡汉交流

第四章　关于三国时期的乌丸、鲜卑

日趋频繁。从这一点来看，乌丸的迁入是一个非常值得关注的现象。

并且，继乌丸之后，鲜卑南下并成为漠北的霸主。与上述乌丸相同的现象，在鲜卑的时代中获得了进一步的扩大。

以下将从这一视角出发考察鲜卑的发展动向。

根据前揭《后汉书·乌桓传》建武二五年条的记载，作为针对班彪上言的对策，东汉让乌桓校尉一同监督鲜卑，并且让鲜卑像乌丸一样派遣质子、开设互市。这一方针持续到东汉中期安帝的时代。即《后汉书·鲜卑传》中记载的：

> 安帝永初中（二世纪初），鲜卑大人燕荔阳诣阙朝贺。邓太后赐燕荔阳王印绶，赤车参驾，令止乌桓校尉所居宁城下，通胡市，因筑南北两部质馆。鲜卑邑落百二十部，各遣入质。

此外，《后汉书》卷九〇《鲜卑传》中记载此前永平元年（五八）的情况为：

> 时渔阳赤山乌桓歆志贲等，数寇上谷。永平元年，祭肜复赂偏何击歆志贲，破斩之。于是鲜卑大人皆来归附，并诣辽东受赏赐。青徐二州给钱岁二亿七

千万为常。明章二世，保塞无事。

当时的这场赤山之战可以说是在中国东北塞外乌丸与鲜卑间发生势力更迭的分水岭。此后，乌丸的势力经过种种分化，长城以北的大部分乌丸逐渐被鲜卑吸收。

此外，同传中记载了有关和帝时期的情况：

和帝永元（八九～一〇五）中，大将军窦宪遣右校尉耿夔，击破匈奴。北单于逃走，鲜卑因此转徙据其地。匈奴余种留者尚有十余万落，皆自号鲜卑，鲜卑由此渐盛。

正如这里记载的，北单于率领的匈奴败亡后，残存下的十余万落的匈奴被鲜卑吸收。

本章开篇曾探讨了有关鲜卑拓跋部南下的神话。在神话中拓跋鲜卑"始居匈奴之故地"的记载无疑与上述情况有关。

第二节 东汉末、魏晋时期的状况
——独立化与融合的开始

本节将考察东汉末、魏晋时期的乌丸与鲜卑，并

第四章　关于三国时期的乌丸、鲜卑

基于这一考察进一步展望此后的五胡十六国、北朝时期。

第一项　固有风俗的延续

《三国志·魏书》卷三〇《乌丸鲜卑传》序文的注中记载了当时乌丸在风俗习惯等方面的情况（编号、黑体字为笔者所加）：

> 《魏书》曰：乌丸者，东胡也。……
>
> ①（**骑射游牧**）俗善骑射，随水草放牧，居无常处。
>
> ②（**房屋**）以穹庐为宅，皆东向。
>
> ③（**食肉饮酪衣毛**）日弋猎禽兽，食肉饮酪，以毛毳为衣。
>
> ④（**贱老、母系**）贵少贱老，其性悍骜，怒则杀父兄，而终不害其母，以母有族类，父兄以己为种，无复报者故也。
>
> ⑤（**无世袭**）常推募勇健能理决斗讼相侵犯者为大人。邑落各有小帅，不世继也。
>
> ⑥（**部族制、无文字**）数百千落自为一部，大人有所召呼，刻木为信，邑落传行。无文字，而部众莫敢违犯。

⑦（**无姓**）氏姓无常，以大人健者名字为姓。

⑧（**无徭役**）大人已下，各自畜牧治产，不相徭役。

⑨（**抢夺婚、劳役婚、母系**）其嫁娶皆先私通，略将女去，或半岁百日，然后遣媒人送马牛羊以为聘娶之礼。婿随妻归，见妻家无尊卑，旦起皆拜，而不自拜其父母。为妻家仆役二年，妻家乃厚遣送女。居处财物，一出妻家。故其俗从妇人计，至战斗时，乃自决之。

⑩（**无尊卑**）父子男女，相对蹲踞。

⑪（**辫发**）悉髡头以为轻便。妇人至嫁时，乃养发，分为髻，著句决，饰以金碧。犹中国有冠步摇也。

⑫（**逆缘婚**）父兄死，妻后母执嫂。若无执嫂者，则己子以亲之次妻伯叔焉。死则归其故夫。……

⑬（**武力的世界、烧葬、犬马**）贵兵死，敛尸有棺。始死则哭，葬则歌舞相送，肥养犬，以采绳婴牵，并取亡者所乘马、衣物、生时服饰，皆烧以送之。特属累犬，使护死者神灵归乎赤山。赤山在辽东西北数千里，如中国人以死之魂神归泰山也。至葬日，夜聚亲旧员坐，牵犬马历位，或歌哭者，掷肉与之。使二人口颂咒文，使死者魂神径至，历险阻，勿

第四章 关于三国时期的乌丸、鲜卑

令横鬼遮护,达其赤山。然后杀犬马,衣物烧之。
……

贯穿西汉、东汉时期,乌丸的汉化在不断地演进。因此,到曹魏时期,以上①~⑬中记载的乌丸风俗已出现了相当程度的质变。不过,这里指的是入塞乌丸的情况,留在塞外的乌丸仍应基本保持了上述的风俗。此外,《后汉书·鲜卑传》中记载:

鲜卑者,亦东胡之支也。别依鲜卑山,故因号焉。其言语习俗与乌桓同。

正如这里的记载,相对于乌丸,较晚接触到中原王朝的鲜卑与乌丸一样是属于东胡的种族,两者拥有相同的风俗习惯。[15] 如此一来,将前述乌丸的风俗习惯视为鲜卑的风俗习惯也应无大的问题。

此外,《宋书》记载了五世纪江南王朝宋的历史,其卷九五是关于索虏(拓跋鲜卑)的传记,其中记载:

死则潜埋,无坟垄处所。至于葬送,皆虚设棺柩,立冢椁,生时车马器用皆烧之,以送亡者。

东亚古代的诸民族与国家

这里展现的风俗可以被视为前述乌丸风俗中⑬（烧葬）的延续。北魏文明太后冯氏是主导了孝文帝时期政治的著名女性。《魏书》记载了由拓跋鲜卑所建立的北魏的历史，其卷一三《皇后列传》中记述冯氏在丈夫高宗文成帝（北魏第四代皇帝）驾崩之际的反应：

> 高宗崩，故事国有大丧，三日之后，御服器物一以烧焚。百官及中宫皆号泣而临之。后悲叫自投火中，左右救之。良久乃苏。

高宗晏驾于四六五年，以上史料展现了即使到五世纪中叶在皇族中仍残存着三世纪初期的鲜卑风俗。而且，如果考虑到本章开篇所述隋唐时期仍传承着胡族文化的因素，那么这种风俗很可能也保留在一般的鲜卑人中。

第二项　独立化与融合的开始

第一款　独立化

《后汉书·鲜卑传》记载：

> （延喜九年，一六六）朝廷积患之（檀石槐），而不能制。遂遣使持印绶封檀石槐为王，欲与和亲。檀石槐不肯受，而寇抄滋甚。乃自分其地为三部，从

第四章　关于三国时期的乌丸、鲜卑

> 右北平以东至辽东，接夫余、濊貊二十余邑为东部。从右北平以西至上谷十余邑为中部，从上谷以西至敦煌、乌孙二十余邑为西部，各置大人主领之。皆属檀石槐……光和中（二世纪八十年代）檀石槐死，时年四十五，子和连代立。……自檀石槐后，诸大人遂世相传袭。

这里记载了东汉末年塞外的鲜卑在檀石槐的领导下迎来了统一，此后鲜卑大人的职位开始世袭。此外，关于稍后的情况，同书《乌桓传》中记载塞内乌桓的首领率领邑落，自称王号，加强了独立化的趋势：

> 灵帝初（一六八），乌桓大人上谷有难楼者，众九千余落，辽西有丘力居者，众五千余落，皆自称王。又辽东苏仆延，众千余落，自称峭王，右北平乌延，众八百余落，自称汗鲁王，并勇健而多计策。

以上记载的是东汉末年的情况。本章主要的考察对象为三国时期。以下将详细考察三国时期在檀石槐之后统一了鲜卑的著名人物轲比能的情况，来探讨这种独立化的趋势发展到了怎样的程度。

《三国志》卷三〇《鲜卑传》记载：

东亚古代的诸民族与国家

轲比能,本小种鲜卑。以勇健,断法平端,不贪财物,①众推以为大人。部落近塞,自袁绍据河北,②中国人多亡叛归之,教作③兵器铠楯,④颇学文字。故其⑤勒御部众,拟则中国,出入弋猎,建立旌麾,以鼓节为进退。建安中,⑥因(乌丸校尉)阎柔上贡献。太祖(曹操)西征关中,田银反河间,⑦比能将三千余骑随柔击破银。后代郡乌丸反,比能复助为寇害。太祖以鄢陵侯彰为骁骑将军,北征,大破之。⑧比能走出塞。后复通贡献。延康初(二二〇),比能遣使献马,⑨文帝亦立比能为附义王。黄初二年(二二一),比能出诸魏人在鲜卑者五百余家,还居代郡。明年,比能帅部落大人小子代郡乌丸修武卢等三千余骑,⑩驱牛马七万余口交市,遣魏人千余家居上谷。⑪后与东部鲜卑大人素利及步度根三部争斗,更相攻击。⑫田豫(曹丕即位时,担任乌丸校尉)和合,使不得相侵。五年,比能复击素利,豫帅轻骑,径进掎其后。比能使别小帅琐奴拒豫。豫进讨,破走之。由是怀二。乃与辅国将军鲜于辅书曰:"⑬夷狄不识文字,故校尉阎柔保我于天子。我与素利为仇。往年攻击之,而田校尉(田豫)助素利。我临陈使琐奴往。闻使君(田豫)来,即便引军退,步度根数数钞盗,又杀我弟,而诬我以钞

第四章 关于三国时期的乌丸、鲜卑

盗。⑭我夷狄虽不知礼义,兄弟子孙受天子印绶。牛马尚知美水草。况我有人心邪。将军当保明我于天子。"辅得书以闻。帝复使豫招纳安慰,比能众遂强盛,控弦十余万骑。每钞略得财物,均平分付,一决目前,终无所私。故得众死力,余部大人皆敬惮之,然犹未能及檀石槐也。……至(青龙)三年(二三五)中,(幽州刺史领护乌桓校尉王)雄遣勇士韩龙,刺杀比能,更立其弟。

这里展现了鲜卑依然保持着通过众人的拥戴来确立首长的传统(①)。然而,因为东汉末年的混乱局面,大量来自中原地区的人归附了轲比能(②),于是其王权的形态有了显著的变化。这种变化具体表现在兵器的制造技术(③)、掌握汉字(④)、鲜卑军队在组织与指挥方法上的革新(⑤)等方面。在鲜卑内部形成上述变化的同时,还存在乌丸校尉的支配体制(⑥)。此外,之前中原王朝奉行的对鲜卑的政策也发生了变化。在乌丸校尉的指挥下,鲜卑甚至参与了镇压中原地区叛乱的活动(⑦)。在这种情况下,轲比能往来于塞内、塞外(⑧),被册封为王(⑨)。当时,鲜卑内部围绕着霸权展开了激烈的争斗(⑪)。可以看出,从中原王朝获得的王号及与中原进行的交市(⑩)等成为支撑这种新王权的极为必要的条件。

109

东亚古代的诸民族与国家

通过乌丸校尉，魏干涉了鲜卑内部的对抗（⑫）。值得注意的是轲比能在此时所表现出的意味深长的夷狄观念（⑬⑭），即他在写给辅国将军鲜于辅的书信中曾言及"夷狄不识文字""我夷狄虽不知礼义，兄弟子孙受天子印绶。牛马尚知美水草。况我有人心邪"。如前所述，东汉末年，通过归附的中原人，轲比能或鲜卑的领导层在一定程度上掌握了文字（④）；而"夷狄不识文字"的认识出现在所谓不识文字的人的书信中。这种矛盾暗示必须有所保留地看待"夷狄不识文字"的表述。此外，其中所用"夷狄"一词更为重要。此后可以见到"我夷狄虽不知礼义，兄弟子孙受天子印绶。牛马尚知美水草。况我有人心邪"的内容。依据中国古代的政治思想，夷狄原本就被认为不属于人类，而是与鬼或牲畜联系在一起的群体。[16]

在此后的时代中也存在相关事例。羯族与鲜卑一同被视为四夷之中的胡。十六国时期，出身于羯族的英雄石勒建立起十六国之一的后赵。作为西晋忠臣的刘琨（汉族）曾向石勒请求联手扶持西晋。《晋书》卷一〇四《石勒载记》中记载了石勒对刘琨的答复，其中有：

"……吾自夷，难为效。"遗琨名马珍宝，厚宾其使，谢归以绝之。

第四章　关于三国时期的乌丸、鲜卑

同载记中还记载：

> 时王浚（汉族）署置百官，奢纵淫虐。勒有吞并之意。欲先遣使以观察之。……乃遣其舍人王子春、董肇等，多赍珍宝，奉表推崇浚为天子曰："（石）<u>勒本小胡，出于戎裔</u>……"

从当时石勒的势力来看，很难认为前一史料中夷狄的称谓意味着石勒是由衷地向刘琨表达自谦，认为自身是劣于汉族的夷狄，因此不能协助刘琨。还可以从前一史料的最后，其由此断绝了与刘琨的联系中明显地看出，石勒并没有这种认识。在第二则史料中，石勒尽管企图吞并王浚，但仍故意自称为小胡、戎裔，并以臣下之礼劝王浚即天子之位。从这则史料中也可以明显地看到同样的情况。

第二款　融合

前一部分考察了乌丸、鲜卑的南下，以及在此过程中其迁徙至塞内并进一步深化了同中原王朝间关系的状况。其结果就是中原王朝、东胡之间出现了大量"融合"的现象。以下将通过对若干事例的考察，来说明这种"融合"的部分情况。

《后汉书·乌桓传》记载：

东亚古代的诸民族与国家

> 灵帝初（一六八），乌桓大人上谷有难楼者，众九千余落，辽西有丘力居者，众五千余落，皆自称王。又辽东苏仆延，众千余落，自称峭王，右北平乌延，众八百余落，自称汗鲁王，并勇健而多计策。<u>中平四年（一八七），前中山太守张纯畔，入丘力居众中，自号弥天安定王，遂为诸郡乌桓元帅，寇掠青徐幽冀四州</u>。

这里记载曾担任东汉中山太守的张纯联合乌丸，成为这一联合势力的王，并寇掠了华北诸州。也就是说，一位与政府相关的人物集结东胡，侵害了内地广阔的富庶地区。可以说，这是汉代有史以来从未出现过的现象。此外，同传记载献帝时的情况如下：

> （献帝时）广阳人阎柔，少没乌桓、鲜卑中，为其种人所归信。柔乃因鲜卑众，杀乌桓校尉邢举而代之。袁绍因宠慰柔，以安北边。……会曹操平河北，阎柔率鲜卑、乌桓归附。操即以柔为校尉。

这条史料说明了以下三点。①与乌丸、鲜卑关系密切的汉人阎柔在杀死中原王朝统治东胡的核心官员——乌桓校尉后，将其取代。②阎柔与东汉末年群雄的中心人物袁

第四章　关于三国时期的乌丸、鲜卑

绍建立了关系。③此后，其投靠至曹操的麾下，被正式任命为乌桓校尉。这同样是从未出现过的现象。可以说，这是与此前所见张纯的事例有别，甚至是存在本质差异的东汉最末期的情况。

在汉代的四百年中，中原王朝与东胡的边界逐渐变得模糊。以上所见"融合"的情况可以说就是在这一过程中出现的一种现象。

对于东夷，东夷校尉具有与设置在乌丸、鲜卑即东胡中的乌桓校尉相同的职责。以下，将进一步探讨有关东夷校尉的情况。

《晋书》卷一四《地理志》平州条记载：

> 平州……后汉末，公孙度自号平州牧。及其子康、康子文懿并擅据辽东，东夷九种皆服事焉。魏置东夷校尉，居襄平，而分辽东、昌黎、玄菟、带方、乐浪五郡为平州。后还合为幽州。及文懿灭后，有护东夷校尉，居襄平。咸宁二年（二七六）十月，分昌黎、辽东、玄菟、带方、乐浪等郡国五置平州。

公孙氏政权灭亡后，魏在襄平（今辽阳）设置了东夷校尉，后者发挥着统管东夷的职能。有关东夷校尉的具体活动，《晋书》卷九七《马韩传》记载：

武帝太康元年（二八〇）、二年，其主频遣使入贡方物。七年、八年、十年，又频至。太熙元年（二九〇），诣东夷校尉何龛上献。咸宁三年（二七七）复来，明年又请内附。

同书卷一〇八《慕容廆载记》记载：

（慕容廆）又率众东伐扶余。扶余王依虑自杀。廆夷其国城，驱万余人而归。东夷校尉何龛遣督护贾沈，将迎立依虑之子为王。廆遣其将孙丁率骑邀之。沈力战斩丁，遂复扶余之国。

廆谋于其众曰："吾先公以来世奉中国，且华裔理殊，强弱固别，岂能与晋竞乎。何为不和以害吾百姓邪。"乃遣使来降，帝嘉之，拜为鲜卑都督。廆致敬于东夷府，巾衣诣门，抗士大夫之礼。何龛严兵引见。廆乃改服戎衣而入。人问其故。廆曰："主人不以礼，宾复何为哉。"龛闻而惭之，弥加敬惮。

从以上《晋书》等文献中的相关记载可见，东夷校尉是与设置在幽州用以管理乌丸、鲜卑的乌桓校尉具有类似职能的官员。文淑、崔毖、鲜于婴、何龛、李臻、封抽、阳耽等汉人担任过这一官职（均参照《晋书》中的

第四章 关于三国时期的乌丸、鲜卑

记载)。其中应注意到石勒、慕容儁等也担任过东夷校尉（均参照《晋书·载记》中的记载）。当然这是西晋灭亡后五胡政权时期的事情。当时的东夷校尉在多大程度上发挥了其实际职能，这一点仍存在疑问。

然而，应特别关注到以下这样史料的存在，即《晋书》卷一〇八《慕容廆载记》记载：

> 廆使者遭风没海。其后廆更写前笺，并赍其东夷校尉封抽，行辽东相韩矫等三十余人疏，上（陶）侃府曰：……

同书卷一〇九《慕容皝载记》中记载慕容廆死后随即爆发了慕容皝与慕容仁之间的争斗：

> 仁尽众距战。幼等大败，皆没于仁。襄平令王冰、将军孙机以辽东叛于皝。东夷校尉封抽、护军乙逸、辽东相韩矫、玄菟太守高诩等弃城奔还。仁于是尽有辽左之地，自称车骑将军、平州刺史、辽东公。宇文归、段辽及鲜卑诸部并为之援。

这里所见的东夷校尉封抽是渤海郡出身的汉人名族之士，在慕容廆时投其麾下，并成为慕容廆的左膀右臂之一

(《晋书·慕容廆载记》)[17]。总之，上述史料中所见东夷校尉封抽是由鲜卑出身的慕容廆、慕容皝任命的东夷校尉。这一现象意味着在曾经公孙渊的据点即魏晋时期的平州襄平，随着东胡东部鲜卑中的鲜卑慕容部统治了该地区，原本承担着统御东夷诸势力职责的东夷校尉逐渐成为慕容部的属官。

结　语

鲜卑的南下历经了漫长的岁月，当进入中原王朝的领域后，慕容鲜卑的势力不断扩大，最终慕容儁于三五二年称帝。《晋书》卷一一〇《慕容儁载记》中记载：

> 儁答曰："吾本幽漠射猎之乡，被发左衽之俗，（中原王朝的）历数之箓，宁有分邪……"……因以永和八年（三五二）儁即皇帝位。……时（东晋的）朝廷遣使诣儁，儁谓使者曰："汝还白汝（东晋的）天子，我承人乏，为中国所推，已为帝矣。"

五胡十六国时期很多非汉民族的首领均像这里记载的那样登上了皇帝之位。在这些民族中，源于西部鲜卑的拓跋鲜卑最终建立了北魏，统一了华北。并且，北魏还成为

第四章 关于三国时期的乌丸、鲜卑

此后隋唐帝国的原型。本章开篇曾论及在这一过程中北方的文化因素被根深蒂固地继承下来。

本章希望阐明在鲜卑开始南下至隋唐帝国之间的时期内，三世纪的乌丸、鲜卑所处的历史阶段问题。基于本章以上的考察，在这一阶段中乌丸与鲜卑最终于长城地带同中原展开了密切的交流，此后二者迅速地发生了剧烈的变化；并且，可以说以这一阶段为起点，二者开始广泛且深远地影响整个中国。

此外，自黄河文明形成时开始，中国的疆域就不断地扩大。这种扩大的趋势一直发展到塞外与塞内被秦始皇修筑的长城这一现实中的建筑物明确地划分开来的阶段。在本章的前言中，笔者曾提出了以下问题，即应如何综合地理解上述这一点与本章所关注的乌丸、鲜卑的南下，二者与中原的融合，后世由蒙古、满洲建立的元、清等政权的统治，以及今日中国疆域的形成呢？如果大胆明了地说，这一点关系到应如何认识历史上并非一直由汉族统辖的蒙古、满洲、新疆等地成为今日中国领域的问题。根据本章的考察，在秦始皇之后，中国的扩大并未停止，相反这种扩大还浩浩荡荡地继续着。而且，乍一看塞外民族试图进入塞内的活动与这种趋势间存在冲突，然而，这种活动实际上成为推动中国疆域不断扩大的主要因素之一。就像不能完全将高句丽视为中国历史的一部分那样[18]，笔者认为

东亚古代的诸民族与国家

上述情况展现了北亚、东亚地区的历史并非孤立地展开的，我们有必要采取将各地区密切联系起来的立场。如此重大的问题并非本章简短的篇幅所能解决的。在探讨三世纪的乌丸、鲜卑之际，考虑到这些民族在很长一段时间内强烈地影响了此后历史这一点，可以说对其历史意义的思考，在全面认识中国史、东亚史方面具有极为重要的意义。[19]

第五章　再论北魏内朝

——从比较史的观点所见

前　言

　　本章将再次讨论有关所谓内朝的问题，并总结本篇的内容。

　　笔者最初发表有关北魏内朝的拙论已是很久以前的事了。[1] 当时关于内朝的研究是笔者对此前考察的北魏时期部族解散问题的展开。[2] 上述有关部族解散和内朝的研究可以概括为：北魏道武帝施行的部族解散政策并非意味着要废止部族制度，让一个个旧部族民全部直接隶属于皇帝，而是将此前诸部族长对于部民的统帅权集中于皇帝，以及禁止诸部族民迁移，令其定居下来；在部族制度全面解体意义层面上的"解散"，要等到道武帝时期以后的孝文帝改革之际；[3] 此外，内朝具有在这种部族制度上层结构中的一个组织的性质；孝文帝对于内朝的废止与废除西郊祭天等构成了其改革中的一环。此后，上述对于道武帝时期部族解散的个人见解，基本获得了学界的赞同，时至今日依然如此。[4]

另一方面，直至目前笔者对于内朝的认识同样也获得了学界的普遍肯定。当时笔者将内朝理解为胡族（鲜卑）、北族[5]统治中国的一个标志。对于这种个人见解，也有学者从与后宫间的关系来把握内朝，提出不应从胡族、汉族对立的方面来认识内朝的观点。[6]本章希望阐述对于这种见解的若干个人意见。

此外，兴起于大兴安岭北部的鲜卑经历了长期的南下过程，建立起北魏，并最终统一了华北；[7]在此前笔者论述部族解散和内朝的出发点中，包含着应如何认识上述这样的北魏国家这一关系到国家论的问题意识。在关注北魏孝文帝诸改革前后的北魏政体时，可以从中见到北魏前期由非汉民族建立的国家与北魏后期实现了中原王朝化的国家间存在的差异。兴起于北方的鲜卑在经过了与匈奴等民族的融合后，最终建立起代国、北魏，这一过程可以被视作拓跋鲜卑国家建设、发展的历史。然而，北魏前期国家保持着浓厚的北方体制与样态，而孝文帝改革以后的国家则是一个胡汉融合程度较高的中原王朝。可以说在这一点上，两者间存在巨大的断裂。众所周知，这是孝文帝实施

第五章　再论北魏内朝

的所谓"汉化政策"(当时改革的内容并非字面意义上的汉化政策，而具有更深层次的历史意义。有关这一点，笔者已在别稿中进行了论述[8])所造成的结果。笔者的问题意识在于，如果站在国家论的立场上进行思考，如何能将具有上述那种性质的北魏前期国家与后期国家衔接在一起。

如果从所谓汉化论、同化论的立场来看的话，可以认为基于孝文帝的改革，北魏前期国家得以成为所谓中原正统王朝那种一般意义上的国家。然而，如果这样理解的话，就形成了以下认识，即北魏前期国家是向着后期国家演进"过程"中的国家，是一个基于自孝文帝改革之前就开始施行的"汉化"而丧失了或正在丧失自身主体性的国家。不过，笔者曾指出在确定这种方向性的同时，也有必要关注到"汉化"还存在其他的方向性。笔者认为北魏前期国家是作为北亚拓跋鲜卑发展的终极形态而形成的国家，并非"过程"中的国家，应被视为基于八部制度的"部"体制国家。[9]

在与中原王朝进行对比之际，被称为征服王朝的辽金元清所具有的独特性质一直备受关注。然而，北魏被看作所谓的浸透王朝。[10]笔者认为这种认识导致人们在理解北魏前期国家时存在一定的偏见。

那么，如果从不同于这一立场的视角出发，与此同时

东亚古代的诸民族与国家

并不将北魏前期国家与后期国家割裂开来,而是着眼于整个北亚史、东亚史,在这种情况下又能对北魏国家进行怎样的定位呢?本章中也将探讨此类问题。

也就是说,在考虑北魏情况的同时,本章还将从比较史的观点出发,考察有关上述内朝及国家论的问题。

众所周知,对于古代日本稻荷山古坟出土铁剑铭,以及船山古坟出土铁刀铭,此前已展开了大量的研究。根据近年的研究,"朝廷"这一用语是"内廷"与"外朝"的简称,在稻荷山铁剑铭所记载的安东大将军倭王武的阶段,不仅宫中,包含官人组织在内的府中也已基本完备。[11]这样一来,就形成了稻荷山铁剑铭及船山铁刀铭中所见的杖刀人、典曹人是隶属于内廷还是外朝的问题。与此相对,还存在杖刀人属于内廷、典曹人属于外朝的认识。[12]

另一方面,同时代位于华北的北魏称在官署中负责文书的文吏为比德真、负责衣服的人为朴大真、带兵器的人为胡洛真、翻译为乞万真等。[13]这里所见的"真"为鲜卑语,相当于日语中的"人"。例如,这里所见的比德真即 bitigči[14],胡洛真即 khorči[15]。笔者曾关注上述这一点,并指出倭国国制与北魏国制在发展过程中的相似之处。[16]

本章将重新考察这一点,并关注近年来对所谓"初期国家"的研究状况,与此同时,进一步探讨上述两国

第五章 再论北魏内朝

间的类似之处所具有的历史意义。

以上就是这篇题为《再论北魏内朝——从比较史的观点所见》的拙论的写作缘由。

第一节 对于近年来有关北魏内朝研究的若干个人观点

正如前言中所述，笔者将内朝视为胡族、北族统治中国的一个标志，而与笔者观点相对，近年来存在从与后宫的关系角度认识内朝，甚至认为不应从胡族、汉族对立的角度来理解内朝的研究动向。这种研究动向认为，对于五胡十六国、北朝时期政治上的现象不应只从胡族与汉族间的对立角度来认识，转而将两者间的关系视作相对、相辅的，并希望重新建构对这一时期的认识。笔者自身也在很多方面受到此类研究观点的启发。不过，笔者也曾表明了以下这一立场，即五胡十六国、北朝时期的历史是由最初的激烈对立逐渐向着融合的方向发展的。[17] 总之，笔者从一开始并没有将胡汉的对立作为这个时期一贯的、具有决定性的第一要因。因此，关于所谓"相对化"的立场本身在整体上希望追求并阐明怎样的理论发展这一点，仍存在难以把握的地方。笔者对于近年来研究状况的理解可能并不准确，如果是这样的话，上述的情况就没有论述的价值了。不过,笔者还是难以赞同将内朝从胡汉问题中分离出来,而集中关注其与后宫间的关联这一点。

笔者的理由如下。

《元史》卷九九《兵志二》记述了有关元代的宿卫:

> 凡怯薛长之子孙,或由天子所亲信,或由宰相所荐举,或以其次序所当为,即袭其职,以掌环卫。虽其官卑勿论也,及年劳既久,则遂擢为一品官。而四怯薛之长,天子或又命大臣以总之,然不常设也。其它预怯薛之职而居禁近者,分冠服、弓矢、食饮、文史、车马、庐帐、府库、医药、卜祝之事,悉世守之。虽以才能授任,使服官政,贵盛之极,然一日归至内庭,则执其事如故,至于子孙无改,非甚亲信,不得预也。其怯薛执事之名,则主弓矢、鹰隼之事者,曰火赤儿、昔宝赤、怯怜赤。书写圣旨,曰扎里赤。为天子主文史者,曰必阇赤。亲烹饪以奉上饮食者,曰博尔赤。侍上带刀及弓矢者,曰云都赤、阔端赤。司阍者,曰巴剌哈赤。掌酒者,曰答剌赤。典车马者,曰兀剌赤、莫伦赤。掌内府尚供衣服者,曰速古儿赤。牧骆驼者,曰帖麦赤。牧羊者,曰火你赤。捕盗者,曰忽剌罕赤。奏乐者,曰虎儿赤。又名忠勇之士,曰霸都鲁。勇敢无敌之士,曰拔突。其名类盖

第五章　再论北魏内朝

不一,然皆天子左右服劳侍从执事之人,其分番更直,亦如四怯薛之制,而领于四怯薛之长。

这里记载了元代的怯薛。这种制度在元代后的清代中也可见到。[18]正如此前在拙稿中所指出的那样,笔者认为在北魏也存在与之类似的制度。[19]笔者的这种认识基于以下理由。

(1)《魏书》卷一一三《官氏志》记载:

建国二年(三三九),初置左右近侍之职,无常员,或至百数,侍直禁中,传宣诏命。皆取诸部大人及豪族良家子弟仪貌端严、机辩才干者应选。

可以见到代国时期设置有如同怯薛一样侍直左右的近侍官。此外,根据《魏书》等史料中的诸事例,直到此后北魏时期这种官职仍然广泛存在。此外,《魏书》卷一一三《官氏志》太祖道武帝天赐四年(四〇七)五月条记载:

增置侍官,侍直左右,出内诏命,取八国良家,代郡、上谷、广宁、雁门四郡民中年长有器望者充之。

· 125 ·

东亚古代的诸民族与国家

这些侍官侍卫于禁中或皇帝左右。[20]

（2）《南齐书》卷五七《魏虏传》记载了北魏官制的一些情况：

> 国中呼内左右为直真，外左右为乌矮真，曹局文书吏为比德真，檐衣人为朴大真，带仗人为胡洛真，通事人为乞万真……

这里所见的比德真就是的 bitigči[21] 音译，胡洛真为 khorči[22] 的音译。这些官职与前引《元史》记载中所见必阇赤、火儿赤等各种怯薛官间存在联系。[23]

（3）《魏书》卷四八《高允传》中记载了在北魏第四代皇帝高宗文成帝时，高宗曾称赞出身于汉族且任职超过二十年的中书侍郎高允的忠勤，同时斥责了群臣的无能：

> 高宗省而谓群臣曰："……至如高允者，真忠臣矣。朕有是非，常正言面论，至朕所不乐闻者，皆侃侃言说，无所避就。朕闻其过，而天下不知其谏，岂不忠乎。汝等在左右，曾不闻一正言，但伺朕喜时求官乞职。汝等把弓刀侍朕左右，徒立劳耳，皆至公王。此人把笔匡我国家，不过作郎。汝等不自愧乎。"

第五章 再论北魏内朝

正如这里记载的"把弓刀侍朕左右"那样，内朝武官侍奉于天子左右，有人因"徒立劳耳，皆至公王"而遭到了皇帝的批评。[24]当时担任这一职务的应是以鲜卑为中心的北族。

正如拙稿曾指出的那样，北魏存在过"内朝"这样的用语。[25]"内朝"究竟是一种怎样的机构呢？由于只存在两个用例，而且两者均出自北魏初期的史料，[26]因此难以确定其全貌。尽管如此，笔者曾将其视为侍官以及从属于侍官的组织，并关注北魏前期官名中出现的"内""内行""内侍"等用语。不过，除这一点以外，笔者还注意到三郎、幢将、中散等出现于北魏前期官名中独特的文武官员。当时还遗留以下这些尚未解决的问题：这种"内朝"在当时鲜卑语中的称呼是什么，其与所谓怯薛之间存在怎样的关系。直到如今，正如以上所论述的那样，由于史料中相关事例有限，仍难以全面阐明这些问题。不过，尽管两者间相似之处较多，但并不能将两者完全等同。此外，根据南巡碑等史料的记载，可以确定"内朝"是以怯薛那样的人员为中心，并具有多层构造。[27]

不过，在此前的拙稿刊行后，佐藤贤发表了有关内朝的卓论，并提出了引人注目的见解。[28]佐藤贤的见解对笔者大有裨益。其主要观点是否定了从胡汉对立的方面来看待北魏前期的政治，而主张将胡汉的关系视为相对的、相

· 127 ·

辅的，从相对化的角度认识上述问题。

此外，在佐藤贤研究的前后，松下宪一也发表了优秀的论文。在其最近的研究中，上述的这种立场即这里所谓的相对化的立场似乎还扩大到对北魏前期政治史的认识当中。[29]

笔者曾指出在五胡十六国、北朝史的发展过程中，前期存在激烈的胡汉对立。与此同时，笔者采取了以下这种立场：在经历了冉闵、苻坚等激烈对抗的时期后，胡汉的对立缓慢地向着逐渐融合的方向发展；进入北魏孝文帝改革之后，除北魏末期的"反动期"以外，这一倾向获得了进一步的强化。[30]然而，笔者难以认同以下立场，即认为在孝文帝改革以前的时代并不存在胡汉的对立，或者说胡汉的对立并非限定了当时政治、社会形态的"大原则"。

《南齐书》卷四七《王融传》中记载了北魏向南齐请求获得书籍之际的情况：

> 又虏前后奉使，不专汉人，必介以匈奴（鲜卑），备诸觇获。且设官分职，弥见其情，抑退旧苗，扶任种戚。

佐藤贤依据这一记载，阐述道：

第五章　再论北魏内朝

……在胡汉的对立关系这一长久以来的"框架"范围内，（这一史料）可以用来论述胡族所占据的优势地位。然而，这份上疏的意图具有"通过将典籍赠予北魏，使其归顺中华文明，令其脱胎换骨"的一面。在整体上其内容充斥着对胡族的污蔑。对此，笔者认为其具有一定的片面性，并且还感到其中存在恣意的解释。因此，笔者怀疑是否能全面地依据其内容。[31]

从南齐一侧的史料中可以看出基于所谓中华思想的偏见，这一点在当时的史料中不足为奇。然而，前揭"虏前后奉使，不专汉人"的情况可以从《魏书》的记载中得到印证。[32]此外，北魏前期的"设官分职"中存在大量与中国历代官制具有不同性质的官职群，这也可以从《魏书》等这一时代的史书，以及近年来发现的文成帝南巡碑等石刻史料中获得确认。[33]《王融传》中的史料展示出王融曾注意到北魏朝廷内部的这种状况，甚至对于这种状况还表现出"备诸觇获。且设官分职，弥见其情"的认识。与之相对，正如此前的引文中所见，佐藤贤曾论及"在整体上其内容充斥着对胡族的污蔑。对此，笔者认为其具有一定的片面性，并且还感到其中存在恣意的解释。因此，笔者怀疑是否能全面地依据其内容"。佐藤贤的论述是否正确呢？该史料并非仅仅是表现三郎、中散等胡族式官职存在与否的个别史料，尽管存在偏见，但概括地叙述了当时北魏朝廷的状况。正因如此，笔者认为这一史料具有相当重要的意义。

如果像佐藤贤那样对这一记载的可信度抱着怀疑的态度，那么又该如何理解以下这样的史料呢？也就是在此前引用的《魏书》卷四八《高允传》中有关北魏第四代皇帝高宗文成帝时期的记载，即高宗曾称赞出身于汉族且任职超过二十年的中书侍郎高允的忠勤，同时斥责了群臣的无能，其内容为：

> 高宗省而谓群臣曰："……至如高允者，真忠臣矣。朕有是非，常正言面论，至朕所不乐闻者，皆侃侃言说，无所避就。朕闻其过，而天下不知其谏，岂不忠乎。汝等在左右，曾不闻一正言，但伺朕喜时求官乞职。汝等把弓刀侍朕左右，徒立劳耳，皆至公王。此人把笔匡我国家，不过作郎。汝等不自愧乎。"

这里展现了出身于汉人名族渤海高氏的高允日夜辛劳却不过是一位郎官，与此相对，手握弓刀的北族内朝武官未曾努力却官至王公。总之，北族系侍臣身处皇帝左右，其未来的仕途已事先获得了保证；当时高允与这种北族系

第五章 再论北魏内朝

侍臣是被区别对待的。这可以说与此前《王融传》中所见的情况一致。[34]

此外,《魏书》卷一一三《官氏志》道武帝天赐四年(四〇七)五月条记载:

> 增置侍官,侍直左右,出内诏命,取八国良家,代郡、上谷、广宁、雁门四郡民中年长有器望者充之。

同书同志建国二年(三三九)条记载代国时期的情况为:

> 初置左右近侍之职,无常员,或至百数,侍直禁中,传宣诏命。皆取诸部大人及豪族良家子弟仪貌端严、机辩才干者应选。

佐藤贤根据以上两处记载,指出自北魏建国之初,内朝官中存在大量的汉人。[35]正如佐藤贤所论述的那样,北魏自建国初期开始就让汉人担任了内朝官,笔者对此并不否定。这一点也可以很容易地从郑钦仁对于中散等官职的研究中看出。[36]但是,不能忽略的是在一般情况下,这些汉人都是凭借着特殊的技能(饮食、医药等方面的技术)而被录用的。此外,佐藤贤列举了担任过内朝官(其所说的内某官、中散官等）的汉族官员，并指出难以推定内朝是以胡族为主体的。然而，佐藤贤所举事例中的谷浑（昌黎人）、晁懿（辽东人）、皮豹子（渔阳人）等能被视作与崔宏那样的人物相同的汉族吗？佐藤贤在内某官任官者一览中指出"可以确定在道武、元明帝时期的十二名任官者中，汉族占了三分之一"[37]。当按照前述的思路进行思考时，作为认识当时实际情况的尺度，这样的比例究竟在多大程度上是妥当的呢？

作为立论的根据，佐藤贤将前揭《官氏志》中所见"代郡、上谷、广宁、雁门四郡"作为汉族之地。然而，自东汉以来，这些地区处于长城内外诸民族杂居的状态之中，这已无须赘言。[38]并且，对于魏晋南北朝时期胡汉、蛮汉的界限变得极为模糊这一点，笔者在数篇拙稿中进行过探讨。[39]总之，在考虑孝文帝改革以前有关内朝成员的问题时，由于对比的双方分别是八国良家与代郡、上谷、广宁、雁门四郡民，因此笔者认为不能将其中的这些郡民直接等同于与中原士大夫一样的汉族。[40]

第二节　从比较史的角度试论内朝
——北魏与倭国及汉

当与东亚及中国历代王朝进行对比时，北魏内朝等机

第五章　再论北魏内朝

构中所展现的国制具有怎样的历史特性呢？本节希望通过对比与北魏同时代的倭国，以及此前的西汉的国制，来探讨这一问题。

首先是有关倭国的情况，日本史研究中的"内廷"指用于管理天皇家产的机构，"外廷"是指国家的行政机构。在题为《中国的"内廷"与"外廷"——以再次探讨日本古代史中"内廷""外廷"的概念为目的》的论文中，古濑奈津子考察了以唐代为中心并追溯至汉代的中国史中"内廷""外廷""内朝""外朝"诸概念的实态，以及其变迁过程，指出了以下诸点：唐代《职员令》中使用的"内"是指后宫与管理后宫的内侍省，负责帝室财政的内府局也隶属于内侍省；内官指的是宦官；安史之乱以后，出现了指代翰林院的"内廷"一词，其与"外廷"相对，"外廷"以负责国家财政的官僚机构为中心所构成；从汉至唐官制的变迁表现为皇帝侧近的"内朝"消失，逐渐形成了中书、门下、尚书三省，可以将这一变迁视为"内朝"的外廷化；"内朝"从具有与皇帝间私人关系的"内廷"，经过作为官僚机构的"内廷"，进而成为"外廷"，经过这一过程，至隋唐时期，"内朝"已发展至集大成的阶段。[41]这是值得肯定的高论。但该论文中并没有考虑到以下这一问题，即应如何认识北魏前期内朝中存在的非中原王朝式的族制的因素。

· 133 ·

东亚古代的诸民族与国家

虽然在中国史研究中存在将所谓内朝视作后宫诸官（特别是指宦官）的见解，但在前述的拙稿中，笔者认为内朝是广大侍官及由侍官所构成的组织的总称。此外，例如《北史》卷一八《元澄传》中记载：

> 神龟元年（五一八），诏加女侍中貂蝉，同外侍中之饰。

与这一史料对应，笔者不仅将由女侍中等人员（也包含宦官等）构成的所谓狭义内朝视作内朝，而且把包含大量宦官以外成员的广义内朝视作内朝。换言之，尽管内朝中存在与后宫重合的部分，但也拥有与后宫性质有别的方面。笔者认为应将孝文帝改革以前北魏时期的内朝理解为一个具有浓厚鲜卑因素的机构。[42] 在这种情况下，应特别关注到此前所述"怯薛那样的人"的存在。例如，《南齐书》卷五七《魏虏传》中记载了北魏从第一代皇帝道武帝至第三代皇帝太武帝时平城的状况：

> 什翼珪（道武帝）始都平城，犹逐水草，无城郭，木末（第二代明元帝）始土著居处。佛狸（第三代太武帝）破梁州、黄龙，徙其居民，大筑郭邑。截平城西为宫城，四角起楼，女墙门不施屋，城又无

第五章　再论北魏内朝

堑。南门外立二土门，内立庙，开四门，各随方色，凡五庙，一世一间，瓦屋。其西立太社。佛狸所居云母等三殿，又立重屋，居其上。饮食厨名"阿真厨"，在西，皇后可孙恒出此厨求食。……殿西铠仗库屋四十余间，殿北丝绵布绢库土屋一十余间。伪太子宫在城东，亦开四门，瓦屋，四角起楼。妃妾住皆土屋。婢使千余人，织绫锦贩卖，酤酒，养猪羊，牧牛马，种菜逐利。

这里记载了北魏平城宫中后宫的实态。对于是否应把这里的后宫看作中原王朝式"后宫"，笔者十分犹豫。在此前考察内朝之际，笔者曾指出有必要暂且放弃这样的观点。尽管内朝存在与所谓后宫相重叠的部分，但笔者没有选择从与后宫相关的角度来理解内朝。这正是因为北魏前期所谓内朝的核心就是前述"怯薛那样的人"。也就是说，笔者认为与平城宫的后宫、太子宫中所见到的中原王朝式因素相比，更应关注其中的非中原王朝式因素。

由于这里的论述有些偏离了主题，以下回到对于北魏与倭国间的关联的讨论上。笔者曾论述了北魏与倭国中族制秩序的变迁：

日本古代史研究者直木孝次郎概括大化以前的历

史发展如下。大伴氏处于伴造、氏姓制的中心。随着伴造、氏姓制的发展，在大伴氏没落后，五世纪末期形成的人制于六世纪末期在苏我氏的领导下已基本成熟。另一方面，伴造、氏姓制渐渐地失去了旧有的氏族制色彩，并与人制同步发展，逐渐向着官司制的形式转变。然而，伴造、氏姓制与人制间的调和并非一帆风顺地进行着。当时存在希望伴造、氏姓制保持氏族制形式的倾向，与此同时还存在期待人制的进一步成熟及官司制发展的倾向。这两种倾向相互对立，由此形成了物部氏与苏我氏间的斗争。六世纪末，作为伴造、氏姓制最后代表的物部氏垮台，人制的优势地位得以确立。七世纪的政府首脑层肩负着在向官司制发展的方向上，协调、整合愈发复杂的伴造、氏姓制与人制的课题。人制是作为伴造、氏姓制的中间组织而形成的。当时的政府首脑层基于这种人制所具有的局限，为完善官司制，不得不抑制伴造、氏姓制，以及人制本身。然而，对于与人制一同发展起来的苏我氏来讲，这是非常困难的。最终改革从人制转到律令制的方向，并通过皇族之手得以实现，即大化改新。可以说五世纪是以大伴制为中心的伴造、氏姓制的时代，六世纪是以联合了皇室的苏我氏为中心的人制时代，七世纪是从以天皇家为中心的人制向着令制转变

第五章　再论北魏内朝

的时代。[43]

另一方面,作为本章主要考察对象的北魏,自其建国前的拓跋力微时期以来,以及整个代国时期,以氏族、部族制为基础的守旧势力与任用新近被纳入统治系统中的新人并致力于强化权力的王权之间存在激烈的对抗。两者间的对抗不断向着有利于王权的方向演进,但直到北魏建国后,这种对抗仍在继续。道武帝突然去世后部族势力的反攻、围绕着宠用崔浩而形成的皇帝与公卿层之间的观念差异、崔浩被诛杀、孝文帝改革时期北人的叛乱等,可以说均是这种对抗的显著表现。在探索北魏王权强化的过程时,可以说道武帝拓跋珪在建国之初果断实施的各项改革在两者的对抗中具有划时代的意义。道武帝在与后燕的对抗过程中,建立了台省,设置了百官,采用以汉民族为中心的具有文书行政能力的"文人"作为行政官员尚书郎以下的官吏,确定了畿内、甸服,完成了有关郊庙、社稷的礼仪,制定了律令等,施行了种种政策。在各项改革中,部族解散在强化王权方面具有极为重要的意义。此后,孝文帝以作为拓跋魏核心的"三十六国、九十九姓"的群体为中心,通过对他们进行的姓族分定、赐姓,以及废止源自北亚游牧民族祭典的西郊祭天等改革,瓦解了道武帝改革后依然存在

· 137 ·

的部民间相互结合的关系。内朝是从侍奉王的职务中发展而来的，并且在以拓跋之王为首领的政治统一体（代国、北魏）中具有职务分管组织的性质。在孝文帝的改革中，这种复杂且庞大的内朝被废止了。自建国以来，北魏的王权一直试图解体氏族、部族制。从上述方面来看，孝文帝的改革可以说具有作为解体氏族、部族制的总决战的性质。

伴制源自亚洲式共同体内部侍奉首领的职务，并发展为以大和之王为首领的政治统一体（大和政权）中的职务分管组织。将前述北魏历史的演进与此前直木孝次郎的见解进行对比的话，可以看出：这种伴制与北魏内朝制度的发展如出一辙；在此之中，倭国的人制诸官与北魏的内朝诸官均具有官司制的色彩，两者在接受了律令制的同时不断演变；在这一点上，两者的发展过程也存在类似之处。并且，这些制度的发展与氏族制的形成、变化、衰退间存在密切的关系。与此同时，两国在中原王朝皇帝对王国（代国、倭国）进行册封的这一体系中建设了古代国家，并且最终依靠以律令制为基础的改革，改变并抑制了氏族制。基于上述的这些情况，可以说两者间的类似并非偶然。

正如以上直木孝次郎所论述的那样，当通过人制难以实现官司制之际，律令制开始被采纳，大化改新

第五章　再论北魏内朝

正是具有这种性质的改革。这样一来，在北魏历史上抑制了具有这种性质即基于氏族制原理的鲜卑诸制，试图大幅导入中原诸制度的道武帝、孝文帝的改革可能与大化革新的内容间存在类似之处。[44]

以上是前稿中阐述的内容。[45]这里并不是要论证在倭国中存在与北魏性质完全相同的内朝，而是希望从更大的视角出发，关注在接受中原王朝册封的这种体系内，北魏与倭国在改变自身族制秩序、导入中原王朝式国制的过程中所具有的相似性。

此外，与这种族制秩序相关，同为日本古代史研究者的吉田孝指出：津田左右吉否定了日本古代"氏"的氏族特性，其学说是以实施氏族外婚制的单系继嗣集团为前提的，即凭借单系的继嗣就能自然而然地归属于集团；而"氏"是凭借具有共通祖先的信仰结成的血缘集团，可以说是广义上的氏族。吉田孝依据石田英一郎的观点[46]，论述了可以将获加多支卤大王的时代视作"氏族制"（引号是吉田孝原文中所加）的时代，并且探讨了推古、天智、天武朝之际"氏族制"的变迁过程。吉田孝指出基于对中国的姓制度的继承，原本用于表示在朝廷中政治地位的氏名、姓转变为律令制下的姓；在天武朝赐予八色姓之际，忌寸以上的姓被赐给特定的氏族首领及与这些氏族首

东亚古代的诸民族与国家

领有关的几个特定的家族；此外，即使没有被赐予八色姓的豪族，如果在朝廷中的地位大致被授予五位以上的话，也会被赐予忌寸以上的姓；在多数情况下，与此相伴其族长身边小范围内的亲族也会被赐予新的姓。[47]

另一方面，历史上以实施均田制而闻名的北魏孝文帝基于中国的姓制度，将汉民族一字的姓（单姓）赐给了北魏统治集团中的鲜卑诸族，这是其诸项改革中的一个环节。进而孝文帝还依据一定的基准将他们区分开来，将北魏建国以来约历经三代且拥有五品以上官位或爵位的人重新编入北魏新的统治阶层（当时的称呼为"姓"与"族"），瓦解了鲜卑诸族的氏族制。[48]

将以上北魏的情况与吉田孝所述的内容进行比较的话，可以注意到孝文帝的姓族分定、对鲜卑的赐姓与八色姓的内容之间，以及两者的成立过程间均存在相似性。此外，五位以上是高位的特权阶层，基于血缘这种身份得以继承，这一点在古代朝鲜也可见到。[49]诸国的历史是由各自自主创造的，其间存在根本性的差异。正因如此，有必要在进行这种简单的比较之际保持慎重的态度。不过，这些国家均是以中原王朝式的官制秩序为原型，并在克服了原有的族制秩序的同时建立了古代国家。当站在这种宏观角度上时，就不能将这种彼此间的类似之处单纯地判断为一种偶然的现象了。[50]

关于倭国或东亚诸国中的族制秩序问题，日本考古学

第五章 再论北魏内朝

专家岩永省三在一篇题为《国家形成的东亚模式》(「国家形成の東アジアモデル」)的大作中论述:

> 当对比中国、朝鲜半岛、日本列岛内国家的形成过程时，可以从以下方面展现国家形成的东亚模式。在国家机构形成前相当长的前国家阶段分为：A阶段，在族制原理下的权力集中；B阶段，在保持族制原理的情况下统治机构逐渐整备；C阶段，统治机构暴露出机能不健全的问题，以及中央政府实行的强行转换、改组。这里不论及国家机构建设的完成及此后的变迁。其中尤为重要的是，在B阶段中姑且保持族制原理的情况下制度、机构的形成。
>
> 近年，将这里A～B的过程定义为初期国家的研究占据了主流。例如都出比吕志将日本的古坟时代看作"初期国家"，从以下五个指标展示了"初期国家"的属性：①阶级关系；②剩余的存在与否；③权力的形态内容；④社会统合的原理；⑤物资流通。[51]

此外，同为中国考古学专家的宫本一夫在题为《定义中国初期国家的形成过程》(「中国における初期国家形成過程を定義づける」)的大作中提出：

· 141 ·

东亚古代的诸民族与国家

如果将氏族制已经解体的秦汉社会视为都出比吕志所定义的成熟国家,就应将商代至成熟国家形成以前的时代称为初期国家。……中国的初期国家在氏族制尚未解体的状态下,已具备了其他初期国家的必要条件,即使在世界范围内也属于特殊的初期国家。在这种意义上,氏族制尚未解体即迎来了阶层化的日本古坟时代也可以被看作"亚洲"式的国家。近年来,和田晴吾还将古坟时代前期、中期视为高度发达的首长制社会,并将其定义为初期国家。这种在中国、日本所见到的初期国家阶段被认为具有"亚洲"式的共通性,这种共通性正表现在其维系着没有转换为地缘式社会的氏族制。在这种意义上,弗里德曼(Friedman)定义的"亚洲"式国家(在以王权为顶点的血缘关系中存在圆锥形结构的氏族,上述的"亚洲"式国家正处于由这种氏族构成的阶层构造成立的阶段——笔者附记)是一个有意义的概念。[52]

在本章的前言中,笔者曾指出北魏前期国家是"作为北亚拓跋鲜卑发展的终极形态而形成的国家,并非'过程'中的国家,应被视为基于八部制度的'部'体制国家"。[53]并且,此前的论述还指出倭国与北魏在国制上的类似之处,以及其变迁过程中的相似性。

第五章 再论北魏内朝

不过，倭国与北魏的情况也确实存在本质上的显著差异，即前者是导入律令制之前的国家，而后者已经是律令制国家了。那么，应该如何理解这一点呢？以下基于上述的观点，对此展开进一步的论述。

《南齐书》卷五七《魏虏传》记载：

> 建武二年（四九五）春，高宗遣镇南将军王广之出司州，右仆射沈文季出豫州，左卫将军崔慧景出徐州。宏（北魏孝文帝）自率众至寿阳，军中有黑毡行殿，容二十人坐，辇边皆三郎曷剌真，槃多白真毦，铁骑为群。

正如拙稿论述过的那样，三郎是皇帝侧近的内朝武官。[54] 这里的问题是紧接在三郎后的"曷剌真"是怎样一种职务。如果从侍奉于辇边来看，并考虑到当时北魏的情形，将其视为内朝武官应无大过。此外，从"曷剌真"这个词语本身来看，可以确定其应是意为"做……的人"的鲜卑语音译。

如果依据当时的事例，与"曷剌真"这种称谓最吻合的正是三郎。如此一来，虽然尚不能完全肯定，但"曷剌真"应是三郎所对应的鲜卑语的汉字注音。这是一个表现了怎样发音的词语呢？要回答这一问题尚有一

东亚古代的诸民族与国家

定难度，但当时北魏存在"带仗人为胡洛真"（《南齐书》卷五七《魏虏传》），此前已经论及这里的胡洛真即 khorči。

正如本章开篇所引用的《元史》卷九九《兵志二》宿卫条中所记载的那样：

> 其怯薛执事之名，则主弓矢、鹰隼之事者，曰火赤儿、昔宝赤、怯怜赤。书写圣旨，曰扎里赤。为天子主文史者，曰必阇赤。

如此一来，三郎为火儿赤即 khorči 的汉语表述。这是在假定三郎与"曷剌真"是指同一对象，并且"曷剌真"为 khorči 的音译这两点条件下做出的推论，因此尚不能说是肯定的结论。不过，笔者认为这一推论应基本符合事实。

如此一来，又萌生了为什么会出现三郎这种汉语表述的问题。《史记》卷六《秦始皇本纪》中记载秦二世时的情况：

> 于是二世乃遵用赵高，申法令。……乃行诛大臣及诸公子，以罪过连逮少近官、三郎，无得立者。（索隐：少，小也。近，近侍之臣。三郎谓中郎、外

第五章 再论北魏内朝

郎、散郎。正义:《汉书·百官表》云:有议郎、中郎、散郎,又有左右三将,谓郎中、车郎、户郎。)

这里记载了秦汉时期存在被称为三郎的近侍官,具体是对中郎、外郎、散郎或郎中、车郎、户郎三种郎官的总称。因此,其不同于北魏的三郎,后者是对一个官职的称呼。不过,汉代已不再细究中郎、外郎、散郎的区别,并且作为三者的合称,三郎这一称谓似乎也逐渐固定下来。《续汉书》志二五《百官二》光禄勋条的注中记载:

三郎,并无员。

从上述记载中也可看出这一点。当时,汉代统括宫中诸官的是光禄勋(即武帝以前的郎中令),其主要的属官有郎官、大夫。根据上述史料,三郎正是具有这种性质的光禄勋的属官。

以上在论述北魏前期官制的同时,笔者追溯到了汉代的官制。虽然没有跳出推论的范围,但三郎这一称呼很可能正是在汉代官制的影响下出现的。笔者认为这一推测并非没有根据。

这是因为《魏书》卷二四《崔玄伯(宏)传》记载了北魏初期的情况:

东亚古代的诸民族与国家

> 太祖（道武帝）曾引玄伯讲《汉书》，至娄（刘）敬说汉祖欲以鲁元公主妻匈奴，善之，嗟叹者良久。是以诸公主皆厘降于宾附之国，朝臣子弟，虽名族美彦，不得尚焉。

如这里所谓的公主下嫁[55]或者子贵母死[56]的事例等，均是北魏在参考了广为熟知的汉制后实施的政策。

不过，对于《汉书》卷七七《刘辅传》中所见"中朝"一词，曹魏之际的孟康注解为：

> 中朝，内朝也。大司马左右前后将军、侍中、常侍、散骑、诸吏为中朝。丞相以下至六百石为外朝也。

众所周知，对于汉代的中朝或内朝，此前有过种种讨论。[57]

前文中笔者比较了倭国与北魏，尽管存在民族、地域上的差异，但两国是在相互重合的时代中成长起来的国家。因此，可能会有研究者认为这种类似之处是通过传播等方式形成的，或者说存在传播的可能性。即使在这样的研究者看来，上述笔者的推测也可能正是基于时代、民族的不同而特别关注两者间存在的类似之处的荒唐观点。然

第五章 再论北魏内朝

而，笔者认为这并非不切实际的看法，因为将《汉书》的中朝称为内朝的是曹魏时期的孟康，《魏书》中的内朝是记录相关史料的人物或《魏书》的作者魏收基于两者间所具有的某种相似性质而采用的表述。

在有关汉代内朝的研究中，认为内朝形成于西汉武帝时期的观点似乎占据着主流。在此类见解中存在以下这样的观点，即承袭武帝时期的变革，汉朝最终形成了内朝即中朝。笔者并不反对这种观点，内朝确实形成于此时，并且开始产生变化。然而，如果像北魏的情况那样，将内朝作为皇帝侧近官的总称来看待的话，就不应将内朝的形成指定在武帝时期了。总之，在作为侍官总称的这一限定范围内，可以肯定在武帝以前内朝就已存在。

这里应该关注的是在武帝以前汉廷中郎官的存在。汉代史专家杉村伸二总结了西汉时期的郎官：

> 战国时期的郎官单纯地作为君主的护卫官，此外并未具有其他的特殊职能。然而，进入汉代后，郎官常常侍奉于皇帝侧近，不仅负责护卫，还开始担负起各种各样的职能，于是，在这一过程中构筑起了与皇帝个人间的信赖关系。在这种关系的基础上，其被任命为卫尉、中尉，以及郡国的守相等。这些官职构成了以皇帝为中心的同心圆式的防卫结构。这可以说是

将郎官的基本职能即"天子的宿卫"的性质扩大到了"汉的宿卫"的国家层面。然而，武帝以后，在距离皇帝更近的位置上新设置的加官开始侍奉皇帝。武帝死后，由加官、外戚等构成的内朝开始发挥作为皇帝辅助机关的职能。进而由于察举制度的整备，以及新的军事专职的设立等因素，汉初郎官所具有的在统治机构内的重要性转移到了这些官职上，郎官自身也失去了其重要性。[58]

郎官中有相当数量的人是以任子的身份被起用的。当关注到郎官的职掌时，可以发现其在一定程度上是与三郎那种北魏内朝武官性质相同的皇帝侧近官。此外，如果将中朝视为皇帝侧近官的总称，那么即使北魏的内朝与汉代的中朝在名称上有别，二者也可以被视为具有相同性质的机构。汉代的郎官很多是从汉初创业功臣的子弟中选拔出来的。此后，与任子性质不同的察举制被最终导入。由此，随着孝廉数量的增加，郎官的职务被侵蚀。郎官虽然仍是皇帝的侍官，但与孝廉那样的近侍官之间存在明显的界限。而且，出现的空位也逐渐被新的侍中之类的官职所填补。

在这一点上，北魏怯薛式的内朝官与汉代的郎官虽然在民族、时代上有别，但在主要从创业功臣子弟中选拔这

第五章 再论北魏内朝

一点上具有相似之处。

更为重要的是,增渊龙夫对战国时期作为侍卫给事之臣的郎、庶子等,以及汉代的郎官进行过以下论述:

> 贵族、高官将子弟派出担任侧近,由此对于君主来说,这些子弟在事实上起到了人质的效果,以防范其作为贵族、高官的父兄。确实在国家权力安定的汉代,任子之制是高级官吏的特权。如前所述,其作为制度自很久以前就已开始施行。而且,像这样让高官、贵族的子弟侍奉于君主的侧近,同样是君主的一种恩惠,是信任的凭证;此外这对于高官、贵族来说也是一种特权。在外在形式上,这种制度在战国时期并未发生改变。不过,当处于战国中的动荡时期,在这种恩惠制度的外表下,在优待贵族、高官子弟的表面背后,君主将侍子掌握在侧近,一旦其身为贵族、高官的父兄有背叛的征兆时,即可随时将其子弟监禁或诛杀。这一点事实上与人质的作用如出一辙,兼有如任子制度一样的功能。这正是韩非子所谓"术"的意思。[59]

如此看来,可以发现汉代的郎官在某种意义上以功臣集团的任子形式成为统一国家上层构造中的一部分。最终，伴随着汉代发生了质的变革，出现了基于察举的孝廉等身份，郎官原本具有的职能被剥夺。与此同时，汉成为成熟的中华王朝，并形成了以侍中等官员构成的新的内朝。前揭《魏书》卷一一三《官氏志》中的记载：

> 建国二年，初置左右近侍之职，无常员，或至百数，侍直禁中，传宣诏命。皆取诸部大人及豪族良家子弟仪貌端严、机辩才干者应选。

正如上述史料中所述，北魏的内朝是由诸部大人的子弟等构成的。可以说这一点展现了其在本质上具有与汉代郎官相同的作为"质"的性质。

在郎官退出历史舞台的武帝时期，西汉的国家构造发生了显著的变化，这与作为国家母体的刘邦集团的衰退不无关系。笔者也曾经论及北魏内朝的消亡乃孝文帝改革前北魏一系列变革的结果。

结　语

贵族、高官子弟具有人质的性质，与此同时还担任着皇帝的侧近。正如增渊龙夫所指出的那样，这种构造很早就已出现。经历春秋战国时期的变迁，至汉代形成了

第五章　再论北魏内朝

"郎官",可以说在西汉的"郎官"中仍残存着上述特征。另一方面,北魏前期,鲜卑族占据着以皇帝为中心的律令国家的中枢,北魏的内朝正存在于这样的时期之中,[60]类似于倭国中具有近侍性质的伴制、人官。基于两者均是在族制秩序中出现的近侍官,从某种意义上说上述的这种类似点也是理所当然之事。此外,元、清也出现了类似于北魏内朝的组织。基于古代的族制原理而形成的集团(蒙古、满洲、鲜卑)占据了高度发达的以皇帝为中心的中华王朝的中枢,可以说元、清出现类似的组织正是出于这一原因。

在本章的开篇笔者曾提出了应如何从国家论的立场出发看待拓跋鲜卑中"部"体制国家的这一课题。当按照以上的思路展开考察时,可以将"部"体制国家视为其核心在很大程度上被虚拟的或实体的族制秩序所掌控的初期国家或前期国家,以及其核心部分具有通过军事力量来支配高度发达的中原官僚机构和社会的征服王朝形态的国家。[61]

第二篇　汉唐间东亚的动向与古代日本国家的形成

本篇将考察汉唐间东亚的发展趋势与日本国家形成间存在的具体关系。首先，从中华意识的形成这一视角来展开讨论。

第一章
汉唐间"新"中华意识的形成
——围绕古代日本、朝鲜与中国的联系

前 言

日本《拾芥抄》中卷末京程部条中可以见到以下的记载：

> 京都坊名，……东京号洛阳城，西京号长安城。

这里所见的京都是指日本的京都。像这样，洛阳一词在日本被用作京都的雅称。可以说历史上将赴京都称作"上洛"，以及日本国宝"洛中洛外图屏风"已明确地展现出了这一点。

不过众所周知，洛阳是一座可以被称作中国王都中的王都的都城。正如其又被称作"土中"一样[1]，自古以来，洛阳就被视为处于"中国""中华"中心的都城。将京都比作洛阳，可以令人想象到在古代日本也存在与中国同样的中华思想。这样的推测是否妥当？此外，如果上述推测无误的话，那么在现实中这种中华思想的具体状态如何，又有怎样的历史意义呢？

对于上述的问题，以下将从四个课题入手：第一，日本中华意识的形成；第二，朝鲜诸国的情况；第三，古代日本、朝鲜等地中华意识形成的先驱；第四，魏晋南朝的世界秩序与北朝隋唐的世界秩序。在这四个课题之下，本章将关注汉唐间中国内部的历史发展，以及古代日本、朝鲜与此之间的关联，同时笔者将阐述个人的相关见解。

第一节 古代日本中华意识的形成

本节将阐明古代日本中华意识的形成过程。历来学者对于这一问题形成了相关的见解，本节还将阐述笔者对于这些见解的个人观点。

众所周知，古代日本的奴国王向东汉遣使，并被授予了金印。此后，倭国王帅升又派遣使者至东汉，当时倭国已经成立。这可以从以下的论述中得到确认。第一，《三国志·魏书》卷三〇《东夷传》（以下简称《魏志·倭

第一章 汉唐间"新"中华意识的形成

人传》）记述卑弥呼遣使之际的相关情况如下：

> 其国本亦以男子为王。住七八十年，倭国乱，相攻伐历年。乃共立一女子为王，名曰卑弥呼。……其年十二月，诏书报倭女王曰："制诏亲魏倭王卑弥呼，……今以汝为亲魏倭王，假金印紫绶。"

这里可以见到"其国本亦以男子为王。住七八十年，倭国乱"的记述，即在卑弥呼遣使以前倭国就已存在，并且曾由男子担任国王，七八十年后倭国陷入了混乱。第二，《后汉书》卷八五《东夷传》中记载：

> 安帝永初元年（一〇七）倭国王帅升等献生口百六十人，愿请见。桓灵间（一四六～一八八），倭国大乱。更相攻伐，历年无主。有一女子，名曰卑弥呼。

第一条中的情况与这里的记载吻合，这是由于《魏志·倭人传》中拥戴男性国王的"其国"指的正是倭国。[2]

邪马台国向中国遣使一直持续到二六六年，此后在经过了一段很长时间的中断后[3]，迎来了所谓倭五王的时代。

· 157 ·

作为倭五王时代的史料,《宋书》卷九七《倭国传》中保存了倭王武递交给刘宋顺帝的上表:

> 顺帝升明二年(四七八),遣使上表曰:"封国偏远,作藩于外。自昔祖祢,躬擐甲胄,跋涉山川,不遑宁处。东征毛人五十五国,西服众夷六十六国,渡平海北九十五国。王道融泰,廓土遐畿。累叶朝宗,不愆于岁。臣虽下愚,忝胤先绪,驱率所统,归崇天极。道径(遥)百济,装治船舫。而句骊无道,图欲见吞,掠抄边隶,虔刘不已。每致稽滞,以失良风。"

这里可以见到"封国偏远,作藩于外""王道融泰,廓土遐畿""臣虽下愚"的表述。由此可知,当时的倭国王向中国的皇帝称臣。此外,当时倭国王不仅像这样称臣,还如以下《宋书·倭国传》中记载的那样僭称将军号、都督号,并请求除正。

> 弟珍立,遣使贡献。自称使持节、都督倭百济新罗任那秦韩慕韩六国诸军事、安东大将军、倭国王。表求除正。诏除安东将军、倭国王。珍又求除正倭隋等十三人平西、征虏、冠军、辅国将军号,诏并听。

第一章 汉唐间"新"中华意识的形成

埼玉县稻荷山古坟中所发现的铁剑铭文中记载：

> 辛亥年（四七一），七月中记。乎获居臣，……世世为杖刀人首，奉事来至今。获加多支卤大王寺，在斯鬼宫时，吾左治天下，令作此百炼利刀，记吾奉事根原也。

这里可以见到"天下"这一表述（众所周知，熊本县船山古坟出土铁刀铭中也可见到"天下"的用语）。此前就关注到这一点的西嶋定生关于这里的"天下"论述如下：

> 据此在制作这一铭文（稻荷山古坟发现的铁剑铭文——笔者注，以下同）时，获加多支卤大王明显被看作"天下"的统治者。而且，这种情况下的"天下"是指获加多支卤大王的统治领域，很明显不是以中国王朝为中心的"天下"。这样一来，如果将获加多支卤大王认定为雄略天皇，<u>这里的"天下"无疑指的是大和政权的统治领域，即倭国的领域</u>。而另一方面，获加多支卤大王以倭王武的身份，主动承认了其处于以中国王朝为中心的"天下"中的一隅。……总之，在面对中国王朝时，"天下"是指以

· 159 ·

中国王朝为中心的全世界；而当离开中国时，<u>则将倭国自身视作所谓"天下"的世界</u>。

在这种情况下，<u>仅仅将倭国的领域视作"天下"的这种天下思想无疑是从中国思想中借用而来的。倭国从中国思想中借用了"天下"这一用语，并将其用于描述本国的领域</u>。……（倭国）在倭王武上表的阶段，在对外方面依然未能脱离以中国王朝为中心的"天下"。然而，对内倭王武作为获加多支卤大王，拥有独立的"天下"，从大"天下"中脱离出来的契机已逐渐成熟。[4]

这里关注了形成于大"天下"之中的所谓小"天下"的天下意识的出现，认为这里所谓小"天下"的领域是指倭国自身，并指出了倭国摆脱中国册封体制的趋势。可以说，这是指出倭国是从何时开始逐渐摆脱中国册封体制的高见。不过，笔者认为上述的见解中还存在两个问题。

其一，关于稻荷山古坟出土铁剑铭中所见"天下"，西嶋定生论述到"这里的'天下'无疑指的是大和政权的统治领域，即倭国的领域"。正如这里所阐述的那样，西嶋定生认为这里的"天下"仅指倭国的领域。这里要指出的第一点就是该认识是否妥当的问题。正如此前引用的《宋书·倭国传》中"自称使持节、都督倭百济新罗

第一章 汉唐间"新"中华意识的形成

任那秦韩慕韩六国诸军事、安东大将军、倭国王"等记载中所见到的那样，倭王武要求拥有倭国以外地区的军事权力。笔者的疑问正是基于这一点形成的。笔者认为稻荷山古坟出土铁剑铭文所见"天下"一词应包括了出现于其自称的都督号等称号中所见百济、新罗、任那、秦韩、慕韩诸国。这些国家在当时确实并未处于倭国的实际统治之下。然而，可以推测倭王武上表文中所见"渡平海北九十五国"的表述指的正是这些国家。当考虑到诸如此类的表述时，可以说当时的倭国认为自身的势力已经触及这些地区，或者说理应触及这些地区。这样的话，稻荷山古坟出土铁剑铭中所见"天下"就并不仅限于倭国的范围了，在包括倭国领域的同时，其外延还触及上述地区。

其二，也是有关当时倭国对于"天下"或"天"的理解的问题。众所周知，《隋书》卷八一《倭国传》中有关于开皇二十年（六〇〇）从倭国派来的遣隋使的记载：

> 开皇二十年，倭王姓阿每，字多利思比孤，号阿辈鸡弥，遣使诣阙。上令所司访其风俗。使者言倭王以天为兄，以日为弟，天未明时出听政，跏趺坐。

同书同传中记载大业三年（六〇七）遣隋使带至隋朝的国书内容如下：

东亚古代的诸民族与国家

　　其国书曰"日出处天子致书日没处天子无恙"云云。

　　前一则史料中所见的"天",以及后一则史料中"日出处天子"中所见的"天"由于是与倭国使节相关的用语,所以应与稻荷山古坟出土铁剑铭文中"天下"中的"天"的内涵相同(虽然遣隋使时代与倭王武的时代相隔百余年,但"天"的概念在此之间应未发生大的变动)。这样的话,在这种"天"之下展开的"天下"就不能被理解为西嶋定生所述"倭国的领域"那样的地域概念。正如在第一点中所指出的那样,笔者认为这种"天下"在现实情况中除倭国的领域外,还包括了任那、秦韩、慕韩等地区。然而,对于当时的倭国统治者来说,"天"应该被想象为在自己的世界之上展开的广大世界。如此一来,与这种"天"相对,在其下展开的"天下"在理念上也不应被看作在一定区域范围内被划分出来的世界。也就是说,在当时的倭国,尚未形成如后世日本那样以"天下布武"形式中的"天下"来看待日本列岛的观念。

　　当这样思考时,就会浮现出当时倭国的"天下"观与中国的"天下"观在哪些方面上存在不同的疑问。既然称作"天下",那么在"天"之下展开的世界这一点上,两者应是相同的概念。不过,《隋书·倭国传》中记载:

第一章 汉唐间"新"中华意识的形成

> 使者言倭王以天为兄,以日为弟。天未明时出听政,跏趺坐。日出便停理务,云委我弟。高祖曰:"此太无义理。"于是训令改之。

正如这里的记载,开皇二十年,倭国使者的言论甚至引起隋高祖说出"此太无义理"这种程度的答复。高祖判断其"无义理"是因为在中国看来"以天为兄"之类的言辞是极为"不逊"的。然而,可以推测在这种判断的基础上存在高祖的如下认识,即与中国对于"天"的认识相比,当时倭国使节所述"天"的内涵是"异质""异样"的。在好太王碑的第一面中记载了高句丽的由来:

> 惟昔始祖邹牟王之创基也,出自北夫余天帝之子。母河伯女郎,剖卵降世。……言曰:"我是皇天之子。……"

这里所见的"皇天"是高句丽建国神话得以成立的基础。与此相应,这种情况下的"天"是对于高句丽而言的"天"。将此与前述倭国的"天"进行比较时,稻荷山古坟出土铁剑铭文中所见"天下"应可以被看作倭国想象出来的在倭国的"天"之下展开的世界。笔者认为稻荷山古坟出土铁剑铭文中所见"天下"正是这样一种

东亚古代的诸民族与国家

概念。

那么，正如此前引用部分所述，与稻荷山古坟出土铁剑铭文中所见"天下"相关，西嶋定生提出："在这种情况下，仅仅将倭国的领域视作'天下'的这种天下思想无疑是从中国思想中借用而来的。倭国从中国思想中借用了'天下'这一用语，并将其用于描述本国的领域。"正如此前论述过的那样，上述认识在仅仅将倭国视为"天下"等处存在一定问题。然而，当重新从根源上展开思考之际，这种"天下"思想是从中国思想中借用而来的观点是极为重要的。正如此前所引《宋书·倭国传》中所述，稻荷山铁剑铭中所见获加多支卤大王即倭王武作为中国皇帝的臣下曾向刘宋的顺帝上表。但另一方面，此前也述及其是以治理"天下"的王的身份君临以倭国为中心的世界。由此出发并考虑到遣隋使阶段倭国一侧的姿态的话，可以看出当时倭国希望摆脱中国册封体制的意识萌芽。如上所述，这种意识是在借用"天下"这一中国思想的同时逐渐成形的，可以说这展现出古代日本的世界观是在中国思想的强烈影响下形成的。一直以来，人们认为这一点是理所当然的事情，而没有展开深入的讨论。对其意义的思考在认识古代日本国家、社会的形成方面是极为重要的（有关这一点所具有的历史意义，将在后文中做进一步的探讨）。

第一章　汉唐间"新"中华意识的形成

此后的古代日本在以上所见的这种天下意识的基础上，发展出了将自己视为"中华"的意识。从王（亲魏倭王等）到大王（获加多支卤大王），进而至遣隋使阶段自称天子（日出处天子），最终倭国采用了天皇号，并使用了只有统治天下的中国皇帝才能拥有的年号（大化年号），此外还将国号改为日本。经过这一系列事件，日本完成了向律令制国家的转变。

《续日本纪》卷四〇桓武天皇延历九年（七九〇）五月庚午条中记载："陆奥国言。……既洗浊俗，更钦清化。志同内民，风仰华土。"《日本后纪》卷五延历一六年（七九七）二月己巳条记载："遂使仁被渤海之北，貊种归心，威振日河之东，毛狄屏息。化前代之未化，臣往帝之不臣。"这里的史料可以说很好地展现了八世纪后半期日本将自身视作"中华"的意识。

第二节　古代朝鲜诸国的情况

在古代朝鲜也可见到如前节所述的那种意识的发展。以下将按照高句丽、百济、新罗的顺序分别进行考察。

第一项　高句丽的情况

首先探讨有关高句丽的情况。三一三年在攻陷了乐

东亚古代的诸民族与国家

浪郡后，高句丽迅速地强化了自身的势力。而且，在进入好太王的时代后，高句丽开始采用"太王"号，并使用了永乐的年号。采用年号之类的举动明确地展现出在国家的形成过程中，高句丽将中国的政治制度视作一种典范。前节曾指出好太王碑文中使用了"皇天"一词，并论述了当时的"天"是以高句丽为中心的"天"。好太王碑中记载了高句丽所具有的独特的神话世界，即高句丽的始祖是天帝与河伯之女所生之子，并且诞生于卵中。正因如此，将碑文中所见的"天"视为不同于中国的而是属于高句丽的"天"的观点应无大过。[5] 在这种情况下，应特别注意到高句丽的神话世界是用源自中国的"天帝""皇天"等用语来进行描述的。总之，高句丽的神话世界在通过中国思想的过滤后被表现出来，其中存在关于高句丽自身接受中国文化的问题。此外，众所周知，广开土王碑第一面中记载有"百残新罗，旧是属民，由来朝贡"，第二面中记载有"跪王自誓，从今以后，永为奴客。太王恩赦"。这里表现出以高句丽为中心的"朝贡""跪王"的政治体制。[6] 从这里"跪王""奴客"等独特用语的使用来看，中国政治用语中"朝贡"一词与当时高句丽的"朝贡"在词语内涵上应是完全不同的。然而，尽管如此，竖立好太王碑之际的高句丽用"朝贡"一词来表现与其服属势力间的关系这一点至关

· 166 ·

第一章 汉唐间"新"中华意识的形成

重要。此前的研究将这些用语的使用视为一种既定的事实,并且是理所当然的事情,几乎从未深入地探讨过使用这些用语、概念所具有的意义。然而,从这种用语的使用中可以看出当时的高句丽至少存在"跪王自誓"等独特的服属礼仪,不仅如此,当从中国的政治思想来看时,还可推测高句丽将自身与百济、新罗等政权间的关系视为接受其"朝贡"的关系。此外,长寿王时代北扶余的地方官牟头娄的墓志中出现了"天下四方"的表述。总之,高句丽国家、社会的形成依据了中国的政治思想,这种趋势还延续至好太王之子长寿王的时代,并形成了对"天下"这一概念的接受。[7]五世纪末竖立于忠清北道中原郡的中原碑是一座入侵新罗的纪念碑,其碑文中可以见到"东夷之寐锦""赐寐锦衣服"等表述。从上述年号的出现,以及"天下"一词的使用等方面来看,很难认为高句丽将新罗称为"东夷"并赐予其衣服等是因为高句丽认识到在中国看来自身属于东夷,而新罗又归属于自己。也就是说,当时的高句丽在面对东夷新罗时,将自己视为"中华"。

综上所述,从年号的使用、"朝贡"一词的使用,以及对"天下"一词的认识等方面来看,可以说高句丽先于日本形成了这种"中华"意识。

第二项　百济的情况

其次探讨有关百济的情况。百济在近肖古王之际（三七一）攻陷了高句丽的都城平壤，但在进入阿莘王的时代后遭遇挫败，并作为奴客向高句丽太王下跪（三九六）。甚至在四七五年，其遭到高句丽的攻击，濒临亡国。不过，此后百济重建了自身的体制，《南齐书》卷五八《百济传》中记载：

> 建武二年（四九五），牟大遣使上表曰："……去庚午年（四九〇），猃狁弗悛，举兵深逼。臣遣沙法名等领军逆讨。……今假沙法名行征虏将军、迈罗王，赞首流为行安国将军、辟中王，解礼昆为行武威将军、弗中侯。……伏愿天恩特愍听除。"……诏可，并赐军号。

正如这里所见，其以百济王的身份向中国遣使，并请求授予自己的部下"王"的称号。这显示了百济王在其国内是王中之王，即实质上的"大王"；也表明与古代日本形成"大王"号和"天皇"号、高句丽形成"太王"号相同的趋势也出现在了百济。此外，五二一年《梁职贡图》百济国使条记载：

第一章 汉唐间"新"中华意识的形成

> 有二十二檐鲁。分子弟宗族为之。旁小国有叛波、卓、多罗、前罗、斯罗（新罗）、止迷、麻连、上己文、下枕罗等附之。

这里展现了率领着众多附属国的百济的形象。可以推测百济也具有与古代日本、高句丽等相同的发展趋势。

第三项 新罗的情况

最后探讨有关新罗的情况。正如至都卢葛文王称智证王（迎日冷水里新罗碑，五三〇）、牟即智寐锦王称法兴王（蔚珍凤坪新罗碑，五二四）那样，作为高句丽属民的新罗（好太王碑第一面）在六世纪初开始采用中国式的王号。此外，凤坪新罗碑中可以见到有关新罗令其占领地区的高句丽旧民以天为誓不违背新罗王之命的记载。在这种情况下的"天"明显与倭国、高句丽的情况相同，指的是对于新罗而言的"天"。然而，《梁书》卷五四《新罗传》中记载：

> 普通二年（五二一），王姓募名秦，始使使随百济，奉献方物。……语言待百济而后通焉。

正如这里所见，另一方面新罗跟随百济开始向南朝入贡。《北史》卷九四《新罗传》中记载：

> 其王本百济人。自海逃入新罗，遂王其国。初附庸于百济。百济征高丽，不堪戎役，后相率归之，遂致强盛。因袭百济，附庸于迦罗国焉。传世三十，至真平，以隋开皇十四年，遣使贡方物。文帝拜真平上开府乐浪郡公、新罗王。……大业以来，岁遣朝贡。

正如这里所见，新罗王被封为乐浪郡公，与倭国、高句丽等同样成为中国的册封国。

此外，《三国史记·新罗本纪》卷四法兴王二三年（五三六）条中记载：

> 始称年号，云建元元年。

在五三六年这个时间点上，新罗开始颁布在中国的政治思想中只有中国皇帝才可使用的年号。新罗的建元相比高句丽使用永乐年号晚了百年以上；而对比日本的话，其又早了百年以上。在考察新罗中华意识的形成方面，其建元具有重要的意义。

此外，前引《梁书》卷五四《新罗传》中可以见到讨伐百济，将迦罗作为附庸的记载（"因袭百济，附庸于

第一章 汉唐间"新"中华意识的形成

迦罗国")。《东文选》卷三三《崔致远表笺》中记载：

> 初建邑居，来凭邻接。其酋长大祚荣，始受臣蕃第五品大阿餐秩。

八世纪新罗将渤海称为蕃国。甚至《续日本纪》卷一二天平七年（七三五）二月癸丑条记载：

> 新罗国辄改本号曰王城国。因兹返却其使。

正如这里所述，新罗将本国称为"王城国"。《三礼图》王城条中记载：

> 匠人营国，方九里，旁三门。国中，九经九纬，经涂九轨，左祖右社，面朝后市。贾释注云：营谓丈尺大小，天子十二门。

根据这里的记载，所谓"王城"并非指接受了中国皇帝册封的新罗王的王之城，而是天子都城的意思。即在中国古代，在方圆千里的王畿之外依次设置了侯服、甸服、男服、采服、卫服、蛮服、夷服、镇服、藩服九服。侯服每年一朝，甸服两年一朝，男服三年一朝，采服四年一朝……按照如此的规律，让这些地区朝贡。而在这样的天下的正中设置有王城。这意味着新罗在八世纪后半期对日本自称为"天子之国"。正因如此，日本令其使节返回。[8]此外，新罗圣德大王神钟（七七一）中记载：

  四十余年，临邦勤政。一无干戈惊扰百姓，所以四方万里归宾。

这里所谓的"宾"就是"遵从""服从"的意思。"归宾"与"归化"相同，意为归于"王化"。在这种情况下"王化"中的"王"无疑与"王城"中的"王"同义。

根据以上的考察，在新罗也明确存在与高句丽、古代日本等相同的形成中华意识的趋势。

第三节　古代日本、朝鲜中华意识形成的先驱

基于以上的考察，已明确了在古代朝鲜、日本诸国中存在"中华"意识。此外，也获知在这些国家中，高句丽是先驱。那么，高句丽是否可以称为这种现象的渊源呢？本节将围绕这一点，阐述笔者的个人见解。

第一章　汉唐间"新"中华意识的形成

当高句丽、倭国等国中的"中华"意识尚在萌芽之际，东亚正处于所谓五胡入华的混乱时代，其影响也波及朝鲜、日本。正像这一点所表现出来的那样，那个时代在整个文明圈的范围内形成了大规模的人口流动。这一动乱的中心位于中国的华北。在此胡族与汉族之间不断展开着激烈的对抗。《晋书》卷一〇一《刘元海载记》中记载了出身汉族的孔恂、杨珧等人对于匈奴刘渊的看法：

> 孔恂、杨珧进曰："臣观元海（刘渊）之才……非我族类，其心必异。"

这条将刘渊视为"非我族类"的史料是展现上述情况的显著事例。

此外，《晋书》卷一〇四《石勒载记》中记载了汉族人物的下述言论：

> 自古以来，诚无戎人而为帝王者。至于名臣建功业者，则有之矣。

这里表明了当时非汉民族（"戎人"）不能成为中华世界的"帝王"，只能作为服务于汉民族的"名臣"的认

识。另一方面,《晋书》卷一〇一《刘元海载记》记载了胡族的言论:

> 夫帝王岂有常哉。大禹出于西戎,文王生于东夷。顾惟德所授耳。

这里表明了胡族一侧关于胡族也可以成为中华世界的帝王的认识。

上述情况正是当时成为华北统治者的胡族君主采用了天王、单于、可寒(可汗)[9]等称号的背景之一。《晋书》卷一一〇《慕容儁载记》中记载:

> (慕容儁)因以永和八年(三五二)僭即皇帝位。……时朝廷遣使诣儁。儁谓使者曰:"汝还白汝天子,我承人乏,为中国所推,已为帝矣。"

正如上述事例中所见到的那样,胡族君主逐渐采用皇帝的称号是当时的大趋势。这一时期采用皇帝称号、制定年号等举动的出现,展示了胡族君主们逐渐接受了中原王朝的政治理念,并开始具有了将自身置于中华世界正统位置的意识,有必要对这一点给予关注。像这样虽然出身于胡族,胡族君主们却将自身的政权视为中原的正统王朝及

第一章 汉唐间"新"中华意识的形成

中华本身。这种趋势在以下的事例中也可见到。《晋书》卷一一一《慕容暐载记》记载了前燕在遭到前秦进攻时的情形:

> （慕容）暐忧惧不知所为，乃召其使而问曰："秦众何如，今大师既出，猛等能战不。"或对曰："秦国小兵弱，岂王师（指前燕军队）之敌……"

《晋书》卷一一四《苻坚载记》中记载前秦战败于淝水后苻坚的言论：

> 奈何因王师（指前秦军队）小败，便猖悖若此。

《晋书》卷一一九《姚泓载记》记载：

> 王师（指东晋军队）至城皋。征南姚洸时镇洛阳，驰使请救。……（姚）洸部将赵玄说洸曰："……宜摄诸戍兵士，固守金墉，以待京师之援。……吴寇终不敢越金墉而西。"

正如以上所见，与作为汉族正统王朝的东晋军队一样，胡族国家开始用"王师"（天子的军队）一语来称呼

东亚古代的诸民族与国家

自身的军队;与之相反,用"吴寇"来称呼汉族正统王朝东晋。胡族君主将自身政权视为中原正统王朝及中华本身的趋势以上述这样的形式保留于史籍之中。《晋书》卷一二八《慕容超载记》中记载此后建立起刘宋的刘裕在进攻占据山东的南燕时的情景:

> 刘裕率师将讨之(南燕)。(慕容)超引见群臣于东阳殿,议距王师(东晋军队)。公孙五楼(南燕的官僚)曰:"吴兵(东晋军队)轻果,……"……超不从。(慕容)镇出谓韩谭(南燕的官员)曰:"主上既不能芟苗守崄,……今年国灭,吾必死之。卿等中华之士,复为文身矣。"

这里所见的记载展示了汉族与胡族两种"中华"立场的并存,可以说是一条引人瞩目的史料。众所周知,现行版本的《晋书》是站在以西晋、东晋为正统的立场上记述而成的。以上史料中将刘裕所率东晋军队记述为"王师",符合《晋书》的立场。然而,南燕官僚公孙五楼将东晋军队称为"吴兵"明显是与《晋书》的立场相反的表述(相似的表述在前揭《晋书·姚泓载记》"吴寇终不敢越金镛而西"中也可见到)。此外,前述《慕容超载记》中保留有"卿等中华之士,复为文身矣"这一尤

第一章 汉唐间"新"中华意识的形成

为值得关注的记载。这里的"文身"明显是以南蛮"被发文身"的风俗为基础,用于比喻都城设在江南的东晋。而且,"卿等中华之士,复为文身矣"中将"文身"与"中华"对置。这种表述与《晋书》的体例相反,应来源于南燕记录本国历史的史料。这种表述的存在展示出尽管是由胡族建立的国家,但作为鲜卑族的慕容镇乃至构成了这个国家的人们将南燕视为"中华"。

这种趋势并非仅出现在上述诸国之中。类似的事例也明显地展现在以下的史料之中。《晋书》卷一〇六《石季龙载记》记载了石赵与成汉间的交涉:

> 李寿将李宏,自晋奔于季龙。寿致书请之。题曰:赵王石君。季龙不悦。付外议之。多有异同。中书监王波议曰:"……宜书答之,并赠以楛矢,使寿知我遐荒必臻也。"于是遣宏,备物以酬之。……李宏既至蜀汉。李寿欲夸其境内,下令云:"羯使来庭,献其楛矢。"季龙闻之怒甚,黜王波,以白衣守中书监。

而且,进入五胡十六国之后的时期,这种趋势开始以更为显著的形式表现出来,以下史料从一个方面展现了这一点。《洛阳伽蓝记》卷三龙华寺条中记载由拓跋鲜卑部

· 177 ·

建立的北魏在其洛阳时代的情况：

> 伊洛之间，夹御道，东有四夷馆。一曰金陵、二曰燕然、三曰扶桑、四曰崦嵫。道西有四夷里，一曰归正、二曰归德、三曰慕化、四曰慕义。

这里记载了北魏迁都后，洛阳设置有四夷馆、四夷里等。正如在归正、归德、慕化、慕义的用语中所表现出来的那样，周边的四夷因仰慕正义、帝德或王化而迁至北魏的洛阳。在这种观念下，北魏确立了上述名称。从汉民族的中华思想看来，北魏不过是由身为夷狄的鲜卑所建立的国家。也就是说，上述名称表明这样的北魏将自身比拟为中华。这种现象可以说是从此前所见五胡十六国时期的趋势中发展而来的。《魏书》卷九七《刘裕传》中记载北朝称刘宋的建立者——出身于汉族的刘裕为：

> 岛夷刘裕，字德舆，晋陵丹徒人也。

除这里对刘裕的称呼外，北朝还将作为汉族正统王朝的南朝称为岛夷（生活于岛上的夷狄）。《北齐书》卷二《神武纪》天平元年（五三四）五月条记载：

第一章 汉唐间"新"中华意识的形成

东南（指南朝）不宾，为日已久。先朝已来，置之度外。

正如这里的记载，在将南朝视为夷狄的同时，北朝还将其作为域外的地区而置之度外（作为现实的问题，置之度外是不可能实现的）。可以说这也是前述中华意识的体现。

在前两节的考察中已阐明：古代日本曾形成了中华意识；同样的动向也发生在古代朝鲜诸国；从年号、太王号的使用等方面考虑，这种动向的先驱是高句丽。当对比本节以上所述与前两节的结论之际，可以发现虽然在形成的时间上有重叠的部分，但华北五胡诸国中华意识的形成要早于古代朝鲜、日本。总之，上述的考察明确了以下的内容：朝鲜、日本"中华"意识的形成，甚至本章前言中所述日本将京都称为洛阳的现象，在渊源上与入华后被称为五胡的非汉民族中形成的"中华"意识的萌芽间存在联系。

在这种情况下，应该确认的一点是：正如从采用了"天下"的用语，年号、皇帝号等尊号，以及中华、夷狄等概念中所见到的那样，上述的"中华"意识终究是形成于中国传统的政治思想框架之内的。虽然由于五胡入华，中国陷入了极度的混乱之中，但我们可以重新认识到

东亚古代的诸民族与国家

中国在此后仍然发挥了巨大的影响力。《宋书》卷九七《倭国传》中记载了倭五王之中第一位王倭赞遣使刘宋的情况:

> 高祖永初二年（四二一），诏曰:"倭赞万里修贡，远诚宜甄，可赐除授。"太祖元嘉二年（四二五），赞又遣司马曹达奉表献方物。

当时，作为将军府属官的司马被派遣而来。《南齐书》卷五八《百济传》中记载了百济王牟大上表南齐的记事:

> 牟大又表曰:"臣所遣行建威将军、广阳太守、兼长史臣高达，行建威将军、朝鲜太守、兼司马臣杨茂，行宣威将军、兼参军臣会迈等三人，志行清亮，忠款夙著。往泰始中，……寻其至劾，宜在进爵。谨依先例，各假行职。……"诏可，并赐军号，除太守。（牟大）为使持节、都督百济诸军事、镇东大将军。……

百济派遣了作为将军府属官的长史、司马、参军。《梁书》卷五四《高句丽传》记载高句丽王安时期的

第一章　汉唐间"新"中华意识的形成

事情：

> 后燕慕容垂……死，子宝立，以句骊王安为平州牧，封辽东、带方二国王。安始置长史、司马、参军官，后略有辽东郡。至孙高琏……

这里记载了高句丽设置有作为将军府属官的长史、司马、参军等官职。当考虑到来自中国的影响时，这类记载所具有的重要意义绝不逊于上述年号、尊号、中华、夷狄等概念的使用。这是因为：长史、司马、参军等官职是中国内部的地方军政官，在进入六朝时期后其重要性迅速增加；倭国、朝鲜诸国被当时的中国诸朝赐予了安东将军、镇东将军等将军号；这些将军号是基于中国的"中华"思想而命名的，其意为安定、镇抚以中国为中心的东方地区；在这种情况下的长史、司马、参军等官职具有作为上述将军府属官的性质。这展现出日本、朝鲜等古代国家将中国的国制视作一种典范，从而进行自身的国家建设。众所周知，此后日本为征伐虾夷，设置了征夷将军、征夷大使等官，最终，其发展成为最高位的武官征夷大将军，并开建了幕府（开府）。这种情况下的"征夷"一词源于征伐虾夷之际的用语，而虾夷被看作存在于以京都为中心的日本东方的夷狄（东夷）。《宋书·倭国传》所见倭五王

东亚古代的诸民族与国家

中最后一位安东将军倭王武给刘宋顺帝的上表中有:

> 顺帝升明二年(四七八),遣使上表曰:"封国偏远,作藩于外。自昔祖祢,躬擐甲胄,跋涉山川,不遑宁处。东征毛人五十五国,西服众夷六十六国,渡平海北九十五国。王道融泰,廓土遐畿。累叶朝宗,不愆于岁。"

这里记载了倭王武经过自己及祖先的不懈努力,最终实现了"东征毛人五十五国,西服众夷六十六国,渡平海北九十五国"的壮举,使顺帝的"王道"得以"融泰",统治的疆域获得扩大("廓土遐畿")。前述的"征夷"绝非在此条记载的这种意识下形成的用语。尽管这可能是理所当然的事情,但应该关注到上述"征夷"的概念出现了与此前所见日本版本的"天下"一词相同的转换,后者的情况是将本来以中国为中心形成的"天下"思想置换为以日本为中心的含义。将虾夷视为东夷、将京都称为洛阳的现象均与古代日本所具有的中华意识同源。

以上论述了古代朝鲜、日本,以及五胡诸国中华意识的形成。如果上述论证无误的话,那么当然应该存在将这种思想或制度传播到中国周边诸民族的人。关于这一点,笔者已进行过多次讨论。[10] 为便于论述的展开,以下将在

第一章 汉唐间"新"中华意识的形成

总结此前研究的同时,再次对包括笔者观点在内的相关意见展开讨论。

笔者认为将前述思想或制度传播到周边诸民族的人基本上为中国人或深受中国影响的人。众所周知,这是一个在五胡入侵的背景下,包括东亚、北亚、东南亚、西域的广阔范围在内,形成了人口大量流动的时代,其中心位于华北。躲避战乱的人们不仅在华北内部迁徙,甚至还超出这一区域向上述的东西南北各地迁徙。《魏书》卷二三《卫操传》中记载了鲜卑拓跋部始祖神元帝拓跋力微死后的情况:

> 始祖崩后,(卫操)与从子雄及其宗室乡亲姬澹等十数人,同来归国,说桓穆二帝招纳晋人(汉族),于是晋人附者稍众。桓帝嘉之,以为辅相,任以国事。

这里记载了一部分逃避战乱的中原人穿越万里长城,流入鲜卑族建立的国家。其中最大规模的迁徙是由华北向江南的人口流动。当然,这种流动也波及朝鲜半岛。可以说,依附于高句丽的佟寿,或以下《北史》卷九四《百济传》记载百济都城中存在的中国人等都是具有代表性的事例。

东亚古代的诸民族与国家

都下有万方(家?),分为五部,曰上部、前部、中部、下部、后部,部有五巷,士庶居焉。部统兵五百人。……其人杂有新罗、高丽、倭等,亦有中国人。

不用说古代日本也不例外。此前所见《宋书·倭国传》中具有中国将军府官司马一职的曹达等人正是这样的事例。在这种情况下,笔者希望关注的是《宋书·倭国传》中所载上呈刘宋顺帝的上表文是一篇表述极为通达的文章,并且与以下两篇上表文的内容相似。《宋书·倭国传》所载四七八年倭国递呈刘宋的上表文:

顺帝升明二年(四七八),遣使上表曰:"①封国偏远,作藩于外。……王道融泰,廓土遐畿。累叶朝宗,不愆于岁。臣虽下愚,忝胤先绪,②驱率所统,归崇天极。③道径(遥)百济,装治船舫。而④句骊无道,图欲见吞,掠抄边隶,虔刘不已。每致稽滞,⑤以失良风。"

《魏书》卷一〇〇《百济传》所载四七二年百济送至北魏的上表文:

第一章 汉唐间"新"中华意识的形成

延兴二年（四七二），其王余庆始遣使上表曰："①<u>臣建国东极</u>，④<u>豺狼隔路</u>，①<u>虽世承灵化，莫由奉藩</u>，②<u>瞻望云阙，驰情罔极</u>。⑤<u>凉风微应</u>，伏惟皇帝陛下协和天休，不胜系仰之情，谨遣私署冠军将军、驸马都尉弗斯侯，长史余礼，……司马张茂等③<u>投舫波阻，搜径玄津</u>，托命自然之运，遣进万一之诚。"

有关上呈顺帝的表文是表述极为通达的文章这一点已被多位学者指出。[11]然而，管见所及，时至今日人们似乎一直忽略了后一方面（两篇上表文中的类似）。[12]以上引用的《宋书·倭国传》与《魏书·百济传》中带圈数字与画线部分是笔者为便于说明加入的。其对应部分的相似因何形成呢？要在今日详细地探明这一问题已非常困难。就在史料如此有限的时代里，酷似的上表文却出现在年代、地域均极为接近的百济与倭国。这种类似中蕴含着不能用偶然的一致来解释的问题。当时两者之间应存在某种紧密的关系。基于这两件文书均是用非常通达的汉语写成的这一点，可以看出其间应存在来到朝鲜、日本的中国人，或具有很深中国文化素养的人物，以及这些人物之间的紧密联系。

基于与五胡十六国、北朝史间的联系，笔者曾探讨了

东亚古代的诸民族与国家

这一时期战乱造成的大量人口流动所引发的变化。笔者采用当时史书中所见用语,将五胡建立的诸国中形成的政治构造称为"旧人""新人"构造。[13]伴随着统治范围的扩大,以非汉民族为中心扩展而来的五胡政权开始大量地吸收新依附的人群。在这种情况下,由支撑该政权中心的旧有群体(旧人)与新依附群体(新人)构成的新构造,就是所谓的"旧人""新人"构造。对于希望强化王权的五胡王权来说,获得新人,特别是在建设新国家制度方面掌握着宝贵知识的中国士人阶层,具有极为重要的意义。此前所见《魏书》卷二三《卫操传》中记载鲜卑拓跋部始祖神元帝拓跋力微死后的情形,即"始祖崩后,(卫操)与从子雄及其宗室乡亲姬澹等十数人,同来归国,说桓穆二帝招纳晋人(汉族),于是晋人附者稍众。桓帝嘉之,以为辅相,任以国事",就从一个方面表现了上述的这种情况。朝鲜半岛上也出现了同样的现象。在这一时期席卷东亚、北亚的人口流动中形成了建设国家的浪潮。有必要从这一宏观的视角出发,再次考察高句丽的佟寿,或朝鲜黄海道安岳柳城里出土的"逸民含资王君藏""含资逸民王君砖"等砖铭中所见到的中国人。渡来人史部身狭村主青、桧隈民使博德被认为与《宋书》所见倭王武上奏文的执笔者间存在关系。《日本书纪》卷一四雄略天皇二年十月条中关于这两人记述道:

第一章 汉唐间"新"中华意识的形成

> 是月……天皇以心为师,误杀人众。天下诽谤
> 言:"太恶天皇也。"唯所爱宠,史部身狭村主青、
> 桧隈民使博德等也。

对于日本的问题,同样有必要从上述的观点出发,考察如这里所记载的对渡来人的宠用或者此后渡来人到来的问题。

以上论述了在探讨这一时期朝鲜、日本的古代国家建设问题时,有必要扩展视野,考察其与建立于华北的五胡诸国间的联系。不仅限于国家建设,如果从中国文化传播的观点进行思考的话,可以认为当时促成这种传播的人口迁徙遍及江南、福建、云贵、岭南、东南亚、北亚、西域、朝鲜半岛等地,而上述问题与全面阐明当时波及以上地区的人口迁徙这一重大课题间存在关联。

顺便提及一下,以上列举了朝鲜黄海道安岳柳城里出土铭文砖中"逸民含资王君藏""含资逸民王君砖"的铭文,值得关注的是其中所见"逸民"的用语。这不仅是因为当时中国正史中存在《逸民传》,更由于当时中国处于贵族制的全盛期,成为"逸民"被身为知识阶层的士大夫视为理想之一。正因如此,前揭王氏(应为乐浪王氏)的墓砖上才刻有这样的文字。所以也有必要在中国文化传播的方面,关注其中这种贵族文化的传播。

第四节　魏晋南朝的世界秩序与
　　　　北朝隋唐的世界秩序

在所谓的魏晋南北朝时期中，存在身为外臣的诸民族统治者的内臣化现象。[14]当时中原王朝的权力不断衰落，并且基于这一点中原王朝试图将诸民族统治者吸收到自身的体制之中。这些促进了上述诸民族统治者的内臣化现象，与此同时，以胡族为首的诸民族也处于独立化的趋势之中。五胡入侵在此后演变为北朝的扩大，对此感到恐慌的南朝曾试图建立起封堵北朝的国际包围圈。《宋书》卷九五《索虏传》记载了北魏世祖太武帝攻打刘宋之际，送至刘宋太祖的信：

> （北魏世祖）与太祖（刘宋的太祖）书曰："……顷关中盖吴返逆，扇动陇右氐、羌，彼复使人就而诱劝之，……彼往日北通芮芮（柔然），西结赫连、蒙逊（沮渠蒙逊）、吐谷浑，东连冯弘（北燕主）、高丽（高句丽）。凡此数国，我皆灭之。……"

此条史料展现了刘宋时代的这种动向。然而，尽管如此，众所周知北朝最后的王朝隋最终再次统一了中国。从

第一章　汉唐间"新"中华意识的形成

南朝一侧来看的话，可以说这意味着以南朝为中心的世界体系的崩溃。由于北朝的扩大、隋唐帝国的出现，此前与南朝联合或处于其麾下的柔然、吐谷浑、云南爨蛮、高句丽、百济等势力相继灭亡。在这些势力背后，不断蓄积力量的突厥、吐蕃、南诏、渤海、新罗、日本等逐渐兴起。这一结果与本章所述"新"中华意识的形成绝非没有关系。

从作为夷狄的五胡中脱颖而出的北魏被公认为北朝，[15]继其之后出现的隋唐成了中国的正统王朝。当关注到这一逆转现象，以及隋唐文化和国制中所见到的胡风时，可以说这展现了以下这种非常值得关注的历史变迁，即从秦汉至魏晋延续而来的中国史脉络至此发生了转折，曾经的非正统政权成为正统。

在本章的开篇部分，笔者从中华意识形成的观点出发，考察了古代日本的历史发展。将其轨迹与五胡、北朝直至隋唐的中国史发展脉络进行比较时，尽管从秦汉魏晋的秩序看来，两者同属于夷狄，但在各自成为"中华"这一点上（"从作为东夷的倭向着作为中华的日本转变"与"从五胡至中华的变身"），可以说两者是极为相似的。而且，正如在本章的考察中已阐明的那样，其轨迹的相似绝非一种偶然现象。也就是说，五胡、北朝、隋唐与古代日本在以下方面具有共通之处：其均以秦汉帝国为母体，并以接受册封的形式从魏晋南朝的体系中成长而来,在突破这一体系的同时最终成形。

结　语

在撰写本章之际,笔者深受西嶋定生的大作《日本历史的国际环境》(『日本歴史の国際環境』UP選书二三五、東京大学出版会、1985年)和《倭国的出现》(『倭国の出現』東京大学出版会、1999年),以及酒寄雅志的大作《华夷思想的诸方面》(收录于「華夷思想の諸相」『アジアの中の日本史Ⅴ　自意識と相互理解』東京大学出版会、1993年,又收录于同氏『渤海と古代の日本』终章、校倉書房、2001年)的启发。特记于此,以示谢意。不过,在本章的个别之处或贯穿全文的内容中已经阐述过,笔者的观点并非与两者完全相同。其主要的不同点在于笔者与西嶋定生对于"天下"或"天"的理解有别。西嶋定生将稻荷山铁剑所见"天下"一词理解为倭国的领域,并从中看出了倭国摆脱中国册封体制的绪端。然而,笔者认为现实中稻荷山铁剑铭文所见"天下"在以倭国的领域为中心的同时,也包含了朝鲜半岛南部地区。此外,在理念和观念层面上,对于倭国而言的"天"之下展开的世界就是上述情况下的天下,在这种意义上,这

第一章 汉唐间"新"中华意识的形成

种"天下"是没有疆界的。

此外,酒寄雅志的研究在学界首次详细地探讨了高句丽、百济、新罗、渤海、倭国、越南等政权中中华思想的发展。不过,酒寄雅志没有探讨作为"中华"思想的发源地,即可以被称作古代东亚世界中心的中国的华夷关系。因此,其未能考虑到中国内部华夷关系的原动力。不得不指出这最终造成了以下问题,即当以中国这一核心作为考察对象来探讨中华意识的问题时,酒寄雅志的研究并不能充分地展现作为其考察对象的地域、国家间中华意识的相互关系,以及时代的变迁。

此外,以下是本章所阐明诸问题的要点。

(1) 日本的京都有洛阳的雅称,这关系到日本"中华"意识的形成问题。甚至在其根源中还存在魏晋南北朝时期的人口流动、五胡诸族中中华意识的形成,以及中华化的问题。

(2) 当在古代朝鲜、日本的范围内探寻中华意识的形成轨迹时,可以说其先驱是高句丽。

(3) 形成于古代朝鲜、日本的中华意识的先驱是侵入华北的五胡诸族。

(4) 征夷大将军这一称呼的出现与将京都称为洛阳的现象有着同样的根本原因。这种原因关系到日本中华意识的形成问题。

东亚古代的诸民族与国家

（5）在魏晋南北朝时期，从汉延续至魏晋南朝的世界秩序与在华夷关系质变的过程中出现的由五胡十六国、北朝、隋唐支撑起的世界秩序相互对立，最终前者转换为后者。

（6）倭国虽然是东夷小国，但从魏晋南朝的册封体制中独立出来，并逐渐形成了以自身为中心的秩序。被视为夷狄的五胡将自身视为中华，经过胡汉的融合，最终建立起隋唐帝国的世界秩序。在这一点上，一方面是中国内部出现的现象，另一方面是出现于海外日本的现象。尽管存在这样的差异，但两者均是在汉魏晋的秩序中处于夷、胡位置上的势力，并最终冲破了这种体制，开始标榜自身为中华。在这一点上，两者是共通的。[16]

（7）第（6）点中所述两者在历史发展过程中的一致，绝非在毫无关联的情况下形成的。两者均是汉帝国的崩溃、魏晋南北朝时期的人口流动造成的一种结果。

（8）从第（7）点所述的历史趋势中形成了诸民族的独立，以及古代国家的建立。在这种情况下，中国文化或中国政治思想的影响，如天下、将军府制、华夷观等已波及日本。在尚未导入律令制的大化时代以前，这种影响已经深刻触及日本的体制。

（9）在考察传播有关（8）中所述中国文化或政治思想的人物之际，不能仅局限于日本古代史中来自中国大陆

第一章 汉唐间"新"中华意识的形成

的渡来人或流入古代朝鲜的中国人，有必要综合地探讨当时在东亚、北亚等地形成的人口流动，以及与之相伴的中国难民、士人阶层在诸民族的国家建设中所发挥的重要作用。[17]

第二章
关于《隋书·倭国传》与
《日本书纪·推古纪》中的记述

——遣隋使小记

前　言

　　本章将探讨《隋书·倭国传》与《日本书纪·推古纪》有关遣隋使记载中所见到的矛盾，并希望阐明遣隋使时期现实中的具体情况。与此同时，本章还将考察遣隋使在倭国王帅升、亲魏倭王卑弥呼以来的中国王朝与倭国的外交关系史中占据着怎样的位置。

　　在考察邪马台国、倭五王等时代的日本古代历史之际，我们通常使用《魏志·倭人传》《宋书·倭国传》这样中国一侧的文献史料。众所周知，这是因为日本在这一

第二章 关于《隋书·倭国传》与《日本书纪·推古纪》中的记述

时代缺少能与之匹敌的文献史料。当时尚未形成像平假名、片假名这样由日本民族创造的文字。此外,当时日本人对于中国语(即所谓的汉语)的理解程度仍然较低。因此,未能像后世那样用汉文、日文等来记录日本的历史。

然而,当进入《日本书纪》《古事记》的阶段后,日本人开始使用汉字记述本国的历史。其结果是出现了在中国一侧的史书与日本一侧的史书中记载同一历史事件的情况,相比此前的时代可以更为客观地展现当时的历史。

《魏志·倭国传》中特意采用具有"邪恶""卑贱"意思的"邪""卑"来记载邪马台国和卑弥呼。如果当时的日本人采用汉字来记录本国历史的话,很难想象会使用这些文字。也就是说,其中反映了中国一方的偏见。这种偏颇和错误的认识当然也大量存在于《魏志·倭人传》《宋书·倭国传》的其他记载中。然而,今日我们几乎没有办法纠正这种偏颇与错误。这是因为在考虑有关邪马台国、倭五王等问题时,中国一侧的史料是极为有限的,而今日我们几乎没有能与之进行比较的日本一侧的文献史料。[1]

《日本书纪》等出自日本人自己之手的史书打开了纠正这种偏颇的大门。不过,《日本书纪》等史料的出现,虽然与此前相比提高了把握历史客观性的能力,但也引发

· 195 ·

东亚古代的诸民族与国家

了新的问题。这就是《日本书纪》等史料的记述中也存在偏颇与错误。例如，在日隋外交过程中，《日本书纪》记载隋炀帝在致倭王的国书中采用了"倭皇""皇"的称呼。此外，小野妹子进呈的倭王的国书中有"'日出处天子致书日没处天子无恙'云云"的内容，炀帝览后不悦，并严命"蛮夷书有无礼者，勿复以闻"。如此可见，炀帝在称呼倭王之际，不可能采用国书中的那种称谓。这一现象意味着从遣隋使阶段至《日本书纪》完成之间的某个时间点上，炀帝国书中倭王、王的记述被篡改为倭皇、皇。[2]

另一方面，《魏志·倭国传》中所见到的那种偏颇当然仍继续存在于此后中国一侧的史书之中。在《隋书·倭国传》与《日本书纪·推古纪》有关遣隋使的记述中，可以见到很多矛盾之处。我们为阐明两书间所存在的矛盾，有必要依据上述的这一点。本章将探讨两书记述间存在的矛盾，并希望能够阐明当时的实际情况。

第一节　有关裴世清所携国书的记载

本节将考察《隋书》与《日本书纪》有关隋炀帝国书的记述中所存在的矛盾。为便于展开讨论，先展示两书

第二章 关于《隋书·倭国传》与《日本书纪·推古纪》中的记述

中的相关记载。

根据《日本书纪》卷二二《推古纪》的记载，小野妹子于推古天皇十五年秋七月被派往隋朝，翌年夏四月陪同隋朝使节裴世清等一行十三人返回筑紫，六月到达难波津。朝廷以饰船三十艘在淀川河口迎接。八月癸卯，使节达到都城，朝廷派额田部比罗夫在奈良县樱井市的海石榴市设饰马七十五匹，于郊外迎接使者的到来。在此之后，《日本书纪》中继续记载：

> 壬子，召唐客于朝庭令奏使旨。时阿倍鸟臣、物部依纲连抱二人，为客之导者也。于是，大唐之国信物，置于庭中。时使主裴世清，亲持书，两度再拜，言上使旨而立之。其书曰："皇帝问倭皇。使人长吏大礼苏因高等至具怀。朕钦承宝命，临仰区宇，思弘德化，覃被含灵，爱育之情，无隔遐迩。知皇介居海表，抚宁民庶，境内安乐，风俗融和，深气至诚，远修朝贡。丹款之美，朕有嘉焉。稍暄，比如常也。故遣鸿胪寺掌客裴世清等，稍宣往意，并送物如别。"时阿倍臣出进，以受其书而进行。大伴啮连迎出承书，置于大门前机上而奏之。事毕而退焉。

具体来说，依据《日本书纪》的记载，裴世清被推

· 197 ·

东亚古代的诸民族与国家

古天皇召至飞鸟的朝廷中,并被要求上奏遣使的主旨。当时,阿部鸟臣、物部依纲连抱两名大臣作为先导,引导裴世清将从隋带来的信物放置于庭中。裴世清亲自手持隋炀帝的国书,两度再拜,禀告了遣使的主旨。随后,裴世清站立着朗读了国书。在国书中,炀帝述及"皇帝问候倭皇。倭国派来的使臣长史、大礼苏因高(小野妹子的中国名)来到隋朝,已经传达了心意。朕钦承天命(宝命),君临天下。广布皇帝的德化,希望恩惠遍及苍生。爱育苍生之情,(从中国)不分远近。知道皇虽远居海外,但因抚宁庶民,所以国内安乐,风俗融合。可以说(倭王的)心映至诚,远修朝贡。朕嘉赞这种真心之美。阳光终于变暖,正如往常一样。因此派遣鸿胪寺掌客裴世清等,简单地传达一下遣使的主旨,并送达信物"。当裴世清读完国书后,阿部鸟臣上前接过国书后前行,将其交给大伴啮连。接过国书的大伴啮连将其放置于大门前的桌上,并上奏。事毕,大伴啮连退下。

从以上的记述中可以得知裴世清是被两名引导者引到倭王面前的庭中,当时他将炀帝赠予的信物放置在庭中的其他地方,自己手持炀帝的国书两度再拜,禀告了遣使的主旨,随后站立着朗读了炀帝的国书。并且,正如最后一句"稍宣往意,并送物如别"中所见到的那样,国书是以"宣"的形式结尾的。此后,这一国书经过两名引导

第二章 关于《隋书·倭国传》与《日本书纪·推古纪》中的记述

者之手，被放置于倭王面前大门一侧的桌上，并由引导者中的一人大伴啮连上奏，结束之后众人退出朝廷。

总之，在当时会见的现场，可以明确以下情况：①裴世清与倭王之间有大门，裴世清与两名引导者位于大门之外的"庭"中；②与两名引导者相比，裴世清处于距离倭王最远的位置；③大伴啮连从引导者之一的阿部鸟臣手中接过隋炀帝的国书后，行至大门，并将国书放于机上；④此后，由大伴啮连向倭王上奏裴世清在"庭"中"宣"的内容（不过，上奏可能并不涉及具体内容，大致为"中国的使臣进行了上奏"这种程度的表述）。

那么，《隋书·倭国传》又是如何描述当时情况的呢？根据《隋书》卷八一《倭国传》，裴世清一行在受到大礼哥多毗所率二百余骑的迎接后，进入了都城。此后记载：

> 其王与清相见，大悦，曰："我闻海西有大隋，礼义之国，故遣朝贡。我夷人，僻在海隅，不闻礼义，是以稽留境内，不即相见。今故清道饰馆，以待大使，冀闻大国惟新之化。"清答曰："皇帝德并二仪，泽流四海，以王慕化，故遣行人来此宣谕。"

这里记载了倭王与裴世清之间的会见场面。

东亚古代的诸民族与国家

也就是说,在对应于《日本书纪》的《隋书·倭国传》的记载中,见到裴世清的倭王大悦并说道:"我听说海西有名为大隋的礼仪之邦,因此遣使朝贡。由于我乃夷狄(夷人),居于海隅,所以未曾听闻礼仪。正因如此,我留在国内,未能谒见。现在清理道路,修饰馆舍,以待大使的到来。希望听闻大国维新的教化。"对此,裴世清答复:"皇帝之德遍及天地,其恩惠达至四海。由于王仰慕皇帝德化,所以派遣行人来此宣谕。"

如果比较上述《隋书·倭国传》与《日本书纪》中的相关记载的话,可以发现两者同样记述的是小野妹子归国后的情况,但内容相去甚远。如前言中所述,《日本书纪》所载隋炀帝国书中"倭皇""皇"与《隋书·倭国传》中所见"王"的表述间的差异就是其中一例。当然不同之处不止这一点,以下列举其他存在问题的地方。

(1)《日本书纪》中首先记载裴世清朗读了炀帝的国书,并通过阿部鸟臣与大伴啮连二人将国书传达给倭国王。

(2)《日本书纪》中记载裴世清宣读了国书,炀帝国书的内容得以传达;而《隋书·倭国传》中首先记载了倭王自称为夷狄的内容,在这种情形下,隋使裴世清才进行了宣谕。

第二章　关于《隋书·倭国传》与《日本书纪·推古纪》中的记述

(3)《日本书纪》中裴世清在庭中"两度再拜",并对身在大门内建筑物中的倭王上奏了遣使的主旨。

(4)《日本书纪》中仅记录了裴世清上奏的内容,并没有记载倭王所说的话;而《隋书·倭国传》中记载了两者的言论。

此外,《隋书·倭国传》中记载对于裴世清来朝,倭王"大悦",而《日本书纪》中并未见到这种记述。并且,《隋书·倭国传》中记载裴世清入都之际受到了二百余骑出迎的礼遇,而《日本书纪》中的记载则为以饰马七十五骑出迎。两书之中还可见到以上这些细微之处的差异。然而从以上所举(1)~(4)诸点来看,可以说双方记载的内容是相互对立的。理由如下:《隋书·倭国传》中是以宣谕使对于朝贡国的角度进行描述的;然而,《日本书纪》的记载中,一方在殿上,一方站立于前庭,并且禀告的内容是通过作为中介的官员传达的,《日本书纪》中诸如此类的记述仿佛暗示倭王与隋使裴世清间存在主从关系。

既然两书中存在上述这样的差异,那么就有某一方的记载是错误甚至是经过篡改的。事实究竟是怎样的呢?[3]

《隋书》卷八四《突厥传》中大业三年(六〇七)四月条记载了隋炀帝行幸榆林之际,突厥的启民可汗至行宫朝觐一事。当时启民可汗的上奏如下:

201

启民上表曰:"已前圣人先帝莫缘可汗存在之日,怜臣,赐臣安义公主……臣今非是旧日边地突厥可汗,臣即至尊臣民……"

也就是说,在大业三年四月这一时间点上,突厥的启民可汗上表称:"以前,圣人先帝莫缘可汗(指隋高祖杨坚)在世之日,怜悯为臣,赐予臣安义公主。……臣今日已非昔日边地上的突厥可汗了,而是至尊(指炀帝)的臣民。"小野妹子作为遣隋使出发的时间是推古天皇十五年(六〇七)七月三日,返回筑紫是在翌年的四月(《日本书纪》)。总而言之,炀帝应该是在接到突厥启民可汗的上表后不久,看到了小野妹子带来的"'日出处天子致书日没处天子无恙'云云"的国书。

当时,隋终结了近四百年的魏晋南北朝时期的混乱局面,实现了中国的统一。并且,基于开国皇帝杨坚的善政,隋朝的国力达到了鼎盛。众所周知,突厥在魏晋南北朝的最后时期消灭了此前称霸于北亚的柔然,壮大了势力,建立起坐落在欧亚大陆上的大帝国,成为令隋唐帝国倍感压力的北方游牧民族国家。启民可汗上表之时,刚刚经历了与都蓝可汗之间的对抗。因此,尽管启民可汗向隋称臣,但其势力仍极为强大。不过,反过来讲,在小野妹子作为使节来隋,以及裴世清到达倭国的时间点上,可以

第二章　关于《隋书·倭国传》与《日本书纪·推古纪》中的记述

说隋甚至拥有能令这样强大的突厥称臣的实力。实际上,炀帝自身也对隋朝的国力颇为自负。

《旧唐书》卷一九九上《倭国传》贞观五年(六三一)条记载:

>贞观五年,遣使献方物。太宗矜其道远,敕所司无令岁贡,又遣新州刺史高表仁持节往抚之。表仁无绥远之才,与王子争礼,不宣朝命而还。

依据上述记载,裴世清来朝大约二十年后,到达倭国的唐朝使节高表仁由于"礼"的问题与倭国发生争执,最终在没有宣达朝命的情况下就返回了唐朝。《隋书·倭国传》在裴世清会见倭王后记载:

>其后清遣人谓其王曰:"朝命既达,请即戒涂。"

也就是说,裴世清因为已经传达了朝命即炀帝的命令,所以希望回国。这段记述是接在前见《隋书·倭国传》"其王与清相见,大悦,曰:'我闻海西有大隋,礼义之国,故遣朝贡。我夷人,僻在海隅,不闻礼义,是以稽留境内,不即相见。今故清道饰馆,以待大使,冀闻大国惟新之化。'清答曰:'皇帝德并二仪,泽流四海,以王慕化，故遣行人来此宣谕'"记载之后的内容。其中展现了当时裴世清认为自己已完成了作为使者传达"朝命"，即对倭王"宣谕"的任务。前揭《旧唐书》所见的高表仁，尽管之后被给予了"无绥远之才"这样较低的评价，但在"争礼"之前并不存在这种评价。并且，在"争礼"之际，高表仁应意识到自身尚未传达"朝命"。尽管如此，其仍然采取了"争礼"的举动。由此可以看出，高表仁在传达"朝命"前就意识到倭国一方的接待中存在一些"非礼"的行为。在这种情况下，如果考虑到他当时是作为唐使来到倭国这一点，就难以将倭国的这种"非礼"单纯地视作对使节个人的某种待遇问题，必须认识到其中包含着关系到唐朝体面的问题。正因如此，高表仁与倭国一侧发生了纠纷，未能宣达"朝命"即返回了唐朝。于是《旧唐书》抓住这一点，评价其"无绥远之才"。这样一来，推测上述评价所具有的含义，《旧唐书》表达了"高表仁执拗于与唐朝体面相关的'礼'，从而引起了争端，结果未能宣达'朝命'便归国。这是由于高表仁没有绥抚夷狄的才能。对于夷狄的绥抚必须要从长计议"的含义。

正如前揭《隋书·倭国传》中所见，倭王具有对隋"朝贡"的认识，并自称为"夷人"。既然裴世清对此答复称"皇帝德并二仪，泽流四海，以王慕化，故遣行人

第二章 关于《隋书·倭国传》与《日本书纪·推古纪》中的记述

来此宣谕",可以说当时已经处于"朝命既达"的状态了。

隋炀帝在看到小野妹子带来的国书中"'日出处天子致书日没处天子无恙'云云"的内容后不悦,于是命令"蛮夷书有无礼者,勿复以闻"。了解这一情况的裴世清是在当时隋与高句丽处于紧张关系的局势下被派往倭国的。因此基于这一点,有必要在可能的范围内考察并确定《日本书纪》与《隋书·倭国传》记载中出现前述矛盾的原因。在这种情况下,可以说《日本书纪》中有关遣隋使记载的可信程度是一个必须要探讨的重要问题。这是因为《日本书纪》中存在将倭王写作倭皇这样明显的篡改之处。并且,如果此类篡改涉及有关遣隋使的全部记载,那么利用《日本书纪》来探讨遣隋使问题时,就必须持有非常谨慎的态度。下节将具体考察这一问题。

第二节 关于《日本书纪》中遣隋使相关记载的可靠性

本节将考察《日本书纪》中遣隋使相关记载的可靠性问题。先简要阐述一下结论,笔者认为尽管《日本书纪》遣隋使相关记载中存在被篡改的迹象,但也具有相当程度的可靠性。以下是笔者这种观点的理由。前揭

东亚古代的诸民族与国家

《日本书纪》中记载炀帝的国书为:

> 其书曰:"皇帝问倭皇。使人长吏大礼苏因高等至具怀。朕钦承宝命,临仰区宇,思弘德化,覃被含灵,爱育之情,无隔遐迩。知皇介居海表,抚宁民庶,境内安乐,风俗融和,深气至诚,远修朝贡。丹款之美,朕有嘉焉。稍暄,比如常也。故遣鸿胪寺掌客裴世清等,稍宣往意,并送物如别。"

此前已经论述了从这里画线部分的"倭皇""皇"中可以看出篡改的迹象,还需要特别注意的是画波浪线的"朝贡"一词的表述。如果"倭王"是不恰当的称谓,那么可以推测其也影响到"朝贡"一词的准确性。

《日本书纪》中通过裴世清"再拜",以及倭王以官员为中介接受上奏等方面的记载,显示了倭王的尊贵。并且,有关当时会见现场的情况,《日本书纪》记载:

> 是时,皇子诸王诸臣,悉以金髻华著头、亦衣服皆用锦紫绣织及五色绫罗。

此处的表述极力渲染当时场面的壮丽。然而,炀帝国书中"朝贡""倭王"等表述显然与试图展现倭王的

第二章　关于《隋书·倭国传》与《日本书纪·推古纪》中的记述

尊贵这一立场相矛盾。"朝贡""倭王"的表述显示出隋将倭国视为朝贡国，将遣隋使视为朝贡使。总之，在《日本书纪》炀帝国书录文前后的记载中，裴世清对倭王"再拜"之类的记载，与炀帝国书中所见"朝贡""倭王"等表述间存在明显的立场上的矛盾。尽管如此，"朝贡"这一用语仍然被保留下来。虽然存在将"倭王"篡改为"倭皇"等问题，但"朝贡"一词的保留显示出《日本书纪》所载国书本身相当忠实地保存了炀帝国书的原文。

正如此前所述，小野妹子作为遣隋使被派遣到隋朝是在推古天皇十五年（六〇七）七月；并且，同年同月的大业三年七月，炀帝行幸榆林郡（《隋书》卷三《炀帝纪》大业三年七月甲寅条）。当时，炀帝与来朝的突厥启民可汗及其部落酋长三千五百人举行了宴会。《隋书》卷八四《突厥传》中记载了当时的情形：

> 帝法驾御千人大帐，享启民及其部落酋长三千五百人，赐物二十万段，其下各有差。复下诏曰："德合天地，覆载所以弗遗，功格区宇，声教所以咸洎。至于梯山航海，请受正朔，……突厥意利珍豆启民可汗志怀沉毅，世修藩职。往者挺身违难，拔足归仁，先朝嘉此款诚，授以徽号。……斯固施均亭育，泽渐

· 207 ·

要荒者矣。……启民深委诚心，……言念丹款，良以嘉尚。……"

这一史料与存在问题的《日本书纪》中所见遣隋使之际的炀帝国书有着类似之处。具体来说，遣隋使之际的国书"其书曰：'皇帝问倭皇。使人长吏大礼苏因高等至具怀。①<u>朕钦承宝命，临仰区宇，思弘德化，覃被含灵，爱育之情，无隔遐迩</u>。知皇介居海表，抚宁民庶，境内安乐，风俗融和，②<u>深气至诚，远修朝贡。丹款之美，朕有嘉焉</u>。稍暄，比如常也。故遣鸿胪寺掌客裴世清等，稍宣往意，并送物如别'"。画线①的部分与《隋书·突厥传》中"德合天地，覆载所以弗遗，功格区宇，声教所以咸洎""斯固施均亭育，泽渐要荒者矣"的内容非常相似。此外，画线②的部分甚至与前述《突厥传》"志怀沉毅，世修藩职""先朝嘉此款诚""启民深委诚心""言念丹款，良以嘉尚"等表述中所见用语都非常相似。基于这两个诏书作于同一时期，两者间的相似可以在一定程度上证明前述《日本书纪》所载国书较为真实地保存了炀帝国书原貌的观点。[4]

不过，也不能断言将"倭皇"订正为"倭王"，"皇"订正为"王"后，《日本书纪》所载的就是炀帝国书的原文。

第二章 关于《隋书·倭国传》与《日本书纪·推古纪》中的记述

这是因为前揭《隋书·倭国传》记载："其王与清相见，大悦，曰：'我闻海西有大隋，礼义之国，故遣朝贡。我夷人，僻在海隅，不闻礼义，是以稽留境内，不即相见。今故清道饰馆，以待大使，冀闻大国惟新之化。'清答曰：'<u>皇帝德并二仪，泽流四海，以王慕化，故遣行人来此宣谕</u>。'"这里所见画线部分是裴世清作为隋的宣谕使被派遣到倭国后，在会见倭王时的发言。因此，其内容极有可能直接转述自炀帝国书中的语句或是参照了国书中的语句。并且，其中所见"皇帝德并二仪，泽流四海，以王慕化，故遣行人来此宣谕"的语句也见于《日本书纪》所载国书的内容之中。这里可见到"二仪"一语。"二仪"指天与地或阴与阳，也作两仪。《日本书纪》所载国书中有"朕钦承宝命，临仰区宇"的部分，其中"宝命"即指"天命"，"区宇"即指天下，二者是可以令人联想到天地的词语。然而，"二仪"一词并未出现于《日本书纪》的国书中。《隋书》中裴世清回答的内容原本就是对如《日本书纪》中那种记载的简略化表述。与前见炀帝国书相似，隋炀帝给突厥启民可汗的诏书中有"德合天地，覆载所以弗遗，功格区宇，声教所以咸泊"之言。这里等同于"二仪"的"天地"是与语出《中庸》"天之所覆，地之所载"中的"覆载"，以及意为天下的"区宇"等词语一同使用的。现阶段可以确定，尽

·209·

管《日本书纪》所载国书相当忠实地记录了原文,但除了存在将倭王变为倭皇之类的篡改外,原文也可能被删减。

那么,《日本书纪》在国书之前记载的"壬子,召唐客于朝庭令奏使旨。时阿倍鸟臣、物部依纲连抱二人,为客之导者也。于是,大唐之国信物,置于庭中。时使主裴世清,亲持书,两度再拜,言上使旨而立之"的内容是否准确地表现出了当时的情况呢?正如在此前的考察中所指出的那样,裴世清是在隋国力强盛且与高句丽处于战争状态的背景下,作为隋的使节来到倭国的宣谕使。而且,他与倭国之间并未发生争礼的事件,最后与小野妹子一起回到了隋朝。这显示出裴世清完成了使命。之前笔者曾指出《日本书纪》与《隋书·倭国传》记载中的差异:①《日本书纪》中首先记载裴世清宣读了炀帝的国书,并通过引导者将国书传达给倭王;②《日本书纪》中记载裴世清宣读了国书,炀帝国书的内容得以传达,而《隋书·倭国传》中首先记载了一段倭王自称为夷狄的表述,在这一情形下隋使裴世清才进行了宣谕;③《日本书纪》中记载裴世清"两度再拜",并对殿上的倭王禀告了遣使的主旨;④《日本书纪》仅记载了裴世清的禀告的内容,没有记载倭王的发言,而《隋书·倭国传》中记载了两者的言论。当考虑到上述的这些差异时,不得不说《日

第二章 关于《隋书·倭国传》与《日本书纪·推古纪》中的记述

本书纪》的记载非常奇妙。这是因为很难想象代表着皇帝的宣谕使裴世清，如《日本书纪》所记载的那样手持国书两度再拜，并禀告了遣使的主旨。并且，如果依据《日本书纪》的话，在裴世清禀告之后，倭王似乎并没有对此做出回应。尽管也很难想象倭王在实际中如《隋书·倭国传》中记载的那样自称为"我夷人"，但如果裴世清是在维护了作为帝使的体面后回到隋朝的话，至少倭王或倭国的中枢层在当时应有所答复。也就是说，会谈之际，倭王的发言没有被今日的《日本书纪》所收录。总之，可以认为《日本书纪》中这一部分的记载包含相当程度的偏颇成分。

第三节 小野妹子的失书

前节考察了关于裴世清带到倭国的国书。根据《日本书纪》的记载，此外还存在另一份被认为是国书的文书。推古天皇十六年六月，裴世清一行到达难波津之际，与他们一同返回倭国的小野妹子进行了上奏。有关当时的情况，《日本书纪》记载：

> 爰妹子臣奏之曰："臣参还之时，唐帝以书授臣。然经过百济国之日，百济人探以掠取。是以不得

东亚古代的诸民族与国家

上。"于是,群臣议之曰:"夫使人虽死之,不失旨,是使矣。何怠之失大国之书哉。"则坐流刑。时天皇敕之曰:"妹子虽有失书之罪,辄不可罪。其大国客等闻之亦不良。"乃赦之不坐也。

也就是说,小野妹子在归国时上奏:"臣在归国之际,隋的皇帝曾授予了一份文书。然而,在经过百济国时,百济人将其掠走。因此,不能奉上这份文书。"当时,关于此事,群臣议论"所谓使者即使殒命也必须要完成使者的使命。此次的使节为何疏忽,丢失了大国皇帝授予的文书",并认为应判其流刑。当时,天皇说道:"小野妹子确有失书之罪,但不应该草率地处罚他。如果让(如今来朝的)大国之客听闻此事也不好。"于是赦免了小野妹子之罪。

自古以来,有关小野妹子的失书形成了各种各样的议论,包括现实中小野妹子确实被百济夺走了炀帝之书,以及圣德太子等倭国中枢层与小野妹子联手共同策划了丢失国书一事等观点。[5]从当时的国际形势推断的话,百济确实有可能夺取这封国书。[6]然而,很难想象当时的百济能够采取这种明目张胆的幼稚行动。在大业三年这一时间点上,百济曾请求隋讨伐高句丽,并且炀帝准许了这一请求,甚至还让百济窥探高句丽的动静(《隋书·百济传》)。在这

· 212 ·

第二章 关于《隋书·倭国传》与《日本书纪·推古纪》中的记述

样的背景下,如果抢夺了皇帝给倭国的国书这样的消息传入隋朝,对于百济来说是没有任何好处的。此外,这也会破坏百济与当事者倭国间的关系。

群臣议定判小野妹子流刑。根据《日本书纪》的记载,天皇在否定了群臣所议的结果后说道:"小野妹子确有失书之罪,但不应该草率地处罚他。如果让(如今来朝的)大国之客听闻此事也不好。"实际上,如果小野妹子被判罪,在其陪同下来到倭国的裴世清确实可能会感到诧异。然而,倘若裴世清得知小野妹子受到处罚是由于遗失了皇帝的文书的话,那么他一定会认为处罚小野妹子是理所当然的,甚至可能会认为对其量刑过轻。基于"其大国客等闻之,亦不良"的缘故而将这样的大罪置之不理,这是非常不可思议的事情。此外,天皇唯恐这一消息传至裴世清一侧,其所言"其大国客等闻之,亦不良"中加入了"亦"字。可见,作为赦免对小野妹子判罚依据的"其大国客等闻之,亦不良"并非"乃赦之不坐也"即免除对小野妹子处罚的第一理由。第一理由应在此前记述的"妹子虽有失书之罪,辄不可罪"之中。但是,这里并未记载任何小野妹子应免罪的正当理由。如果现实中确实说了具体的理由的话,其内容应该与"其大国客等闻之,亦不良"一样被记载下来。然而,并未见到这样的记载。[7]

东亚古代的诸民族与国家

总之,小野妹子获得免罪的理由没有被明确地记载下来,倭王是通过行使自身的大权来赦免其罪的。有关群臣议论小野妹子失书之罪时的情形,《日本书纪》记载:"群臣议之曰:'夫使人虽死之不失旨,是使矣。何怠之失大国之书哉。'则坐流刑。"这里也可以将"则坐流刑"作为群臣议的内容,即"群臣议之曰:'夫使人虽死之不失旨,是使矣。何怠之失大国之书哉。则坐流刑。'"然而,《日本书纪》记载的"①于是,群臣议之曰:夫使人虽死之,不失旨,是使矣。何怠之失大国之书哉。A 则坐流刑。②时天皇敕之曰:妹子虽有失书之罪,辄不可罪。其大国客等闻之,亦不良。B 乃赦之不坐也"中,①A 对应②B 的记载,所以不能像前面那样理解。总而言之,群臣议后判决小野妹子因失书而坐"流刑"。倭王在未明示理由的情况下,通过行使自身大权否决了这一决议。

关于这一事件的当事人小野妹子,《日本书纪》记载其在裴世清归国之际:

> 九月……辛巳,唐客裴世清罢归。则复以小野妹子臣为大使,吉士雄成为小使,福利为通事,副于唐客而遣之。

正如这里记载的那样,尽管小野妹子刚刚犯下大过,

第二章 关于《隋书·倭国传》与《日本书纪·推古纪》中的记述

但仍被再次任命为遣隋大使,前往隋朝。结合这一记载考虑,不得不说小野妹子的失书越发成为一个难以解释的事件。[8]故而,笔者认为小野妹子的失书是在圣德太子等倭国统治者与小野妹子的紧密合作下促成的。

那么,是什么原因造成了这样的情况呢?以下将探讨这一点。《隋书·倭国传》中记载炀帝之父高祖文帝开皇二十年(六〇〇)时的情况:

> 开皇二十年,倭王姓阿每,字多利思比孤,号阿辈鸡弥,遣使诣阙。上令所司访其风俗。使者言倭王以天为兄,以日为弟,天未明时出听政,跏趺坐,日出便停理务,云委我弟。高祖曰:"此太无义理。"于是训令改之。

对于当时倭国使者的言论,增村宏认为其不过是面对文帝关于倭国风俗的询问,倭国使节所做出的如实回答而已。并且,考虑到大业三年时遣隋使带来的"'日出处天子致书日没处天子无恙'云云"的国书,而开皇二十年的情况则是皇帝与倭国使者间的问答,应该将其与大业三年带来国书的情况区别看待。[9]然而,这是倭国打破自倭五王最后一次遣使(四七八)以来一百二十余年的沉寂后,派来的使节与实现了再次统一中国的隋文帝间进行的问答。是否可以将倭国使者的回答单纯地视为对于风俗问题的答复呢?而且,能否将外交场合中与访问国君主间的问答视为一种单纯的问答呢?

依据当时倭国使的答复,倭王是天之弟(由于当时的大王是推古,因此应该称为天妹)、日之兄。众所周知,"天子"不仅仅意味着"天之子",还蕴含了接受了统治地上世界的天命,以及君临天下的皇帝的含义。有关"日",例如《后汉书》卷六三《李固传》中所载李固的对策中:

中常侍在日月之侧,声执振天下。

正如这里记载的那样,在中国皇帝被比作"日"。此外,基于中国的家族制度,在作为天子的中国皇帝看来,倭王是"天之弟"的认识意味着倭王成为如同皇帝的叔父、叔母一样的尊亲。倭王为"日之兄"的认识,从被比喻为"日"的中国皇帝的立场来看,倭王成了皇帝的兄长。总之,这也就是令隋文帝说出"此太无义理"的原因所在。于是,隋文帝采取了《隋书·倭国传》中所见"于是训令改之"的应对措施。

考虑到这一点,再来看与开皇二十年时隔七年的大业三年之际,遣隋使带来国书中所见"'日出处天子致书日

第二章 关于《隋书·倭国传》与《日本书纪·推古纪》中的记述

没处天子无恙'云云"的语句。此前的研究基本将这份国书的内容理解为展现了倭国一侧谋求对等外交的姿态。然而，另一方面，从大业三年使者遣隋的过程中，也可看出倭国在接到隋文帝的训令后所做出的一定让步、修正。这是因为尽管在炀帝看来小野妹子带来国书的内容极为不逊，但大业三年国书中"日出处天子""日没处天子"的表述均使用了"天子"的称谓，除去了开皇二十年时叔父、侄、兄弟之类表现家族秩序的关系，已不见将倭王置于皇帝之上的姿态了。大业三年，作为遣隋使的小野妹子来到中国，在七年前倭国遣使的过程中，文帝曾流露出对倭国的某种"不满"，并下达了令其改掉天弟、日兄观念的"训令"。从外交这一问题的性质来看，小野妹子不可能对上述的情况没有认识。正因如此，可以认为小野妹子带来国书中"'日出处天子致书日没处天子无恙'云云"的表述，正是倭国一侧对于文帝"于是训令改之"命令的回答。

众所周知，根据《隋书·倭国传》的记载，炀帝在看过小野妹子带来的国书后：

> 览之不悦，谓鸿胪卿曰："蛮夷书有无礼者，勿复以闻。"

东亚古代的诸民族与国家

通过与开皇二十年遣隋使间的问答，文帝曾指出倭国的不合理观念。炀帝时的状况与文帝之际的情形非常相似。文帝时曾下达要求对方改掉不合理观念的"训令"。难以确定文帝是否曾以文书的形式将"训令"交给倭国的使者。正如前节所述，裴世清带来的国书具有宣谕的目的，但并未见到其中有表现"训令"的语句。根据《隋书·倭国传》，对于倭国使的回答，文帝说道："此太无义理"。炀帝则"览之不悦，谓鸿胪卿曰：'蛮夷书有无礼者，勿复以闻'"，可以说其明显地表现出了不悦之情。如果对比文帝与炀帝时的情形，可以说炀帝的不悦之情尤甚。那么，如何将炀帝的"不悦之情"传达给倭国呢？既然小野妹子时的情况是倭国送来了国书，因此很难想象炀帝仅将自己的"不悦之情"传达给遣隋使，或者选择不向倭国传达的处理方式。尽管文帝时的具体情况不甚明了，但可以看出文帝通过"训令"的方式传达了自身的不满。不过，文帝之际，隋朝并未派出像裴世清那样的官员。虽然不能断言绝对没有派遣，但如果派遣了的话，应该在日本或中国的史书中留下相关的记载。大业三年之际的情况是隋朝派遣了裴世清为使节。然而，裴世清带来的国书中并未见到"训令"的语句。

这样看来，不得不认为小野妹子在归国之际，炀帝授予的国书正是这种训令书。如果小野妹子带回的炀帝国书

第二章　关于《隋书·倭国传》与《日本书纪·推古纪》中的记述

中没有记录有关训令的内容，那么将很难理解炀帝为何分别交给裴世清与小野妹子各一份国书。唯一可以想象的理由是由于担心国书丢失，因此将同一内容的文书分别交与本国及交涉国的两名使者。但在中国的外交史中，寡闻的笔者从未见到过类似的事例。因此，难以想象在现实中会出现这样的情况。总之，笔者认为裴世清与小野妹子所持文书的内容是不同的。既然两者有别，那么授予小野妹子的国书中应该包含着"训令"的内容。

根据《日本书纪》的记载，小野妹子所持国书是被百济夺走的。此前已经述及有关这一事件存在的诸多观点。以下笔者不想探讨其具体的情况。笔者认为国书被百济夺走一说可以成立，但也有可能是小野妹子及倭国的中枢层故意毁掉了这份国书。不过，有关炀帝授予小野妹子国书的具体内容，小野妹子不可能不知情。此外，如果小野妹子知道内容的话，出于使者的使命，小野妹子当然会将其以某种形式传达给倭国的中枢层。由此，倭国中枢层也应知道国书中的相关内容。如果不是这样的话，很难想象倭国最终采取了否定群臣对于小野妹子失书的决议，并赦免了小野妹子，还让其担任遣隋大使再度出使隋朝的处理方式。圣德太子、推古天皇等倭国统治者一定了解小野妹子丢失的炀帝文书中包含了隋朝"训令"的内容。

结　语

以下简要介绍本章指出的要点。

（1）尽管《隋书·倭国传》将裴世清描绘为面对朝贡国的宣谕使，但在《日本书纪》的记载中倭王与隋使裴世清间仿佛存在主从关系。

（2）虽然炀帝的国书经过了一定的篡改与删除，但其忠实地传达出原文的基本结构。

（3）《日本书纪》中有关裴世清两度再拜之类的记载存在偏颇之处。

（4）小野妹子丢失了炀帝授予的国书。倭王在未指出明确理由的情况下，不顾群臣的决议，赦免其罪。与此同时，还再次任命小野妹子为遣隋大使。

（5）小野妹子丢失的炀帝文书中应记述有"训令"的内容。

（6）基于开皇二十年的"训令"，倭国带来的大业三年国书中有一定的修正与让步。

《日本书纪》记载有关裴世清归国之际的情况为：

> 九月……辛巳，唐客裴世清罢归。则复以小野妹子臣为大使，吉士雄成为小使，福利为通事，副于唐

第二章 关于《隋书·倭国传》与《日本书纪·推古纪》中的记述

客而遗之。爰天皇聘唐帝,其辞曰:"东天皇敬白西皇帝。使人鸿胪寺掌客裴世清等至,久忆方解。季秋薄冷,尊何如,想清念。此即如常。今遣大礼苏因高、大礼乎那利等往。谨白不具。"

堀敏一对于这一记载中所见国书展开了一系列的考察,曾提出了以下见解:从这里"谨白"等表述中可以看出在国书中倭王将隋朝皇帝视作年长者或兄长;并且,"天皇"一词首先被用于外交文书之中,在与此前的王或大君并行使用的同时,成为国内通用的称谓,最终在律令中被确立为天皇号。[10]笔者赞同堀氏的高见。如果将本章的结论与堀氏的高见结合起来的话,可以看出起初站在"天弟、日兄"立场上的倭国在接到了文帝的训令后,采用了相对柔和的、与隋天子对等的"日出处天子"的称号。然而,此后倭国再度收到了炀帝的"训令",在这种情况下,其采用了"谨白"之类的表述,希望通过将隋朝皇帝视为年长者或兄长来解决这一问题。在这一过程中,倭国使用了"天皇"这一用语。[11]

值得注意的是,倭国在当时展现出一定让步的同时,仍坚持了自身的一贯主张。倭国的这种主张在被认为源自倭五王时代的"治天下大王"等用语中就已出现。可以说,遣隋使阶段天子、天皇号的使用形成于倭五王以来倭

东亚古代的诸民族与国家

国王权的发展过程中。笔者曾指出古代日本的这种中华意识是在接受中国政治思想的同时逐渐形成的，而且这一趋势并非由日本开创的，在中国魏晋南北朝时期华北的诸非汉民族创立的国家，以及朝鲜的高句丽等政权中就已经出现了。[12]本章考察了倭国与隋之间的交涉。基于当时交涉的实态，产生了以下疑问：邪马台国、倭五王等时代的倭国是否真的具有将自身视为中国朝贡国的意识？除接受了汉委奴国王印的奴国外，在古代日本的倭国王中，卑弥呼获得了亲魏倭王的称号与金印，倭五王接受了南朝授予的官职与王号，甚至倭五王中的最后一位倭王武在递呈给南朝刘宋最后的皇帝顺帝的国书中，还将自己称为中国皇帝的"臣"。通过上述这些事例可以看出，直到倭五王的时代，倭国确实保持着作为中国王朝册封国的立场。然而，在看到遣隋使阶段倭国强烈的自我主张时，也可以感到对于日本政权中枢层中的人物来说，向中国"朝贡"不过是一种权宜之计。此前研究的基本立场是：古代日本通过进入中国的册封体制汲取了中国的思想、文化和事物；与此同时，趁魏晋南北朝时期中国的混乱局面，推进了自身的政治独立，最终建立起基于天皇制的律令制国家。笔者的上述观点虽然与此前研究的这一立场并不矛盾，但也存在微妙的差异之处。有关这一点，笔者将在今后的研究中做进一步的探讨。

第三章
关于倭国对外交涉的变迁
——从中华意识的形成与大宰府成立之间的关联所见

前　言

在本篇的第一章中，笔者阐明了如下问题：伴随着与中国在政治、文化上的交流，日本不断导入并接受了年号、天下、律令等政治概念，最终形成了将日本自身视为另一个中华的思想；作为其中的一环，出现了将京都比作中国洛阳的观念，以致日本将前往京都称为上洛，并且还产生了洛中、洛外等词语；早于古代日本，同样的中华意识也出现在古代朝鲜，高句丽是其中的先驱；从四世纪以来东亚的混乱局面中可以看出，上述古代日本、朝鲜等地中华意识的出现，源自匈奴、鲜卑等五胡诸族中中华意识

东亚古代的诸民族与国家

的形成。[1]此外，笔者在本篇第二章中还指明了以下诸方面：在倭国形成中华意识的过程中，其对于以中国为首的东亚诸国的外交姿态发生了变化；随着遣唐使时代的到来，倭国甚至发展到通过使用天子称号，要求获得与中国对等的地位的阶段；六〇〇年遣隋使与隋朝间的交涉过程极大地影响了六〇七年派遣遣隋使之际的交涉，其中倭国一方进行了一定的让步；古代日本天皇号的出现是与当时日中之间的往来密切相关的。[2]

在上述研究视角的延长线上，本章将重溯四世纪以前的时代，将奴国至律令制完成期间古代日本对外交涉形态的变迁过程作为一个整体进行探讨。并且，与此同时本章还将探讨这一发展过程的最终结果，即担负着部分对外交涉职能的国家机关大宰府的成立。大宰府这一官衙的形成过程与上述将日本视为另一个中华的思想的形成过程并非没有关联。本章希望揭示两者间的联动关系，以及其在东亚史上所具有的历史意义。

众所周知，日本古代的大宰府大体掌管着九州范围内的行政权、军事权，并且还发挥着对外交涉窗口的职能。[3]在这种情况下，有研究将大宰府的起源视为邪马台国时代的一大率，以及六世纪的那津官家。[4]然而，如果直截了当地讲，将大宰府的起源归结于一大率的这种见解存在明显的难点。这是因为：不用说律令制时代的大宰府与邪

· 224 ·

第三章 关于倭国对外交涉的变迁

马台国时代的一大率间存在时间跨度上的问题，对于一大率形成时代的倭国内部状态的考察也有欠缺；此外，一大率与大宰府在表面上均是设立在远离朝廷或邪马台国的九州北部地区且承担着一部分"外交"职能的组织或官职，将一大率视为大宰府前身的观点正是基于这种表面上的相似性而产生的。笔者认为所谓一大率主要是基于国内的因素而设置的官职，在其职能的延伸范围中形成了涉及对外交涉的部分。本章第一节在论述倭国对外交涉的变迁时，将首先探讨有关一大率的实态问题，与此同时，考察的中心将放在邪马台国与伊都国间的具体关系上。

从四世纪末或五世纪初的所谓倭五王的时代开始，倭国的外交形态发生了显著的本质变化。因此，本章的第二节将考察这一时期倭国对外交涉的实态。

此外，笔者认为形成于六世纪前半期的所谓那津官家是为满足军事上的需要而设置的机构。依据屯仓这一词语本来的用法，其意为"屯之仓"。如果屯仓确实是按照这一含义使用的话，那么可以推测屯仓中应当有生产或消费屯谷的屯兵。[5]《日本书纪》中有关屯仓史料的作者或有关这类史料的原记述者一定理解这种屯仓和屯兵的用法。否则就是其自己独立创造出了这种中国式的军政用语，但这显然是不可能的。从这一点展开联想的话，那津官家基

· 225 ·

东亚古代的诸民族与国家

本上并未拥有此后大宰府那样在外交方面的权力与职能。从倭国对外交涉的变迁过程这一视角出发，本节还希望考察存在于倭五王时代之后的有关那津官家的问题。

第三节将考察从第二节所见情况中衍生出的有关筑紫大宰的形成与发展问题。众所周知，在壬申之乱时，筑紫大宰出于优先保障国防的立场，拒绝了大友皇子一侧提出的出兵请求。这一事件传达出筑紫大宰是在考虑到同海外势力进行战斗的情况下设置的军事设施，并且其本质中的这种性质一直保持到了七世纪的后半期。此后，伴随着《大宝律令》的颁布，日本完成了古代国家的建立，出现了对外用兵的呼声。然而，实际上此时的日本未能向海外派出如前代那样规模的军队。其中存在白村江战役失败后形成的冲击，以及新罗统一后朝鲜半岛局势的根本性变化。基于这种情势上的变化，大宰府强化了其在九州范围内的行政职能与作为奈良、京都中央的派出机关及设置有鸿胪馆的外交官衙的职能。至此，大宰府完成了自身的建设。

作为本章的总结，笔者希望在第三节中以东亚的视野来考察历经前述发展过程而形成的大宰府究竟是一个具有怎样性质的组织。

第三章　关于倭国对外交涉的变迁

第一节　《魏志·倭人传》以前的外交

本节将考察《魏志·倭人传》以前的倭国外交的形态，以及这一时期"外交"的实际状况。

第一项　奴国的外交

《汉书》卷二八下《地理志》记载：

> 夫乐浪海中有倭人，分为百余国，以岁时来献见云。

以上《汉书·地理志》所记述的情况反映了《汉书》成书时期即公元前后日本列岛与大陆王朝汉之间的政治关系。从这段史料中可以看出以下三点。a. 当时连接中国与日本列岛的纽带，或者说当时中国支配东北亚的据点是东浪郡，它在西汉武帝设立的朝鲜四郡（前一〇八）中发挥着核心作用。b. 日本列岛（包括九州、四国、本州西半部。本州的东部应尚未与中国建立"岁时来献"的直接政治关系）内已建立起百余个小国，其中的一些与中国缔结了政治上的关系。c. 这些小国"岁时来献"，即每隔一定的时间就向中国派遣使者，献上方物。

东亚古代的诸民族与国家

不过，到了一世纪中叶至二世纪初期，这种情况发生了明显的转变。《后汉书》卷八五《倭传》记载：

> 建武中元二年（五七），<u>倭奴国奉贡朝贺</u>，使人自称大夫。倭国之极南界也。光武赐以印绶。安帝永初元年（一〇七），<u>倭国王帅升</u>等献生口百六十人，愿请见。

这里记载了建武中元二年奴国的遣使与安帝永初元年倭国王帅升的遣使。以下从与后论间的关系这一角度依次探讨这两度遣使。

建武中元二年奴国王的遣使与志贺岛出土的金印一起为人所熟知。但当时的遣使究竟意味着什么呢？依据前揭《后汉书》的记载，东汉的建立者光武帝赐予了奴国王印绶。然而，这里并未见到《汉书》中所载百余国中的其他诸国向东汉派遣使者并被赐予印绶的记载。其他诸国在当时是否也派遣了使者，并被赐予了印绶呢？《后汉书》是一部记载了距今两千年前历史的史书，因此不能据此断定当时不存在这种情况。然而，从综合的视角来看，可以说几乎没有这种可能性。这是因为如果在现实中发生了如此重大的事件，即使在史料再贫乏的时代，也会保留某种相关的记载。并且，从当时倭人的航海技术来说，按照一

第三章　关于倭国对外交涉的变迁

定礼仪标准整备随从、船只，并在此基础上向中国遣使也非一件容易的事情。如果没有足够的权力作为前提，是难以实现向中国派遣使者的。

不过，即使在这种情况下，当时日本列岛内除倭国以外，也应存在具有能向中国遣使实力的国家。尽管如此，只有奴国的遣使被记载下来，而且还被东汉赐予了印绶。如果从中国的角度来看，这一现象意味着作为东亚中心统一政权的东汉承认了奴国在倭人领土上的领导地位。此外，如果从当时日本的具体情况来看，可以发现以奴国为中心的联合势力正向着与日本列岛其他诸国相比更为先进的方向发展。位于福冈县春日市的须玖冈本遗迹被推测为奴国国王之墓。在这座王墓中出土了以镜为首的众多文物，向今日的我们展示了在当时日本列岛内奴国所具有的实力。《后汉书》的记载与这些出土文物共同表明日本列岛正处于即将统一前的阶段。另一方面，《汉书》中所谓"岁时来献见云"的状况与众多的出土物展示了在此前百余国与中国王朝间进行朝贡的这一政治体制内，当时的倭国获得了成长，正逐渐脱颖而出。

第二项　倭国的成立

东汉安帝永初元年（一○七），倭国王帅升派遣使者来到中国，并献上了生口（奴婢）一百六十人。在记载这一事件的前揭安帝永初元年的史料中,与本文相关的有以下三点。a. 在日本历史上,"倭国"首次出现在史料之中。[6] b. 在这个倭国中存在"王"。c. 二三九年卑弥呼献给中国曹魏的生口总数为十人(《魏志·倭人传》)。而在永初元年这一时间点上,倭国王的势力就达到了能够通过海路献上多达卑弥呼所献十人的十六倍的生口。在二世纪初期的阶段中,日本列岛内已经出现了这样的势力。

那么,这个倭国王究竟是怎样的一个王呢?在福冈县前原市坐落着著名的三云遗迹(南小路一号)。一八二二年(文政五年)从这一遗迹的瓮棺墓中发现了以三十五面西汉铜镜为首的,包括玻璃璧(八件以上)、勾玉、管玉、有柄铜剑、铜矛、铜戈等在内的文物。青柳种信所著《柳园古器略考》中记录了相关内容。随后在天明年间,在临近的井原鑢沟遗迹中发现有东汉铜镜二十一面、巴形铜器、铁刀等文物。根据一九七四年以后福冈县教育委员会的发掘调查,确定了一八二二年的出土地点。与此相伴,在同一地点还出土了金铜制装饰金具等文物。同时又新发现了一座瓮棺墓(南小路二号),出土有西汉铜镜约二十面、玻璃饰件,以及勾玉十三个。

三云遗迹及被视为奴国国王墓的冈本遗迹的时代均相当于弥生中期的后半段。柳田康雄将弥生中期末段年代的

第三章 关于倭国对外交涉的变迁

下限推定为公元元年之后的数年。[7]从这一时期前原市的遗迹中出土了大量西汉的镜，尤其是璧，这些发现具有重大的意义。璧是中国古代一种极为珍贵的物品。璧的出土如实地展现了当地处于古代日本与大陆文化紧密联系的要冲之地（顺便提及一下，尽管数量少于三云遗迹，但须玖冈本遗迹中也出土有璧）。此外，在三云遗迹中还发现了金铜制的四叶座装饰金具。这里应该注意的是这件金具可能是与璧一同作为死者的送葬器具使用的。基于这一点，柳田康雄认为墓主人的死讯在传至乐浪郡后，汉帝国下赐了这些物品，并推测存在掌握了与中国交涉权的伊都国。[8]

从弥生中期至后期，奴国与伊都国之间处于怎样的关系不甚明了。现阶段笔者认为这两国交替担任了以九州北部为中心的诸国联合体中的首席，伊都国在一世纪末占据了优势地位。

不过，《魏志·倭人传》中记载被推定为前原地区的伊都国：

伊都国……世有王。

从这一记载可以看出在截止到卑弥呼或其稍前的时代，伊都国世代存在"王"。伊都国从三云遗迹的时代开始，就已经与大陆建立起稳固的联系。虽然倭国的霸权掌

东亚古代的诸民族与国家

握在邪马台国手中,但伊都国世代存在"王"的这一点显示出即使到三世纪的阶段,伊都国仍作为一股强有力的势力而存在。

当考虑到以上的情况,来探讨前述倭国王帅升与伊都国间的关系的话,就可以推测伊都国王的谱系很可能源自《后汉书》中所见的倭国王帅升。

此外,《魏志·倭人传》中可以见到如下的记载:

> 其国本亦以男子为王,住七八十年,倭国乱,相攻伐历年,乃共立一女子为王,名曰卑弥呼,……其年十二月,诏书报倭女王曰:"制诏亲魏倭王卑弥呼,……今以汝为亲魏倭王,假金印紫绶。"

从"倭国乱"的描述来看,这条记载开头中的"其国"明显是指倭国。接着前述帅升遣使的记载之后,《后汉书》卷八五《倭传》中也有相同的记载:

> 桓、灵间,倭国大乱,更相攻伐,历年无主。有一女子名曰卑弥呼。

也就是说,《后汉书》中记载"倭国大乱"的时期为桓帝、灵帝的时代。桓帝在位时间为一四七~一六七年,

第三章 关于倭国对外交涉的变迁

灵帝在位为一六八年～一八九年。以下将《后汉书·倭传》《魏志·倭人传》中记载的情况，按照年代顺序排列如下：

年份	史实	《魏志·倭人传》中的记载
五七年	奴国王遣使	
一〇七年	倭国王帅升遣使	
一四七年	桓帝即位	
一六七年		"住七八十年"
	此间以男子为倭国王	"倭国大乱"
一六八年	灵帝在位	后半期"历年无主"
一八九年		
一九〇年前后	卑弥呼被推举为倭国王	
二三九年	卑弥呼向魏遣使朝贡，获得亲魏倭王的称号	

这里所见是从五七年的倭国遣使到二三九年卑弥呼遣使之间日本即倭国的历史，其概况如下。

在列岛内强化了势力的奴国于五七年凭借自身的力量，向东汉遣使。东汉承认了其势力，并赐予奴国王金印（不过，金印并非倭国王的金印）。五十年后帅升以倭国王的身份向东汉遣使。在现存史料的范围内，帅升是倭国即日本最早的王。其遣使的年份为一〇七年。这次遣使献上了多达一百六十人的生口，其中可以看出倭国非同一般的决心。因此，当时向中国的遣使并非代表着奴国等个别国家，其目的在于宣告包括这些国家在内的、具有更高层次概念的"倭国"的诞生。如此看来，帅升应是在一〇〇年的数年后登上倭王之位的。[9]根据现阶段的出土文物及《魏志·倭人传》中只有伊都国世代有王的记载，可以推测经过上述过程建立起来的倭国应是以伊都国国王为盟主的一个诸国联合国家。从稍晚于一〇〇年开始的七八十年间，该国采用以男子为王的体制。大约从东汉末年即二世纪后期开始，该国陷入了混乱局面，由此迈入了倭国大乱的时代。在这一混乱时期的后半段，倭国甚至经历了一段没有王的空位时期。直到约一九〇年卑弥呼被拥立即位后，这一混乱局面方告结束。卑弥呼在邪马台国设立了整个倭国的都城，并于二三九年向魏遣使朝贡，获得了亲魏倭王的称号。

也就是说，与奴国王、倭国王帅升等人一样，卑弥呼在当时也加入了以中国为中心的国际体系。尽管帅升时的情况并不明确，但可以说卑弥呼通过接受亲魏倭王的称号，以倭国王的身份与曹魏皇帝间建立了明确的君臣关系。在当时的外交场面中，尚未见到倭国像遣隋使阶段那样要求与中国王朝建立对等地位的姿态。

第三项 伊都国与邪马台国

现在佐贺县的唐津地区被推定为《魏志·倭人传》

第三章 关于倭国对外交涉的变迁

中记载的末卢国。在末卢国之后,《魏志·倭人传》中记载有关伊都国(以下将这条史料称为史料 A)的情况如下:

> 东南陆行五百里,到伊都国,官曰尔支,副曰泄谟觚、柄渠觚。有千余户,世有王,皆统属女王国,郡使往来常所驻。

在这段史料之后还记载(以下将这条史料称为史料 B):

> 自女王国以北,特置一大率,检察诸国,诸国畏惮之。常治伊都国,于国中有如刺史。王遣使诣京都(指魏的都城洛阳)、带方郡、诸韩国,及郡使倭国,皆临津搜露,传送文书赐遗之物诣女王,不得差错。

根据史料 A,伊都国中设置有尔支、泄谟觚、柄渠觚等官,住民达千余户。伊都国世代由王来统治,这些王均统属于女王之国。从这条史料中还可获知作为中国曹魏派出机构的带方郡的使人每次均停驻于此。《魏志·倭人传》的底本被认为源自鱼豢的《魏略》。史料 A 中所见千余户在《魏略》中记为万余户,应该依据于这一记载。

东亚古代的诸民族与国家

此外,《魏志·倭人传》中记载的末卢等其他国家的官名为卑狗、卑奴母离,只有伊都国中存在尔支、泄谟觚、柄渠觚等独特的官职。这一点也展现出相比其他诸国,伊都国在倭国中具有的独特性。

根据史料 B,在女王国以北设置有一大率,用于监察诸国。因此,诸国皆对一大率感到畏惮。一大率常驻于伊都国。中国的刺史是由中央派遣的监察官、地方行政长官,一大率正担负着类似于中国刺史一样的职责。倭国王派遣使人到魏都洛阳、朝鲜的带方郡或诸韩,以及带方郡的使节来到倭国时,一大率会在港口检查送至女王处的文书、赐物,以防止出现差错。

此前的观点关注了史料 B 中的记载,更多地强调一大率作为"外交官"的性质。甚至还有学者夸大了一大率作为"外交官"的一面,将一大率视为此后大宰府的起源。[10] 然而,史料 A 中特别记载了设置有一大率的伊都国中世代有王,并且还记载了伊都国是来自曹魏派出机构带方郡的使者所驻留的地方。在这种情况下,首先不得不考虑在三世纪前半期这一时间点上,为什么除作为倭国王的卑弥呼外,日本列岛内只有伊都国中世代有王。此外,也不得不注意为什么来自带方郡的使节驻留于伊都国的问题。邻接伊都国的奴国是人口达到两万余户(《魏志·倭人传》),并且自奴国王以来即奠定了基础的国家。如果

第三章　关于倭国对外交涉的变迁

要将带方郡使者的驻留港口设在九州最为繁荣、人口最多的国家中的话，使节就没有理由必须常驻于伊都国了。

如上所述，可以推测伊都国国王与倭国王帅升以来的倭国王谱系相连；并且，从伊都国故地出土了以璧为首的外来文物这一点可以看出伊都国掌握着与中国间的交涉权。如果结合以上这两点来考虑上述伊都国中王的存在与带方郡使者驻地这两个问题的话，可以发觉这绝非容易解答的问题。

依据史料B，可以获知一大率在伊都国担负着传递情报、监视物资流通等职责。那么，以伊都国为首的诸国出于何种理由不得不对一大率表示"忌惮"呢？

前述伊都国国王家系可以追溯到倭国王帅升的观点是一个合理的推测，并且卑弥呼时代倭国中心位于邪马台国。在注意到以上两点的同时，正如考古文物中所展现出的那样，自倭国王帅升以来，伊都国很可能成为九州北部与大陆交流的中心，即"外交"的中心。基于上述的情况，对于在邪马台国中以倭国王身份统治倭国的卑弥呼而言，她不能忽视曾出现了倭国王的伊都国所保持的"外交"权，以及由此向诸王展示出的威权。此外，正如此前所见，《魏志·倭人传》中有关伊都国"世有王"的记载可以说揭示出至少在截止到临近张政搜集《魏志·倭人传》所依据的原始信息之际，伊都国王的王统尚未断

· 237 ·

绝，伊都国仍存在王。

可以确信的是，经过东汉末年的倭国大乱后，以邪马台国为中心的"新"倭国最终成立，并且邪马台国也基本确立了在倭国内部的霸权。然而，在现实中仍存在一旦出现意外，极有可能会动摇邪马台国霸权的威胁。也正是因为这样，倭国才经历了东汉末年的长期动乱。此外，如果其中涉及外交方面的问题，可以想象局面就变得更为复杂了。

基于这样的立场，再回过头来看此前的研究，可以说对于一大率的诸见解有过于关注其外交职能之嫌。对此，笔者认为，不如说一大率是卑弥呼——倭国一侧——在基于国内因素的背景下设置的，其目的在于监视伊都国及以伊都国为中心的有可能再度联合起来的国内诸国。诸国间的联合是与伊都国国王在作为倭国王时所拥有的权力及基于这一传统而形成的外交联系在一起的，卑弥呼对此保持警惕。

从这样的观点出发，可以认为一大率所具有的权力与职能是专门针对倭国内部问题的，其在外交方面的职能可以被认为由此衍生而来。此后大宰府所具有的外交权力及职能与对九州地区的统治职能基本上是分别独立行使的。上述一大率的情况与大宰府之间存在本质上的差异，这种"质的差异"与本文的主旨密切相关。总之，这是涉及在古代日本是否存在中华意识的问题。有关这一点，将在下节展开讨论。

第三章　关于倭国对外交涉的变迁

第二节　倭五王以后的日本及其外交

第一项　倭五王对朝鲜半岛的入侵与冲之岛

有关邪马台国时代以降，倭国是如何开展外交的这一问题，仍存在诸多不明确的地方。这是因为由于匈奴、鲜卑等所谓五胡进入中原，中国陷入了极为混乱的时代，以中国为中心的国际秩序随之崩溃。在这个时代中，出现了连中国自身的历史史料都极为有限的情况。不仅是政治状况，而且连文献史料都进入了一个可以被称为黑暗时代的阶段。

继魏之后的西晋建立了以自身为中心的册封体制。可以想象由于西晋的崩溃，原从属于西晋册封体制的倭国也受到了极大的影响。在四世纪这一动乱时代中的日本尚处于没有文字的阶段，有关当时日本的情况不甚明了。不过，在这个时代中列岛各地营建了形状为前方后圆的古坟。正如从大量铁器、马具等出土文物中看到的那样，当时的日本也处于一个剧变的时代。

正因如此，展现这一时代中"外交"情况的资料极为有限，特别是文字资料几乎无存，当然也并非完全没有。众所周知，石上神宫的七支刀铭文、广开土王碑文等

东亚古代的诸民族与国家

是当时代表性的文字资料。不过,其中前者是不是四世纪的材料仍存有疑问。[11]并且,其尚不足以作为同一时期可信的、可以用来探讨当时倭国对外交涉问题的基本史料。尽管如此,有关此刀的信息也被记载于《日本书纪·神功皇后纪》中。其铭文为:

> 泰和四年,□月十一日丙午,正阳,造百练铁七支刀,生辟百兵,宜供供侯王□□□□作。先世以来,未有此刀。百濨(济)□世□奇生圣音故,为倭王旨造,传不□世。

值得关注的是这里记载了四世纪或五世纪倭国与朝鲜半岛(百济)之间的政治关系。《魏志·东夷传》弁辰条记载:

> 国出铁,韩、濊、倭皆从取之。

正如这里所见,在倭五王之前的邪马台国时代,倭与半岛间在铁的流通方面存在一定关系,但仍缺少明确展现半岛政治势力与倭国间是否存在国家间政治关系的直接史料。正因如此,应重视七支刀铭文中的相关记述。

另一方面,众所周知,四一四年高句丽广开土王之子

第三章 关于倭国对外交涉的变迁

长寿王为缅怀其父遗德，下令雕刻了广开土王碑，碑中记载了高句丽的神话、广开土王的武功，以及守卫广开土王陵墓的守墓人。其中铭刻着广开土王武功之处的内容为：

百残（即百济）新罗，旧是属民。由来朝贡。而倭以辛卯年来，渡海破百残□□新罗，以为臣民。（广开土王碑文第一面八行、九行）

这是一条著名的史料。其中所见辛卯年指的是三九一年。"倭以辛卯年来，渡海破百残□□新罗，以为臣民"的记载，在文字上也可读为"倭以辛卯年来渡海，破百残□□新罗，以为臣民"。如果这样来理解的话，其意思为"'倭'于三九一年来到，渡海打败了百济、新罗，将其作为臣民"。总之，三九一年倭入侵了朝鲜半岛南部，然后渡海。因此，这里就出现了此"海"并非指玄界滩到朝鲜海峡之间的海域的认识。这样一来，这里的"倭"并非指生活在日本列岛上的"倭"，其居住地应在朝鲜半岛。然而，这种理解无视了汉语的语法，这里的"来"并非"到来"的意思，而是仅仅起到辅助表现时间发展的作用。因此，以这种意思的"来"去理解"倭以辛卯年来渡海"，是不能将文中的"海"限定在朝鲜半岛沿岸海域的。

东亚古代的诸民族与国家

综上所述,广开土王碑文中所见的"海"就是指从玄界滩到朝鲜海峡间的海域。碑文中的"倭"即居住于日本列岛的"倭"。当时倭的势力渡海对半岛发动了进攻,广开土王为将其讨灭,数度亲自率领了多达五万人的高句丽军队。广开土王碑第二面第七行记载:

倭人满其国境。

从诸如此类的记载中可以看出当时倭人数量相当多。从这一点来考虑的话,可以说当时日本列岛上存在可与东北亚强国高句丽展开较量,并能够派遣如此大规模的军队越过玄界滩的势力。

位于福冈县宗像郡的玄界滩正中心有一座孤岛,即冲之岛。众所周知,自古以来,冲之岛就被视为通往朝鲜半岛的航路上的要冲,岛上坐落着祭祀宗像三女神之一田心姬的宗像大社冲津宫。由于岛上保留有四~九世纪的祭祀遗迹,其又被誉为海上的正仓院。

从江户时代开始,这座岛上的遗迹开始为人所知。贝原益轩、青柳种信等人进行过调查,留下见闻记;进入明治、大正之际,江藤正澄、柴田常惠等人也对其展开过调查;二战前,田中幸夫、丰元国等还研究了遗迹中的出土文物等;此后,以出光佐三为中心的宗像大社复兴期成会

第三章 关于倭国对外交涉的变迁

成立了。作为出光佐三宗像神社史编纂事业中的一环，人们于一九五四年至一九五七年对冲之岛进行了第一次、第二次调查，一九六九年至一九七一年进行了第三次调查，发掘出土了数万件文物。祭祀遗迹可以被大致分为：①岩上祭祀（设置在岩石上的祭祀场地，四～五世纪）；②岩阴祭祀（设置在岩石接触地面处的祭祀场地，六世纪）；③半岩阴、半露天祭祀（设置在岩石接触地面以及其周围的祭祀场地，七世纪）；④露天祭祀（设置在平地上的祭祀场地，八～九世纪）。这些遗迹还展现了时代变迁，可以看到岩上→岩阴→露天的发展过程。现在已确认有二十三处遗迹，其绝大部分集中在位于岛中心冲津宫背后的巨型岩石群中。当时人们将这些巨型岩石作为神灵依附之物，认为神会降临于此，供奉了各种宝物。这里出土了多种多样的文物，包括镜、玉器类、武器类、工具类、陶器、滑石制品、金铜制祭祀文物等，无论从文物的品质还是数量上看都可以称为日本最高等级的祭祀遗迹。特别是镜，包括舶来与仿制的合计达五十面以上，接近畿内最大规模的古坟中作为陪葬品的铜镜数量。文物中的舶来品有朝鲜三国时代的马具（杏叶、云珠等）、中国六朝时代的金铜制龙头、萨珊波斯的雕花玻璃、唐三彩长颈瓶等。由此可见在古代，这座小岛在与大陆的交流中占据着极为重要的位置。[12]

东亚古代的诸民族与国家

以上笔者特意介绍了冲之岛从四世纪后半期开始出现的祭祀文物。介绍这些是为了说明从该遗迹出土文物的品质、数量来看,进行此类祭祀的群体并非玄界滩或九州当地的地方势力。此前论述了在高句丽广开土王亲自上阵的战斗中,存在与之对抗的强大倭军。在冲之岛上的祭祀是与当时倭军进入朝鲜半岛在同一时期开始的(举行岩上祭祀的十八、十七、十六、十九、二十一号遗迹相当于倭五王的时代),可以推测其势力与大和地区出现的国家权力有关。

记录了中国南朝宋历史的《宋书》中记载了名为赞、珍、济、兴、武的倭五王来华的意图,即他们以当时东亚强国宋的力量作为后盾,确保自身在朝鲜半岛南部的权益,并与高句丽展开对抗。高句丽与倭国之间的对抗一直持续到五世纪后半期,最终以倭国的败北告终。其间攻防的激烈程度在历经一千多年后,仍可以充分地从广开土王碑、《宋书·倭国传》等记载中看出。由于有关当时朝鲜半岛上对抗的讨论偏离了本文的主旨,因此在这里不再做具体的介绍。[13] 本节中所考察的倭五王时代的"外交"正是在东北亚这种紧张的政治环境中进行的,并且相比卑弥呼的时代,倭五王则更进一步,不仅接受了王号,还接受了征东将军、征东大将军、都督诸军事等南朝宋的官位,以宋臣的身份置身于当时的国际关系中。由于以上两点与本文的主旨相关,因此有必要在这里强调一下。

第三章 关于倭国对外交涉的变迁

倭五王时代的倭国是否从大和地区派遣了军队呢？如果看一下这个时代中前方后圆古坟的分布，除在现阶段被指定为陵墓的古坟外，以日本第四大的冈山县造山古坟为首，在九州、出云、备前、关东等地也存在足以匹敌天皇陵规模的古坟群。然而，这些古坟群的存在并不意味着在日本列岛内广泛分布着完全独立于大和的单独势力。熊本县船山古坟出土的铁刀、埼玉县稻荷山古坟出土的铁剑被视作倭五王中最后一位倭王武即雄略天皇时代的文物。两件文物的铭文中所见"治天下"大王获加多支卤即指的是雄略天皇。稻荷山古坟的铁剑有辛亥（四七一年）的纪年。这展现出处于奈良地区的获加多支卤的威势向南波及熊本北部、向北到达关东地区，并且其作为统治"天下"的大王而君临"天下"。笔者认为上述这样的认识应无大过。此外，《日本书纪》卷一七《继体天皇纪》二一年六月条记载了近江毛野臣讨伐新罗时的情况，继这段记载之后有以下内容：

　　于是磐井掩据火丰二国，勿使修职。外邀海路，诱致高丽百济新罗任那等国年贡职船，内遮遣任那毛野臣军，乱语扬言曰："今为使者，昔为吾伴，摩肩触肘，共器同食。安得率尔为使，俾余自伏你前。"遂战而不受，骄而自矜。

东亚古代的诸民族与国家

这是有关筑紫君磐井在即将发动叛乱前的记载。面对从朝廷派遣至任那的近江毛野臣，磐井说出了"如今君是作为朝廷的使者而来。昔日君与我为伴，肩并肩，同器而食。为何突然成为使者出现后，让我跪在你的面前"的话。基于这样的言论可知，磐井一度与毛野臣一起侍奉在大王身边。在日本古代所谓伴造、国造的体制之下，地方势力为表现对大王的忠诚，要将其子弟作为质子送去侍奉于大王的朝廷，由此发展出了倭国原始的官司制。磐井的叛乱发生于五世纪初。《日本书纪》的记载及近年来对稻荷山古坟出土铁剑铭的研究等已表明在倭五王最后的王即雄略天皇之际，以人制[14]为首的官司制已取得了实质上的进展。[15]

总之，在倭五王的阶段，以奈良为中心的大和王权拥有调遣列岛各地方势力的权力，这正是"治天下"大王的实质所在。这样一来，可以推测在向半岛出兵之际，尽管存在从大和地区派遣的大王直属军队，但出征半岛军队中的相当一部分无疑应是从西国的地方势力中征集的。

那么当进一步考虑到包括西国地方势力在内的军队的集结地时，从地理、军事因素来看，哪里又是最为合适的场所呢？在思考这一问题时，以下几点具有重要的启发意义：冲之岛位于连接九州与朝鲜半岛间的所谓"海北道中"的正中；其起点是位于今日福冈县神凑宗像大社的

第三章 关于倭国对外交涉的变迁

海边之宫边津宫；而且，对于宗像神的祭祀是在出兵朝鲜半岛之际于岩石上举行的，与此相伴，冲之岛十七号等遗迹中所见大量的镜、刀剑是与祭祀同时在岩石上使用的。

总之，尽管尚未在文献史料、考古发掘中获得充分确认，但当考虑到当时东北亚的局势、倭国在四～五世纪所处的国家发展阶段，以及广开土王碑文等一手史料，笔者认为九州北部地区在倭五王的时代存在某种具有上述性质的军事基地。[16]

从埼玉县的稻荷山古坟及熊本县的船山古坟中发现的，被认为是五世纪后半期倭王武（获加多支卤）时期的铁剑、铁刀上刻有铭文，其内容分别为：

A 辛亥年，七月中记。乎获居臣，上祖名意富比垝，其儿多加利足尼，其儿名弖已加利获居，其儿名多加披次获居，其儿名多沙鬼获居，其儿名半弖比，其儿名加差披余，其儿名乎获居臣。世世为杖刀人首，奉事来至今。获加多支卤大王寺，在斯鬼宫时，吾左<u>治天下</u>，令作此百练利刀，记吾奉事根原也。（稻荷山古坟出土铁剑铭）

B <u>治天下</u>获加多支卤大王世，奉事典曹人，名无利弖，八月中，用大铸釜并四尺迋刀，八十练六十捃三寸上好□刀。服此刀者长寿，子孙注注得三恩也。

· 247 ·

不失其所统。作刀者名伊太□、书者张安也。（船山古坟出土铁刀铭）

那么，这里所见"天下"究竟指的是怎样的范围呢？如织田信长提出的"天下布武"那样，在后世的日本，"天下"这一用语仅限于指代日本国内。基于这一点，铭文中"天下"所指的具体范围也被认为是倭国国内。然而，雄略天皇（倭王武）于四七八年向中国朝贡之际，在递呈给中国南朝刘宋最后的帝王顺帝的上表中可以见到以下内容：

> 顺帝升明二年，遣使上表曰："封国偏远，作藩于外。自昔祖祢，躬擐甲胄，跋涉山川，不遑宁处。东征毛人五十五国，西服众夷六十六国，渡平海北九十五国。王道融泰，廓土遐畿。累叶朝宗，不愆于岁。臣虽下愚，忝胤先绪，驱率所统，归崇天极。"（《宋书·倭国传》）

倭五王中的最后一位倭王武在给中国皇帝的上表中写道："东征毛人五十五国，西服众夷六十六国，渡平海北九十五国。"其中"毛人之国""夷狄之国""渡海平定之国"与倭国间的具体关系并不明确。不过，考虑到倭

第三章 关于倭国对外交涉的变迁

王武被认为"治天下"的大王,在同时期史料《宋书·倭国传》记载的范围内,这里的"天下"应包括了被平定的"东征毛人五十五国""西服众夷六十六国""渡平海北九十五国"。

正如前揭史料所示,继平定诸国的记述之后,上表中记载"渡平海北九十五国。王道融泰,廓土遐畿"。因此,对于中国皇帝,倭王武的上表是明确地站在将这些国家与倭国作为中国皇帝统治下的领域这一立场上写成的。

不过,在现实情况中,倭王武很可能构想着包括这些领域在内的自己的"天下"。在这种情况下,必须注意的是:

a. 倭五王中的第二位倭王珍自称为"都督倭、百济、新罗、任那、秦韩、慕韩六国诸军事、安东大将军"(不过,刘宋一侧并未承认其上述的自称)。

b. 第三位倭王济之际,宋准许了倭国王"都督倭、新罗、任那、加罗、秦韩、慕韩六国诸军事、安东将军"的称号(不过,刘宋并未承认倭国期望获得的百济的军政权,以及安东大将军称号)。

c. 第五位倭王获加多支卤(中文名为武)任意地自称拥有包括前述六国与一直未获得承认的百济共七国在内的军政权与安东大将军称号。并且,获加多支卤在宋顺帝升明二年(四七八)遣使后,尽管最终未获得百济的军

东亚古代的诸民族与国家

政权,但被允许使用安东大将军的称号,被任命为"都督倭、新罗、任那、加罗、秦韩、慕韩六国诸军事、安东大将军"。(以上依据《宋书·倭国传》)

在当时的中国,被任命为这里所见到的"都督……(国名、地域名)……诸军事"之后,就等于被授予了"都督"与"诸军事"之间所在地域的军政权。此外,当以中国为中心来看时,安东将军意味着他具有管理其东部区域的权力,而安东大将军是比安东将军更高一级的将军称号。古代的倭国一直谋求获得比"将军"更高位的"大将军"称号,这是因为与倭国处于对抗关系的高句丽、百济等已在此前被宋任命为与安东大将军类似的征东大将军、镇东大将军了。

总之,当时的倭国围绕着在朝鲜半岛上的权益,在各个方面展开了与高句丽、百济间的竞争。当时南朝宋是东亚国际政治秩序的中心之一。为确保在朝鲜半岛南部地区的优势地位,倭国在与高句丽、百济的竞争过程中,致力于让自身的军政权力获得宋的认可。于是,在获加多支卤大王的阶段,南朝一侧最终承认了其除百济地区以外的军政权与大将军的称号。

如此看来,可以推测获加多支卤大王时代的"天下"具体包括了在某种形式下安东大将军倭王武威势所能到达的包括倭国、新罗、任那、加罗、秦韩、慕韩在内的六国。而倭国对于百济的军政权，直到最后也未能获得南朝宋的承认。当考虑到"治天下"这一用语所具有的含义，以及倭王武自称（前揭 c）包括百济在内的七国都督时，可以认为当时倭国获加多支卤作为"治天下"大王所君临的或希望君临的"天下"，在现实中很可能也包含了百济。

以上，在《宋书·倭国传》记载的上表中，倭王武承认是宋的"封国""藩"，在"臣虽下愚"的表述中对皇帝称臣，与此同时还公开宣称自身是以中国为中心的天下中的一员。另一方面，可以推测其王权也以某种形式支配着朝鲜半岛（的一部分），构想出以自身为中心的天下。

总之，到倭五王的时期，倭国采取了如卑弥呼时代那样向中国称臣的姿态，并在以中国为中心的国际社会中继续保持着一直以来的方针；但另一方面，倭国也开始形成了从这一体制中独立的志向。

第二项 那津官家的设置

本项将考察那津官家的设置过程，并探讨其所具有的历史意义。

日语中的"ミヤケ"一般写成屯仓、官家等，原本应为"宅"的意思，也就是对于屋舍、仓库的一种尊称，因此，私人的仓库也可被称为"ミヤケ"。然而，《日本书纪》中所见屯仓作为国家制度下的"ミヤケ"，是从屋

舍的意思衍生出来的，指大化时代以前由朝廷直辖经营的土地或直辖领地。

有关其变迁的经过，如仁德天皇一三年条中的茨田屯仓所示，最初的屯仓是基于水田这一治水灌溉工事的开发而形成的。从倭五王时代开始，屯仓主要设置在畿内地区，并且似乎投入了劳动力，建立了仓库、官署等，还设置有屯仓首一类的监督官员。不过，由于史料有限，有关向耕作者征收所得物的情况并不明了。

有关这种初期的屯仓，正如磐井之乱后继体天皇二二年十二月磐井之子葛子献上糟屋屯仓那样，是国造等豪族为请求赎罪等而将其领有的一部分土地献给朝廷后形成的，多见于六世纪。在这种屯仓中，原有的居民原封不动地成为屯仓之民，国造一族等被任命为其监督者。此外，如《日本书纪》安闲天皇元年十月条中的小垦田、樱井、难波屯仓，以及同年十二月条中的竹村屯田等记载中所见到的那样，在六世纪还出现了一种与前述不同的屯仓。这种屯仓的土地只占用良田，并且由中央派来田令作为监督官员，由其他地方派来的耕作者以徭役的方式承担土地经营的职责。

总之，这些屯仓在本质上并非皇室私有，而是由朝廷直接管辖的。《日本书纪》中有"官家"一词，被训读为"ミヤケ"，但其与上述屯仓在某些方面上存在本质差异。

第三章 关于倭国对外交涉的变迁

因为"官家"这一用语是指设置在朝鲜半岛上百济、任那诸国等国外的此类机构，而大化之前日本国内唯一的例外是宣化天皇元年设置的那津官家。《日本书纪》卷一八宣化天皇元年夏五月辛丑条中记载：

> 诏曰："食者天下之本也。黄金万贯，不可疗饥。白玉千箱，何能救冷。夫筑紫国者，遐迩之所朝届。去来之所关门。是以海表之国，候海水以来宾。望天云而奉贡。自胎中之帝（应神），洎于朕身，收藏谷稼，蓄积储粮。遥设凶年。厚飨良客。安国之方，更无过此。故，朕遣阿苏仍君，加运河内国茨田郡屯仓之谷。苏我大臣稻目宿祢，宜遣尾张连，运尾张国屯仓之谷，物部大连麁鹿火，宜遣新家连，运新家屯仓之谷，阿倍臣，宜遣伊贺臣，运伊贺国屯仓之谷。修造官家那津之口。又其筑紫肥丰，三国屯仓，散在县隔，运输遥阻。傥如须要，难以备卒。亦宜课诸郡分移，聚建那津之口，以备非常，永为民命。早下郡县，令知朕心。"

众所周知，上述宣化元年的诏书经过了后世的大量润色，甚至有学者否定了其史料价值。[17] 不过，对于这一诏书，仓住靖彦指出：

正如波多野晥三、铃木靖名等人的观点中所见到的那样，尽管很多人否定了宣化诏书的史料价值，指出其内容存在很多问题，但同时也承认其具有一定的可信度。笔者认为应该依据这一观点。[18]

对于这一诏书，八木充指出：

不能完全否定宣化元年（五三六）五月条记载的史料价值。至少在筑紫的那津地区新设置了"ミヤケ"，从以筑紫为首的地区收纳稻谷，以及收纳的稻谷也被用作军粮等方面是符合事实的。……在那津附近，很早就设置有面向朝鲜的军事设施。不过，宣化元年条记载的是与此有别的设置于那津一带的筑紫"ミヤケ"的起源。[19]

正如以上所见的论述，宣化元年条被认为具有一定的史料价值。

那么，这条史料中"夫筑紫国者，遐迩之所朝届。去来之所关门。是以海表之国，候海水以来宾。望天云而奉贡"部分的可信度如何呢？有关这一问题，仓住靖彦指出：

第三章 关于倭国对外交涉的变迁

除一大率外，没有迹象表明此前（即宣化天皇元年以前——笔者注）存在与筑紫有关的具有权势的人物。此条记载很可能也有文学上的修饰。这种评价恐怕应参照了包括大宰府及大宰府前身在内的机构所具有的职能。这样一来，D中所谓外使的来贡（指"是以海表之国，候海水以来宾。望天云而奉贡"这句史料——笔者注）同样并非指在筑紫接待他们，而仅仅意味着他们来朝时首先达到筑紫。接待外使方式的完备，以及与此相伴的在筑紫款待外使的传统应是七世纪初期以降以隋使裴世清来朝为契机而形成的。[20]

这里认为款待外使的传统是隋使裴世清来朝后才开始出现的。在这种认识中，波多野晥三、八木充等人将其开始的时间推迟到了七世纪中叶。[21] 尽管如此，仓住氏对于"夫筑紫国者，遐迩之所朝届。去来之所关门。是以海表之国，候海水以来宾。望天云而奉贡"的上述见解已基本成为学界的定说。[22]

笔者并非要对此前的研究观点提出根本性的异议。如前所述，在五世纪后半段，南朝宋认可了倭国王在倭国与朝鲜半岛南部（除百济以外）的军政权。倭国形成了将包括倭国与朝鲜半岛南部诸国在内的地区视为现实中的

· 255 ·

东亚古代的诸民族与国家

"天下"的观念。如此一来，不论朝鲜半岛诸国是否认可这一点，倭国都很可能对这些国家抱有一定的宗主意识。并且，当这些国家在向倭国派遣使者之际，可能在倭国看来，其使者具有中国政治概念中的"朝贡"的性质。正如此前研究中所指出的那样，宣化元年诏书中确实反映了后世大宰府的形象。然而，作为现实中的问题，从五世纪末开始，在相当于宣化元年诏书发布的时期内，倭国内部很可能已经形成了由其军事影响力所及诸国向自身"朝贡"的认识。在被推定为五三二年的宣化天皇元年的二十六年后，任那（大加罗）灭亡，此后倭国向新罗要求"任那之调"。可以说，倭国要求"任那之调"同样反映出当时倭国宗主意识的存在。也就是说，在从五世纪到六世纪的外交场合中，倭国并非将朝鲜半岛上的诸国视为对等的国家，而是抱有自身优于对方的意识。这一点展现出倭国形成了与此前对待朝鲜半岛诸国等外国非常不同的态度。

米仓秀纪总结了此前有关那津官家的研究史，概括了以下三种观点：a. 那津官家是具有很强军事色彩的设施，是大宰府的前身；b. 虽然那津官家具有某种设施，但并不具备军事性质，所以并非那种所谓官家的机构；c. 根据《宣化纪》相关部分中所见郡县的记载，完全否认了那津官家的存在。其中 a 是由井上辰雄、田村园澄、仓住靖彦等多位学者支持的学说，b 是以八木充为代表的学

第三章　关于倭国对外交涉的变迁

说，c是以津田左右吉为代表的学说。此外，比惠·那珂遗迹、有田遗迹被认为是从六世纪下半叶开始分别建造的，并在七世纪下半叶遭到了废弃。虽然这与那津官家设立在宣化天皇元年（五三六）的记载间存在一定差距，但综合来看，从六世纪后半期到七世纪后半期当地确实存在过具有特殊功能的设施。考虑到这一时期当地这些仓库群的存在，应当可以将其认作那津官家中的一部分。以上是米仓秀纪所阐述的观点。[23]

可以说米仓秀纪对于学说史的整理是基于近年考古学成果的可靠研究。由于宣化天皇元年条诏书中可以见到郡县等属于此后相当晚期的表述，所以津田左右吉认为应全面否定这一史料，但笔者认为津田左右吉的解释不能成立。八木充的学说难以回答为什么在那津之地存在具有如此规模的仓库群的问题，那么问题就在于应如何认识米仓秀纪慎重指出的两者间存在约四十年的时间差这一点上。

《日本书纪》中关于那津官家的记载见于宣化元年（五三六），据此大约四十年后出现了规模巨大的仓库群，仓库群的使用一直延续到七世纪后半期，即位于现在太宰府地区的大宰府政厅建成之时。考虑到上述时间顺序上的实际情况，不得不说现阶段尚难以完全阐明这一问题。笔者认为今后一定会发现《日本书纪》中记载的设置于宣化天皇时代的那津官家本体的遗迹。此外，从比惠·那珂

东亚古代的诸民族与国家

遗迹、有田遗迹中发掘出的仓库群规模巨大,而其与那津官家建成的时期存在时间差。在《日本书纪》的纪年无误的情况下,可以说比惠·那珂遗迹、有田遗迹的出现展示出那津官家在宣化天皇以后又进行了扩建的情况。《日本书纪》宣化天皇元年条所见记载的来源存在各种问题,这已被此前的研究所阐明。然而,正如以上所论述的那样,通过考古学的发掘,其记载的部分可信性也在一定程度上获得了确认。这样看来,宣化天皇元年条的记载中如"聚建那津之口,以备非常"那样使用了常用在军事方面的"非常"一语,[24]而那津官家被用于防备这种"非常"情况,这一点具有重要的意义。

仓住靖彦认为从当时的运输技术等方面来看,难以相信宣化元年诏书中有关从日本各地屯仓向那津输送谷物的记载,因此指出这种谷物的运输与那津官家的修造并无关系。[25]然而,如前所见,那津官家修造于六世纪前半期,在此之前的倭五王时代中,倭国曾将众多兵团通过海路投到了朝鲜半岛。难道能够断定拥有这种能力的倭国政权在修造那津官家时,尚不具备前述那样运输谷物的实力吗?笔者认为从各地运来的谷物最终输送至那津的观点应无大过。

那么,宣化元年在那津地区聚集这些物资又具有怎样的意义呢?很难想象仅仅是为防备博多地区出现饥馑而聚

· 258 ·

第三章 关于倭国对外交涉的变迁

集这些物资的,否则在全国设置的将不是屯仓,而应是官家。此外,如果仅仅是为款待外交使节的话,也没有必要从全国各地聚集物资。总括而言,在大化以前的时代中,除那津官家外,古代日本仅在自倭五王以来与倭国关系紧密的朝鲜半岛南部地区设置了"官家";[26]另外考虑到广开土王碑中所见倭国与高句丽间的军事冲突、冲之岛上所见国家祭祀的遗迹、任那灭亡等事件所展现出的倭国在六世纪与新罗及百济间的对抗等,可以推测那津官家是出于军事上进攻与防卫的目的而建立的。

第三节 围绕大宰府的成立

第一项 筑紫大宰与大宰府

《日本书纪》卷二一、崇峻天皇五年(五九二)十一月丁未条中记载有关崇峻天皇晏驾后的情况如下:

> 遣驿使于筑紫将军所曰:"依于内乱,莫怠外事。"

从这一记载可以看出,在筑紫地区存在承担"外事"职务的将军所。考虑到上述命令是在天皇被弑杀后的紧迫

东亚古代的诸民族与国家

状态下下达的这一点,那么"外事"显然是指有关国防的事务。结合文意来看,可以说这条记载显示出在六世纪末筑紫地区已经存在担负着国防任务的组织了。

此外,《日本书纪》卷二二、推古天皇一六年(六〇八)条记载小野妹子陪同隋使裴世清一起从隋朝返回时的情况:

> 夏四月小野臣妹子至自大唐。唐国号妹子臣曰苏因高。即大唐使人裴世清下客十二人,从妹子臣,至于筑紫。遣难波吉士雄成,召大唐客裴世清等,为唐客更造新馆于难波高丽馆之上。六月壬寅朔丙辰,客等泊于难波津。

根据这条史料可知,六〇八年来到倭国的隋使裴世清一行于四月抵达筑紫,六月到达了大阪。《隋书》卷八一《倭国传》中同样记载小野妹子归朝时的情况:

> 经都斯麻国,乃在大海中。又东至一支国。又至竹斯国。又东至秦王国。其人同于华夏、以为夷洲。疑不能明也。又经十余国,达于海岸。自竹斯国以东,皆附庸于倭。

第三章　关于倭国对外交涉的变迁

这里记载隋使一行经过对马（都斯麻国）、一岐（一支国）到达了筑紫（竹斯）。总之，尽管并不能确定隋使一行在各处逗留的时间，但其并非一口气经过濑户内海直接到达难波的，途中一度停靠于筑紫。

此外，依据前揭《日本书纪》推古天皇一六年条可知，在难波已经建有一座用于迎接高句丽使节的"高丽馆"。另一方面，从四七八年以来，倭国与中国间的外交关系彻底断绝。正因如此，如果用于接待中国使节的"新馆"（上述《日本书纪》推古天皇一六年四月条）是当时建造的话，那么在隋使到达倭国的六〇八年之际，筑紫地区自然也没有用于接待中国使节的设施。

然而，为何前往飞鸟的隋使一行必须经过筑紫呢？《日本书纪》《隋书》中相关的记载分别为"至筑紫""至竹斯国"。此外，《日本书纪》中所见到达难波途中经过的地点仅有筑紫。《隋书》中从都斯麻国开始，记录"经"十个以上的地点，而采用"至"这一表述的仅有一支国、筑紫、秦王国（参照前揭《隋书》史料中画线部分）。《隋书》记载：

又东至秦王国。其人同于华夏、以为夷洲。疑不能明也。

东亚古代的诸民族与国家

一行人继筑紫之后到达的秦王国的具体地点尚不明确。前揭史料中特别记载了有关秦王国的说明，即推测秦王国与东汉以来的夷洲间存在某种关系等。基于这一点，在《隋书》成书时所依据的原始史料中应已存在这样的记载。总之，可以推测秦王国应处于濑户内海沿岸的某个地方。假如这个地方就是此后设置吉备大宰的吉备地区，那么可以说"至"筑紫、秦王国等地方的记载就具有非常重要的意义了。

此外，正如上文提及《日本书纪》卷二二、推古天皇一六年（六〇八）条中所见，小野妹子一行与裴世清等一同从隋朝回国是在四月，到达难波津是六月丙辰十五日。正如此前拙稿中所探讨的那样，《日本书纪》中有关遣隋使回国的记载经过了一定的润色，但基本忠于史实（本篇第二章）。这样一来，小野妹子一行从四月归国到六月十五日间花费了两个月左右（最长两个半月，最短一个半月），才最终通过海路达到了难波。

如此看来，尽管当时的筑紫地区确实尚未形成如后世鸿胪馆那样在律令制下用于接待外国使节的完备设施，但也应该存在某种相应的设施。而且，此前论及隋使来日前的崇峻天皇五年（五九二）十二月，已经建成了用于防备外事的"筑紫将军所"。考虑到"筑紫将军所"的存在，可以说前述的推测是比较符合事实的。

第三章 关于倭国对外交涉的变迁

在围绕着遣隋使的一系列记载之后，首次出现了被视为大宰府直接源头的"筑紫大宰"一词，即《日本书纪》卷二二、推古天皇一七年（六〇九）条记载：

> 夏四月丁酉朔庚子，筑紫大宰奏上言："百济……"

小野妹子送隋使裴世清一行返回隋朝是在同年的九月。基于这种情况，筑紫大宰的出现应与隋使来到日本有着密切的联系。虽然不能断言筑紫大宰就是在此时设置的，但可以说在白村江之战紧张局势出现之前的遣隋使阶段，在九州地区就已出现了像此后大宰府那样拥有军事、外交双重职能的机构。

那么，这种组织出现于七世纪初期的原因何在呢？当然可以想到这与苏我氏势力的抬头、崇峻天皇被弑杀、圣德太子的执政等国内因素间存在种种联系。但从宏观的视野来看，隋朝平息了近三百年的混乱，再次统一了中国，并且基于这一威势，举起收复辽东半岛等失地的旗帜，开始策划向高句丽派遣大军。可以说，前述组织设立于隋使来到日本前后的根本原因正是基于当时来自隋朝压力的增强。总之，筑紫将军所、筑紫大宰被认为与后代的大宰府关系密切，笔者认为这类设施乃至官职是在当时东亚国际情势的影响下出现的。

第二项　大宰府与倭国的中华意识

律令制下的大宰府总管西海道（九州）九国三岛（八二四年以后改为二岛）的内政，并担负着内外使节的送迎、海岸防备等职能。如果前项的考察没有太大问题的话，可以认为倭国在白村江战败后将筑紫大宰及其管理组织从那津转移到了现在的所在地。在奠定了《大宝律令》基础的《飞鸟净御原令》制定的七世纪八十年代之际，大宰府已基本成立。

《大宝令》已是成熟的法典，其中保存了完备的大宰府的形态。根据《大宝令》，大宰府的组织以作为祭司的主神和作为长官的帅为首，由大贰，少贰，大、少监，大、少典的四等官，大、少判事，大、少令史，大、少工，博士，阴阳师，医师，算师，防人正、佑、令史，主船，主厨，史生等组成，并且包括书生及各类杂役等，拥有相当数量的人员。与其他一般诸国相比，可以说，大宰府是一个非常特殊的机构。

根据现阶段有关大宰府政厅遗迹的发掘调查，政厅遗迹被确定经历了三期工程，[27]其中第Ⅰ期为杆栏式建筑，不同于此后的第Ⅱ期、第Ⅲ期；第Ⅱ期、第Ⅲ期为使用了础石的所谓朝堂院式建筑，是一座在东西110.7米、南北211米的范围内经过严格规划的官衙。如果关注到两者间

第三章　关于倭国对外交涉的变迁

的差异，可以发现与第Ⅱ期、第Ⅲ期相比，第Ⅰ期的杆栏式建筑可能是在仓促间建成的。

作为大宰府中心的政厅遗迹现在以"都府楼迹"的地名而闻名。这一名称应源自菅原道真所作《不出门》诗中的一句"都府楼才看瓦色"，意为都督府的楼阁。倭王武等曾作为安东将军，都督倭国、朝鲜半岛南部诸国之军事。正如这一事例所见，所谓都督府是源于中国的用语，意为由管理诸州、国军政的长官领导的军政府。在《日本书纪》等文献中，大宰府又被称为都督府。"都府楼"一词是指设立在大宰府地区的"都督府"，可以说很好地表现了这一官衙所具有的本质特征。

然而，除了在军事上的进攻、防卫等职能外，大宰府作为与朝鲜半岛、中国等东亚诸国外交交涉的窗口，还担负着律令国家外交中的一部分职能。这种职能如实地反映在鸿胪馆遗迹，以及《日本书纪》等正史中所见有关与中国、朝鲜半岛在外交交涉方面的记载中。转换一下视角，如果先不考虑西海道的内政，相比军政机关，可以说进入律令制成熟时代的大宰府在外交方面的职能具有更为重要的意义。可以说，原本拥有军政府性质的"大宰府"具备这种特征是以下情况的表现：从大局来看，六世纪末隋统一了大陆，由此逐渐形成了从七世纪前半期至中期军事上的紧张局势，百济灭亡、倭国战败于白村江、高句丽

东亚古代的诸民族与国家

灭亡等事件相继发生,但此后,新罗统一了朝鲜半岛,唐朝势力从半岛撤出,基于这些七世纪后半期的事件,原来的紧张局势开始逐渐缓解;在国内方面,此前的紧张局势促使倭国构筑起以天皇为中心的专制权力结构,可以说这种倭国的内部状态也影响到了大宰府这一官衙的职能。建立起律令体制的倭国于七〇二年向唐通告自身改称为日本,并且再次派遣了自六六〇年以后一直处于中止状态的遣唐使,可以说这些正是当时具有代表性的事件。

如此一来,当初基于军事上的需要而成立的"原大宰府"与东亚的国际情势保持了联动关系,与此同时,其官衙的职能获得了扩展,甚至最终发展为肩负了一部分国家外交职能的重要官衙。如果回过头来对比倭国一大率、那津官家、大宰府三个时代对外交涉的情况,可以发现其中存在本质上的差异。可以直截了当地说,大宰府是一个具有接受外夷朝贡性质的官衙。

笔者曾指出大宰府这一机构的出现关系到日本中华意识的形成。那么不禁要问,究竟为什么要在远离飞鸟时代、奈良时代、平安时代都城的九州北部地区设置这样的一个机构呢?如果从今日的常识来看,外交部理所当然应设置在首都。日本古代的外交权当然也由首都、中央所掌握。尽管如此,当思考将担负着一部分重要外交职能的官衙设置在九州所具有的意义时,应该关注到其中存在的时

第三章 关于倭国对外交涉的变迁

代特质，或者说前近代日本所具有的政治上的特质。在日本近世的锁国体制下，只有长崎成为对海外开放的港口。如果考虑到这一点，就不能认为前述的想法是毫无根据的。

自古以来，大宰府所在的九州北部是带给日本巨大影响的大陆文化最先流入的地区。不用说稻作农业就是从九州北部开始出现的，此外还存在很多可以确定上述这一点的事例。此外，相比日本列岛的其他地区，九州北部在很多方面都占据着作为先进地区的位置。在这一方面，大陆文化的传入发挥了重要作用。古代奴国、伊都国相比其他地区表现出的先进性可以说就是相关的佐证。在日本近世的黎明期，可以说以平户、长崎为中心的地区最先通过南蛮船带来的外来文化、事物与思想等获得了领先于日本整体的文化与思想。

众所周知，与天主教禁令等相关，江户幕府禁止海外航行，除长崎一港外，实施了锁国体制。可以说除在与渤海国保持交通时采用敦贺等港口外，上述对外交流的外在形态与日本古代的情况极为相似。那么，这种类似是否仅仅是表面上的相似呢？笔者认为并非如此。

这是因为首先江户幕府施行的所谓幕藩体制是日本导入中国的册封体制后形成的一种体制。"藩"本意为"围栏"，幕藩体制下的"藩"在理念上担负着守护幕府的藩

东亚古代的诸民族与国家

屏的职责。幕府一旦发生意外变故，诸藩有派遣援军之类的义务。"参勤交代"就是藩服属于幕府的证明。这种体制依据的是自古以来中国为控制封建诸侯及海外夷狄等创造出的政治思想。这一点明确地表现于倭王武在向中国皇帝的上奏中称自身为"封国"及"藩"（《宋书·倭国传》）。

依据倭王武遣使时期中国的政治思想，武被任命为安东将军意味着其被允许开设将军府，并设置长史、司马、参军等属官。《宋书·倭国传》中可以见到一位倭国派来的被称为曹达的司马。尽管与高句丽、百济等政权的情况相同，这可能只是一种形式上的官职，但由此可以看出倭国应设置了司马之类的官职。[28]

此外，奴国王、卑弥呼等向中国遣使，并通过接受中国赐予的王位而展开了与中国的交往。这一点展示出与倭五王时代相同的情况，至少在中国看来，由奴国王、卑弥呼等为首的倭国是中国的藩。

在作为日本幕藩体制原型的中国册封体制中，被册封国派遣的朝贡使在进入中国之后，经过一定的地点，最终到达皇帝所在的都城。遣唐使时代的日本使节最初经山东半岛的登州，此后经长江沿岸的扬州等地到达唐朝的都城。在《魏志·倭人传》的时代，卑弥呼的使节首先要到达朝鲜半岛的带方郡，再由此向曹魏的都城进发。在日

第三章 关于倭国对外交涉的变迁

本列岛上尚未出现倭国，倭人仍分为百余国的时代，其使节是以当时作为朝鲜半岛中心的乐浪郡为目的地的。正因如此，史书中留下了"乐浪海中有倭人"的著名记载。

自古以来，作为世界帝国的中国在统治天下之际，将用于迎接外来使节的场所设在西边的敦煌、南边的交趾（河内）或广东、东边的辽东或乐浪（唐朝时为山东、扬州等地）、北边的大同等地。律令制是源自中国的制度，其中也体现了这种理念。古代日本导入了具有这种性质的律令制，并以此建设国家。可以推测这一点本身也导致了上述相关要素的传入。

"虾夷"这一词语的意思为"虾之夷"。其中"夷"字的使用是倭人基于自身被中国称为"东夷"（东方的夷）的原理，将其转用在对虾夷的称呼上。这显示出身为"东夷"的日本具有了作为"中华"的认识，这种认识也从一个方面表现了以上所述"这一点本身也导致了上述相关要素的传入"的情况。如此看来，在上述以中国为中心的朝贡体系被移植到日本之际，作为具体体现这种华夷秩序的场所，即具有像汉代乐浪郡、唐代扬州那种地位的地方被设置在了大宰府。

总之可以说，完成了律令制国家建设的古代日本在外交方面将接受作为夷狄的新罗等国的朝贡地点，即前节第二项引用的宣化元年诏中"夫筑紫国者，遐迩之所朝届"

东亚古代的诸民族与国家

所述的地点，设在了大宰府。笔者认为在考察大宰府的建成之际，有必要采用这样的视角。

当这样思考时，又会遇到应如何认识作为与虾夷交涉窗口的多贺城的问题。此外，在倭国将自身视作"中华"之际，还会出现应如何看待同样身为"中华"，并且是自古以来日本心目中作为"中华"楷模的中国的问题。有关这些问题，笔者将在此后的考察中进行讨论。

第四章　倭五王的自称与
　　　　东亚的国际形势

前　言

众所周知，《宋书》卷九七《倭国传》（以下简称《倭国传》）中有如下记载：

> 赞死，弟珍立，遣使贡献。自称使持节、都督倭百济新罗任那秦韩慕韩六国诸军事、安东大将军、倭国王。表求除正。诏除安东将军、倭国王。

这里所见的"自称"与"除正"具有怎样的历史意义呢？

以上可以见到对都督诸军事等称号的自称与除正的请求，其目的在于倭国希望确立在朝鲜半岛南部，特别

东亚古代的诸民族与国家

是对百济、新罗等地区的军事支配权,而请求当时东亚的"正统王朝"刘宋认可其称号;或者说,希望通过引入中国的官制秩序建构起所谓"府官制秩序"[1]的倭国为求得这些称号而提出了上述请求。这是众所周知的观点。

然而,此前所谓邪马台国时代的倭国王并没有效仿同时代现实中中国的官制秩序进行自称;并且,遣隋使时代以来的倭国国王也没有效仿同时代中国实际中的官制秩序,使用自称。正因如此,可以认为倭五王时代存在特殊的历史背景。这一点同时与本章设定的课题即倭五王的自称与除正所拥有的历史意义相关联。

笔者发表过一篇题为《倭五王遣使刘宋的开始与其终焉》(「倭の五王による劉宋遣使の開始とその終焉」)[2]的小文,探讨了五世纪山东半岛的情势与当时东亚整体动向间的具体关系,换言之,由于北朝的扩张,南朝失去了作为航路要冲的山东半岛这一事件所具有的历史意义。此外,在题为《四、五世纪的中国与古代朝鲜、日本》(「四、五世紀の中國と古代朝鮮・日本」)[3]的小文中,笔者考察了当时中国、朝鲜、日本国制间的关联性,特别是应如何认识北魏与古代朝鲜、日本的国制间存在相似性的问题。

另外,此后笔者发表了《汉唐间"新"中华意识的

第四章　倭五王的自称与东亚的国际形势

形成》(「漢唐間における「新」中華意識の形成」)[4]、《有关〈隋书·倭国传〉与〈日本书纪·推古纪〉中的记述》(「隋書倭国伝と日本書紀推古紀の記述をめぐって」)[5]、《关于倭国对外交涉的变迁——从中华意识的形成与大宰府成立之间的关联所见》(「倭国における対外交渉の変遷について——中華意識の形成と大宰府の成立との関連から見た——」)[6]、《魏晋南朝的世界秩序与北朝隋唐的世界秩序》(「魏晋南朝の世界秩序と北朝隋唐の秩序」)[7]等小文,关注了包括倭五王时代在内的从邪马台国至遣唐使时代间日中关系的展开,并且考察了倭国中华意识的形成在东亚古代史中所具有的历史意义及其对后世的影响。

二〇一一年十二月,在九州大学召开的九州史学会上,关于"倭五王学到了什么——东亚世界与倭国的变迁"这一主题进行了研讨。笔者参会并发表了有关这一问题的报告。本章以当时的报告为基础,并依据此前笔者的研究,再次展开对倭五王的考察。希望在此阐述有关倭五王通过日中外交所学到的内容,以及倭五王的自称与当时国际形势间所具有的具体联系等方面的个人见解。此外,笔者还将探讨倭五王时代的倭国在所谓邪马台国至遣隋使时代中所处的发展阶段的问题。

第一节　倭五王时代的官号自称与除正

《倭国传》记载：

①赞死，弟珍立，遣使贡献。自称使持节、都督倭百济新罗任那秦韩慕韩六国诸军事、安东大将军、倭国王。表求除正。诏除安东将军、倭国王。

②珍又求除正倭隋等十三人平西、征虏、冠军、辅国将军号。诏并听。

③（元嘉）二十八年（四五一），加使持节、都督倭新罗任那加罗秦韩慕韩六国诸军事、安东将军如故。并除所上二十三人军、郡。

④兴死，弟武立，自称使持节、都督倭百济新罗任那加罗秦韩慕韩七国诸军事、安东大将军、倭国王。顺帝升明二年（四七八），遣使上表曰："……若以帝德覆载，摧此强敌，克靖方难，无替前功。窃自假开府仪同三司，其余咸各假授，以劝忠节。"诏除武使持节、都督倭新罗任那加罗秦韩慕韩六国诸军事、安东大将军、倭王。

以上①④中加点部分是有关"自称"的记载。此外，

第四章　倭五王的自称与东亚的国际形势

④中可见"窃自假开府仪同三司"的部分，并且最终倭王在当时没有被除正为开府仪同三司，因此也可以被纳入自称的范畴。

此外，④中"窃自假开府仪同三司"之后可见到"其余咸各假授，以劝忠节"的语句，由此可知官号并未得到刘宋的裁可，而是"假授"。这里的"假授"并非指倭王自身，应是倭王对于倭国相关人员的"假授"，也可以被视作广义上的自称（尚不明确这一场合下的假授是否在此后得到了刘宋的承认[8]）。

基于以上考察，可以说②中所见"倭隋等十三人"的将军号，以及③中所见"所上二十三人军、郡"，很可能同样是在除正之前，先由倭王假授了将军号、郡号等。在这种意义上，此类假授也应被视为广义上的自称。

不过，《魏志·倭人传》倭人条记载当时倭国的状况如下：

> 男子无大小，皆黥面文身。自古以来，其使诣中国，皆自称大夫。夏后少康之子，封于会稽，断髪文身，以避蛟龙之害。

众所周知，《后汉书》卷一一五《倭传》中有不见于《魏志·倭人传》的独立记载，其中建武中元年二年（五

·275·

七）条称：

> 倭奴国奉贡朝贺，使人自称大夫，倭国之极南界也。光武赐以印绶。

此前《魏志·倭人传》中所见自称为大夫的表述与上述《后汉书》中的记载应存在一定关联。中国汉代有大中大夫、中大夫、谏大夫等大夫。根据《魏志·倭人传》的记载，可以推测这里所指的大夫应与更为古老的卿、大夫、士有关。总之，卑弥呼时代的使者依据比曹魏、汉代更为古老的时代的称呼，自称为大夫。[9]可以说这一点与《宋书·倭国传》中记载的对应于同时代中国官号的自称间存在很大的差异。

此外，众所周知，《魏志·倭人传》中有关授予倭国使节官位的记载如下：

> 诏书报倭女王曰："……汝来使难升米、牛利涉远，道路勤劳。今以难升米为率善中郎将，牛利为率善校尉，假银印青绶，引见劳赐遣还。"

所谓"率善"指"服从于善"的意思，这种称号始于曹魏时期，授予那些在臣服于曹魏、晋的非汉民族中具

第四章 倭五王的自称与东亚的国际形势

有领导地位的人物。正因如此，必须注意：任命难升米等倭使为率善中郎将、率善校尉等官职，并不意味着给予了他们某种特殊的待遇。[10]

根据上述对于《魏志·倭人传》相关记载的考察，明确了以下与本章相关之处：在记载所见的范围内，所谓邪马台国时代的倭国对于具体官职的自称与拜受不同于倭五王时代倭国对于官职的积极追求。

总之，倭五王时代的倭国中央有别于邪马台国时代，通过自称中国的官职并请求刘宋除正的方式，积极地谋求强化自身在国内外军事、政治上的地位与体制。

那么，对于倭国一侧的这种动向，刘宋一方又是如何应对的呢？在提出这一问题之际，最先浮现在脑海中的是倭国希望将百济纳入自身都督诸军事权范围内的请求，而与此相对，刘宋始终没有给予承认。众所周知，这是基于刘宋在国际战略上的客观需要，即在北魏盘踞于华北的情况下，对于刘宋而言，百济在国际战略上占据着极为重要的位置。[11]尽管不用特别强调这一点，但联系本章所论及的自称、除正来看上述问题，倭国对于都督百济诸军事权的请求确实自始至终遭到了拒绝。然而，另一方面，《倭国传》中记载：

> 赞死，弟珍立，遣使贡献。自称使持节、都督倭

百济新罗任那秦韩慕韩六国诸军事、安东大将军、倭国王。表求除正。诏除安东将军、倭国王。珍又求除正倭隋等十三人平西、征虏、冠军、辅国将军号，诏并听。（元嘉）二十年，倭国王济遣使奉献。复以为安东将军、倭国王。二十八年，加使持节，都督倭新罗任那加罗秦韩慕韩六国诸军事，安东将军如故。……兴死，弟武立，自称使持节、都督倭百济新罗任那加罗秦韩慕韩七国诸军事、安东大将军、倭国王。顺帝升明二年遣使上表曰："……若以帝德覆载，摧此强敌，克靖方难，无替前功。窃自假开府仪同三司，其余咸各假授，以劝忠节。"诏除武使持节、都督倭新罗任那加罗秦韩慕韩六国诸军事、安东大将军、倭王。

正如从以上记载中所见到的那样，应该注意到刘宋并非始终拒绝了倭国的所有要求。具体来看，元嘉二十八年（四五一）刘宋授予了倭国此前从未对其除正的使持节以及倭国、新罗、任那、秦韩、慕韩五国的都督诸军事权，并且授予了倭国没有自称的对于加罗的都督诸军事权。甚至在顺帝升明二年倭王武上奏之后，刘宋还承认了其自称的安东大将军。

由于以上的情况对于研究者来说已经是一种常识性的

第四章 倭五王的自称与东亚的国际形势

认识了，所以可能常常被忽视。然而，倭国一侧的自称需要经过一段时间后才能被刘宋认可。这一现象关系到刘宋对东北亚地区国际战略的转变，因此对于刘宋来说有着重大的意义。笔者不得不指出历来的研究忽略了对于这一方面的认识。

这里先要指明的是历来的研究没有重视刘宋为何在元嘉二十八年改变了此前的方针，同时授予倭国使持节、都督倭新罗任那加罗秦韩慕韩六国诸军事这一问题，而往往关注没有给予倭国对百济的都督诸军事权这一点。

尽管倭国自称并请求除正，但刘宋此前也并未授予其都督倭诸军事。授予其这一权力可能从某种意义上会被认为是理所当然的事，然而，必须注意的是直到元嘉二十八年，刘宋都没有授予倭国都督倭诸军事这一意味着其自身军政权的权力。总之，刘宋对于授予"都督诸军事"一事是相当慎重的。尽管如此，元嘉二十八年，刘宋改变了其方针，不仅授予了倭国对于其本国的军政权，还包括新罗以下诸国（或地区）的都督诸军事权。可以说，这是一种相比单纯授予倭国其本国的都督诸军事权意义更为重大的转变。

当这样思考时，可以想到这种转变一定是刘宋基于某种理由所做出的选择，那么其理由究竟是什么呢？

以上论述了元嘉二十八年刘宋方针上的转变。在

东亚古代的诸民族与国家

《倭国传》中还记载了另一次刘宋对倭国方针的转变,即顺帝升明二年时,将倭由安东将军提升为安东大将军。[12] 有关其理由,《倭国传》中并没有记载。不过,顺帝升明二年正值刘宋灭亡的前一年,当时刘宋已显露颓势。正如此前拙稿中所指出的那样,倭国在此后直到六〇〇年派遣遣隋使为止,没有向刘宋、南朝遣使的原因之一正是刘宋的衰落。[13] 因此,将倭王进号为安东大将军的原因之一应是刘宋希望通过这一官号上的提升将倭国维系在刘宋对抗北魏的国际关系网中。

在这一认识的基础上,可以推测元嘉二十八年刘宋转变方针的原因同样与其国际战略密切相关,遗憾的是《倭国传》中并没有说明其理由。不过,应该注意的是元嘉二十八年即四五一年的这个时间点,其理由如下。

笔者曾在拙稿中论述了自盘踞于和龙城的北燕灭亡(四三六)后直到四七〇年年初之际中国东部宋魏交战的概况,其内容如下:[14]

> 在讨伐北燕之后,北魏在东面将矛头指向包括山东半岛在内的青齐地区及徐州等地。截止到四六八年,北魏已掌控了这一地区,并继续将战线向着南方的泗水、淮水地区推进。……北燕灭亡的三年后,北魏攻打了位于姑臧(甘肃武威)的北凉。随后在讨

第四章 倭五王的自称与东亚的国际形势

伐柔然、吐谷浑的同时，于太平真君十一年（四五〇）九月辛卯挥师进攻南朝。十一月壬子包围了徐州彭城，十二月丁卯渡过淮水。随后攻占了淮西、淮南，同月癸未最终在刘宋都城建康对岸的瓜步山（江苏六合东南面临长江的一座山）建立起行宫。翌年正月元旦，北魏在长江边集结诸军，并于此论功行赏。出于军粮不足等原因，北魏军队于同月丁亥返回。此后，宋再次收复了青齐地区，以及淮北、淮南等地的领土。然而，从长远来看，可以说这一事件正是此后北魏逐渐蚕食上述地区的出发点。此次北魏南伐的一年后，致力于对外征伐的北魏太武帝被宦官暗杀。由于这一事件，北魏的南伐暂时受挫。直到混乱局面结束、其国力再度增强的五世纪六十年代，北魏又重新开始南侵。首先，《宋书》卷八《明帝纪》泰始二年（四六六）十二月条中记载：

"于是遂失淮北四州及豫州淮西地。"

正如这里的记载，宋此次完全丧失了包括淮北重镇彭城等地在内的广大地区。不过此时宋依然控制着包括山东半岛在内的青齐地区，以及连接这一地区与江南之间的沂水、泗水等水路沿线的诸州郡。也正因如此，北魏的攻势随即向这一地区集中。青齐地区的重镇包括青州治所东阳（山东益都）、齐州治所历城

（山东济南）、东平原郡所在的梁邹（山东邹平北）等。四六八年二月，历城、梁邹相继陷落。《资治通鉴》卷一三二《宋纪一四》明帝泰始五年（四六九）正月条记载：

"沈文秀守东阳。魏人围之三年。……乙丑，魏人拔东阳。……于是青冀之地尽入于魏矣。"

正如从这一记载（《宋书》卷八八《沈文秀传》略同）中所看到的那样，四六九年这一地区也落入了北魏的掌控之中。在刘宋丧失前述的徐州及青齐之地以后，宋魏交战的最前线进一步南下至淮水、泗水之间。《宋书》卷八《明帝纪》最后记载泰始、泰豫之际（《资治通鉴》中参见泰始七年二月，即四七一年二月条）的情况为：

"泰始泰豫之际……时经略淮泗，军旅不息。荒弊积久，府藏空竭。内外百官，并日料禄俸。"

结合这里的记载可知交战造成了刘宋财政的恶化。

此外，笔者在别稿中论述了以下有关四五〇年前后的状况。[15]

太子去世的正平元年，正值统一了华北的太武帝

第四章　倭五王的自称与东亚的国际形势

倾其全部势力，果断发动对南朝攻势之际。具体来看，太武帝在前一年的太平真君十一年（元嘉二十七年，四五〇）九月兴兵南伐，十一月已包围了徐州彭城，十二月渡过淮水，随后攻占了淮西、淮南，同月末最终在刘宋都城建康对岸的瓜步山（江苏六合东南面临长江的一座山）建立起行宫。翌年即皇太子去世这一年的正月元旦，太武帝在长江边集结诸军，并于此论功行赏；随后次日，即正月二日，启程班师；二月，在鲁口（河北饶阳之南）的行宫，受到皇太子的迎接；三月，回到了京师平城。

在到达建康对岸的瓜步之际，北魏军队曾企图斩苇为筏渡过长江。因此，建康实施了严格的警备，并陷入了极度紧张的局面。不过，太武帝随即从瓜步撤退，返回了北方。南朝因当时的战事而疲敝。南朝宋在历史上的全盛期即元嘉之治也由此衰落。……

北魏的南进终结了文帝的元嘉之治。文帝于其治世晚年的四五〇年，在国内安定的背景下获得了贵族们的支持，大胆地发动了讨伐北魏的战争。然而，当时的北魏已吞并了敌对的诸国，正处于四三九年统一了华北的太武帝的时代，国力极其强盛。

因此，长期沉浸于和平环境中的刘宋军队无力应对实战经验丰富的北魏军队，反而被北魏军队攻占了自身境内直到淮南的地区，导致出现了极为严峻的事态，一时间号称多达五十万的大军驻扎在与建康隔江相望的对岸。所幸江南无事，但淮南地区因遭到战乱与掠夺而荒废不堪。在对抗北魏的战争中，刘宋消耗了大量的人力物力，国力也因此急遽衰落。在这种抑郁的状况下，文帝最终被皇太子杀害。……

以上大篇幅地引用了拙文中的内容。此前所论刘宋对于倭国都督诸军事权的承认，正是在北魏攻至长江北岸的这一年（四五一）做出的。限于资料的记载，尚难以复原刘宋决定相关政策的细节，但值得注意的是这一现象正出现在南北朝时期南北的军事平衡被打破的时间点上，并且元嘉之治的终结与北魏的扩张导致时代剧变。可以推测，这种剧变一定显著地影响了身处东北亚的倭国对刘宋的认识。

第二节　倭王的自称与治天下大王

船山古坟出土的铁刀铭文为：

治天下获加多支卤大王世，奉事典曹人，名无利

第四章　倭五王的自称与东亚的国际形势

弖，八月中，用大铸釜并四尺迁刀，八十练六十捃三寸上好□刀。服此刀者长寿，子孙注注得三恩也。不失其所统。作刀者名伊太□、书者张安也。

稻荷山古坟出土铁剑铭文为：

辛亥年，七月中记。乎获居臣，上祖名意富比垝，其儿多加利足尼，其儿名弖已加利获居，其儿名多加披次获居，其儿名多沙鬼获居，其儿名半弖比，其儿名加差披余，其儿名乎获居臣。世世为杖刀人首，奉事来至今。获加多支卤大王寺，在斯鬼宫时，吾左治天下，令作此百练利刀，记吾奉事根原也。

天下的概念产生于中国，治理天下的人即皇帝。因此，这里所见"治天下获加多支卤大王""治天下"的表述在当时是不能作为被册封国的倭国在外交场合上的称谓（以下记为"治天下大王"）。《倭国传》中记载：

顺帝升明二年，遣使上表曰："封国偏远，作藩于外。……臣虽下愚……"

这里倭王在上表时采取了称臣的立场。因此，可以将

· 285 ·

东亚古代的诸民族与国家

治天下大王归入本章中所谓倭王自称的范畴之内。并且，众所周知，这种倭国的自称随着此后历史的演变，最终发展为天王、天皇号。

考虑到这种时代变迁，可以说虽同为自称，但此前所述都督诸军事之类的自称与此治天下大王的自称间存在本质上的不同。西嶋定生曾关注了倭国王采用治天下大王这一称号的始末。他指出倭国曾臣属于东汉、魏晋、刘宋，并进入了诸王朝的册封体制，而采用治天下大王这一称号表现出倭国开始逐渐摆脱这种册封体制的姿态。[16]

上述见解极大地影响了此后的研究。这里必须注意的是，基于本章此前的论述，倭国摆脱册封体制的趋势并非从倭五王最后的倭王武阶段开始的，而是在倭五王最初的阶段中就已经出现了。这是因为尽管倭国对于百济等地的都督诸军事，以及安东大将军之类的自称许久没有获得刘宋的认可，但在此期间倭国一直使用这些称号。当时的倭国渴望获得刘宋对其自称的除正，甚至反复请求刘宋除正其自称的官号，这本来就不是臣下对于皇帝所应采取的姿态。尽管如此，倭国还是采取了这一方式。站在册封理念的角度来看，可以说倭国的这种举动是一种不臣的行为。总之，倭国王被封为国王并接受了安东将军号，在诸如此类的方面明确地表现了其作为臣下的立场；但倭国王多次自称更高级的官位，并请求予以除正，可以说这种行为展

第四章 倭五王的自称与东亚的国际形势

现出自称治天下大王这一趋势的形成。

顺便提及一下，此前基于《倭国传》所载上表文中倭国平定海北诸国的情况，笔者曾指出倭王武"治天下"的内涵是考虑到了海北等地区的一种概念,[17] 并且论及当时倭国统治所及的范围至少在理念上包括了其上表中自称的"都督倭百济新罗任那加罗秦韩慕韩七国诸军事"权所达到的范围。这一点也与此前广开土王碑中的记载吻合。

> 百残、新罗旧是属民，由来朝贡。而倭以辛卯年来，渡海破百残□□新罗，以为臣民。（广开土王碑文第一面八行、九行）

此外，因保留了南朝梁元帝《职贡图》题记佚文而被关注的清张庚《诸番职贡图卷》（收录于《续修四库全书》一〇八八卷、子部、艺术类）[18]中记载有关新罗的情况为：

> 斯罗国，本东夷辰韩之小国也。魏时曰新罗，宋时曰斯罗国。其实一也。或属韩，或属倭。

前述的情况也与这一记载相符。

· 287 ·

东亚古代的诸民族与国家

此外,笔者曾指出倭国的这种独立化倾向与高句丽、百济等政权的发展趋势相同,并且这种倾向源自汉朝崩溃以后东亚诸民族的发展动向。[19]基于这一观点来对比前述倭国自称上的变化与五胡诸国的情况,可以发现一种非常引人注目的趋势,以下来探讨有关这一点的问题。

众所周知,作为五胡之一的鲜卑在漫长的岁月中从西伯利亚地区不断向南迁徙,进入中国领域。其中一个部族慕容鲜卑趁着西晋衰落、崩溃之际,不断壮大。

西晋时代,慕容涉归因保全柳城之功,受封鲜卑单于。《晋书》卷一〇八《慕容廆载记》中记载涉归之子慕容廆的言论:

> 廆谋于其众曰:"吾先公以来世奉中国,且华裔理殊,强弱固别,岂能与晋竞乎,何为不和以害吾百姓邪。"乃遣使来降。帝(西晋武帝)嘉之,拜为鲜卑都督。廆致敬于东夷府(当时的东夷校尉[20]为何龛)。

虽然慕容廆认识到自身(裔)与晋(华)有别,但基于彼此实力上的悬殊,决定避免与晋展开对抗,而希望投靠到晋的麾下。

然而,同书同载记中记载进入西晋末期后:

第四章　倭五王的自称与东亚的国际形势

太康十年，廆又迁于徒河之青山。廆以大棘城即帝颛顼之墟也，元康四年乃移居之。教以农桑，法制同于上国。……永嘉初，廆自称鲜卑大单于。辽东太守庞本以私憾杀东夷校尉李臻。附塞鲜卑素连、木津等托为臻报仇，实欲因而为乱。遂攻陷诸县，杀掠士庶。太守袁谦频战失利，校尉封释惧而请和。连岁寇掠，百姓失业，流亡归附者日月相继。廆子翰言于廆曰："求诸侯莫如勤王，自古有为之君靡不杖此以成事业者也。今连、津跋扈，王师覆败，苍生屠脍，岂甚此乎。竖子外以庞本为名，内实幸而为寇。封使君以诛本请和，而毒害滋深。辽东倾没，垂巳二周，中原兵乱，州师屡败。勤王杖义，今其时也。单于宜明九伐之威，救倒悬之命，数连、津之罪，合义兵以诛之。上则兴复辽邦，下则并吞二部，忠义彰于本朝，私利归于我国。此则吾鸿渐之始也，终可以得志于诸侯。"廆从之。

正如这里记载的那样，慕容廆迁徙至"帝颛顼之墟"，自称为"鲜卑大单于"，并且还像曹操那样在勤王的名义下，扩大自己的势力，可以看出与此前相比这是一种本质上的转变。有关这种动向，《晋书》卷一〇八《慕容廆载记》中记载：

东亚古代的诸民族与国家

征虏将军鲁昌说廆曰:"今两京倾没,天子蒙尘。琅邪承制江东,实人命所系。明公雄据海朔,跨总一方,而诸部犹恃众称兵,未遵道化者,盖以官非王命。又自以为强。今宜通使琅邪,劝承大统。然后数宣帝命,以伐有罪,谁敢不从。"廆善之,乃遣其长史王济浮海劝进。及帝即尊位,遣谒者陶辽重申前命,授廆将军、单于。廆固辞公封。

如上所述,一方面慕容廆请求占据江南的司马睿登基,另一方面确立了在根据地扩大自身势力的发展方向。倭王自称为治天下大王,同时在《倭国传》中所见倭王武的上奏中称:

顺帝升明二年,遣使上表曰:"封国偏远,作藩于外。自昔祖祢,躬擐甲胄,跋涉山川,不遑宁处。东征毛人五十五国,西服众夷六十六国,渡平海北九十五国。王道融泰,廓土遐畿,累叶朝宗,不愆于岁。臣虽下愚,忝胤先绪,驱率所统,归崇天极。道径百济,装治船舫,而句骊无道,图欲见吞,掠抄边隶,虔刘不已。每致稽滞,以失良风。虽曰进路,或通或不。臣亡考济,实忿寇仇,壅塞天路。控弦百万,义声感激,方欲大举。奄丧父兄,使垂成之功,

第四章 倭五王的自称与东亚的国际形势

不获一簣。居在谅暗，不动兵甲。是以偃息未捷。至今欲练甲治兵，申父兄之志。义士虎贲，文武效功，白刃交前，亦所不顾。若以帝德覆载，摧此强敌，克靖方难，无替前功。窃自假开府仪同三司。其余咸各假授，以劝忠节。"诏除武使持节、都督倭新罗任那加罗秦韩慕韩六国诸军事、安东大将军、倭王。

倭王武在这里使用了封国、藩、臣等用语，并把倭国领土的扩大描述得仿佛是为了扩大刘宋的疆域一样；与此同时，还表达了希望来到"天极"（指皇帝所在的建康）参拜的愿望。倭王武的这种形象与此前所述慕容廆的情况存在非常相似的地方。

在慕容燕，这种官方立场与其本心间存在的矛盾不断演化，咸康三年慕容廆之子慕容皝僭称燕王之位，并且通过以下这种意味深长的方式，慕容燕最终僭越采用了皇帝号。

即《晋书》卷一一○《慕容儁载记》中记载在慕容皝之子慕容儁之际，群臣劝其登上皇帝之位，慕容儁曾说道：

吾本幽漠射猎之乡，被发左衽之俗，历数之箓，宁有分邪。卿等苟相褒举，以觊非望，实匪寡德所宜闻也。

东亚古代的诸民族与国家

慕容儁一度推辞。然而此后不久，永和八年（三五二）慕容儁登上了帝位。同载记记载了当时慕容儁对来朝的东晋使者所述的言论：

> 儁即皇帝位。……时朝廷遣使诣儁。儁谓使者曰："汝还白汝天子。我承人乏，为中国所推，已为帝矣。"

像这样由非汉民族首长即皇帝位的情况在五胡十六国时期曾多次出现。最终，这些民族中源自西部鲜卑的拓跋鲜卑建立起北魏，并统一了华北。北魏政权奠定了此后隋唐帝国的雏形。这些国家的变迁可分为以下三个阶段的过程：与中原王朝尚未建立政治关系的阶段、通过朝贡等方式向中原王朝称臣的阶段、独自称帝的阶段。倭国从王的出现，到由中国皇帝赐予王号，最终超越这一形式自称为治天下大王，并发展成为采用天王、天皇的称号，显示出倭国经历了与上述五胡诸国同样的发展轨迹。

由上述观点出发，以下将概观从倭国诞生至倭五王时代的历史，并进一步探讨倭五王时代所处的政治发展阶段。

首先应考虑的问题是倭国称治天下大王的认识是从何时出现的。正如从船山古坟出土铁刀铭文、稻荷山古坟出

第四章　倭五王的自称与东亚的国际形势

土铁剑铭文中所看到的那样，在倭王武的阶段已明确形成了这种认识，问题在于其最早可以追溯到何时。如前所见倭王武自称为"使持节、都督倭百济新罗任那加罗秦韩慕韩七国诸军事、安东大将军、倭国王"，而倭王珍自称为"使持节、都督倭百济新罗任那秦韩慕韩六国诸军事、安东大将军、倭国王"。倭王武的自称中加入了不见于倭王珍自称中的加罗，诸如此类，两者间存在若干差异之处。不过，历代倭王均像这样自称官爵，有时其中一些还获得了认可，这种情况一直延续到了刘宋末年。如果刘宋末年的倭国已经采用了治天下大王的自称的话，可以说与倭王武同样自称都督诸军事号的倭王珍时期，很可能也已经采用了治天下大王的称号。可以推定至少在倭王珍的时代，倭王就已经形成了将自身视为治天下大王的观念。

倭王赞的情况又如何呢？如果可以推定倭王珍时期很可能已经形成了这种实际情况的话，那么可以说倭王赞时期存在同样情况的可能性也较高。倭国从邪马台国时代的三世纪后半期开始，停止向中国遣使，而在中断许久之后倭王赞再次向中国派遣了使者。这样看来，如果认为倭王珍的阶段已经形成了上述意识的话，那么推定倭王赞也存在同样的意识应没有太大的问题。

如此一来，出现此类意识的时代可以追溯至何时呢？此前考察了慕容廆的情况，他在辽东继其父慕容涉归之后

东亚古代的诸民族与国家

刚刚崭露头角之际,曾访问了西晋设在襄平管理东夷诸国的机关东夷校尉府。有关当时的情况如下:

> (慕容廆)拜为鲜卑都督。廆致敬于东夷府。巾衣诣门,抗士大夫之礼。何龛(东夷校尉)严兵引见。廆乃改服戎衣而入。人问其故。<u>廆曰:"主人不以礼,宾复何为哉。"</u>龛闻而惭之,弥加敬惮。时东胡宇文鲜卑段部,以廆威德日广,惧有吞并之计,因为寇掠,往来不绝。廆卑辞厚币以抚之。太康十年,廆又迁于徒河之青山。<u>廆以大棘城即帝颛顼之墟也,元康四年乃移居之。教以农桑,法制同于上国。</u>

从这段史料中可以得知慕容廆虽处于东夷校尉府的管辖之下,但已展现出试图摆脱西晋统治的姿态了。

这种趋势在其他五胡诸国建国前的部族联合时代也可以见到。《魏书》卷一《序纪》记载了拓跋部首领拓跋郁律在西晋灭亡之际的言论:

> 帝(拓跋郁律)闻晋愍帝为曜(匈奴刘曜)所害,顾谓大臣曰:"今中原无主,天其资我乎。"刘曜遣使请和,帝不纳。是年,司马睿僭称大位于江南。

第四章　倭五王的自称与东亚的国际形势

上述的趋势还以诸如此类的形式表现出来。因此，可以说这种趋势是中原衰落之际随时都可以产生的现象。上述五胡的动向是在认识到中原的存在这一基础上形成的。自古以来，在东亚世界，中原的混乱会造成周边地区的连锁性混乱。所以，尽管难以确定当时的倭国是否意识到中原的混乱，但考虑到上述的事例，认为此前所提出的倭王赞时代已经形成了如"治天下大王"这样的认识，并非不切实际的。

笔者探讨过《日本书纪》与《隋书》间有关遣隋使记载中存在的龃龉之处[21]，其总结部分如下：

> 值得注意的是，倭国在当时展现出一定让步的同时，仍坚持了自身的一贯主张。倭国的这种主张在被认为源自倭五王时代的"治天下大王"等用语中就已出现。可以说，遣隋使阶段天子、天皇号的使用形成于倭五王以来倭国王权的发展过程中。笔者曾指出古代日本的这种中华意识是在接受中国政治思想的同时逐渐形成的，而且这一趋势并非由日本开创的，在中国魏晋南北朝时期华北的诸非汉民族建立的国家，以及朝鲜的高句丽等政权中就已经出现了。本章考察了倭国与隋之间的交涉。基于当时交涉的实态，产生了以下疑问：邪马台国、倭五王等时代的倭国是否真

东亚古代的诸民族与国家

的具有将自身视为中国朝贡国的意识?除接受了汉委奴国王印的奴国外,在古代日本的倭国王中,卑弥呼获得了亲魏倭王的称号与金印,倭五王接受了南朝授予的官职与王号,甚至倭五王中的最后一位倭王武在递呈给南朝刘宋最后的皇帝顺帝的国书中,还将自己称为中国皇帝的"臣"。通过上述这些事例可以看出,直到倭五王的时代,倭国确实保持着作为中国王朝册封国的立场。然而,在看到遣隋使阶段倭国强烈的自我主张时,也可以感到对于日本政权中枢层中的人物来说,向中国"朝贡"不过是一种权宜之计。此前研究的基本立场是:古代日本通过进入中国的册封体制汲取了中国的思想、文化和事物;与此同时,趁魏晋南北朝时期中国的混乱局面,推进了自身的政治独立,最终建立起基于天皇制的律令制国家。笔者的上述观点虽然与此前研究的这一立场并不矛盾,但也存在微妙的差异之处。有关这一点,笔者将在今后的研究中做进一步的探讨。[22]

本章中笔者探讨了有关倭五王的治天下意识的问题。在探讨过程中,笔者一直持有上述问题意识。根据以上拙论,可以更为简要地总结为"在看到遣隋使阶段倭国强烈的自我主张时,也可以感到对于日本政权中枢层来说,

第四章 倭五王的自称与东亚的国际形势

向中国'朝贡'不过是一种权宜之计"。也许采用"权宜"一词并不妥当,然而如果注意到前述慕容燕在成长过程中自我认识的变迁,以及包括北魏在内的其他五胡诸国自我认识的变迁,笔者认为倭国从相当早的阶段就形成了"治天下大王"这样的意识。

结 语

在此笔者希望进一步考察前节最后所论述的问题,以作为本章的结尾。

邪马台国时代的倭国被认为相当于弥生时代后期或古坟时代初期,因此主流的观点是当时的倭国是一个以国为单位的联合国家。虽然,当时"倭国"的实际状态确实是这种形式的联合国家,但联合国家这种先入为主的观念在其他方面也会造成当时的倭国是一个凝聚力较弱的国家的认识。然而这样的话,中国也就没有必要将这样的一个国家作为"倭国"来对待了。笔者认为,当时的中国认为掌握着外交权的倭国是一个具有相当凝聚力的国家,理由如下。

根据近年的研究,作为卑弥呼派遣的倭国使节中的一员,"都市牛利"的名称中所见"都市"有可能为官职。[23]尽管这一学说尚未得到证实,但即使并非如此,当时的倭国也存在被赋予这种职责的官员。这一点可以根据以下史

· 297 ·

东亚古代的诸民族与国家

料进行推测。《魏志·倭人传》中记载:

> 收租赋,有邸阁。国国有市,交易有无,使大倭监之。

此外,众所周知,当时的倭国中设有监察域内诸国的一大率,诸国对其颇为忌惮。并且,有关一大率,《魏志·倭人传》中记载:

> 于国中有如刺史。

这里所见的"国中"应指倭国。也就是说,如果将《魏志·倭人传》中的记载进行意译的话,其意为"一大率在倭国国内的职责就像中国国内的刺史一样"。

作为常识,中国三国时期的刺史是统辖郡、县,在广域范围内实施地方行政的官员。当带有将军号时,其还担任着负责地方军政的重要职责。最初西汉武帝设置的刺史是由中央派往地方的监察官。在经历了两汉之际的复杂变迁后,刺史成为地方行政官。然而,《魏志·倭人传》中所见"刺史"是指哪一种呢?在《魏志·倭人传》记载所见的范围内,其具有两方的特征。此外,根据"临津搜露"等记述,可以推测一大率与中国刺史的职掌间也

第四章　倭五王的自称与东亚的国际形势

存在一定的不同之处。因此，一大率并非完全等同于刺史。[24]然而，另一方面也应该注意到《魏志·倭人传》中相关记载的编撰者将这样的一大率比拟为刺史的这一点。在这种情况下，至少可以确定《魏志·倭人传》的编撰者是将一大率作为"官"来理解的。总之，当时的倭国存在像一大率、大倭这样的"官"。

如果注意到当时倭国中有在中国人看来的"官"时，正如《魏志·倭人传》中的记载：

> 至对马国。其大官曰卑狗，副曰卑奴母离。……至一大国，官亦曰卑狗、副曰卑奴母离。……

应该关注到《魏志·倭人传》中有关构成倭国的诸国中存在"官"的记载。这种"官"显然不同于律令制中的官。不过，对于了解律令制的魏使将倭国内诸国的官记载为"官"的这一点，也应给予关注。如果按照通说，将卑奴母离视为负责国境防卫的官，可以推测尽管尚未成熟，但倭国已开始形成国境的观念了。即使这种想法是错误的，从一大率在港口周边负责国家间文书等的搜露来看，也可以肯定当时的倭国已经萌生了国内、国外的观念。此外，如果将卑奴母离的卑奴训读为"鄙"的话，当时有可能也形成了区别鄙（边境）与都的观念。[25]

东亚古代的诸民族与国家

也就是说，当时的倭国是一个松散的联合体制国家，并且统御其全体的军事、政治、经济方面的官制很可能也处于尚未成熟的阶段。尽管如此，倭国这一国家已开始形成。所以中国采用了一个国号来称呼将过半的倭种置于统治之下，并且王处于权力顶点的倭国。这一点与中国五胡十六国时期作为部族联合体的漠北时期的拓跋鲜卑被称为代国、慕容鲜卑被称为燕国、鲜卑被称为"国人"是一样的。《魏志·倭人传》中记载了曹魏下达给卑弥呼的诏，在有关下赐物品记载的后半段中有如下内容：

还到录受，悉可以示汝国中人。

这里的"汝国"指的是倭国，那么其中的"国中人"应与"国人"的意思相同。

当这样思考时，可以基本肯定像慕容廆、拓跋鲜卑一样，邪马台国时代倭国的领导者已将自身视为独立于中国政治范畴的势力。至少，倭国遣使，以及作为亲魏倭王对魏称臣的目的是追求政治、经济上的利益。笔者认为仅仅关注其向魏臣服姿态的看法并不妥当。

第三篇　汉唐间中国西南部的动向

在第一、二篇中，笔者考察了汉唐间中国北部乃至整个东亚的发展动向与古代日本间的关联，本篇希望探讨同时代中国西南部的发展动向。

第一章
关于汉唐间云南与日本的关系
——从比较史的观点出发[*]

前　言

在前近代的范围内，考察本章标题中所见云南与日本间的相互关联并非一件容易的事情。不过，根据近年的研究，一三八一年作为"日本国王"使节的日本僧人渡海来到明朝后，遭到逮捕并被流放到了云南，这些日本僧人的墓葬被确认现存于云南的大理。[1]一三八〇年，明朝将左丞相胡惟庸以谋反罪论处，并整肃了胡党。六年后，胡

---

[*] 本章原收录于由考古学、人类学研究者组成的科研项目的报告书——宫本一夫编『東チベット先史社会——四川省チベット自治区における日中共同発掘調査の記録』之中。本章是在对原文进行修改的基础上成文的。

东亚古代的诸民族与国家

党的林贤希望"日本国王"怀良亲王加入叛乱的阴谋败露，因此明太祖洪武帝断绝了与日本间的国交。可以说，日本僧人墓葬的发现有助于加深对相关问题的认识。总之，这一事例展示了明代云南与日本之间在人员方面的交流。

此外，在本书第四篇第三章中，笔者将探讨有关阿倍仲麻吕的问题，该研究很大程度上参考了杉本直治郎的大作《阿倍仲麻吕传研究》(『阿倍仲麻吕傳研究』育芳社、1940年）中的成果。该书第670页写道：

> 如果真是这样的话，日本人到达安南，进而进入云南实际上是以阿倍仲麻吕为嚆矢的。……
>
> 日本的入元僧人昙演在昆明的五华寺建立了聚远楼，为南部边陲的中国士人筹划，成为日本人在中国从事文化事业的先驱。这是距今六百余年前相当于吉野朝时代的事情。……

总之，根据这里的论述，唐代、元代时曾有日本人造访了云南地区。[①]

[①] 本章是在完成第四篇第三章后写成的，理应参考上述杉本直治郎的考论，然而无意中遗漏了相关内容，特在此补记，望大方之家宽恕。

第一章　关于汉唐间云南与日本的关系

此外，如果暂且抛开历史学的视角，中尾佐助、佐佐木高明等人还曾提出作为常绿阔叶林地区的云南与古代日本间存在一定联系的著名假说。

那么，从文献史学的观点来看，云南与日本间的联系难道只能追溯至上述唐代的事例吗？上述的先行研究采用了从人与物的移动或从环境的视角来看基层文化间存在的相似性的观点。笔者有幸在二〇〇七年、二〇一一年、二〇一二年三次考察了中国的云南。基于笔者在云南考察之际获得的认识，本章将采用有别于此前研究的观点，在可能的范围内尝试探讨标题中所提出的问题。

一直以来，笔者从解析各民族历史发展过程的观点出发，探讨了有关中国历史上诸民族的问题。在探讨的过程中，笔者所关心的问题是融合了多种因素而形成的汉民族的形成史，以及与此相伴发展的在中国域内外非汉民族的形成史。从这一观点出发，笔者考察了有关鲜卑[2]、乌丸[3]、契丹[4]等非汉民族及其建立的北魏、辽、元等国家的构造[5]，还有中国域外的朝鲜[6]的问题。对于中国的南部，笔者考察了江南的山越[7]、福建的蛮[8]、四川的獠[9]等民族，这些研究也依据上述那样的观点。

此外，从同样的观点出发，笔者还考察了有关日本国家、民族形成的问题，发表了题为《倭五王遣使刘宋的开始与其终焉》[10]《四、五世纪的中国与古代朝鲜、日

· 305 ·

本》[11]《汉唐间"新"中华意识的形成》[12]《有关〈隋书·倭国传〉与〈日本书纪·推古纪〉中的记述》[13]《关于倭国对外交涉的变迁——从中华意识的形成与大宰府成立之间的关联所见》[14]《魏晋南朝的世界秩序与北朝隋唐的世界秩序》[15]《倭五王的自称与东亚的国际形势》[16]等小文。

基于上述笔者一直秉持的观点，以及在开篇中所指出的情况，本章将导入云南与日本两地域间存在的历史关联性的观点，来考察标题中所见从汉到唐之间云南与日本间存在的关联，并提出拙见。

如果进一步具体地阐述本章中笔者的思维框架与论点的话，本章将导入以中国为中心的世界体系的观点，考察以云南为中心的所谓西南夷地区与朝鲜、日本间存在的"历史的平行性"问题。这一课题源自志贺岛出土的奴国王金印（以下称为汉委奴国王印）与云南省晋宁区石寨山出土的滇王印（以下依据印文称为滇王之印）间存在的相似性。以下首先考察两印所具有的历史关联性问题；随后再依次考察汉六朝时期中国西南地区的实态、唐代以后中国西南部的具体状况等方面的问题；最终希望对西南夷与朝鲜、日本历史中存在的前述"平行性"现象所具有的历史意义展开考察。

第一章 关于汉唐间云南与日本的关系

第一节 滇王之印与汉委奴国王印

一般情况下，可以说日本人最为关心的出土于所谓"西南夷"地区的文物当属石寨山出土的金印，即所谓的滇王之印。这枚印之所以能引起日本人的关注，是因为滇王之印与志贺岛出土的汉委奴国王印从字体到外形都极为相似。至今仍存在认为志贺岛的金印是一枚伪印的观点。[17]即便果真如此，东汉初光武帝赐予奴国王金印紫绶等事件也可以从国宝《翰院》《后汉书》等史籍的记载中获得确认。之所以说这枚印与滇王之印相似，是因为两者都是汉代赐予中原王朝周边民族首长的王印。《史记》卷一一六《西南夷列传》记载：

> 元封二年（前一〇九），天子发巴蜀兵击灭劳浸、靡莫，以兵临滇。滇王始首善，以故弗诛。滇王离难西南夷，举国降，请置吏入朝。于是以为益州郡，赐滇王王印，复长其民。西南夷君长以百数，独夜郎、滇受王印。滇小邑，最宠焉。

滇王之印应该就是这条史料中所见的王印。[18]总之，滇王之印是西汉武帝下赐之物，在这一点上与东汉光武帝赐予奴国金印的时代有别。

那么，是否可以说两者不过只是在样式、形态等方面相似而已呢？笔者认为这种类似中蕴含着更深层次的日本与云南所处的世界体系方面的问题。

由于这一点与本章的主旨相关，因此需要做进一步的考察。经过秦对四川的掌控，西汉王朝的威势已波及云南地区，可以说滇王之印的下赐正建立在此基础上。此外，正如从前述史料中所得知的那样，尽管云南被纳入了汉朝的郡县支配体系，但由于其地远离中央、存在大量的非汉民族，以及西汉王朝崩溃后中央的威令难以到达此地等原因，云南又强化了自身独立的态势。

志贺岛出土的金印是奴国王获悉东汉建立，于是在派遣使者后，被东汉赐予的。然而，从较长的时间跨度来看，如果此前西汉武帝没有在公元前一〇八年出兵朝鲜后设立包括乐浪郡在内的朝鲜四郡的话，至少在一世纪中期这一时间点上，就不可能出现光武帝赐予奴国王金印的事情。上述关于这一大局的认识应无问题，因为伴随着西汉设置朝鲜四郡，汉文化不断向朝鲜半岛、日本列岛传播。例如从铜镜等出土文物中所见到的那样，伴随着中国域内的发展，中国文化在一定程度上影响了朝鲜半岛、日本列岛的政体形态，《汉书》卷二八下《地理志八下》燕地条记载：

第一章　关于汉唐间云南与日本的关系

夫乐浪海中有倭人，分为百余国，以岁时来献见云。

正如这里所示，当时出现了日本国内诸国向中国派遣使者的情况，此后，其王权发展到了被东汉赐予王印的阶段。换言之，经过战国时期的混乱，中国在历史上第一次实现了统一，其威势波及此前从未到达的周边地区。也许这可能是理所当然的事情，即尽管滇王之印与汉委奴国王印在制作与下赐年代上存在差异，但可以说两者均是在上述这一历史过程中出现的。

总之，从宏观的视野来看，两枚金印的下赐与以中国为中心的东亚世界体系的建构存在关联。

那么，此后古代朝鲜、日本与中国西南地区的历史又是如何发展的呢？有关这一点，笔者将在下节从其与这一世界体系间的关联的角度出发，做进一步考察。

第二节　此后中国西南的历史发展
　　　——隋唐帝国出现以前

正如本章前言中所述，笔者已发表过数篇小文来考察古代日本与朝鲜在此后的历史发展，以下简要地叙述一下这些论文中与本章相关的内容。奴国被赐予金印的时间点

东亚古代的诸民族与国家

正处于倭国即将诞生之前,当时倭国的面貌已基本显现出来。此后,倭国在帅升(等人)的领导下成立,在经过了战乱之后,倭国迎来了亲魏倭王卑弥呼的时代。最终在进入倭五王的时代后,倭国逐渐具有了独立的天下意识。在此前的朝鲜三国特别是高句丽中,已能够见到这种意识的先例了。不过,高句丽的这种意识也是源于民族大迁徙时期华北五胡诸国所具有的中华意识。最终,以五胡之一的鲜卑建立的北魏为雏形,形成了隋唐帝国。在这一过程中,此前由汉族构筑起的汉魏晋南朝的世界体系瓦解;从五胡中孕育而生的隋唐帝国实现了胡汉融合,以隋唐帝国为中心的世界体系得以确立,并且出现了日本等新的国家群。

有关当时古代日本、朝鲜历史发展的细节考察请参见前言中所述诸论文。本节将关注中国西南地区在此后的发展,以及其与日本之间存在的关联。

在关注从汉代到隋唐之间中国西南地区的问题之际,必须要指出以下一点:古代朝鲜、日本在这一时期走上了从中国"自立"出来的道路;尽管中国的西南部与古代朝鲜、日本有着同样的趋势,但尚未达到自立的阶段。换言之,在赐予金印后的整个汉魏晋南朝时期,这一地区一直处于中国郡县支配的框架内。此外,另一方面,以上曾言及"中国的西南部与古代朝鲜、日本有着同样的(独

第一章 关于汉唐间云南与日本的关系

立化）趋势"，也就是说，尽管这一时期郡县的支配仍在继续，但不应忽略的是当时中央对地方几乎失去了实质性的支配。这是因为伴随着地方势力的发展，这一时期中国中央的支配力量减弱。原处于乐浪郡统治下的高句丽在三一三年消灭了乐浪郡，并且高句丽、倭国等国形成了以自身为中心的天下观。诸如此类代表性事件的出现[19]，可以说也从一个侧面展现出这一时期中国支配力量的减弱。

在西南地区成为中原王朝的"内地"、属于中原王朝版图的认识下，司马迁写成了《西南夷列传》；与此相对，此后的《汉书》等正史中将这一地区记述为殊域、蛮域。这种立场上的变化正反映出当时中国支配力量的衰落，以下列举一些具体的史料。《宋书》卷八七《萧惠开传》记载大明八年（四六四）时的情况为：

（惠开）改督益宁二州刺史，持节、将军如故。惠开素有大志，至蜀，欲广树经略，善于述事，对宾僚及士人说收牂牁、越巂以为内地，绥讨蛮、濮，辟地征租。闻其言者，以为大功可立。

总之，这条史料传达出对于当时很多人来说，牂牁、越巂地区已经不属于内地了。另一方面，《史记》卷一三〇《自序》中记载：

· 311 ·

东亚古代的诸民族与国家

> 唐蒙使略通夜郎,而邛筰之君请为内臣受吏。

这里司马迁认为邛筰之君成为内臣。前述《史记》卷一一六《西南夷列传》中记载:

> 滇王离难西南夷,举国降,请置吏入朝。于是以为益州郡。

此条史料所记载内容也可以被视为同样的事例。

此外,有关东汉时期的情况可以参照以下史料。《后汉书》卷八六《西南夷列传》记载王莽时期的情况如下:

> 及王莽政乱,益州郡夷栋蚕、若豆等起兵杀郡守,越嶲姑复夷人大牟亦皆叛,杀略吏人。莽遣宁始将军廉丹,发巴蜀吏人及转兵谷卒徒十余万击之。吏士饥疫,连年不能克而还。

同书同传记载灵帝时的情况:

> 灵帝熹平五年(一七六),诸夷反叛,执太守雍陟。遣御史中丞朱龟讨之,不能克。朝议以为郡在边

第一章　关于汉唐间云南与日本的关系

外，蛮夷喜叛，劳师远役，不如弃之。

这些记载显示出东汉时期这一地区虽已被纳入中央的郡县支配之下，但仍处于诸蛮叛乱不绝的状态中。

进入《三国志》的时代后，诸葛亮进行了著名的南中之役。《华阳国志》卷四《南中志》记载当时的情况：

> 又分建宁、牂柯置兴古郡，以马忠为牂柯太守。移南中劲卒青羌万余家于蜀为五部，无当无前，军号飞军，分其羸弱配大姓焦雍娄爨孟量毛李为部曲，置五部都尉，号五子。故南人言四姓五子也。以夷多刚狠，不宾大姓富豪，乃劝令出金帛，聘策恶夷为家部曲。得多者奕世袭官。于是夷人贪货物，以渐服属于汉，成夷汉部曲。亮收其俊杰建宁爨习、朱提孟琰，及获为官属。习官至领军，琰辅汉将军，获御史中丞。出其金银丹漆耕牛战马，给军国之用。都督常重用人。

同书同卷太康三年（二八二）条记载：

> 与夷为姓（婚?）曰遑耶。诸姓为自有耶。世乱犯法，辄依之藏匿，或曰有为官所法，夷或为报仇。

与夷至厚者，谓之百世遒耶，恩若骨肉。为其逋逃之薮。故南人轻为祸变恃此也。

正如这里记载的那样[20]，当地存在根基牢固的豪强，他们广泛地与当地土著部族缔结婚姻关系，成为隐性的势力。

如前所见，《史记》卷一一六《西南夷列传》记载元封二年的情况如下：

元封二年，天子发巴蜀兵击灭劳浸、靡莫，以兵临滇。滇王始首善，以故弗诛。滇王离难西南夷，举国降，请置吏入朝。于是以为益州郡，赐滇王王印，复长其民。

正如这里所载，西汉最初在云南设置了益州郡。另外，《后汉书》卷二《孝明帝纪》永平十二年（六九）条记载：

春正月，益州徼外夷哀牢王相率内属，于是置永昌郡，罢益州西部都尉（永平十年置）[21]。

如上所示，由于在西部以云南保定为中心的益州徼外

第一章 关于汉唐间云南与日本的关系

哀牢夷内属，东汉设置了永昌郡。此后《三国志·蜀书》卷三三《后主传》建兴三年（二二五）条记载了诸葛亮的南中策略：

> 春三月，丞相亮南征四郡，四郡皆平。改益州郡为建宁郡，分建宁、永昌郡为云南郡，又分建宁、牂柯为兴古郡。十二月，亮还成都。

这里所见的四郡是指益州、永昌、牂柯（贵州遵义）、越嶲（四川西昌）。这一时期，曾经的滇王之地成为建宁郡，进而分建宁郡与永昌郡，设置了新的云南郡（云南姚安），分建宁郡与牂柯郡，设置了兴古郡（云南宛温）。此后，进入西晋时期，《晋书》卷一四《地理上》宁州条记载：

> 武帝以益州地广，分益州之建宁、兴古、云南，交州之永昌，合四郡为宁州，统县四十五，户八万三千。

正如该记载所示，这些地区又再次合并，被称为宁州，直到东晋南朝仍沿用了这一称呼。

根据云南著名的爨龙颜碑（大爨碑），爨龙颜之祖在

东亚古代的诸民族与国家

担任宁州刺史之际,同时还是宁州所辖晋宁、建宁二郡的太守(有关爨龙颜碑将在此后详述)。当时正值东晋,然而有关其任官的记载完全不见于《晋书》之中。如以上所引《华阳国志》中的记载,自三国时期以来,当地成为由本地土豪,特别是在其中崭露头角的爨姓一族所垄断的地方(有关这一点,此后会做进一步的探讨)。

从继东晋之后的刘宋时期开始,任命宁州刺史的记载散见于正史之中,然而,这些记载中均没有留下任何有关任官者的具体事迹。宁州在多数情况下处于严耕望所说的益州都督府的管制之下(甚至也有被置于荆州都督府管制下的情况)[22]。基于这一点,除上述所见爨龙颜那样的事例外,可以推测恐怕大多数宁州刺史都是在都督府治所成都遥任这一职务的,这一点也可从以下史料中看出。前揭《宋书》卷八七《萧惠开传》中记载大明八年(四六四)时的情况:

> 改督益宁二州刺史,持节、将军如故。惠开素有大志,至蜀,欲广树经略,善于述事,对宾僚及士人说收牂牁、越巂以为内地,绥讨蛮、濮,辟地征租。闻其言者,以为大功可立。

进入南齐时期后,《南齐书》卷一五《州郡志》宁州

第一章 关于汉唐间云南与日本的关系

条记载：

> 宁州，镇建宁郡，本益州南中，诸葛亮所谓不毛之地也。道远土瘠，蛮夷众多，齐民甚少，诸爨氏（氏？）[23]强族，恃远擅命，故数有土反之虞。

这里表现出了爨氏势力跋扈的情况。此外，同书卷二《高帝纪下》建元元年（四七九）五月丙辰条记载：

> 诏遣大使，分行四方，遣兼散骑常侍十二人巡行。以交宁道远不遣使。

可见，同交州一样，宁州被排除在南齐建国之初实施的大使巡行的对象之外，由此可以看出当时王朝对于宁州的态度。

在进入梁的时代后，北朝（北魏）不断增强对四川的攻势，最终占领了四川，这一点将在下节详细探讨。在此之前，先考察有关前述爨龙颜碑（大爨碑）[24]，特别是其碑阴的内容，从而进一步探讨这一时期宁州的状况。

爨龙颜碑（正式的名称为宋故龙骧将军护镇蛮校尉宁州刺史邛都县侯爨使君之碑）中记载：

东亚古代的诸民族与国家

> 君讳龙颜，字仕德，建宁同乐县人。……班彪删定汉记，班固述修道训。爰暨汉末，采邑于爨，因氏族焉。姻娅媾于公族，振缨蕃乎王室。乃祖肃，魏尚书仆射、河南尹，位均九例，舒翮中朝，迁运庸蜀，流薄南入。……祖晋宁、建宁二郡太守、龙骧将军、宁州刺史。考龙骧辅国将军、八郡监军、晋宁、建宁二郡太守，追谥宁州刺史、邛都县侯。

爨氏是从中原来到云南的，原为衣冠士大夫，甚至与王室有着一定关系。当然这些记载并不完全可信，不过，《华阳国志》卷四《南中志》记载诸葛亮平定南中时的情况如下：

> 移南中劲卒青羌万余家于蜀为五部，无当无前，军号飞军，分其羸弱配大姓焦雍娄爨孟量毛李为部曲，置五部都尉，号五子。故南人言四姓五子也。以夷多刚狠，不宾大姓富豪，乃劝令出金帛聘策恶夷为家部曲。得多者弈世袭官。于是夷人贪货物，以渐服属于汉，成夷汉部曲。亮收其俊杰建宁爨习、朱提孟琰，及获为官属。习官至领军，琰辅汉将军，获御史中丞。出其金银丹漆耕牛战马，给军国之用。都督常重用人。

第一章 关于汉唐间云南与日本的关系

正如这里所示，记录了当时情况的《华阳国志》《蜀书》等史料将"大姓"与"夷"区分开来。此外，前述被认为与爨龙颜的祖先有关的建宁爨习被授予了领军，与其情况类似的朱提的孟获被任命为御史中丞。当考虑到这些情况时，就不能仅仅将爨氏作为云南的土著种族来对待了。《隋书》卷二九《地理志上》记载：

> 傍南山杂有獠户，富室者颇参夏人为婚，衣服居处言语，殆与华不别。

同书同卷中还记载：

> 其边野富人，多规固山泽，以财物雄役夷獠，故轻为奸藏，权倾州县。此亦其旧俗乎。

其应属于这里所述的豪强范畴之内。[25]

汉族流入云南是从云南东北部开始的，爨氏聚居的曲靖盆地等地正处于这一范围内。前见《华阳国志》卷三《南中志》记载了太康三年（二八二）之际的情况：

> 与夷为姓（婚？）曰遑耶。诸姓为自有耶。世乱犯法，辄依之藏匿，或曰有为官所法，夷或为报仇。

东亚古代的诸民族与国家

与夷至厚者,谓之百世遑耶,恩若骨肉。为其逋逃之薮。故南人轻为祸变恃此也。

考虑到这里记载的情况,爨姓一族在当时与"夷"保持着通婚等关系的同时,作为"百世遑耶"盘踞于宁州地区。

以上考察了爨龙颜碑碑阳中的一部分,其碑阴记载[①]:

府长史建宁爨道文

司马建宁爨德泯

录事参军武昌郡尉觊

功曹参军建宁孟庆伦

仓曹参军建宁爨□登

户曹参军建宁周贤

中兵参军雁门郡王□

　　以上上段右

府功曹建宁爨□

主簿建宁赵道生

---

① 《金石续编》《八琼室金石补正》等文献中所收爨龙颜碑碑文存在一定差异,此处依据方国瑜主编,徐文德、木芹纂录校订《云南史料丛刊》第一卷,云南人民出版社,1990,第 406 ~ 410 页。——译者注

第一章　关于汉唐间云南与日本的关系

　　　以上上段中

别驾建宁爨敬祖

治中晋宁赵世伐

主簿建宁爨德□

主簿建宁孟叔明

西曹益宁杨琼子

西曹晋宁路雄

　　　以上上段左

镇蛮长史建宁爨世明

司马建宁叶顺靖

录事参军建宁毛玮予

功曹参军朱提李融之

仓曹参军牂柯谢国予

户曹参军南广杨道育

中兵参军建宁爨孙记

　　　以上中段右

蛮府功曹建宁李□祖

主簿建宁孟令孙

主簿建宁孟顺德

　　　以上中段中

门下建宁爨连迫

录事紫阳□舒征

东亚古代的诸民族与国家

  西曹建宁周令活

  户曹建宁陈世敬

  省事安□舆雅□

  书佐建宁孟罗

  干张孙明

    以上中段左

  录事孟林

  西曹刘道善

  户曹尹仲常

  记室张叔然

  朝直张世保

  □下都督王道盈

  □□彦头

  □□□汶

  □□康

    以上下段右

  门下张得

  录事万敬

  西曹尹开

  户曹耒叔子

  省事李道学

  书佐单仲

第一章　关于汉唐间云南与日本的关系

干盛庆子

以上下段左

当时中国的地方长官带有代表该地区军事权力的将军号与作为地方行政长官的刺史（州为刺史、郡为太守）称号，统管着其配下的军府与行政府中的属僚；[26]如果当地存在大量非汉民族的话，还要作为蛮府长官统管蛮府的属僚。[27]因此，碑阴上段开头的府长史中的府是指在爨龙颜所任龙骧将军下开设的将军府。由于上段左所见别驾、治中等官职为州官，所以其属于爨龙颜所任宁州刺史府的属僚。此外，中段右可以见到镇蛮长史建宁爨世明，其同样为爨龙颜担任护镇蛮校尉的属僚。

看过碑阴后可以注意到将军府、州府、蛮府中多数属僚均为爨姓占据。前揭《南齐书》卷一五《州郡志》宁州条记载：

宁州，镇建宁郡，本益州南中，诸葛亮所谓不毛之地也。道远土瘠，蛮夷众多，齐民甚少，诸爨氏（氏？）强族，恃远擅命，故数有土反之虞。

这条史料指出当时南中地区被爨姓部族占据的情况。碑阴中所见职官、人名可以说从一个方面具体地展现了爨

· 323 ·

东亚古代的诸民族与国家

氏在当地的势力。有意思的是当地的情况类似于同时代倭国所谓的府官制。[28]《宋书》卷九七《夷蛮传》倭国条记载:

> 太祖元嘉二年,赞又遣司马曹达奉表献方物。赞死,弟珍立,遣使贡献。自称使持节、都督倭百济新罗任那秦韩慕韩六国诸军事、安东大将军、倭国王。表求除正。诏除安东将军、倭国王。珍又求除正倭隋等十三人平西、征虏、冠军、辅国将军号,诏并听。二十年,倭国王济遣使奉献,复以为安东将军,倭国王。二十八年,加使持节、都督倭新罗任那加罗秦韩慕韩六国诸军事,安东将军如故。并除所上二十三人军、郡。

由此可见,尽管南朝刘宋时期倭国并没有州府,却可能存在将军府(安东将军府),并且其中还有担任府官——司马的人。此外,在安东将军倭王之下,还有带平西、征虏等将军号、郡号的官员(同样的情况在高句丽、百济等国中也可见到)。[29]

由此可以得知秦汉帝国崩溃后,东北亚诸国与中国西南部的云南间存在的相似点与不同点,即以府官制为中心的相似性,以及两者分别形成于中国郡县制构造内外等方面的情况。

顺便提及一下，在这种状况下，中原王朝在将周边地区的诸王、豪强等任命为将军、刺史的同时，试图构筑起自身的世界体系。诸王、豪族等服从于这一政策。重要的是，这一方面显示出中原王朝的衰弱，而另一方面也可以看出中原王朝试图通过这种政策来扩大自身的威势。

第三节 隋唐的扩大与中国北部、西南部的动向

隋于五八九年终结了自所谓《三国志》时代以来长达三百年的混乱局面，实现了中国的全面统一。可以说六六三年日本在白村江之战中的惨败正是在这一背景下发生的。史上著名的遣隋使是为适应隋朝全面统一的局势而派出的使节。[30]遣隋使之后的国际形势是，隋唐向不依从自身意志的朝鲜半岛的高句丽、百济投入了超过百万的大军，最终导致了两国的灭亡。支持百济一方的日本遭遇了史上罕见的惨败，陷入了国家存亡的危机。历经一千三百余年的大野城、水城、基山、屋岛是与白村江之战相关的地名及军事设施，时至今日依然分布于日本西部各地，向我们展现着当时的紧张局势。这一时期日本首次采用了有别于此前倭国的日本国号[31]，这无疑也反映出当时严峻的

东亚古代的诸民族与国家

国际形势。

六〇七年在派遣遣隋使的过程中,古代日本向隋递呈了具有"日出处天子致书日没处天子"内容的国书,表达了中国皇帝与倭国王间存在对等关系的主张。此后,日本采用了具有与皇帝对等意味的天皇号[32],以及在中国只有统治天下的皇帝才能拥有的年号(大化年号),并使用了日本这一国号。经过这一系列事件,日本完成了律令制国家的建设。

如上所述,隋唐的大一统成为日本完成其古代国家建设的重要契机。与此相对,在此前的时代即在日本采用日本国号的七世纪后半期之前,古代日本被称为倭国。在向中国遣使之际,其首领被称为倭国王。[33]当时日本开始采用"天皇"称号的背景也与隋唐大一统这一国际形势有关。[34]

总而言之,在上述国际形势的发展过程中,古代日本在称呼上经历了从倭国到日本的变化。[35]可以说,这种称呼上的变更展现出在古代日本形成了可与建设一个新国家相匹敌的重大变化。

以下将回溯隋唐帝国的前身即北魏的扩大时期(五世纪中叶),从较为宏观的角度探讨这一发展过程。

四五〇年,南朝宋遭到了北魏的侵略,《宋书》卷九五《索虏传》中记载了当时北魏世祖致宋太祖的书信,其中写道:

第一章 关于汉唐间云南与日本的关系

顷关中盖吴反逆，扇动陇右氐、羌，彼复使人就而诱劝之。……彼往日北通芮芮，西结赫连、蒙逊、吐谷浑，东连冯弘、高丽。凡此数国，我皆灭之。以此而观，彼岂能独立。芮芮吴提以死，其子菟害真袭其凶迹，以今年二月复死。我今北征，先除有足之寇。彼若不从命，来秋当复往取。以彼无足，故不先致讨。诸方已定，不复相释。

值此四五〇年之际，南北朝的军事平衡已明显向着有利于北朝的一方倾斜，可以说此时相当于南北朝时期的分水岭。这种军事平衡上的变化正是隋唐帝国的前身——北魏进行扩张所造成的。[36]

总之，为应对北魏的扩张，宋策划了与北魏周边诸国的军事合作。然而，随着时代的发展，这一包围网逐渐瓦解。此前所见四五〇年北魏直至长江北岸的南伐也在瓦解这一包围网的过程中发挥了重要作用。

通过以下所举的具体事例，也可一窥以南朝为中心的体制出现衰退的一面。在所谓倭五王的时代以倭国为首的东夷诸国向南朝派遣使节的过程中，山东半岛作为中转站发挥了极为重要的作用。并且，倭国从四一三年开始向南朝派遣使节一事，也与东晋将军刘裕灭亡了鲜卑慕容部在此建立的南燕，占据了山东地区的情况有关。然而，山东

东亚古代的诸民族与国家

半岛在四六九年以后被北魏占领。[37]

至此北魏获得了原本属于南朝的山东半岛,并迅速开始对当地进行统治,即在翌年(北魏皇兴四年)新设置了光州,于五年后的延兴五年(四七五)设置了军镇,进一步强化对当地的统治。此后,北魏开始严密监视以此为基地向南朝朝贡的东夷船舶。

由此,发生了东夷诸国派往南朝的使节,以及南朝派出的答礼使被游弋于山东沿岸的北魏船舶扣押的事态。此外,皇兴三年(四六九)二月,柔然(芮芮)、高句丽、库莫奚、契丹等北亚、东北亚的诸势力相继向北魏朝贡。一个月前,曾在东北亚诸势力向南朝朝贡之际发挥着中心作用的山东地区陷落,这正是触发上述势力向北魏遣使的重要因素。反观这一事件,它也反映出对于东夷诸势力来说,北魏占领山东半岛具有重大的意义。此外,两年后北魏孝文帝即位之际,高句丽献给北魏的贡品相比此前成倍增加,这同样与山东的陷落不无关系。

总之,南朝曾试图构筑起国际间的联合,并在基础上实施对北朝的围堵政策。然而,在五世纪后半期这一时间节点上,上述施策中东部战线间的联系被切断了。

那么,西部战线的形势又是如何发展的呢?当时,长江上游的四川地区在联系西部的吐谷浑、河西走廊,甚至是北方柔然诸势力方面,发挥着重要的作用。然而,这一

第一章　关于汉唐间云南与日本的关系

地区在南北抗争的末期，即南北朝的后半段，也被纳入北朝势力的控制之下。这是西魏废帝二年（五五三）的事情。这一时期，从北方归顺的胡族将军侯景发动了叛乱，江南由此陷入了混乱的局面。当时，身为征西大将军坐镇四川的梁武帝第八子武陵王萧纪于五五二年八月率军东下，试图占领湖南地区。此时武帝第七子湘东王萧绎（此后的元帝）正身处湖南地区。萧绎对于武陵王萧纪的东下深感忧虑，遂向北方的西魏求援，请求西魏从背后进攻四川。与此相应，西魏制订了派遣将军尉迟迥讨伐四川的计划，并于翌年三月出动军队。虽然武陵王尽力防御，但成都最终在八月失陷，四川随即被北朝的西魏占领。如此一来，南朝丧失了在国际战略上应对北朝的重要据点即四川地区。当聚焦于中国西南部时可以发现，上述这段历史与统一天下之前的秦先吞并了蜀的情况如出一辙。

姑且不论这一点，随着当时情势的发展，南北朝时期最终以北朝最后的王朝隋再次统一中国而告终（虽然这里有必要谈及北方的突厥，但由于相关情况已是众所周知，这里暂且省略）。从南朝的角度来看，可以说这意味着以南朝为中心的世界体系的崩溃。

北朝的扩大、隋唐帝国的出现不仅仅影响了南朝。正如在前揭北魏世祖致刘宋太祖的信中也可见到的那样，此前与南朝合作或受其影响的柔然、吐谷浑、云南爨氏、高句丽、百济等势力，至唐代相继灭亡。另一方面，一直在这些势力背后蓄积力量的突厥、吐蕃（兴起于西藏）、南诏（兴起于云南大理）、渤海、新罗、日本等相继崛起。在此情况下，可以认为这些势力的崛起正是形成于上述南北朝时期西部、东部，甚至是北部战线的历史延长线上。

正如此前所述，隋统一中国后，其力量波及东方的朝鲜半岛，远征高句丽、朝鲜半岛诸国的兴亡、白村江之战等事件相继发生。西部战线中的四川地区在陷落后，其历史又是如何发展的呢？有关这一点，以上论及了伴随着北魏、隋唐的扩大，云南爨氏势力衰退。由"隋唐的大一统"所造成的影响远及古代朝鲜、日本列岛等地，同样也波及中国的西南地区。以下，在考虑到隋唐大一统的影响远及古代朝鲜、日本等地这一点的同时，笔者将具体探讨当时中国西南部的状况。

原本作为南朝领土的四川在北朝的攻势下失陷，成为北朝统治的领域。那么，在四川陷落之后，北方是以怎样的形式对云南的势力产生影响的呢？

正如在本章中所见到的那样，南北朝时期的云南被称为宁州，处于郡县体制之下。然而，云南实际上处于大爨碑、小爨碑[38]所记载的盘踞于昆明、曲靖地区的爨氏势力，以及盘踞于大理地区的张氏势力的支配之下。[39]控制了四川的西魏此后成了北周，从北周又演变为隋。此外，

第一章 关于汉唐间云南与日本的关系

如前所述，四川的陷落宛如秦在即将统一天下前对蜀地的占领，此后经过刘邦与项羽间的斗争，至汉武帝时云南被纳入了统治范围。另外，在进入四川地区建立了蜀汉的刘备之后，诸葛亮为对抗魏、吴，确保国力，攻入了南中。与上述两段历史非常相似的情况也出现在了这一时期。

隋在五八九年灭亡了南朝最后的王朝陈，时隔三百年再次统一了中国。《资治通鉴》卷一七八《隋纪二》开皇一七年（五九七）二月条，记载隋统一后的情况如下：

> 癸未，太平公史万岁，击南宁羌平之。初，梁睿之克王谦也，西南夷獠莫不归附。唯南宁州酋帅爨震恃远不服。睿上疏以为："南宁州，汉世牂柯之地。户口殷众，金宝富饶。梁南宁州刺史徐文盛为湘东王征赴荆州。属东夏尚阻，未遑远略。土民爨瓒遂窃据一方。国家遥授刺史，其子震相承至今。而震臣礼多亏，贡赋不入。乞因平蜀之众，略定南宁。"其后南宁夷爨玩来降，拜昆州刺史。既而复叛。乃以左领军将军史万岁为行军总管，帅众击之。入自蜻蛉川，至于南中。夷人前后屯据要害，万岁皆击破之，过诸葛亮纪功碑，渡西洱河，入渠滥川。行千余里，破其三十余部。虏获男女二万余口。诸夷大惧，遣使请降。献明珠径寸。于是勒石颂美隋德。万岁请将爨玩入

朝，诏许之。爨玩阴有二心，不欲诣阙，赂万岁以金宝。万岁于是舍玩而还。

有关这里所见梁睿的上奏，在《隋书》卷三七《梁睿传》中还可见到更为详细的记述：

> 睿时威振西川，夷獠归附，唯南宁酋帅爨震恃远不宾。睿上疏曰："窃以远抚长驾，王者令图，易俗移风，有国恒典。南宁州，汉世牂柯之地，近代已来，分置兴古、云南、建宁、朱提四郡。户口殷众，金宝富饶，二河有骏马、明珠，益宁出盐井、犀角。晋太始七年，以益州旷远，分置宁州。至伪梁南宁州刺史徐文盛，被湘东征赴荆州，属东夏尚阻，未遑远略。土民爨瓒遂窃据一方，国家遥授刺史。其子震，相承至今。而震臣礼多亏，贡赋不入，每年奉献，不过数十匹马。其处去益，路止一千，朱提北境，即与戎州接界。如闻彼人苦其苛政，思被皇风。伏惟大丞相匡赞圣朝，宁济区宇，绝后光前，方垂万代，辟土服远，今正其时。幸因平蜀士众，不烦重兴师旅，押獠既讫，即请略定南宁。自卢、戎已来，军粮须给，过此即于蛮夷征税，以供兵马。其宁州、朱提、云南、西爨，并置总管州镇。计彼熟蛮租调，足供城防

· 332 ·

第一章　关于汉唐间云南与日本的关系

仓储。一则以肃蛮夷，二则神益军国。今谨件南宁州郡县及事意如别。有大都督杜神敬，昔曾使彼，具所谙练，今并送往。"书未答，又请曰："窃以柔远能迩，著自前经，拓土开疆，王者所务。南宁州，汉代牂柯之郡，其地沃壤，多是汉人，既饶宝物，又出名马。今若往取，仍置州郡，一则远振威名，二则有益军国。其处与交、广相接，路乃非遥。汉代开此，本为讨越之计。伐陈之日，复是一机，以此商量，决谓须取。"高祖深纳之，然以天下初定，恐民心不安，故未之许。后竟遣史万岁讨平之，并因睿之策也。

这里记载了史万岁事实上实施了梁睿的献策。根据此前《资治通鉴》的记载，史万岁还压制了从南中至大理地区的诸部。其中所见爨玩在此后再次叛乱，最终于翌年被捕获并被处死，其诸子也成为奴隶（《新唐书》卷二二二下《南蛮传下》）。作为中国西南民族史研究专家的藤泽义美在其大作《西南民族史研究》（『西南民族史の研究』）中曾指出以下情况：由于史万岁的进攻，不仅昆明地区，就连南北朝时期中原王朝势力几乎未曾波及的"沉浸于太平梦中"的大理地区势力也遭逢剧变，原盘踞于大理地区的白蛮系张氏势力在此后逐渐衰退；昆明地区

东亚古代的诸民族与国家

的爨氏势力也因此遭受巨大的打击。[40]从大体上看,云南地区由以昆明为中心的地区与在此后成为南诏、大理都城的大理为中心的地区组成。直到南北朝时期,中央的统治基本上只到达了昆明地区。此时其统治到达大理这一点非常重要。

进入唐代后,云南在太宗贞观末年遭到了梁建芳的大规模征讨;进而在高宗永徽初年,又遭到赵孝祖的大规模征讨。随着唐不断加强对云南的统治,云南暴露于巨大的压力之下,因此大理地区的张氏势力走上了穷途末路,取而代之的是诸割据势力的对立,进而导致南诏蒙氏势力的抬头。

结　语

笔者考察过三国时期存在于江南的山越、对直到唐代仍保留有浓厚蛮地色彩的福建的开发,以及六朝唐宋时期四川的獠等问题。[41]可以说这些问题是发源于中原的所谓汉民族在现在的中国各地扩大或形成过程中出现的。本章所指出的古代朝鲜、日本等与中国西南地区间发生的平行现象同样与汉民族的扩大密切相关。通过以上考察得到了如下结论:建立在汉民族形成或扩大基础上的国家成为像汉、唐那样大一统的国家;在这一过程中,大一统国家通

第一章 关于汉唐间云南与日本的关系

过一定的整备，构建起世界体系，此时形成了古代朝鲜、日本等与中国西南地区间的平行现象。

正如此前所论述的那样，古代日本强化了相对于中国的独立倾向，从而完成了古代国家的建设。然而，这种独立的动向同样出现在高句丽、百济、新罗。笔者考察过这种独立倾向与各国使用年号并相继萌生了中华意识间的关联。[42]不过，在此过程中，也存在其独立化倾向被阻断的势力，可以说遭到唐的攻击而灭亡的高句丽、百济正是这种情况的事例。

另一方面，云南爨氏势力在六朝时期盘踞于曲靖、昆明一带，在隋唐时期遭到打击后，其发展势头被遏制。此外，大理地区是云南的另一个中心，当地的势力同样在遭到隋唐的强势打击后，无奈地衰落了。然而，此后南诏在获得了唐帝国认可的基础上成长起来，扩大了自身的势力，被唐封为云南郡王并获得了唐朝的援助。在此基础上，南诏反而统治了大理、昆明两地区，逐渐独立。古代朝鲜的新罗在唐朝扩张的时期与唐紧密协作，实现了对朝鲜的统一并完成了独立。可以说，上述南诏与新罗的发展轨迹十分相似。并且，在古代朝鲜三国的背后，古代日本也实现了独立，其发展动向同样表现出了类似于新罗、南诏的国家建设轨迹。

唐代的世界体系瓦解了魏晋南朝的世界体系，并在继

东亚古代的诸民族与国家

承、发展五胡、北朝世界体系的过程中形成。[43]此后在经历了安史之乱以后中国国内的变革,以及周边民族民族意识的觉醒后,唐代的世界体系发生了显著的变化。继突厥之后,契丹族在中国北方建立了辽,此后经过由非汉民族占领华北建立的金,最终发展到由蒙古族建立的元,步入了由蒙古族建立统一王朝的时代。

以上探讨了以中国为中心的东亚历史的发展。如果上述对于这一问题的理解恰当的话,那么元的出现在中国内外当然也引起了与汉唐时期同样的历史现象。作为南诏后继国家的大理在云南建国,当蒙古在消灭位于江南的南宋的过程中,大理灭亡。其灭亡正相当于日本镰仓时代蒙古入侵日本的时期,两者间的一致并不单单是因为蒙古发动的战争。当以中华帝国为中心来看时,这种同步现象表现出尽管云南与日本存在东西方位上的差异,但二者处于同样的政治地理位置。此后,云南发展为独立国家的道路受阻,被纳入中华帝国。在这一时期之后,中原王朝强化了与邻接云南的西藏地区的接触,这同样并非偶然。汉民族与中华帝国的扩大,影响到了原本属于非汉民族的地区,并将其纳入内地。此后,这种内地化的势头又进一步波及更外侧的地区(上述情况下即指西藏地区),这是贯穿于中国历史的潮流。

与云南不同,日本在镰仓时代以后仍保持着独立的状

第一章　关于汉唐间云南与日本的关系

态。然而，尽管蒙古仅仅发动了两次侵略，但此后建造防垒等事务成为主张德政令的御家人阶层日渐疲敝的重要原因。蒙古入侵之后仅仅五十余年，镰仓幕府灭亡。站在世界体系的角度来比较中国云南与日本的历史发展，可以说两者间有着非常密切的联系。

　　顺便提及一下，有关元代云南与日本出现的情况所具有的现代意义，笔者将在别稿中探讨。[44]

第二章
魏晋时期四川地区的状况
——以民族问题为中心

前 言

笔者曾发表若干篇小文，探讨了有关六朝时期存在于中国中南部地区所谓"蛮"的情况。中南部地区包括河南、淮北、淮南、长江下游流域、福建、江西、湖北、湖南。六朝时期蛮在上述各地区的实际状态如何，以及其与六朝前后时期间存在怎样的联系呢？在这样的问题意识下，笔者曾考察了上述各地区在六朝时期的状况，主要结论为：①阐明了有关河南、淮北地区的下列问题：所谓豫州蛮的存在地域，巴蛮从四川地区向河南、淮北地区的扩大，蛮的人口，在政治、经济范围内蛮汉接触的实态，当时淮北存在以栖息着野生象等为代表的"未开发地区"，

第二章　魏晋时期四川地区的状况

以及蛮进入政界的实态等；②阐明了与上述地区邻接的淮南同样广泛分布着蛮，并且存在栖息有数以百计野生象的"未开发地区"等，这里几乎与淮北处于同样的状态；③阐明了长江下游流域与山越相关的诸情况；④关于福建，阐明了国家权力向当地的渗透状况、当地豪强阶层与蛮之间的联系、蛮汉混血现象的发展等情况，并通过对地方志、碑文等材料的考察，以陈元光的事迹为首具体阐明了隋唐以后作为当地中枢的福州地区、南部漳州地区及东部汀州地区的状况（以上内容参见拙稿《以蛮的问题为中心所见六朝时期各地区的状况》[1]）；⑤关于江西，阐明了蛮的分布与实态、如畜蛊一类的地方风俗习惯与蛮之间的关系、具有蛮风的豪强阶层的兴起等，进而还明确了此后唐宋时期当地蛮的分布及其汉化的进展情况；⑥关于湖北，具体阐明了居住于当地的蛮的人口已达到了极多的程度，以及当地的风俗习惯中充斥着浓厚的蛮风，与此同时还指出唐代以后，已不能确定当地有蛮的存在，以及这一现象中所蕴含的刘宋时期在当地对蛮进行大规模讨伐造成巨大的影响；⑦关于湖南，指出了当地广泛分布着数量巨大且成分复杂的蛮，并且具体阐明了上述情况在此后的唐宋时期仍未发生本质上的改变，南宋时期构成荆湖南路的七个州（潭州、衡州、道州、永州、邵州、郴州、全州）、一军（武冈军）、一监（桂阳监）中均分布着大量

· 339 ·

东亚古代的诸民族与国家

蛮[以上内容参见拙稿《以蛮的问题为中心所见六朝时期各地区的状况（其二）》[2]]。总之，笔者明确了六朝时期以下诸方面的情况：蛮分布在甚至是都城周边的极为广泛的区域内，并且其人口数量远远超过了一般的想象；当中国处于混乱状态下，蛮的分布地域反而愈发扩大；在汉化的蛮族、蛮化的汉族之中成为豪强的人与地方、中央政府之间存在相互依存的关系；当时的国家具有上述这种构造。通过以上的考察，从整体上具体展现了当时大约覆盖河南、淮北、淮南、长江下游流域、福建、江西、湖北、湖南地区的蛮域与此后时代的差异、关联及其变迁的过程。

那么，在这一时期中，除上述以外的地区，即四川、云南、贵州、广东、广西等地的状况又是怎样的呢？此外，这些地区的状况与前述各地区在哪些方面存在一致，又有哪些不同呢？

在这种问题意识下，本章将继续上述及前章中的考察，希望进一步探讨四川地区的状况。六朝时期生活于四川地区的民族与汉中及云南、贵州等地间也存在广泛的交流。因此，对于与四川地区的考察相关的问题，以下还将上述这些地区也作为考察的对象。此外，在前揭拙稿中，笔者将"蛮"这一用语作为存在于中国中南部各地区非汉民族的总称。然而，众所周知，该地区还大量存在以藏

第二章 魏晋时期四川地区的状况

系非汉民族为中心的不能归入"蛮"这一范畴的种族。[3] 因此,以下将扩展视野,从探讨蛮、藏系种族等非汉民族具体状况的观点出发,考察这一时期四川地区的种族、民族问题。

根据《晋书》中的记载,西晋的益州由八个郡构成,即蜀、犍为、汶山、汉嘉、江阳、朱提、越嶲、牂柯诸郡。蜀郡设置于秦始皇时期。犍为、越嶲、牂柯是汉武帝开西南夷之际设置的三郡。汶山郡为东汉灵帝时割蜀郡中的三县设置的。东汉安帝时,以蜀郡附属的道[4]设置了蜀郡属国;三国时蜀国于章武元年将其设置为汉嘉郡。江阳郡同样是蜀国于章武元年割犍为郡设置而成的。朱提郡与汉嘉郡的情况相同,首先是东汉安帝时曾将附属于犍为的道设置为犍为属国,章武元年时又将其设置为朱提郡。此外,西晋武帝泰始三年时,分益州而设梁州。此时,之前一直属于益州的汉中郡移到了梁州,梁州的州治也被设置于此。此外,西汉时期已经设置的巴郡、广汉郡也在同一时期编入了梁州。泰始三年之际,梁州由汉中、巴郡、广汉三郡与梓潼、新都、涪陵、巴西、巴东五郡共计八郡构成。

以上概观了作为本章考察对象的四川地区即所谓"梁益之地"的州郡沿革(不过由于牂柯郡现属于贵州省、朱提郡属于云南省,因此二者不作为本章主要的考察对象）。众所周知，这一地区的西部、南部是汉代所谓西南夷的地区。此外，《后汉书》卷八六《西南夷列传》巴郡南郡蛮条记载：

> 巴郡南郡蛮，本有五姓。巴氏、樊氏、瞫氏、相氏、郑氏。……廪君死，魂魄世为白虎。巴氏以虎饮人血，遂以人祠焉。

同书同卷板楯蛮条记载：

> 板楯蛮夷者，秦昭襄王时有一白虎，常从群虎数游秦蜀巴汉之境，伤害千余人。……时有巴郡阆中夷人，能作白竹之弩，乃登楼射杀白虎。……至高祖为汉王，发夷人还伐三秦。……乃岁入賨钱，口四十。世号为板楯蛮夷。

如上所记，在属于四川东部的所谓巴地自古以来也存在各种各样的蛮族。此外，《史记》卷一一六《西南夷列传》记载：

> 自嶲以东北，君长以什数，徙、筰都最大。自筰以东北，君长以什数，冄駹最大。其俗或土著，或移

第二章　魏晋时期四川地区的状况

徙，在蜀之西。自冉駹以东北，君长以什数，白马最大，皆氐类也。

正如这里的记载，在四川东北部大量存在以氐族为中心的非汉民族。

有关这种非汉民族的分布，《后汉书》卷八六《西南夷列传》记载后来成为汉嘉郡的蜀郡属国从蜀郡分置出来后的桓帝永寿二年（一五六）的情况如下：

于是分置蜀郡属国都尉，领四县如太守。桓帝永寿二年，蜀郡夷叛，杀略吏民。

同传记载桓帝延熹二年（一五九）的情况如下：

延熹二年，蜀郡三襄夷寇蚕陵，杀长吏。

《华阳国志》卷三《蜀志》越嶲郡定筰县条记载：

筰，筰夷也。汶山曰夷，南中曰昆明，汉嘉越嶲曰筰，蜀曰邛，皆夷种也。

可见，即使进入了东汉以后的时代，可以称作益州中

东亚古代的诸民族与国家

心的蜀郡也分布有蛮族。在汉代的蜀郡中,这些非汉民族的密度与当时四川其他地区相比并不算高。但《史记》卷一二九《货殖列传》记载:

> 程郑,山东迁虏也。亦冶铸,贾椎髻之民,富埒卓氏,俱居临邛。

正如这里的记载,著名的程郑是与卓王孙一同生活于汉代蜀地的富人,其定居于蜀郡(成都)西南六十千米的蜀郡属县临邛,通过贩卖"椎髻之民"蓄积了财富。在设置蜀郡属国之前,蜀郡也存在作为蛮族居住地的"道"。可以说在探讨当时的情况之际,应关注诸如上述这样的现象。在这种状况下,进入了六朝时期。然而,六朝时期四川地区的状况与魏晋时期及五胡十六国以后的状况之间存在显著的差异。这种差异就是在东亚范围内形成的民族移动现象也出现在了四川地区,大量的獠流入四川;另外,人口数量也大幅增加。《太平寰宇记》卷一七八《徼内南蛮·獠传》中概括地记述了六朝时期的这些情况:

> 獠,盖南蛮之别种。……自汉中达于邛筰,川洞之间,所在皆有。……按蜀本无獠。李势时,诸獠始

第二章　魏晋时期四川地区的状况

出……十余万落，攻破郡县，为益州大患。……又蜀人东流，山险之地多空，獠遂挟山傍谷，与夏人参居。参居者颇输租赋。在深山者仍不为编户。至梁武帝时，梁益二州（今汉川蜀川二郡县也），岁岁伐獠，以自裨润，公私颇藉为利。后魏正始初，梁将夏侯道迁，举汉中附魏。魏遣尚书邢峦为梁益二州刺史，以镇之。其后以梁益二州控摄险远，乃立巴州，以统诸獠。后以巴酋帅严始兴为刺史。又立隆城镇，所绾獠二十万户。所谓北獠是也。……自此又属梁矣。后周武帝平梁（达奚武平之）益（尉迟迥平之）。令所在抚慰。其与华人杂居者，亦颇从赋役。然天性暴乱，旋至扰动。每岁命随近州镇，出兵讨之，获其人以充贱隶。谓之压獠焉。复有商旅往来者，亦资以为货。公卿逮于民庶之家，有獠口者多矣。然其种类滋蔓，保据岩壑，依林走险若履平地。性又无知，殆同禽兽。诸夷之中，最难以道义招怀也。

像这样以獠的迁移为分界线，六朝时期四川的民族状况发生了显著的变化。本章将考察其中魏晋时期四川地区的状况，有关五胡十六国以后的状况将留待后章探讨。[5]

东亚古代的诸民族与国家

第一节　四川西南部的状况

晋代在位于四川西南的大凉山、大相岭等山岳地区设置有越巂郡、汉嘉郡，下面首先考察这一地区的状况。《三国志》卷四三《张嶷传》最为详细且具体地记载了当地的状况：

初越巂郡，自丞相亮讨高定之后，叟夷数反，杀太守龚禄、焦璜。是后太守不敢之郡。只住安上县，去郡八百余里。其郡徒有名而已。时论欲复旧郡。除嶷为越巂太守。嶷将所领往之郡，诱以恩信，蛮夷皆服，颇来降附。北徼捉马最骁劲，不承节度。嶷乃往讨，生缚其帅魏狼，又解纵告喻，使招怀余类。表拜狼为邑侯，种落三千余户，皆安土供职。诸种闻之，多渐降服。嶷以功赐爵关内侯。苏祁邑君冬逢，逢弟隗渠等，已降复反。嶷诛逢，逢妻旄牛王女。嶷以计原之。而渠逃入西徼。渠刚猛捷悍，为诸种深所畏惮。遣所亲二人诈降嶷。实取消息。嶷觉之，许以重赏，使为反间。二人遂合谋杀渠。渠死，诸种皆安。又斯都耆帅李求承，昔手杀龚禄。嶷求募捕得，数其宿恶，而诛之。始嶷以郡郭宇颓坏，更筑小坞。在官

第二章 魏晋时期四川地区的状况

三年,徙还故郡,缮治城郭。夷种男女莫不致力。定筰、台登、卑水三县去郡三百余里,旧出盐铁及漆,而夷徼久自固食。嶷率所领夺取,署长吏焉。嶷之到定筰,定筰率豪狼岑,槃木王舅,甚为蛮夷所信任。忿嶷自侵,不自来诣。嶷使壮士数十直往收致,挞而杀之,持尸还种,厚加赏赐,喻以狼岑之恶。且曰:"无得妄动,动即殄矣。"种类咸面缚谢过。嶷杀牛飨宴,重申恩信,遂获盐铁。器用周赡。汉嘉郡界旄牛夷种类四千余户,其率狼路,欲为姑婿冬逢报怨,遣叔父离将逢众相度形势。嶷逆遣亲近赍牛酒劳赐。又令离逆逢妻宣畅意旨。离既受赐,并见其姊。姊弟欢悦,悉率所领将诣嶷。嶷厚加赏待,遣还。旄牛由是辄不为患。郡有旧道,经旄牛中,至成都。既平且近。自旄牛绝道,已百余年。更由安上,既险且远。嶷遣左右赍货币赐路,重令路姑喻意,路乃率兄弟妻子悉诣嶷。嶷与盟誓,开通旧道。千里肃清,复古亭驿。奏封路为旄牛昫毗王,遣使将路朝贡。后主于是加嶷抚戎将军,领郡如故。……在郡十五年,邦域安穆。屡乞求还,乃征诣成都。民夷恋慕,扶毂泣涕。过旄牛邑,邑君襁负来迎。及追寻至蜀郡界。其督相率随嶷朝贡者百余人。……南土越嶲民夷闻嶷死,无不悲泣。为嶷立庙,四时水旱,辄祀之。

东亚古代的诸民族与国家

有关这段史料开篇所见诸葛亮讨伐的高定,《三国志》卷四〇《李严传》中记载:

> 又越巂夷率高定遣军围新道县。严驰往赴救,贼皆破走。

《三国志》卷四三《李恢传》记载:

> 先主薨。高定恣睢于越巂,雍闿跋扈于建宁,朱褒反叛于牂柯。丞相亮南征,先由越巂,而恢案道向建宁。

可见,高定这一人物为越巂夷的率。此外,叟被认为是昆明夷中的一支。[6]侨置越巂郡所在的安上县被认为位于现在四川屏山县西。[7]苏祁邑君冬逢所在的苏祁县是汉代的县名,蜀汉、西晋时为省,其原治所位于现在四川西昌西北二十千米处。冬逢之妻为旄牛王之女。旄牛相当于现在四川汉源,蜀汉设置有汉嘉郡旄牛县,汉代曾设置了主要负责旄牛夷的旄牛都尉。蛮"固食"所在的定筰、台登、卑水三县均为越巂郡的属县,定筰位于现在四川省的(盐源)彝族自治县,台登位于西昌市北四十千米处,卑水位于昭觉县北十千米处。这三个县均位于越巂

第二章 魏晋时期四川地区的状况

郡治所所在的邛都县（今西昌市）周边。与定笮豪杰狼岑有亲族关系的槃木王所率领的槃木是生活于现在甘孜藏族自治州的徼外蛮夷，其在东汉的永平年间开始朝贡（《后汉书》卷八六《西南夷列传》笮都夷条，同书卷五六《种暠传》）。

前揭《张嶷传》的史料主要记载了以下情况：诸葛亮在讨伐了叟夷的首领后，[8]越巂郡的统治仍未安定，叟夷的叛乱依旧继续，最终发生了越巂郡太守龚禄、焦璜被斯都者帅李求承杀害的事件。此后越巂郡完全变为蛮地。直到张嶷担任太守后，他首先逮捕了北部的首领魏狼，随后将其释放，并先后封其为邑侯、关内侯，通过这些举措实施怀柔。随后，邑君冬逢联合了在北邻越巂郡的汉嘉郡南部活动的旄牛夷，进行反抗。张嶷据越巂郡中部的苏祁县，除掉了邑君冬逢与其弟隗渠。[9]并且，张嶷收复了越巂郡的郡治邛都。狼岑曾与生活在邛都西南定笮的槃木夷联手。趁剿灭冬逢之势，张嶷进一步挞杀了狼岑，并将定笮、台登、卑水地区的盐、铁、漆之利收入囊中；[10]此外，还对汉嘉郡界的旄牛夷实施了怀柔政策，封其首领狼路为旄牛朐毗王，确保了成都与越巂之间的路线畅通。图1图2表现了前述非汉民族间的相互关系。通过以上的考察，当时位于四川西南地区的越巂郡及与其邻接地区的情况已基本明了。

· 349 ·

东亚古代的诸民族与国家

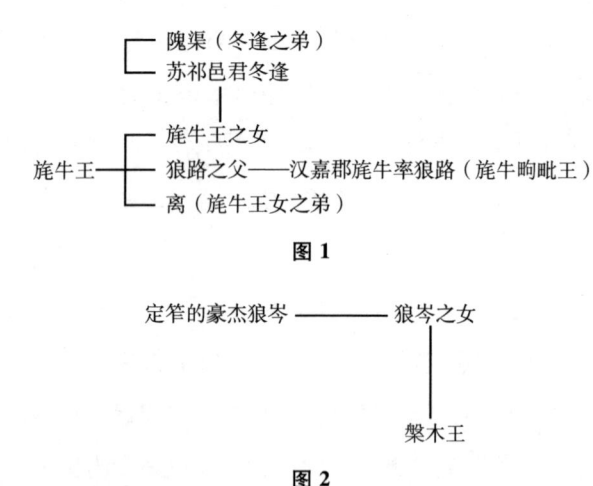

```
           ┌─ 隗渠（冬逢之弟）
           └─ 苏祁邑君冬逢

           ┌─ 旄牛王之女
旄牛王 ──┼─ 狼路之父 ── 汉嘉郡旄牛率狼路（旄牛昀毗王）
           └─ 离（旄牛王女之弟）
```

图1

```
定筰的豪杰狼岑 ────── 狼岑之女
                        │
                        │
                       槃木王
```

图2

《张嶷传》的记述主要围绕越嶲郡展开，因此有关汉嘉郡的状况尚存在不明确的地方。《华阳国志》卷十上《先贤士女总赞上》记载：

> 禽坚，字孟由，成都人也。父信为县吏，使越嶲，为夷所得。传卖历十一种……坚壮，乃知父湮没，鬻力佣赁，求碧珠以求父，一至汉嘉，三出徼外，周旋万里，经六年四月，突瘴毒狼虎，乃至夷中得父，父相见悲感，夷徼哀之，即将父归，迎母致养，州郡嘉其孝，召功曹，辟从事，列上东观。

《太平御览》卷七五〇引《华阳国志》佚文如下：

第二章　魏晋时期四川地区的状况

> 汉嘉郡以御杂夷，宜炫耀之，乃雕饰城墙华画府寺及诸门，作山神海灵，穷奇凿齿，夷人出入恐骤马，或惮之趑趄。

有关向朗之侄向宠，《三国志》卷四一《向朗传》记载延熙三年（二四〇）之际的情况如下：

> 征汉嘉蛮夷，遇害。

《华阳国志》卷九《李特雄期寿势志》记载：

> 武都氐王杨茂搜，奉贡称臣。杜弢自湘州使使求援。晋凉州刺史张骏遣信交好。汉嘉夷王冲（冲归？）遣子入质。……雄乃虚已受人。

根据上述记载可知，在汉嘉郡中不只是其南部的旄牛之地出现了《张嶷传》中所见的情况。

也就是说，当时中央政府在位于四川西南的大凉山、大相岭等山岳地带设置了郡县，但该地区尚处于极不安定的状态。即使在遭到张嶷的打击后，该地区的非汉诸民族仍通过婚姻等手段进行联合，保持了隐性的势力。

第二节　四川东部的状况

那么，四川东部的巴地又是怎样的状况呢？以下展开对这一地区的考察。《华阳国志》中的《巴志》记述了当时设置于此地的巴郡、巴东郡、巴西郡、涪陵郡等诸郡的情况（其中巴东郡、涪陵郡属于山岳地带）。《华阳国志》卷一《巴志》记载：

其（巴）属有濮賨苴共奴獽夷蜑之蛮。

同书同卷巴东郡条记载：

巴东郡……奴獽夷蜑之蛮民。

《华阳国志》卷一《巴志》巴东郡南浦县条记载：

南浦县，郡南三百里。晋初置，主夷（这里的夷推测应为武陵蛮）。

《三国志》卷四五《杨戏传》记载：

第二章　魏晋时期四川地区的状况

> 季然，名馘。巴西阆中人也。刘璋时为汉昌长，县有賨人，种类刚猛。

《华阳国志》卷一《巴志》涪陵郡条记载：

> 土地山险水滩。人多戆勇，多獽蜑之民。

同书同卷涪陵郡条记载：

> ……汉平县……汉发县……诸县北有獽、蜑。又有蟾夷。[11]

正如上述记载所示，该地区即使在这一时期仍然存在与汉代情况相同的各种蛮族。此外，同书同卷巴东郡朐忍县条记载：

> 有弜头白虎复夷者也。

因在秦昭襄王时消灭白虎而获得了复除权利的板楯蛮依然存在。[12]

此外，《三国志·魏书》卷一《武帝纪》建安二〇年（二一五）九月条记载：

东亚古代的诸民族与国家

> 巴七姓夷王朴胡，賨邑侯杜濩，举巴夷賨民来附。于是分巴郡，以胡为巴东太守，濩为巴西太守，皆封列侯。

由此可知与前述越嶲郡、汉嘉郡等地的情况相同，巴地也存在夷王、邑侯。不过与越嶲等郡不同的是，其夷王、邑侯被任命为太守。[13]与前述内容相关，《华阳国志》卷一《巴志》宕渠郡汉昌县（今巴中市）条记载：

> 汉昌县，和帝时置。大姓勾氏。

对于此处史料，刘琳注："蜀汉有句扶，汉昌人。仕至左将军，十六国刘曜时，关中有巴族首领句徐、句渠知。见《晋书·刘曜载记》。"[14]此外，《晋书》卷一二〇《李特载记》记载：

> 李特，字玄休，巴西宕渠人。其先廪君之苗裔也。……特父慕为东羌猎将。特少仕州郡。

李特的三弟李庠曾担任郡的督邮，并迁至主簿，进而举孝廉、秀异（《李特载记附传》）；其四弟李流曾担任东羌督（《李特载记附传》）。综合上述等事例来看，可以说

第二章　魏晋时期四川地区的状况

当时在巴地由非汉民族担任王朝官吏的现象并不罕见。这些情况显示出当地非汉民族的割据态势与前述越嶲等郡相比更为牢固。然而，李庠曾担任督邮、主簿，甚至被举为孝廉、秀异，此外《华阳国志》卷一《巴志》巴东郡朐忍县（今云阳县西）条记载当县大姓的情况如下：

> 大姓，扶、先、徐氏。汉时有扶徐。荆州著名。楚记有弜头白虎复夷者也。

同书卷一《巴志》巴郡垫江县条（今重庆合川区）记载：

> 汉时龚荣以俊才为荆州刺史。后有龚扬……

扶姓、龚姓被认为是属于板楯蛮的姓氏，上述史料记录了当时这些姓氏的活跃。《华阳国志》卷二《汉中志》记载了有关张鲁五斗米道的情况：

> 巴汉夷民多便之。

《汉中志》中另一处记载：

(张)鲁说巴夷杜濩朴胡袁约等，叛为仇敌。……巴夷日叛。

可见，在信仰层面之下，汉人与巴夷间的关系被拉近。上述这样的事例展现出从巴地的情况中可以见到与越巂等郡非常不同的现象。总而言之，与越巂等郡中的夷相比，巴地存在已实现了相当程度汉化的夷。《舆地纪胜》卷一七四、涪州条记载了此州的风俗形势，其中"其俗有夏巴蛮夷"条所见原注记载：

夏则中夏之人，巴则廪君之后，蛮则盘瓠之种，夷则白虎之裔。巴夏居城郭，蛮夷居山谷。并旧《图经》。

这里记载了当地的"巴"与"夏"（汉族）一同居住于城郭之中。这条史料所依据的旧《图经》具体为哪个时代的文献并不明确。即使这部《图经》的成书年代不能追溯至六朝时期，考虑到前述举为孝廉、秀异的巴人李特兄弟那样的事例，也可以推测六朝时期很有可能已出现了这种现象，这应基本符合当时的实际情况。

纵观巴地的地形，以今日巴河、渠江一线为界，其西部主要为平原地带，东部则主要为山地。其中巴河、渠江

第二章 魏晋时期四川地区的状况

以西构成了四川盆地的北部地区,巴西郡也被包含于这一区域。此外,巴郡西北部的平原逐渐向山地过渡。巴东郡、涪陵郡等几乎全部为山地。总之,与前述所见越巂郡、汉嘉郡全境均位于邻接四川盆地西南的山地相对,这一地区则是由平原与山地两种地形组成的。有关其中的山地,《周书》卷二八《陆腾传》记载北周时巴东郡的情况为:

> (北周)天和初,信州(重庆奉节东北,隋巴东郡)蛮蜑据江峡反叛,连结二千余里,自称王侯,杀刺史守令等。又诏腾率军讨之。

《周书》卷四九《异域上·蛮传》记载同为北周时巴东郡的情况如下:

> 信州旧治白帝。(陆)腾更于刘备故宫城南,八阵之北,临江岸筑城,移置信州。又以巫县、信陵、秭归并是硖中要险。于是筑城置防,以为襟带焉。

由此可见,在上述的山地中至六朝后期仍存在大量的蛮,同样的情况也见于前揭《舆地纪胜》卷一七四、涪州条"夏则中夏之人,巴则廪君之后,蛮则盘瓠之种,夷则白虎之裔。巴夏居城郭，蛮夷居山谷。并旧《图经》"记载的涪州（南宋的涪州今为重庆市涪陵区，今涪陵区为西晋巴郡枳县）。《通典》卷一八七《边防三·南蛮上》南平蛮条记载：

> 南平蛮，北与涪州接，部落四千余户。山有毒草及沙虱、蝮蛇。人并楼居，登梯而上，号为干栏。其人美发，为椎髻。土多女少男，为婚之法，女氏必先货求男族。贫人无以嫁女，多卖与富人为婢。俗皆妇人执役。其王姓朱氏，号为剑荔王。大唐贞观三年，遣使入朝，以其地隶渝州。

这是一条展现了涪州中蛮夷实态的史料（史料中所见渝州为今重庆市）。

通过以上的考察一方面可以看出在魏晋时期的巴地以巴为中心的汉化进展，另一方面也明确了当地的山区仍保持着一定的自身的风俗习惯。顺便提及一下，《太平寰宇记》卷一四一、金州条记载：

> 金州……风俗，汉高祖发巴蜀，伐三秦，迁巴中渠帅七姓，居商、洛。其俗至今犹多。猎山伐木深有楚风。

同书卷一四一、商州条记载：

> 商州……风俗，汉高祖发自巴蜀，以克三秦。遂迁巴中渠帅七姓于商、洛之间。至今犹存。

上述记载指出汉代迁入大巴山北侧汉水上游地区的巴族一直延续到了赵宋时期。在考察巴族的历史之际，可以说上述史料是非常值得关注的。

第三节　四川北部的状况

以下，笔者将考察魏晋时期汶山、梓潼、汉中等梁益北部地区的民族。

这一地区非汉民族分布密度最高的是汶山郡地区。《华阳国志》卷八《大同志》记载当时汶山郡的情况如下：

> （晋泰始）七年，汶山守兵吕臣等杀其督将以叛。族灭之。初，蜀以汶山郡北逼阴平、武都，故于险要置守。自汶江、龙鹤、冉駹、白马、匡用、五围，皆置修屯牙门。晋初以御夷徼，因仍其守。

同书卷一〇上《先贤士女总赞上》记载汶山郡的属

东亚古代的诸民族与国家

县广柔县(今汶川西北三十千米)所发生的事件:

> 广柔长郭姚超二女,妣、饶,未许嫁,随父在官,值九种夷反,杀超,获二女,欲使牧羊,二女誓不辱,乃以衣连腰自沉水中死。……

《三国志》卷三三《蜀后主传》记载:

> (延熙)十年……是岁,汶山平康夷反。(姜)维往讨,破平之。

上述这些记载均是有关汶山郡非汉民族的具体事例。在这样的事例之中,以下《华阳国志》卷三《蜀志》汶山郡条中的这则史料非常值得关注。

> 汶山郡……土地刚卤,不宜五谷,惟种麦,多冰寒,盛夏凝冻不释。故夷人冬则避寒入蜀。庸赁自食。夏则避暑反落,岁以为常。故蜀人谓之作五百石子也。[16]

《舆地纪胜》卷一四九、茂州、盛夏凝冻不释条引此记事:

第二章　魏晋时期四川地区的状况

《华阳国志》汶山郡云："……，故夷人冬则避寒入蜀。庸赁自食。夏则反落避暑，岁以为常。"《寰宇记》云："蜀人谓之笮氏。"

《太平寰宇记》卷七八、茂州条记载当地户口数与风俗为：

> 唐开元户二千五百，皇朝户主二百七十三，客五十三，部落户八百二十九。风俗，此一州，本羌戎之人。好弓马，以勇悍相高。诗礼之训，阙如也。贫下者，冬则避寒入蜀。佣赁自食。故蜀人谓之笮氏。

这里记载了即使在进入赵宋后，前述"入蜀庸赁"的情况仍在继续。一九八八年松冈洋子对汶山郡所在的今四川省阿坝藏族羌族自治州理县蒲溪乡大蒲溪村进行了调查，并总结相关情况写成了《羌族的"羌历年"》一文。根据这一论考，上述外出务工的现象直到最近仍在延续。[17]此外，依据南由利加（南ゆりか）《近代羌族外出务工的诸形态——以背背子、修堰、打井为中心》一文，近代该地区外出务工的形态包括搬运劳动、修都江堰等的修堰劳动、打井等。[18]这一点与《华阳国志》中令人联想到耕作劳动的"作五百石子"间存在一定出入。[19]

东亚古代的诸民族与国家

此外,《舆地纪胜》卷一四八、威州条记载唐代维州(今理县东北二十千米)的情况如下:

> 本汉徼外羌冉駹之地。……唐置此州,以威制羌戎。吐蕃号无忧城。地本氐羌。人尤劲悍,性多质直。工习射猎。

《太平寰宇记》卷七八、维州条记载:

> 唐武德七年白狗羌降附。乃于姜维故城置维州。……始属茂州,为羁縻州。麟德二年进为正州。……复降,为羁縻州。垂拱三年又为正州。……上元之后,河西陇右州县,皆陷吐蕃。赞普更欲图蜀川。累急攻维州不下。乃以妇人嫁维州门者。二十年中生二子。及蕃兵攻城,二子内应。城遂陷。吐蕃得之,号无忧城。累入兵寇扰西川。韦皋在蜀二十年,收复不遂。至大中末,杜惊镇蜀。维州首领方附,复隶西川。

同书同卷维州条记载:

> 户:开元户八万一千一百七十九。皇朝管汉税户

第二章　魏晋时期四川地区的状况

五十四，蕃户税户九百，蕃客户五千六百九十四。

同书同卷维州保宁县条记载：

> 汉以前本徼外羌冉駹之别种地。《蜀志》："刘禅时大将姜维马忠、督将军张嶷，北讨汶山叛羌。"即此地。今州城即姜维故垒也。……贞观元年贤佐叛，罢郡县。三年小左封生羌首董屈占等，举族表请置吏。因复置维州及二县。

此后，还可见到有关涂、炎、彻、向、冉、穹、笮各州羌族的记载，这些反映的是唐代的情况。此外，《舆地纪胜》卷一四九、茂州古迹条有关"茂州羁縻九州"这一记载的原注如下：

> （茂州）羁縻九州，皆蛮族也。蛮自推一人为州将，治其众。州将常在茂州，受处分。茂州居群蛮之中，地不过数十里。旧无城，惟植鹿角。蛮人屡以昏夜，入茂州，剽掠民家六畜及人。茂州，辄取货于民家，遣州将往赎之，与之讲和，而誓。习以为常。茂州民甚苦之。熙宁八年（一〇七五），屯田员外郎李琪知茂州。民投谍，请筑城。琪为奏

之乞城茂州。朝廷以王中正节制其事，而蛮人反叛，剽掠不绝。

这里记载的是赵宋时期该地的情况。虽然有必要进一步探讨这些唐宋时期的事例与本章所关注的时期间存在的具体联系，但向前追溯关注六朝时期该地的情况时，可以说这些事例均是重要的参考史料。

结　语

以上探究了魏晋时期梁益地区非汉民族的分布及其存在形态。那么，可以被称为蜀地中心的蜀郡、广汉郡、犍为郡地区在当时又处于怎样的状态呢？本章前言已经论述了直到汉代该地区非汉民族的分布情况。然而，就管见所及，尚未见到魏晋时期的文献中保存有关于该地区存在非汉民族的资料，故当地应该已完成了汉化。不过，《太平寰宇记》卷七六《简州》风俗条记载：

> 有獽人，言语与夏人不同。嫁娶但鼓笛而已。遭丧乃以竿悬布，置其门庭，殡于别所。至其体骸燥，以木函盛置于山穴中。李膺记云："此四郡獽也。又有夷人与獽类一同。又有獠人，与獽夷一同。但名字

第二章 魏晋时期四川地区的状况

有异而已。"

简州下辖邻接成都府北部、东部的阳安、平泉两县。阳安为今简阳市,即魏晋时期的犍为郡牛鞞县。其位于成都东南八十千米,四川盆地的正中心。总之,上述史料表现了即使进入赵宋时期,该地区仍然存在频繁见于魏晋时期史书中的在语言等方面不同于汉族的獠、夷等非汉民族。《隋书》卷二九《地理志》梁益条中记载了有关当地风俗等内容,其中一节如下:

> 其边野富人,多规固山泽,以财物雄役夷獠,故轻为奸藏,权倾州县。此亦其旧俗乎。又有獽狿蛮賨。其居处风俗,衣服饮食,颇同于獠,而亦与蜀人相类。

这里所见的獠、夷具有与赵宋时期獠、夷的共通之处。此外,前揭《太平寰宇记》的记载中所见"李膺记"是指梁人李膺所著的《益州记》。《太平寰宇记》认为赵宋时期的獽与《益州记》所载四郡獽相关。总之,从这些情况中可以推断南北朝时期四川盆地的中心部也存在非汉民族。这样一来,因为可以确认汉代及南北朝时期在四川盆地中心部存在非汉民族,那么处于其间的魏晋时期很

东亚古代的诸民族与国家

可能也存在獽、夷等非汉民族。此外,前揭《隋书》中还记载了其风俗习惯与蜀人接近。在探讨当时蜀的情况之际,这条史料同样值得关注。《魏书》卷九六《僭晋司马睿传》记载:

> (司马)睿僭即大位,改为大(太)兴元年(三一八)。其朝廷之仪,都邑之制,皆准模王者,拟议中国。遂都于丹阳,因孙权之旧所,即禹贡扬州之地,……厥田惟下下,所谓岛夷卉服者也。……睿因扰乱,跨而有之。中原冠带呼江东之人,皆为貉子,若狐貉类云。巴、蜀、蛮、獠、谿、俚、楚、越,鸟声禽呼,言语不同,猴蛇鱼鳖,嗜欲皆异。江山辽阔,将数千里。睿羁縻而已,未能制服其民。

这里记述了作为非汉民族存在于江南的巴、蜀、蛮、獠、谿、俚、楚、越诸种族,其中可见到蜀。有关这里的蜀,《北史》卷三六《薛聪传》记载孝文帝时的情况:

> 帝(孝文帝)曾与朝臣论海内姓地人物。戏谓聪曰:"世人谓,卿诸薛是蜀人。定是蜀人不。"聪,对曰:"臣远祖广德,世仕汉朝。时人呼为汉。臣九世祖永,随刘备入蜀,时人呼为蜀。臣今事陛下。是

虏非蜀也。"帝，抚掌笑曰："卿，幸可自明非蜀。何乃遂复苦朕。"……（这里所见的"蜀"在当时被视为非汉民族。[20]）

借用此前《隋书》中的表述，蜀地的汉族也具有"有獽狿蛮賨。其居处风俗，衣服饮食，颇同于獠，而亦与蜀人相类"中所述的一面。上述《北史》中所见中原人认识的形成背景中也有这样的因素。[21]

以上考察明确了在魏晋时期梁益的绝大多数地区中，尽管汉化的程度有所差异，但依然存在相当数量的非汉民族。在这种情况下，迎来了五胡十六国、南北朝时期。正如本章前言引用《太平寰宇记》所记载的那样，这一时期发生了大量的獠迁徙至梁益地区的情况。正因如此，当地的状况发生了显著的变化。下一章将考察有关五胡十六国时期以降的相关问题。

第三章
五胡十六国南北朝时期
四川地区的状况
——以民族问题为中心

前 言

笔者在此前发表的拙稿[1]（前章）中，考察了五胡十六国南北朝之前魏晋时期四川地区诸民族的状况，指出在进入五胡十六国时期后，獠族曾大量流入四川，并且在此前后出现了断层。本章希望依据具体的史料，阐明獠族的迁入给四川地区带来的具体变化。

赵宋时期郭允蹈《蜀鉴》卷四所引李膺《益州记》中记载：

> 李雄时，尝遣李寿攻朱提，遂有南中之地。寿既

第三章　五胡十六国南北朝时期四川地区的状况

篡位（三三八～三四三年在位），以郊甸未实，都邑空虚，乃徙傍郡户三千已上，以实成都。又徙牂柯引獠入蜀境，自象山以北尽为獠居。蜀本无獠。至是始出。巴西、渠川、广汉、阳安、资中、犍为、梓潼，布在山谷，十余万家。獠遂挨山傍谷。与土人参居，参居者（"者"或为"之家"）颇输租赋。在深山者不为编户。种类滋蔓，保据岩壑，依林履险，若履平地。性又无知，殆同禽兽。诸夷之中，难以道义招怀也。

根据这条史料可知，在五胡十六国之一的成汉末期，多达十余万家的獠族被迁徙至"象山"以北的地区。这里的"象山"相当于现在的何处尚不明了。不过，由于前面记载了"巴西""渠川""广汉""阳安""资中""犍为""梓潼"等地名，因此可以限定獠族大体的分布范围。根据西晋郡县的设置，巴西位于现在嘉陵江、巴河、渠江流域，相当于四川盆地东北部的山地。广汉处于四川的中心部、成都的东方，包括遂宁、射洪、盐亭在内的地区，相当于涪江中下游流域、梓潼河下游流域。资中位于四川的中心部、沱江的中游、成都的东南方。犍为位于四川的中心部、成都的南方，是岷江、沱江中游间所夹的平原地带，相当于包括现在眉山、乐山在内的地区。梓潼相当于涪江、梓潼河上游的山地地带。不过，"渠川""阳安"相当于现在何处仍未确定。如果"渠川"为"渠州"之误的话,可被推定为四川东北部渠江中游的渠县一带。

总之,"巴西、渠川、广汉、阳安、资中、犍为、梓潼"包含了四川的大部分地区。这样看来,"自象山以北尽为獠居"中所见的"象山"应指峨眉山。前揭史料展现出由于当时獠的迁入,出现了位于"象山"以北四川的山谷均被獠所占据的情况。

此外,《晋书》卷一二一《李势载记》中记载了与前揭《益州记》中同样的情况:

> 初,蜀土无獠。至此,始从山而出。北至犍为、梓潼,布在山谷,十余万落。不可禁制,大为百姓之患。

《资治通鉴》卷九七、晋穆帝永和二年(三四六)条记载:

> (李)势骄淫,……由是中外离心。蜀土先无獠。至是始从山出。自巴西至犍为、梓潼,布满山谷十余万落。不可禁制,大为民患。加以饥馑,四境之内,遂至萧条。

《资治通鉴》卷一四六、梁武帝天监五年(五○六)

第三章　五胡十六国南北朝时期四川地区的状况

条记载：

> 初，汉归义侯（李）势之末，群獠始出。北自汉中，南至邛、笮，布满山谷。势既亡，蜀民多东徙。山谷空地皆为獠所据。

这里可见"不可禁制，大为民患""四境之内，遂至萧条""山谷空地皆为獠所据"的记载，可以说这些情况反映出獠的迁徙给当时的四川带来了极大的影响。此外，前揭《资治通鉴》梁武帝天监五年（五〇六）条中"北自汉中，南至邛、笮，布满山谷。势既亡，蜀民多东徙。山谷空地皆为獠所据"的记载，展示了獠的迁徙超越了前述《益州记》等记载中所见的范围，甚至到达了汉中，以及邛、笮等地区，即北达现在陕西省南郑一带，南至四川省西南部西昌一带。在成汉末期的徙民阶段，獠是否已经扩展到这一区域尚难定论。然而，《周书》卷四九《獠传》中记载：

> 獠者，盖南蛮之别种。自汉中达于邛笮川洞之间，在所皆有之。

可见，也有史料记载，獠的分布范围相比此前"巴西、渠川、广汉、阳安、资中、犍为、梓潼"等地区更为广阔。

东亚古代的诸民族与国家

可以说如《南齐书》卷一五《州郡志》益州条记载的越巂獠郡（西昌附近）、沈黎獠郡（峨眉山以西的汉源附近）、东宕渠獠郡（合川附近）等郡名也展现了这一点。

总之，经过成汉末期獠的迁徙、蜀民（汉族）的东迁（"势既亡，蜀民多东徙。山谷空地皆为獠所据"，前揭《资治通鉴》卷一四六、梁武帝天监五年条），獠族在四川地区的分布扩大到了极为广泛的区域。以下《魏书》卷一〇一《蛮传》中记载了在进入五胡十六国时期后，蛮趁乱扩大了自身的分布领域，甚至迫近洛阳的南边。

> 在江淮之间，依托险阻，部落滋蔓，布于数州，东连寿春，西通上洛，北接汝颍，往往有焉。其于魏氏之时，不甚为患，至晋之末，稍以繁昌，渐为寇暴矣。自刘石乱后，诸蛮无所忌惮，故其族类，渐得北迁，陆浑以南，满于山谷，宛洛萧条，略为丘墟矣。

可以说，上述獠分布地区的扩大展现了《魏书》此条史料中所记载的南方非汉民族的扩大现象也出现在同时期的四川地区。

成汉在遭到东晋将领桓温的讨伐后灭亡。由此，处于上述这种状态的四川地区为东晋所领有，刘宋以后直到梁朝一直是南朝的领域，此后又被北朝占据。那么，在此期间各王

第三章 五胡十六国南北朝时期四川地区的状况

朝对于四川的统治状态如何呢？刘琳在题为《僚人入蜀考》的大作中探讨了有关当时僚的情况。[2]然而，刘琳的这篇论文中并没有触及宋、齐、梁各王朝统治的具体状态及其变迁过程。因此，以下将从这一视角出发，按照时代顺序依次考察刘宋、南齐、梁，以及此后北魏诸朝的统治实态。

第一节 南朝时期的四川

根据《宋书》卷三八《州郡志》益州条，刘宋时的益州领有蜀郡以下的二十九个郡与一百二十二个县。对于作为其属郡之一的越嶲郡，《宋书》卷八七《萧惠开传》中记载了孝武帝之际的情况：

> 起为持节督青冀二州诸军事辅国将军青冀二州刺史。不行。改督益宁二州刺史，持节将军如故。惠开素有大志。至蜀，欲广树经略，善于述事，对宾僚及士人说，收牂柯越嶲，以为内地，绥讨蛮濮，辟地征租。闻其言者，以为大功可立。太宗即位……

这里记载牂柯、越嶲并非"内地"，而是"蛮濮"之地。依据《宋书·州郡志》，越嶲作为益州的属郡，其领县八，户数一三四九（牂柯在当时为宁州的属郡，领县六，户数一九七〇)。尽管《州郡志》将其描述得如同稳定的郡县一样,但可以说前揭《萧惠开传》的内容反映出当时越巂郡实际上处于国家几乎无法掌控的"外地""蛮地"的状态。

当时的越巂郡处于四川西南的边境地带,从某种意义上说可能该郡处于这种状态也是理所当然的。不过,在益州内部的其他地区也可见到与此相似的情形,如《元和郡县图志》卷三一《剑南道上》简州条记载:

> 禹贡梁州之域,秦为蜀郡地。汉武帝分置犍为郡。今州即犍为郡之牛鞞县也。李雄据蜀,夷獠内侵。因兹荒废。南齐于此置牛鞞戍。隋仁寿三年(六〇三),于此置简州。

(在以下的记述中作为考察对象出现的从六朝至隋唐间的四川地名,请参照后揭獠的分布图①②。)唐代简州的州治位于今日成都东南六十千米的简阳(当时的名称为阳安)。根据前揭《宋书·州郡志》,与成都县一样,在益州州治所在蜀郡的属县中,可以见到牛鞞的县名。上述史料记载了进入南齐后当地设置了牛鞞戍,至隋仁寿三年又设置了简州。当考虑到在与獠的关系方面所具有的意义时,可以说上述史料透露出在牛鞞戍设置以前,当地为彻头彻尾的"夷獠"之地。此外,《元和郡县补志》卷四《山南道》

第三章　五胡十六国南北朝时期四川地区的状况

渠州条记载：

> 案禹贡梁州之域。……东晋末，为蛮獠所侵。地因荒废。……值李寿乱，复为诸獠所侵。郡县复废。至梁普通三年（五二二），始于汉旧县西南七十里，置北宕渠郡。大同三年（五三七），于郡治，置渠州。

唐代的渠州位于四川的东部由渠江左岸展开的山地之中，包含今日渠、广安、邻水、大竹诸县在内。上述史料记载了自东晋末开始，当地为獠所占据，进入梁代后设置了北宕渠郡、渠州的情况。总而言之，刘宋时这一地区应尚未设置郡县。此外《舆地纪胜》卷一四六、嘉定府条记载：

> 晋时为夷獠所侵。（原注：此据《元和郡县志》。大抵犍为诸郡之地，为夷獠所侵。至梁招抚之。后其地始再归王化耳。）

赵宋时的嘉定府位于今日四川的西南，相当于以乐山市为中心的地区。南朝之际犍为郡的治所位于现在四川南部的宜宾市。这里所见"犍为诸郡之地"所指并不明确。除乐山、宜宾所在岷江流域以外，汉代的犍为郡还包括东部沱江流域的泸州、内江、资阳，甚至还包括从宜宾、泸州南部延

· 375 ·

东亚古代的诸民族与国家

伸出的山地至云南昭通一带。进入魏晋时期后，该地被分割为犍为、江阳、朱提三郡。基于这一点，以上所见"犍为诸郡之地"大致应是指汉代的犍为郡。这样一来，前揭《舆地纪胜》的记载在总括了《元和郡县志》中诸记事（有关其中具体的史料将在后文讨论）的同时，指出这些地区在进入梁代后归于王化。总之，在此之前这一地区是尚未处于郡县支配的由"夷獠"占据的地方。

此外，《元和郡县图志》卷三一《剑南道上》邛州临邛县条记载：

> 本汉县也。属蜀郡。晋末李雄乱后，为獠所侵。后魏废帝二年定蜀，复于旧城置临邛县。仍置临邛郡。隋开皇三年（五八三）罢郡，以县属邛州。

邛州临邛县位于成都西南以西六十千米的邛崃。前述史料记述了此地在汉代隶属于蜀郡，西晋末李雄之乱后，獠人侵入，西魏废帝二年（五五三）该地被纳入魏的支配。由此可以推测在被魏领有之前，当地处于獠的支配下。此外，《新唐书》卷四二《地理志》剑南道真州昭德郡条记载：

> 县四。真符……。鸡川（原注：中下。先天元

第三章 五胡十六国南北朝时期四川地区的状况

年析翼水县地，开生獠置。本隶悉州，天宝元年隶翼州）。昭德（原注：下。本识曰。显庆元年，开生獠置。隶悉州。天宝元年，隶翼州）。

真州位于成都西北方约一百八十千米，相当于现在阿坝藏族羌族自治州，此地即西晋时的汶山郡地区。前揭史料说明即使在进入唐代后，当地仍存在"生"獠。

以上列举了刘宋以后的若干条史料，概观了四川獠的分布情况，由此可知贯通南朝始终，獠广泛地分布于四川，其居住地并无郡县管辖，是脱离于王朝统治外的地区。总之，本节开篇列举了《宋书·萧惠开传》中的记事，论述了当时越巂、牂柯地区处于王朝统治外的情况。在这一时期，不止上述地区，四川全境均出现了被獠占据的情况。《宋书·州郡志》等史料中明确地记载了作为益州所属郡县的蜀郡以下二十九郡与一百二十二县的名称，仿佛王朝的支配渗透到了当地行政区划的末端一样。然而，实际上当时王朝对于四川地区郡县支配的状况为：王朝的统治仅限于各个据点而已，难以贯彻对一定区域内的统治，对于当地的支配处于极不稳定的状态。

第一项 刘宋时期的四川

那么，刘宋时期就完全未曾试图重建对獠支配地区的

东亚古代的诸民族与国家

郡县统治吗？以下展开对这一问题的考察。

（1）梁益二州土境丰富，前后刺史，莫不营聚蓄。多者致万金。所携宾察，并京邑贫士，出为郡县，皆以苟得自资。（《宋书》卷八一《刘秀之传》）

（2）……言之（宋）明帝，擢（谦）为明威将军，巴东、建平二郡太守。……至郡，布恩惠之化，蛮獠怀之。（《梁书》卷五三《孙谦传》）

（3）巴州。禹贡梁州之域。……李寿时有群獠十余万，从南越入蜀，散居山谷。此地遂为獠所有。宋置归化水北二县。（《元和郡县图志》阙卷逸文卷一、巴州条）

（4）案禹贡梁州之域，……后至李特孙寿时有群獠十余万，从南越入蜀汉间，散居山谷，因斯流布，遂为所据。历代羁縻，不置郡县。至宋乃于巴岭南置归化郡。齐梁因之。（《元和郡县补志》卷五、巴州条）

（5）按《四夷县道记》云："至李特孙寿时有群獠十余万，从南越入蜀汉间，散居山谷，因流布在此地。后遂为獠所据。"历代羁縻，不置郡县。至宋乃于巴岭南置归化北水二郡。以领獠户。归化郡即今理是也。齐因之，梁置归化木门二郡。（《太平寰宇记》

第三章　五胡十六国南北朝时期四川地区的状况

卷一三九、巴州条）

（6）案本汉宕渠县（今达县西南）地。宋末于此置归化郡，以抚獠户。梁普通六年于郡治置曾口县。（《元和郡县补志》卷五《山南道》巴州曾口县条）

（7）曾口县，本汉宕渠县地。宋末于此置归化郡，以抚獠户。梁普通六年于郡理置曾口县。（《太平寰宇记》卷一三九、巴州曾口县条）

（8）曾口县，本汉宕渠县地。宋末于此至归化郡，以抚獠户。……归仁县，本汉宕渠县地。后为獠所据。宋置平州。（《元和郡县图志》阙卷逸文卷一、巴州条）

除此前已引用过的史料外，以上是笔者所见刘宋时期有关獠的全部记载。（1）中所见"梁益二州"中，刘宋时梁州的属郡包括汉中郡等十九郡，益州包括蜀郡等二十九郡。这条史料展现了与当时岭南等地区同样的现象，即当地出现了官员不法蓄财的情况。此前已论及这一地区存在大量的獠，那么，獠的存在与蓄财之间存在怎样的关联呢？有关这一点可以参考以下这条史料。《北史》卷九五《獠传》记载宋以后的情况：

（獠）与夏人参居者，颇输租赋。在深山者，仍不为编户。(萧衍的)梁益二州,岁伐獠,以裨润公私,颇藉为利……及周文平梁益之后,令在所抚慰,其与华人杂居者,亦颇从赋役。然天性暴乱,旋致扰动。每岁命随近州镇,出兵讨之。获其生口,以充贱隶。谓之为压獠焉。后有商旅往来者,亦资以为货。公卿达于人庶之家,有獠口者多矣。

总之,与刘宋以后的时代一样,这种现象很可能也发生在刘宋的梁益地区。(2)记载了明帝时期在现在的三峡地区,即重庆市奉节县、巫山县对獠进行招抚一事。(3)及其后各史料之间有一定的出入,存在难以确定之处,但这些史料大致反映出对于四川东北地区即相当于现在南江、通江合流处平昌县一带的獠进行了招抚,并设置了归化郡(县),以及其在齐梁时期的进一步扩充。

通观前述史料,可以发现这些情况与四川东北部所谓巴地间存在关联。对于这是不是仅仅由史料的偏颇所引起的,仍需进一步的讨论。然而,正如后文所述,梁代以后这一地区集中设置了郡县。基于这一点,可以推测南朝通过对獠的招抚、镇压所设置的郡县是从这一地区开始出现的。另一方面,与此后的时代相比(除南齐外),正如以上所见刘宋时有关獠的史料较少。基于这一点,可以推定这时王朝一侧尚未强有力地贯彻对四川地区进行成区域统治的方针。

第三章　五胡十六国南北朝时期四川地区的状况

第二项　南齐时期的四川

前述有关刘宋的史料（4）（"群獠十余万，从南越入蜀汉间，散居山谷，因斯流布，遂为所据。历代羁縻，不置郡县。至宋乃于巴岭南置归化郡。齐梁因之"）在记述前后时代的发展过程中言及南齐时獠的情况。除这类史料以外，有关南齐时獠的史料极为有限。《南齐书》卷二六《陈显达传》记载陈显达在担任益州刺史之际的情况如下：

益部山险，多不宾服。大度村獠，前后刺史不能制。（益州刺史）显达遣使责其租赕。

《元和郡县图志》卷三一《剑南道上》简州条记载：

禹贡梁州之域，秦为蜀郡地。汉武帝分置犍为郡。今州即犍为郡之牛鞞县也。李雄据蜀，夷獠内侵。因兹荒废。南齐于此置牛鞞戍。隋仁寿三年，于此置简州。……阳安县……后魏恭帝二年于此置阳安县。

《南齐书》卷一五《州郡志》益州条中可以见到东宕渠獠郡、越嶲獠郡、沈黎獠郡、甘松獠郡、始平獠郡等郡名，可以说这些是仅有的相关事例。其中《陈显达传》

东亚古代的诸民族与国家

中所见赕原本是蛮为赎罪向国家缴纳的货物。然而，正如《陈显达传》中所见的"租赕"那样，这一时期赕在一定程度上具有税的性质。有关这一点，笔者曾在别稿中进行了探讨。[3]大度村相当于现在四川何处尚不明确。此外，益州的治所位于成都，前揭《元和郡县图志》的史料记述了在东南方与益州相接的唐代简州的情况。根据其记载可知，南齐之际曾首先在牛鞞（今简阳市）设戍，此后又设置了州县。像这样先设置戍，在经过了此种形式的统治之后，再设置州县的过程是后代也可见到的固定模式（其他的事例将在后文阐述）。此外，《南齐书·州郡志》中所见东宕渠郡相当于现在四川西部中央的合川一带，越巂獠郡相当于现在四川西南的西昌市，沈黎獠郡相当于峨眉山西部、现在的汉源一带，始平獠郡相当于成都东北一百千米涪江中游的巴西地区即现在的三台一带。尽管甘松獠郡的位置尚未确定，但可以推测其应设置在四川北部，相当于西晋时的汶山郡一带。《南齐书·州郡志》中所见南齐统治下的各郡均记载了各自属县的名称，但上述东宕渠獠郡、越巂獠郡、甘松獠郡、始平獠郡的部分并未有关于属县的记载。唯一能见到属县的沈黎獠郡中仅有以下的内容：

蚕陵，令，无户数。

第三章　五胡十六国南北朝时期四川地区的状况

《太平寰宇记》卷八〇《剑南西道九》巂州条记载：

> ……故名越巂郡，后汉至晋宋皆因之，不朝贡。故《十道志》云："魏晋以还，蛮獠恃险，抄窃，乍服乍叛"是也。至齐，彼夷长或来纳款。因为越巂獠郡，以统之。

这里可以见到有关前述獠郡中越巂獠郡的记述，其他獠郡的情况也应大致与此相似。也就是说，当时王朝对于獠郡的支配应是通过像獠中的族长（上述记载中所见"夷长"）那样的人物进行的间接支配。

通过以上的考察可以获知有关南齐的状况。当与此前所见刘宋的情况进行对比之际，难以认为南齐对于獠统治地区的权力渗透与刘宋相比产生了本质上的变化。然而，在考虑到两者间存在细微差别的同时，去思考南齐王朝的权力向獠统治地区渗透的问题的话，可以发现其中在设置郡县、军戍（牛鞞戍）等方面，存在从刘宋时以巴地为中心至南齐时进一步向其他地区扩展之类的变化。可以从这种变化的出现推测，相比刘宋，南齐朝扩大了对獠地的统治。

第三项　梁代的四川

进入梁代后，王朝权力向獠统治地区的渗透相比宋齐时期有了大幅度的进展。《北史》卷九五《獠传》记载：

> （獠）与夏人参居者，颇输租赋。在深山者，仍不为编户。（萧衍的）梁益二州，岁伐獠，以裨润公私，颇藉为利。

像这样，史料的增加让我们得以一窥当时王朝对獠地统治的进展。以下通过其他具体的史料，按地区了解当时的进展。

首先，有关四川南部，即西晋时的江阳郡、犍为郡地区，《太平寰宇记》卷八八《剑南东道》泸州条记载：

> ……泸川县……合江县……梁于安乐溪置安乐戍于此。周武帝保定四年，改为合江县。

合江是沱江与长江合流之处，位于现在泸州市东四十千米长江北岸。前述史料记载梁在当地设置了安乐戍，该戍在周武帝时被提升为县。此外，《元和郡县图志》卷三三《剑南道下》泸州条记载合江县所属的泸州情况如下：

> 泸州……晋穆帝……。后为獠所没。梁大通初，

第三章　五胡十六国南北朝时期四川地区的状况

割江阳郡置泸川。魏置泸州，取泸水为名。

如果"大通初"是指大通元年的话，则为五二七年（大通年号共三年）。将这条史料与此前《太平寰宇记·剑南东道》泸州条中设置安乐戍的记载结合起来考虑的话，可以推测大通年间梁的统治已开始渗透至四川盆地南部的江阳郡地区。

此外，《元和郡县图志》卷三一《剑南道上》戎州条记载：

> 禹贡梁州之域，古僰国也。……今州即僰道县也。戎獠之中最有人道，故其字从人。李雄窃据，此地空废。梁武帝大同十年使先铁，讨定夷獠。乃立戎州。即以铁为刺史。后遂不改。

僰道县位于岷江与金沙江合流之处，即相当于现在的宜宾市。上述史料记载了梁武帝大同十年（五四四）在僰道县镇压夷獠，建立戎州的情况。不过，《太平寰宇记》卷七九、戎州条记载：

> （汉武帝）立犍为郡。……历后汉晋宋齐皆因之。梁大同十年于此置六同郡。以六合所同为郡之

· 385 ·

名。寻又置戎州，以镇抚戎夷也。

根据这一记载，梁最初设置了六同郡，此后设置了戎州。总之，大通初年梁朝的统治已波及江阳郡的獠地，在不到二十年后的大同十年又延伸至犍为郡。

梁朝的统治向这一地区渗透的情况也见于其他史料，即《旧唐书》卷四一《地理志》普州安岳县条：

> 汉犍为、巴郡地，资中、牛鞞、垫江三县地。李雄乱后为獠所据。梁招抚之，置普慈郡。

《太平寰宇记》卷八七、普州安岳县条记载了同样的情况：

> 李雄乱后为獠所据。梁招抚之，置普慈郡。

正如上述史料中所见到的那样，普州位于汉代的资中、牛鞞、垫江之地，即前述泸州、戎州的北方，成都西南、四川盆地正中，涪江下游右岸地区。上述史料记载了梁曾在此地招抚獠，并设置了普慈郡。《太平寰宇记》卷八七、普州条中还记载：

第三章　五胡十六国南北朝时期四川地区的状况

> 李雄乱后为獠所没。梁置普慈郡于此。梁普通中，益州刺史临汝侯，赐群獠金券镂书。其文云："今为汝置普慈郡，可率属子弟，奉官租，以时输送。"

这条史料记载了当时普慈郡的具体情况。顺便提及一下，虽然一方面这些史料展现了梁朝在当地统治的进展，但另一方面必须注意到如前揭《太平寰宇记》中所见赐予金券镂书等现象的存在，这些现象与王朝对于汉族齐民的一般统治形态之间仍存在相当大的差距。

此外，《元和郡县图志》卷三一《剑南道上》嘉州条记载：

> 禹贡梁州之域，秦为蜀郡。今州即汉犍为郡之南安县地也。后夷獠所侵。梁武陵王萧纪开通外徼立青州。遥取汉青衣县，以为名也。周宣帝二年改为嘉州。

同书卷三二《剑南道中》眉州条记载：

> 禹贡梁州之域，在汉即犍为郡武阳县之南境。梁太清二年（五四八），武陵王萧纪，开通外徼，于此立青州。取汉青衣县为名也。后魏废帝二年平蜀，改

东亚古代的诸民族与国家

青州为眉州。因峨眉山为名也。

前一条史料中的嘉州相当于现在的乐山,后一条史料中的眉州位于其北方,是设置于眉山的州。

本项中通过列举史料所考察的泸州、戎州、普州、嘉州、眉州地区是西晋时的江阳郡、犍为郡之地,即汉代的犍为郡北部区域。通过以上的考察可知,在进入梁代后,王朝的统治开始逐渐渗透至已成为獠地的这一区域。《舆地纪胜》卷一四六、嘉定府条开篇述及:

晋时为夷獠所侵。(原注:此据《元和郡县志》。大抵犍为诸郡之地,为夷獠所侵。至梁招抚之。后其地始再归王化耳。)

这一记载印证了前述的观点。

可以确定在四川南部以外的地区,梁朝统治向獠地的渗透也获得了进展,以下再来看有关四川东部的相关情况。《元和郡县图志》阙卷逸文卷一、壁州条记载:

本汉宕渠县地。李雄乱后,为夷獠所据。梁末其地内属。

第三章　五胡十六国南北朝时期四川地区的状况

壁州位于四川东北部巴河上游通江的沿岸、巴中以西五十千米处，即此前所考察的刘宋时归化郡地区的东部。同书同卷、集州条记载：

> 本汉宕渠县地。晋自李特窃据，至李寿时，夷獠散居其地。梁武帝大同中于此立东巴州。

集州与壁州西北邻接，南接刘宋时曾设置有归化郡的巴州（巴中地区），位于以现在南江县为中心的汉中与蜀的交界地带。此外，《元和郡县补志》卷五《蓬州》良山县条记载：

> 案本汉宕渠县地。东晋李势时，为獠所据。……獠恃岭固，常怀不轨。至梁大同元年（五三五），始分宕渠之地，置安固县。

蓬州北接设置有归化郡的巴州，为嘉陵江、渠江所夹的地区。此外，《元和郡县补志》卷四、渠州条记载：

> 案禹贡梁州之域。……东晋末，为蛮獠所侵。地因荒废。……值李寿乱，复为诸獠所侵。郡县复废。至梁普通三年（五二二），始于汉旧县西南七十里，

置北宕渠郡。大同三年（五三七），于郡治，置渠州。

《太平寰宇记》卷一三八、渠州条记载：

> 禹贡梁州之域。……东晋末，为蛮獠所侵。因而荒废。……李寿乱后，地为诸獠所侵。郡县悉废。宋又自汉宕渠县，移郡理安汉故城。梁初又省。普通三年，又于汉宕渠县西南七十里，置北宕渠郡。即今州理是也。大同三年于郡理，置渠州。后魏文帝十三年，其地内属。

渠州位于渠河中游，即以现在渠县为中心的地区，在其西北与蓬州相接。此外，有关渠州的邻山县，《元和郡县图志》阙卷逸文卷一、渠州邻山县条记载：

> 邻山县，本汉宕渠县地。自晋至齐并为夷獠所据。梁大同三年于此置邻山县。

综合以上有关梁代四川东部的史料可知，刘宋在巴州之地设置归化郡后，至梁代特别是普通、大同年间，王朝对獠地的统治进一步发展，并新设置了州郡县。在这种情

第三章　五胡十六国南北朝时期四川地区的状况

况下，应当注意到当时王朝统治扩展至刘宋时设置了归化郡的巴州周边地区（参见本章后揭橥的分布图①）。

有关巴地还想补充以下一点，《陈书》卷九《侯瑱传》记载梁末的情况如下：

> 侯瑱，字伯玉，巴西充国人也。父弘远，世为西蜀酋豪。蜀贼张文萼据白崖山，有众万人。梁益州刺史鄱阳王萧范命弘远讨之。……因事范。范委以将帅之任。山谷夷獠不宾附者，并遣瑱征之。……侯景围台城。……

身为益州刺史的萧范是一位大力推进讨伐夷獠的人物。不过，上述史料记载了当时对夷獠的讨伐是通过"酋帅"进行的。正如此前发表的拙稿中所考证的那样，六朝时期，在蛮与汉之间存在地方上进行统治的蛮汉豪族，王朝借助这些势力的力量来扩大自身的统治。[4]根据上述史料可以推测当时的巴地也存在这样的状况。《元和郡县图志》卷三一《剑南道上》邛州条记载：

> 禹贡梁州之域，秦为蜀郡地。今州即蜀郡之临邛县地也。宋及齐梁不置郡县。唯豪家能服獠者，名为保主，总属益州。梁益州刺史萧范于蒲水口，立栅为

城，以备生獠。名为蒲口顿。武陵王萧纪于蒲口顿，改置邛州。南接邛来山，因以为名。

《太平寰宇记》卷八四、龙州条记载：

晋于此置平武县。宋齐皆因之。至梁有杨李二姓，最为豪族，乃分据其地。《周地图记》云江油帅杨李二姓，各自称藩于梁。至后魏武帝，得其地，置江油郡。西魏废帝二年定蜀，于此立龙州。

前一则史料所见邛州即临邛县，相当于现在成都西南六十千米的邛崃。这条史料记载了在前述《陈书》卷九《侯瑱传》中所见侯瑱父侯弘远活跃的同一时期，王朝借助本地豪强的力量，维持在当地统治的情形。与侯弘远被命令讨伐夷獠的情况相同，益州刺史萧范建立了蒲口顿，用以防备生獠。此外，后一条史料中的龙州位于涪江上游现在的江油市，这反映出梁的统治依赖于当地杨李二姓的力量得以维持。正如此前所探讨的那样，由于当时这一地区也居住着獠，当地发生了与前一则史料中同样的防御、征伐獠的情况。总之，笔者认为在原先的巴地上王朝通过豪强的统治实现了自身权力的渗透，这一观点也可以从当时其他地区这类势力的存在中获得印证。

第三章　五胡十六国南北朝时期四川地区的状况

獠的分布图①

本图基于唐代开元年间剑南道北部、山南西道各州的设置绘成。图中重叠标记了在本章所考察的各时代中，涉及对獠的讨伐、招抚而设置的州郡县戍等区划的名称，时代的下限为西魏。其中粗线表示道的范围，细线表示州的范围。

以上阐明了相比此前的刘宋、南齐，梁大规模地推进了王朝权力向四川南部和东部獠地的渗透。不过，与此同时正如前揭《元和郡县图志》卷三一《剑南道上》邛州条记载中所见到的那样，即使在进入了梁代后，作为蜀中心的成都周边仍存在"生"獠，甚至还出现了王朝设置屯戍以防备这些生獠的状况（"立栅为城，以备生獠。名为蒲口顿"）。可以说在思考这一时期四川的民族问题时，需要注意到上述这一情况。

第二节　北朝时期的四川
——北魏、西魏时期的四川

本节笔者将以獠的问题为中心，考察北朝对四川实施的统治形态。

众所周知，经过侯景之乱，南朝逐渐衰落，荆州及本章探讨的四川地区为北朝所领有。对于南北朝来说，掌控四川地区在军事上具有极为重要的意义。因此，华北政权从很早开始就企图攻占四川。《元和郡县图志》卷三一《剑南道上》四川节度使、成都府条记载从五胡十六国至南北朝时期四川的历史概况为：

惠帝时，李雄窃据。桓温讨平之。简文帝时，苻

第三章 五胡十六国南北朝时期四川地区的状况

坚遣将邓羌、杨安伐蜀。益州并没于秦。孝武太元八(三八三)年平蜀。安帝时,谯纵又据益州叛。朱龄石讨平之。至梁,武陵王萧纪窃号于蜀。其兄湘东王绎讨之,斩于白帝。西魏废帝二年(五五三),地并入于魏,益州置总管。至周并省,郡与州同理成都。隋开皇二年,置西南道行台。大业三年罢州为蜀郡。

四川一度为前秦所占领,但正如众所周知的那样,其统治延续的时间并不长。继前秦之后,统一了华北的北魏基于自身的稳固,逐渐将势力扩大到了四川地区。最终于西魏废帝二年,四川全境被北魏东西分裂后形成的西魏领有。本节将考察北魏、西魏占领四川的过程,以及北周、隋领有四川以后对僚实施的具体政策。

魏在梁益地区的扩张始于北魏宣武帝正始元年(五〇四)闰十二月,身为梁朝行梁州事的夏侯道迁举汉中内附的事件。北魏将当地纳入自身统治之后,派遣邢峦占领了剑阁所在的要地南安及其西南的梓潼,进而逼近与成都仅有咫尺之遥的涪城。《魏书》卷六五《邢峦传》所收录的上表从一个方面展现了上述的事态:

> 蜀之所恃,唯剑阁。今既克南安,已夺其险,据彼界内,三分已一。……今王足(邢峦麾下的将军)

前进，已逼涪城。脱得涪城，则益州便是成擒之物，但得之有早晚耳。且梓潼已附，民户数万，朝廷岂得不守之也。

北魏在领土上的扩张意味着其同时也将梁益地区的大量獠族置于自身的统治之下。有关这一点，《北史》卷九五《獠传》记载：

> 朝廷以梁益二州控摄险远，乃立巴州以统诸獠。后以巴酋严始欣为刺史。又立隆城镇，所绾獠二十万户。彼谓北獠。岁输租布，又与外人交通贸易。巴州生獠并皆不顺。其诸头王每于时节谒见刺史而已。

尚难以确定这条史料中的隆城镇相当于现在的何处。不过，由于其中的巴州相当于现在的巴中，因此将隆城镇认作巴中或其周边地区应没有问题。当时被任命为巴州刺史的巴酋严始欣究竟是獠族还是汉族尚不明确。然而，《魏书·邢峦传》中记载巴州的情况如下：

> 又巴西南郑相离一千四百，去州迢递，恒多生动。昔在南之日，以其统绾势难，故增立巴州，镇静夷獠。……彼土民望，严、蒲、何、杨，非唯五三，

第三章　五胡十六国南北朝时期四川地区的状况

族落虽在山居，而多有豪右。文学笺启，往往可观。冠带风流，亦为不少。

根据这一记载，严始欣很可能并不属于獠。不过，其被采用"巴酋"一词来指称，现实中应统管着众多的獠。如果考虑到这一点的话，将其视为"蛮族"化的豪强应无大过。关于这里的巴酋严始欣，继前揭《北史》的记载之后还有以下内容：

孝昌初……。时梁南梁州刺史阴子春扇惑边陲，始欣谋将南叛。始欣族子恺时为隆城镇将。密知之，严设逻候，遂禽梁使人，并封始欣诏书、铁券、刀剑、衣冠之属，表送行台。……始欣乃起众攻恺，屠灭之，据城南叛。梁将萧玩，率众援接。

正如上述的记载，这一地区在此后也成为南北对抗的舞台。这里的巴州地区与此前考察的刘宋设置的归化郡等地区相重合。基于这一点，刘宋在四川地区首先于这里建立起郡县统治的意味就非常明确了，即可以推测出于对抗北朝的原因，刘宋认为有必要控制作为南北对立下西部前线的北巴地区。

正如本节开篇所引用《元和郡县图志》中的记载，

西魏废帝二年（五五三）南北朝在四川的对抗画上了句号。当时，江南正处于侯景之乱所引起的混乱局面。大宝三年（五五二）三月侯景之乱平定后，身处成都担任都督梁益等十三州诸军事、益州刺史、征西大将军的梁武帝第八子武陵王萧纪于四月乙巳僭号，将年号从太清改为天正。八月，其亲自率军东下，企图占领荆州（《梁书·本纪》，不过同书卷五五《武陵王纪传》中作四月）。当时，镇守荆州江陵的武帝第七子湘东王萧绎（此后的元帝）为此深感忧惧，于是向西魏请求援助，希望其从背后讨伐蜀。对此，西魏以尉迟迥为总督，制订了伐蜀的计划，并于翌年的西魏废帝二年三月出兵。武陵王令其南凉州刺史言焦淹回师，并与益州刺史萧㧑尽力组织防守。不过，至八月戊戌，成都最终失陷（《周书》《梁书·本纪》，以及《周书》卷二一《尉迟迥传》）。此后，西魏积极地展开了对蜀的治理。从其与本章考察的獠的关系来看，西魏的治理结束了成汉以来形成的獠的有效统治，进一步推进了梁以后逐渐恢复的对四川地区的郡县支配体制。以下将具体探讨这种动向所波及的地区及其发生的形态。

《元和郡县图志》卷三二《剑南道中》雅州条记载：

> 禹贡梁州之域。秦灭蜀为郡。即严道县也。李膺记曰："自晋永嘉崩离，李雄窃据，此地荒废，将二

第三章　五胡十六国南北朝时期四川地区的状况

十纪，夷獠居之。"后魏废帝二年，置蒙山郡于此。

雅州位于成都的西南，是以现在雅安为中心的地区，即西晋时的汉嘉郡。前述史料记载了这一地区在被李雄窃据后，历经二十纪即二百四十年之久的"荒废"，成为夷獠所据之地，最终在进入西魏废帝二年后，设置了蒙山郡。《旧唐书》卷四一《地理志》剑南道、雅州严道县条记载：

> 晋末大乱，夷獠据之。后魏开生獠于此置蒙山郡，领始阳蒙山二县。

这里记载了当时还设置有始阳、蒙山二县的情况，并且这个郡是开"生"獠所置。这一点显示出晋末以后，王朝的统治完全未能延伸至这一地区，直到设置蒙山郡时王朝的统治才开始波及此地。《太平寰宇记》卷七七《剑南西道》雅州条更为具体地记载了设置蒙山郡的情况：

> 李膺记云："晋永嘉分崩，李雄窃据，此地芜废将二十纪。夷人侵轶，獠又间之。公私路绝，无可推访。"后魏废帝二年，始更招遗民，渐垦植。因侨立蒙山郡于此，领始阳、蒙山二县，属邛州。自后人户

稍繁，田赋有叙。

这条史料展现了以下几点：当地的"荒废"并不仅仅是因为獠，也是由夷（羌）造成的；当地公、私两类道路曾被切断，与汉地处于完全断绝的状态；在进入西魏时期后，当地通过招募移民获得了开发。

位于成都西南相比雅州更为接近成都的临邛之地即西晋时蜀郡的临邛县。有关这一地区，《元和郡县图志》卷三一《剑南道上》邛州临邛县条记载：

> 本汉县也。属蜀郡。晋末李雄乱后，为獠所侵。后魏废帝二年定蜀，复于旧城置临邛县。仍置临邛郡。隋开皇三年罢郡，以县属邛州。

这里记载了西魏平定蜀后，于旧城设置了临邛县。此外，同书同卷、邛州依政县条记载：

> 本秦临邛县地。后魏于此置依政县，属蒲阳郡。隋开皇三年罢郡，以县属邛州。

同样设置的新县还可见于邛州的属县临溪县、火井县、蒲江县条的记载（临溪县条记"本秦临邛县地。后

第三章　五胡十六国南北朝时期四川地区的状况

魏恭帝于此置临溪县，属蒲原郡"；火井县条记"本秦临邛县地。后魏于此置县，属雅州"；蒲江县条记"本秦临邛县地。后魏恭帝置广定县。隋仁寿元年，改广定为蒲江县"）。此前在考察梁代的情况时，笔者探讨了以下这条史料。《元和郡县图志》卷三一《剑南道上》邛州条：

> 禹贡梁州之域，秦为蜀郡地。今州即蜀郡之临邛县地也。宋及齐梁不置郡县。唯豪家能服獠者，名为保主，总属益州。梁益州刺史萧范于蒲水口，立栅为城，以备生獠。名为蒲口顿。武陵王萧纪于蒲口顿，改置邛州。南接邛来山，因以为名。

在此之后，《元和郡县图志》记载：

> 领依政一县。

根据这一记载可以得知，梁以前通过"保主"统治了邛州地区的蒲口顿，武陵王萧纪在设置邛州之际，邛州的领县仅有依政县一县；设置依政县的地方也并非曾经依政县的旧城，而是建在蒲水口的蒲口顿。总之，西魏平定蜀后，依政县从蒲口之地移至曾经的旧城，并且新设置了临溪、火井、蒲江三县。可以说这一点展示出与梁代相比，王朝的统治在这一与成都邻接的地区中获得了更进一步的发展。

比邻成都东南的简州、南方的眉州及陵州同样出现了这样的现象。以下史料展现了相关情况。《元和郡县图志》卷三一《剑南道上》简州平泉县条记载：

> 本汉牛鞞及符县地。后为夷獠所居。后魏恭帝二年，于此置婆闰县属益州。

唐代的简州邻接益州，其治所位于现在距成都五十千米的简阳。有关简州，《元和郡县图志》卷三一《剑南道上》简州条记载：

> 禹贡梁州之域，秦为蜀郡地。汉武帝分置犍为郡。今州即犍为郡之牛鞞县也。李雄据蜀，夷獠内侵。因兹荒废。南齐于此置牛鞞戍。隋仁寿三年（六〇三），于此置简州。……阳安县……后魏恭帝二年，于此置阳安县。

基于上述记载可知，对于这一地区，西魏进一步扩展了在南齐时以牛鞞戍为据点的统治。此外，《元和郡县图志》卷三二《剑南道中》眉州青神县条记载：

第三章　五胡十六国南北朝时期四川地区的状况

> 青神县，本汉南安县地。李雄之后，夷獠内侵。西魏恭帝，遂于此置青衣县，属眉州之青城郡。

这里记载了眉州地区青衣县的设置。眉州与益州毗邻，其治所位于现在成都西南七十五千米的眉山。同书卷三二《剑南道中》眉州条记载：

> 禹贡梁州之域，在汉即犍为郡武阳县之南境。梁太清二年（五四八），武陵王萧纪，开通外徼，于此立青州。取汉青衣县为名也。后魏废帝二年平蜀，改青州为眉州。因峨眉山为名也。

青衣县的设置承接了梁武陵王萧纪时的"开通"政策。此外，《周书》卷二八《陆腾传》记载：

> 魏恭帝三年……陵州木笼獠恃险粗犷，每行抄劫，诏腾讨之。獠既因山为城，攻之未可拔。腾遂于城下多设声乐及诸杂伎，示无战心。诸贼果弃其兵仗，或携妻子，临城观乐。腾知其无备，密令众军俱上。诸贼惶惧，不知所为。遂纵兵讨击，尽破之，斩首一万级，俘获五千人。

这里记载了对陵州木笼獠的征讨。陵州与益州相邻，其治所位于现在成都以南七十五千米的仁寿。

通过以上的考察可以看出，西魏平蜀后，继续了南朝以来的措施，进一步扩大了对成都周边地区的统治。特别是该地区的这种动向均是在废帝之后的恭帝时出现的，这暗示伴随着蜀的中心成都的陷落，西魏的统治确实获得了发展。

此外，《旧唐书》卷四一《地理志四》剑南道普州安岳县条记载：

> 汉犍为、巴郡地，资中、牛鞞、垫江三县地。李雄乱后为獠所据。梁招抚之，置普慈郡。

梁代在简州设置了普慈郡。《元和郡县图志》卷三一《剑南道上》资州条记载：

> 禹贡梁州之域，秦并蜀为蜀郡。在汉即犍为郡资中县地也。李雄之乱，夷獠居之。后魏废帝二年，析武康郡之阳安县，置资州。

正如以上所记载的那样，在陵州东方的沱江中游流域，邻接普州设置了资州。可见，西魏的统治确实在不断

第三章　五胡十六国南北朝时期四川地区的状况

地渗透。

顺便提及一下,《太平寰宇记》卷八四《剑南东道三》龙州条记载:

> 晋于此置平武县。宋齐皆因之。至梁有杨李二姓,最为豪族,乃分据其地。《周地图记》云江油郡杨李二姓,各自称藩于梁。至后魏武帝,得其地,置江油郡。西魏废帝二年定蜀,于此立龙州。

这里所见的龙州指位于四川北部涪江上游从龙门山中的平武县到江油县的地区。其中的"后魏武帝"是指宣武帝还是孝武帝尚难确定。尽管如此,可以说这条记载同样是一则展现了与梁相比西魏的统治获得进一步发展的事例。

第四章
北朝后期四川地区的状况
——以民族问题为中心

前　言

　　笔者在此前发表的《五胡十六国南北朝时期四川地区的状况——以民族问题为中心》[1]（前章）一文中，考察了在五胡十六国时期的成汉末年流入四川的獠族给该地区带来的影响，并指出其对四川全境所造成的影响之巨大，四川内部的很多地区成为脱离王朝支配的"獠地"。此外，拙稿还探讨了这种形势在南朝梁代发生了显著的转变，梁平定了"獠地"，并在此设置镇戍、州县，恢复王朝的统治；并且阐明了这种趋势在梁以后征服四川的北魏、西魏之际得到了延续。本章将作为前篇论文的续篇，采用与前章相同的视角来考察继西魏之后北周以降四川地区的状况。

第四章 北朝后期四川地区的状况

第一节 北周时期的四川

西魏废帝二年（五五三）蜀地被北朝领有，前章已具体考察了西魏对獠地进行统治的进展情况。《北史》卷九五《獠传》记载：

> 梁益二州，岁伐獠，以裨润公私，颇藉为利。……及周文平梁益之后，令在所抚慰，其与华人杂居者，亦颇从赋役。然天性暴乱，旋致扰动。每岁命随近州镇，出兵讨之。获其生口，以充贱隶。谓之为压獠焉。后有商旅往来者，亦资以为货。公卿达于人庶之家，有獠口者多矣。

从西魏至北周，向獠课税，以及在"压獠"这一表述中所见到的獠的贱隶化趋势不断发展。不过，在獠的贱隶化背后，《周书》卷四九《獠传》中有如下记载：

> （獠）递相掠卖，不避亲戚。被卖者号叫不服，逃窜避之。乃将买人指拟捕逐，若追亡叛。获便缚之。但经被缚者，即服为贱隶，不敢更称良矣。

东亚古代的诸民族与国家

这条史料中所见"不敢更称良"的表述至关重要,这是因为基于文中"买人"指的是汉人,"不敢更称良"的表述暗示在被"缚"以前獠的身份原本为"良"。由此可以看出,原本非良非贱的獠在北周朝被作为良来对待,成为国家的正式成员。如此一来,在思考当时国家身份制度的形态,以及獠的汉化等方面之际,可以说上述的情况中蕴含着非常重要的问题(有关这一点,笔者已在别稿中进行了考察[2])。

前章考察了南朝、西魏时的相关情况。那么,北周对于獠的支配在四川各地是如何展开的呢?在认识到前章所得结论的同时,以下将考察这一问题。《元和郡县图志》卷三二《剑南道中》嶲州条记载:

> 本汉南外夷獠,秦汉为邛都国。秦尝攻之,通五尺道。……魏晋已还,蛮獠恃险,抄窃,乍服乍叛。周武帝天和三年(五六八)开越嶲地,于嶲城置严州。隋开皇六年(五八六)改为西宁州,十八年改为嶲州。皇朝(唐)因之。

同书同卷记载嶲州属县苏祁县的情况如下:

> 苏祁县……本汉旧县,属越嶲郡。后陷夷獠。周

第四章　北朝后期四川地区的状况

武帝重开越巂，复立苏祁县。

同书同卷同条记载同样属于巂州的昆明县的情况如下：

> 昆明县……本汉定筰县也。属越巂郡。去县三百里，出盐铁。夷皆用之。汉将张嶷杀其豪率，遂获盐铁之利。后没蛮夷。周武帝立定筰镇。凡言筰者，夷人于大江水上置藤桥，谓之筰。其定筰、大筰皆是近水置筰桥处。

巂州为魏晋时的越巂郡，其治所位于现在的西昌。笔者在别稿中已经考察了魏晋时期张嶷讨伐苏祁县、定筰县等地区，并将其纳入蜀汉统治下的情况（本篇第二章）。前述史料展现了这一地区在魏晋后成为蛮獠之地，并在进入北周武帝的时代后再次被纳入王朝的统治之下。在前章的考察中笔者曾指出南齐在巂州地区设置了越巂獠郡，基于这一点，并不能说南朝时王朝的统治完全未能触及这一地区。然而，不论其统治是以怎样的形态施行的，正如"獠郡"这一称谓，以及昆明条"汉将张嶷杀其豪率，遂获盐铁之利。后没蛮夷。周武帝立定筰镇"的记载中所见到的那样，其统治形态与由国家实施的直接统治间存在较大的差距。此外，北周武帝在当地设置了"镇"(定笮镇),这一点展现出在当地首先实施的是军政。前章探讨了在简州之前南朝齐曾设置了牛鞞戍、在泸州之前梁朝曾设置了安乐戍、在邛州之前曾设置了蒲水顿等情况。可以看出与上述这些情况相同的现象也出现在了巂州地区。

此外,《元和郡县图志》卷三三《剑南道下》陵州条记载:

> 陵州,禹贡梁州之域。秦为蜀郡地。在汉即犍为郡之武阳县之东境也。晋孝武帝太元中,益州刺史毛璩置西城戍,以防盐井。周闵帝元年又于此置陵州,因陵井以为名。陵井者,本沛国张道陵所开。故以陵为号。晋太元中,刺史毛璩乃于东西两山筑城,置主将防卫之。后废陵井,更开狼毒井。今之煮井是也。居人承旧名,犹曰陵井,其实非也。……管县五,仁寿、贵平、……仁寿县……陵井,纵广三十丈,深八十余丈。益部盐井甚多,此井最大。以大牛皮囊盛水,引出之役作甚苦,以刑徒充役。中有祠,盖井神。

《舆地纪胜》卷一六七《潼川府路》富顺监古迹、金川庙条记载:

第四章 北朝后期四川地区的状况

《九域志》云："盖盐井神也……"……井主梅泽神姓梅。梅本夷人。在晋太康元年，因猎，见石上有泉，饮之而咸。遂凿石至三百尺。咸泉涌出，煎之成盐。居人赖焉。梅死，官为立祠。伪蜀封金川王。

前一则史料记载了为防卫蜀地的盐井，国家设置了"戍"的情况；后一则史料记载的是"夷"发现了盐井（根据后一则纪事，此后该夷人被奉为神来祭祀）。此前所引《元和郡县图志》中有"汉将张嶷杀其豪率，遂获盐铁之利。后没蛮夷"的记载。此外，《三国志》卷四三《张嶷传》中记载：

定笮、台登、卑水三县去郡三百余里，旧出盐铁及漆，而夷獠久自固食。嶷率所领夺取，署长吏焉。

前章考察了王朝再次设置郡县，以及将这一地区作为对抗北朝前线基地的问题。本章开篇也曾指出对獠口的掠夺，以及对獠课税等情况。综合以上这些史料来看，可以推测除了上述前章、本章中所探讨的方面之外，当时国家在当地的军事统治同时也是为了获取獠人所拥有的盐井等生产资源，或保护盐井免受獠人的侵扰。

另一方面，上述巂州的北部与黎州相接，有关黎州

《元和郡县图志》卷三二《剑南道中》黎州条中记载：

> 管羁縻州五十七，并蛮夷部落大首领主之。

《太平寰宇记》卷七七《剑南西道六》黎州条记载：

> 汉为沈黎郡之地。宋齐以来，并于此为沈黎郡。后周破羌夷，得此土，因立黎州。隋初……西至廓清县一百八十里。其城西临大渡河，河西则生羌蛮界。……东南至粟蛮部落二百里。……风俗：蕃部蛮夷混杂之地，元无市肆，每汉人与蕃人博易，不使见钱。汉用紬绢茶布。蕃部用红椒盐马之类。

黎州即南齐时设置了沈黎獠郡的地方。根据上述史料，北周设置了黎州。不过，这条记事同时也反映出在进入隋代以后，该州又被废弃，并设置了镇，与此同时当地设置了大量的羁縻州，以及当地蛮汉之间存在实物交易等情况。从这些情况可以看出，当时尽管国家在黎州地区设置了州，但其统治绝非处于稳定的状态。

以上是有关北周时成都西南方向各地区的情况，以下再来看一下与上述地区相邻的成都南方及东南方的眉州、嘉州、资州、泸州的情况。《元和郡县图志》卷三二《剑

第四章 北朝后期四川地区的状况

南道中》眉州洪雅县条记载：

> 本（南齐的）齐乐郡之南境也。自晋迄宋，夷獠有其地。周武帝攘却夷獠，立洪雅镇。隋开皇十三年（五九三），改洪雅为丹棱县。

正如在前章中已经探讨过的那样，梁代武陵王萧纪讨伐獠并设置了青州，其在西魏时被改称为眉州。上述史料记载了北周在眉州的管县（通义、彭山、丹棱、青神、洪雅）中的洪雅地区击退獠设置镇的情况。前章也曾指出青神县同样是在击退獠后于西魏时期设置的县。此外，通义、彭山、丹棱地区也是在魏周时期设置的县（参照《元和郡县图志》卷三二、《太平寰宇记》卷七四等）。将这一点与眉州是通过梁武陵王纪"开通外徼"而形成州的建置结合起来考虑的话，尽管在通义、彭山、丹棱三县建置的记载中并不见当地为"獠"地的直接记述，但可以认为这些地区与同为眉州属县的青神、洪雅两县均曾为獠地，并在此后设置了郡县。这一点还显示出当时国家对于眉州的统治是逐渐渗透而成的。《太平寰宇记》卷七四《剑南西道三》眉州洪雅县条记载了与此前所见《元和郡县图志》中同样的内容，在其后继续记载：

东亚古代的诸民族与国家

> 夷獠誓碑，在县市中。

这里显示出当时王朝与獠之间达成了一定的约定，并以碑的形式在市中公示。

此外，《元和郡县图志》卷三一《剑南道上》嘉州龙游县条记载：

> 龙游县……本汉南安县地。周武帝保定元年（五六一）于此立平羌县。……以隋将伐陈，理舟舰于此。

嘉州是包括现在乐山在内的地区。上述史料记载在龙游县之地设立了平羌县，并为伐陈在当地建造舰船。有关平羌县，同书同卷、嘉州平羌县条记载：

> 平羌县……本汉南安县地。周武帝置平羌县。……隋开皇四年（五八四）改州理平羌县为峨眉县，仍于今县东六十里，别立平羌县。大业十一年（六一五）夷獠侵没，移于今理。

由此可见平羌县处于与獠交战的前线位置。同样的记载也见于《太平寰宇记》卷七四《剑南西道三》嘉州平羌县条：

第四章 北朝后期四川地区的状况

周保定元年（五六一）置平羌县。因平羌山为名，属平羌郡。隋开皇三年罢郡，以县属嘉州。仁寿元年（六〇一）獠叛。

有必要注意到当时对四川夷獠的压制与伐陈这一关系到整个中国政治局势的事态间存在联动关系。

此外，《元和郡县图志》卷三一《剑南道上》资州盘石县条记载：

> 本汉资中县地。后为夷獠所居。周武帝于汉资中故城，置盘石县，属资中郡。隋开皇三年罢郡，属资州。

同书同卷、资州内江县条记载：

> 本汉资中县地。后汉分置汉安县。李雄之后，陷于夷獠。周武帝天和二年（五六七）于中江水滨置汉安戍。其年改为中江县，属资中郡。隋文帝避庙讳，改为内江县。属资州。

同书同卷、资州资阳县条记载：

> 本汉资中县地。属犍为郡。李雄乱蜀，县荒废。

后魏废帝二年（五五三）始通巴蜀，开拓资中。周明帝于资中县置资阳县，因资水为名。

这里记载了西魏时设置的资州至此后的北周时又设置了戍、县的情况。《周书》卷二八《陆腾传》中记载了在设置州县时王朝与獠之间展开激烈对抗的情形：

（保定）二年（五六二）资州盘石民反，杀郡守，据险自守。州军不能制。腾率军讨击，尽破斩之。而蛮獠兵及（反？），所在蜂起。山路险阻，难得掩袭。腾遂量山川形势，随便开道。蛮獠畏威，承风请服。所开之路，多得古铭，并是诸葛亮桓温旧道。是年，铁山獠抄断内江路，使驿不通。腾乃进军讨之。……（獠）应时奔溃，一日下其三城。斩其魁帅，俘获三千人，招纳降附者三万户。

此外，《太平寰宇记》卷八八《剑南东道七》泸州条记载位于上述所见资州西南泸州的属县情况如下：

……泸川县……地多瘴气……合江县……梁于安乐溪置安乐戍于此。周武帝保定四年，改为合江县……

第四章 北朝后期四川地区的状况

由此可见，梁在当地设置了安乐戍，西魏时在泸州所在地区的州县支配体制取得了切实的进展，安乐戍被改为合江县。

从以上的史料中可以看出，尽管该地区曾长期为獠地，但梁、西魏相继在此设置了新的州县、镇戍，北周又进一步加强了对此地的统治。不过，另一方面，前述史料群也展现出在这种统治推进的过程中獠一侧也进行了强烈抵抗。这一点同样是在思考这一时代民族问题之际必须注意的方面。

此外，《资治通鉴》卷一七〇《陈纪四》临海王光大二年（五六八）十一月条记载北周武帝时的情况如下：

> 周梁州恒稜獠叛。（胡注：文表既平獠，遂置为蓬州……）总管长史南郑赵文表讨之。……（胡注：蓬州，本汉宕渠之地。李势时为獠所据。萧齐立归化郡。梁置安固县及伏虞郡。后周置蓬州。因蓬山而以为名也。）

这里记载了蓬州的设置。《周书》卷一五《李辉传》记载：

> （李辉）建德元年（五七二）出为总管梁洋等十

州诸军事、梁州刺史。时渠蓬二州生獠，积年侵暴。辉至州绥抚，并来归附。玺书劳之。

《周书》卷三九《辛昂传》记载：

（辛昂）俄转通州刺史。昂推诚布信，甚得夷獠欢心。

《隋书》卷四八《杨文思传》记载：

（杨文思于北周武帝）天和初，治武都太守。十姓獠反，文思讨平之，复治翼州事。

以上这些是除此前已考察的成都西南方、南方、东南方各地区獠的事例以外的北周时期的相关史料。其中，蓬州是属于山南西道中部的州，继此前设置归化郡的浪潮之后，梁在此设置了安固县。渠州是梁代设置的北宕渠郡，随后梁在此设置了渠州，以及其属县邻山县。通州与蓬州、渠州相邻，同样是梁在此地设置了东巴州。上述有关武都的记述涉及本章所考察四川之外的甘肃南部地区的獠。北周时关于这些地区的獠的记述并不多。前述《周书·李辉传》的记载中可以见到"生獠"这一表述。此

第四章 北朝后期四川地区的状况

外,《太平寰宇记》卷一三九《山南西道七》蓬州条记载作为现阶段考察对象的这一地区中蓬州的风俗如下:

> 风俗:杂以獠户。

在北朝之后的赵宋时期也可见到上述这样的记载。因此,并不能轻易地断定这一地区的獠实现了汉化,以及相比此前北周时期獠在人口中所占的比重有所下降。正如以上所见的那样,这一时代的相关史料偏向于记载成都的西南方、南方、东南方各地区。形成这种现象的原因在于王朝加强了对这一地区的统治,而獠的反抗也随之增强。

第二节 隋代的四川

在隋代有关獠的记载中,可以列举出以下这些不限于梁益地区中某一具体地点,记载了有关獠状况的史料。

(1)《隋书》卷二九《地理志》梁益条记载:

> 傍南山杂有獠户,富室者颇参夏人为婚,衣服居处言语,殆与华不别。

东亚古代的诸民族与国家

（2）《隋书》卷二九《地理志》梁益条记载：

又有獽狿蛮賨。其居处风俗，衣服饮食，颇同于獠，而亦与蜀人相类。

（3）《隋书》卷二九《地理志》梁益条记载：

其边野富人，多规固山泽，以财物雄役夷獠，故轻为奸藏，权倾州县。

（4）《隋书》卷四六《苏沙罗传》记载与蜀王杨秀的恶行相关的记事：

"……又调熟獠，令出奴婢。沙罗隐而不奏。"由是除名。

（5）《北史》卷九五《獠传》：

獠者，盖南蛮之别种。自汉中达于邛笮川洞之间，所在皆有。

（1）与（2）中所见的"夏人""蜀人"应指的是汉

第四章 北朝后期四川地区的状况

人。这样一来，可见当时存在已实现了相当程度汉化的獠，其中还出现了与汉人结成婚姻关系的富裕獠人。(3)中所见的"富人"正与这种獠存在一定联系，是在獠地上成为豪强的人。笔者在别稿中考察过此类豪强。[3] 根据(4)中的记载，在隋代，将熟獠作为奴婢来征调被视为违法的行为。前章开篇列举的《周书·獠传》指出当时獠已经被作为良来对待，(4)的记载正与此相关。(5)中记述的情况并非仅限于隋代，应关注到(5)反映出北朝时期獠的分布已遍及梁益全境的这一点。综合上述史料来看隋代的情况，可以得知獠的汉化进展，以及即使处于这种背景下，梁益地区仍存在相当数量的獠这种情况。

考虑到上述这样的认识，以下笔者将探讨这一时期梁益各地区的状况。

《元和郡县图志》卷三一《剑南道上》嘉州绥山县条记载：

> 绥山县，……本汉南安县地。隋大业十一年（六一五），招慰生獠，立以为县。

同书同卷、嘉州玉津县条记载：

> 玉津县，……本汉南安县地。李雄时，夷獠自擁

柯入居焉。萧纪置青州之地。隋大业十一年，于此置玉津县。

同书卷三一《剑南道上》嘉州平羌县条记载：

> 平羌县，……本汉南安县地。周武帝置平羌县。……隋开皇四年（五八四），改州理平羌县为峨眉县，仍于今县东六十里，别立平羌县。大业十一年，夷獠侵没，移于今理。

关于嘉州，此前引用了上述史料并指出北周时设置了县的建制的平羌县发生了獠夷入侵的事件。将其与前述绥山县、玉津县的史料结合起来考虑的话，可以得知王朝对于该地区的统治处于进退摇摆的状态，尽管王朝的统治已波及当地，但獠一侧的反抗也极为顽强。

《元和郡县图志》卷三一《剑南道上》资州龙水县条记载：

> 本汉资中县地。义宁二年（六一七）招慰夷獠。于此分置龙水县。

同书卷三一《剑南道上》资州清溪县条记载：

第四章　北朝后期四川地区的状况

　　本汉资中县地。自晋讫梁，夷獠所居。隋大业十二年（六一六）于此置牛鞞县。……天宝元年（七四二）改为清溪县。

　　原本作为獠地的资州地区在西魏时已经设置了州（资州）。正如此前所看到的那样，在继此之后的北周时期当地摆脱了獠的统治，并设置了盘石县、汉安成（此后的内江县）、资阳县等属县。隋在资州设置了牛鞞县、龙水县，展现出基本延续前代的发展趋势。从中可以看出，王朝对该地的统治获得了切实的进展。此外，同书同卷同条中可见到同样作为资州属县的银山、月山两县的名称，其中记载：

　　银山县，本汉资中县地。隋为内江县地。义宁二年，分置银山县。……月山县，本汉资中县地。隋义宁二年，分置月山县。

　　这里并未直接出现有关獠的记载，然而，这些县与在招慰獠后设置的龙水县同样是在义宁二年设置的，并且银山县是从曾经作为獠地的内江县分离出来后所设立的县。因此，将银山县、月山县视为在相同的历史潮流下设置的县应无大过。这种统治上的进展也可以从以下史实中获得确认，即

《元和郡县图志》卷三三《剑南道下》荣州条记载:

> 禹贡梁州之域,……李雄据蜀后,夷獠居之。所谓铁山生獠也。隋开皇十三年(五九三)置大牢县。武德元年(六一八)割资州大牢,威远二县,于公井镇置荣州。

同书同卷、荣州和义县条记载:

> 和义县,……本汉资中县地。是泸资二州界。隋大业十二年(六一六),分置和义县,以招和夷獠。故以和义为名。

同书同卷、荣州威远县条记载:

> 威远县,……本汉资中县地。隋开皇三年,于此置威远戍,以招抚生獠。十一年改戍为县,属资州。武德元年,改属荣州。铁山在县西北四十里。

《太平寰宇记》卷八五《剑南东道四》荣州条记载:

> 禹贡梁州之域,……地属犍为郡。……威远

县,……隋开皇二年,于威远旧戍置威远县。唐武德元年,割属荣州。

整理上述有关荣州的史料可知,靠近资州铁山的威远地区在开皇三年设置了戍,开皇十一年成立了县,唐武德元年被划归荣州。荣州原本为李雄据蜀后出现的"铁山生獠"之地,开皇十三年始分资州、泸州而设置了荣州,大业十二年招抚獠设置了和义县。《周书》卷二八《陆腾传》记载:

> (保定)二年(五六二)资州槃石民反,杀郡守,据险自守。州军不能制。腾率军讨击,尽破斩之。而蛮獠兵及(反?),所在蜂起。山路险阻,难得掩袭。腾遂量山川形势,随便开道。蛮獠畏威,承风请服。所开之路,多得古铭,并是诸葛亮桓温旧道。是年,铁山獠抄断内江路,使驿不通。腾乃进军讨之。……(獠)应时奔溃,一日下其三城。斩其魁帅,俘获三千人,招纳降附者三万户。

此前引用上述史料,考察了北周在向资州地区扩张之际有关"铁山生獠"的问题,可以说大业十二年资州牛鞞县也是在这一趋势之下设置的。

此外,《元和郡县图志》卷三二《剑南道中》黎州条记载:

> 周天和三年(五六八),开越巂,于此置黎州。隋废州,置沈黎镇。武德元年罢镇为南登州。大足元年(七〇一)巡察使殷祚奏割雅州汉源、飞越、通望三县置黎州……管羁縻州五十七,并蛮夷部落大首领主之。……管县二,汉源、通望。
>
> 汉源县,……本汉旄牛县地。隋仁寿二年(六〇二)平夷獠,于此置汉源镇。因汉川水为名。四年罢镇立县,属雅州。贞观三年(六二九)割属巂州。开元三年(七一五)分属黎州。……沈黎镇在县东南六十一里。廓清城在州西一百八十里。铜山城在县西北五十里。定蕃城在通望军东一百八十里。要冲城在通望县东一十三里。大定城在州南二百三十里。乾元二年(七五九)改和集镇置。已上五城,并贞元中(七六五~八〇四)韦皋置。
>
> 通望县,……本汉旄牛县地。隋开皇二十年(六〇〇),于此置大渡镇。大业二年(六〇六),改为阳山镇。……天宝元年(七四二)改名通望县。……沈黎镇在县东北六十一里。通望戍,在县西南一十二里。

第四章　北朝后期四川地区的状况

此前在别稿中笔者考察了三国中蜀国的张嶷攻略越巂之地时的情况，当时阐明了以下诸点：汉嘉郡南部北接越巂郡，张嶷以越巂郡中部的苏祁县为据点，除掉了与汉嘉郡南部的旄牛夷联手进行反抗的邑君冬逢及其弟隗渠；在收复了越巂郡的郡治邛都后，张嶷还乘势进一步挞杀了位于邛都西南定筰与檨木夷联手的狼岑，掌控了定筰、台登、卑水的盐、铁、漆之利；并且其还怀柔了汉嘉郡界的旄牛夷，封其首领狼路为旄牛昀毗王，确保了成都与越巂之间道路通畅（本篇第二章）。此后，这一地区再次成为蛮地，这种状态持续了相当长的时间。上述史料记载了隋在平定当地的獠后，设置了镇的情况。总之，进入隋代后，王朝再度强化了对当地的统治。然而，与此同时，上述史料中还可见到"沈黎镇在县东南六十一里。廓清城在州西一百八十里。铜山城在县西北五十里。定蕃城在通望军东一百八十里。要冲城在通望县东一十三里。大定城在州南二百三十里。乾元二年（七五九）改和集镇置。……沈黎镇在县东北六十一里。通望戍，在县西南一十二里"的记载。将唐代各镇城的配置以图的方式展现的话，如下图所示。这展现出隋对汉源县、通望县地区的统治并不稳固。并且，上述史料还说明唐是通过镇、城等形式确保其在县城周边的统治的。可以推断在进入唐代后，当地基本延续了隋代的情况。此外，在思考梁代以后设置了县、镇等区划的四川其他地区的问题时，这一点也提供了重要的线索，以下将通过对隋代以后唐宋时期的考察来确认这一点。

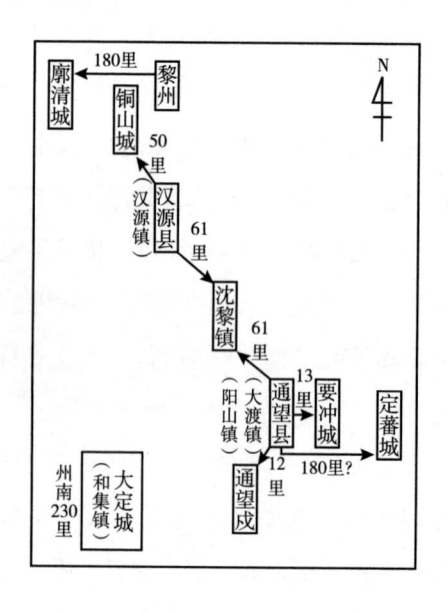

```
廓清城 ←180里— 黎州
         铜山城
         50里
         汉源县
        （汉源镇）
         61里
         沈黎镇
         61里
  大渡镇        13里
 （阳山镇）通望县 →要冲城 定蕃城
              12里   180里?
              通望戍
 州南230里
 大定城
（和集镇）
```

第三节　唐代以后的变化

本章的主题是探讨南北朝时期獠的实际状态问题，为更明确地阐明这一问题，本节将从比较的观点出发，一探此后唐宋时期有关四川獠的情况。

松井秀一发表过一篇题为《唐代前半期的四川——以律令制支配与豪族层的关系为中心》(「唐代前半期の

第四章 北朝后期四川地区的状况

四川——律令制支配と豪族層との関係を中心として」)的论文,其中指出:

> (四川——笔者所加)展现出在一般情况下不同于中原等地汉族社会的落后情况,特别是不能忽视几乎遍布这一地区的獠族。自建立起律令体制的隋朝开始至唐代,这些獠在各地兴起叛乱,并被讨平。以下列举进入唐代后的事例。
>
> 武德二年十月,时集州獠反,(庞)玉讨之。
>
> 三年二月,开州蛮冉肇则陷通州,三月复开、通州。
>
> 六年九月,邛州獠反,遣沛公郑元璹讨之。
>
> 七年二月,始州(此后的剑州)獠反,遣行台仆射窦轨讨之。洋、集二州獠反,陷隆州晋城。
>
> 七年四月,通事舍人李凤起击万州反獠平之。
>
> 七年五月,窦轨破反獠于方山(巴、隆即此后的阆州),俘二万余口。
>
> 八年十一月,眉州山獠反。
>
> 九年三月,益州道行台尚书郭行方击眉州叛獠破之。郭行方击叛獠于洪、雅二州大破之,俘男女五千口。
>
> 九年十二月,益州大都督窦轨奏称獠反,请发兵

讨之。

贞观七年五月，雅州道行军总管张士贵击反獠破之。

七年十二月，嘉、陵州獠反，命邢江府统军牛进达击破之。

一二年八月，霸州山獠反，烧杀刺史向邵陵及吏民百余家。

一二年十月，巴州獠反。

一二年十二月，左武侯将军上官怀仁击反獠于壁州大破之，虏男女万余口。

一三年四月，遣武侯将军上官怀仁击巴、壁、洋、集州反獠平之。虏男女六千余口。

二二年九月，强伟等发民造船，役及山獠，雅、邛、眉三州獠反。

仪凤元年一月，纳（泸）州獠反，敕黔州都督发兵讨之。

先天元年五月，益州獠反。

在安史之乱爆发的乾元二年十月，并未见到邛、简、嘉、眉、泸、戎等州出现像以上这样以獠族为中心的蛮夷的叛乱。律令制时代，四川地区最为重要的国家层面的问题即对獠征服战主要集中在高祖、太宗两代。

第四章　北朝后期四川地区的状况

以上为其论述的内容。[4]上述松井秀一所举事例依据的均是《资治通鉴》中的记载，其中所见洋州、集州、阆州、巴州、壁州、通州、开州、万州属于山南道，霸州、剑州、益州、邛州、简州、眉州、陵州、嘉州、泸州属于剑南道（参照后揭獠的分布图②）。在南北朝时期，这些州就曾是广泛分布着獠的地区。如前所见，即使在正值安史之乱的乾元年间，不仅在泸州、戎州等南部的州，即使在邛州、简州、嘉州、眉州等州，獠人叛乱的根源依然顽固存在。在思考唐代四川的问题之际，有必要认清这一点（此外，在思考本章主要关注的南北朝时期的四川问题时，这一点同样提供了重要的启示）。

对于这种情况下该地区獠的问题，以下将列举个别的州县展开考察。《元和郡县图志》卷三一《剑南道上》嘉州罗目县条记载：

> 罗目县（今峨眉南），……。本汉南安县地。麟德二年（六六五），招慰生獠。于今县西南一百八十三里，置沐州及罗目县。……罗目獠中山名。因以名县。

《太平寰宇记》卷七四《剑南西道三》嘉州峨眉县条：

> 峨眉县，……本南安县。即青衣道地也。……唐乾

元三年（七六〇）獠叛，移就峨眉观东。今县理是也。

正如前章所考察的那样，南朝梁武陵王萧纪在獠地建立起青州，该地于北周以后被改称为嘉州。其八个属县中的绥山县、玉津县如前节所述是在隋代招慰獠时设置的县。此外，笔者还指出同为嘉州属县的平羌县也是在隋代遭到了獠的进攻后失陷的。上述罗目、峨眉两县的记载展现出此后獠的活动情况。此外，《太平寰宇记》同卷嘉州犍为县条记载：

唐上元元年（七六〇），隶嘉州。天福元年（九三六），獠叛，移于江西岸。县南临大江。

这里记载了直到五代，嘉州地区的县城仍面临着遭到獠攻击的状况，这一点应被给予关注。

有关嘉州西北雅州的情况，可以推定相比嘉州，王朝是在更为困难的状态下建立起对当地的统治的。《旧唐书》卷四一《地理志·剑南道》雅州条中可见有关雅州管下羁縻州的记载，其中：

雅州都督一十九州，并生羌、生獠羁縻州，无州县。

第四章　北朝后期四川地区的状况

《元和郡县图志》卷三二《剑南道中》雅州庐山县条记载：

> 庐山县，……本秦严道县地。……庐山在县西北九里。其山西北连延入夷獠界，正北即邛州火井县界。……（庐山县灵关镇条）关外即夷獠界。

《通典》卷一七六《州郡六》记载雅州庐山县的情况：

> 庐山，有灵山关，关外即夷獠界。

《舆地纪胜》卷一四七《成都府路·雅州》风俗形胜条记载：

> 控带夷落。在蜀最为保障。当蛮出入之咽喉。唐开府为都督。……襟带邛笮，羁縻诸藩……州以雅明，地多岚瘴，西蜀之襟带，南诏之咽喉，……古称青衣汉嘉。

这些记载清晰地呈现了前述雅州的状况。

《元和郡县图志》卷三二《剑南道中》嶲州会川县条记载：

会川县，……本汉会无县，属越巂郡。萧齐没于夷獠。高宗上元二年（六七四）于其地置会川县。

《太平寰宇记》卷八八《剑南东道七》泸州条记载：

（泸州）元管溪洞羁縻州一十六……纳州，仪凤二年（六七七），开山洞置。……萨州，仪凤二年，招生獠置。……晏州，仪凤二年，招生獠置。……长宁州……巩州，仪凤二年，开山洞置。……

正如上述史料记载的那样，南方的黎州、巂州、泸州、戎州等州同样扩大了在当地的统治范围，但由于其属地广泛地分布在南方，因此与雅州的情况相似，在这些地区王朝同样苦于对獠的统治。有关这一点，还可以很容易地从以下诸史料中看出。《旧唐书》卷四一《地理志》剑南道、黎州条记载：

黎州统制五十四（羁縻）州，皆徼外生獠。无州，羁縻而已。

《太平寰宇记》卷七七《剑南西道六》黎州通望县条记载：

第四章 北朝后期四川地区的状况

……废琉璃城在大渡河南。太和五年（八三一），节度使李德裕筑。伏羲城，太和三年，李德裕筑。以上诸城，皆御西蕃之所致也。旧统制五十五州，皆徼外生獠，无州县，羁縻而已。

《旧唐书》卷四一《地理志》剑南道、泸州条记载：

泸州都督十州（泸州都督府所管纳、薛、晏等十羁縻州）皆招抚夷獠置。

《太平寰宇记》卷八八《剑南东道七》泸州条记载：

（泸州）元管溪洞羁縻州一十六……扶德州……二州连接黔府及柘在生蛮，承前不输税课。能州……浙州……四州输纳半税。其州在边徼溪洞，不伏供输。纳州，仪凤二年（六七七）开山洞置。……蓝州……顺州……宋州……高州……奉州……思峨州……萨州，仪凤二年，招生獠置。……晏州，仪凤二年，招生獠置。……长宁州……巩州，仪凤二年，开山洞置。……

《太平寰宇记》卷七九《剑南西道八》戎州南溪县条记载：

废归顺县,在州西北三十里。亦獠道地,唐贞观中,郡獠归服。因于此立镇,以抚之,以归顺为名。圣历三年(七〇〇)分郁鄢县,就废镇置县,以处生獠。以上二县,皇朝并入獠道县。

《太平寰宇记》卷七九《剑南西道八》羁縻州条记载:

> 右上十六州旧属戎州都督。天宝以前,朝贡不绝。天宝后,没在蛮境。……其州近滇池并是蛮夷诸獠缘地,最远,与姚巂州云南接界。

另一方面,有关巴地的状况,《元和郡县补志》卷五《山南道》蓬州伏虞县条(今营山北)记载:

> 伏虞县……伏虞山在县东南六十五里。甚险。蛮獠被征,即避入此中。

同书同卷《山南道》通州巴渠县条记载:

> 本汉宣汉县地。刘宋置巴渠郡,并置巴渠县。以境在巴川宕渠之间故也。隋开皇初废。永泰元年

第四章　北朝后期四川地区的状况

（七六五）复析石鼓县之四乡置县。地当蛮獠之边界。其民俗聚会，则击鼓踏木牙唱竹枝歌，以为乐。

《资治通鉴》卷一八七《唐纪三》高祖武德二年（六一九）冬十月条记载集州（今南江）：

> 以左武候大将军庞玉为梁州总管。时集州獠反。玉讨之。獠据险自守，军不得进。粮且尽。熟獠与反者皆邻里亲党，争言贼不可击。请玉还。玉扬言："秋谷将熟，百姓毋得收刈，一切供军，非平贼吾不返。"闻者大惧曰："大军不去，吾曹皆将馁死。"其中壮士乃入贼营，与所亲潜谋，斩其渠帅而降。余党皆散。玉追讨，悉平之。

由此可以得知当地獠的存在及其对王朝的抵抗情况。并且，与南部、西部的情况相比，该地区的獠势力较弱，处于逐渐被王朝压制的状态。如果从宏观的视角来看，前章所述王朝在恢复统治上的尝试与前代首先从巴地入手的这一点间存在一定的关系。此外，有关这一地区，《太平寰宇记》卷一二二《江南西道二〇》南州条记载：

> 南州，禹贡梁州之域。周省梁入雍，战国时为巴

国之界。秦则巴郡之地。……唐武德二年割渝州之东界地置州。……又按《九州要记》云"樊溪生獠招慰以置之",即此郡也。

《元和郡县图志》卷三三《剑南道下》昌州条记载:

昌州(今大足),本汉资中县之东境。……皇朝乾元元年(七五八),左拾遗李鼎祚奏,以山川阔远,请割泸、普、渝、合、资、荣等六州界置昌州。……遂罢废。大历十年(七七五),本道使(东川节度使)崔宁又奏复置,以镇押夷獠。

从上述记载可以看出王朝的统治已触及内地深处的山地。

有关四川的北部地区,可以列举如下诸史料。《资治通鉴》卷一九〇《唐纪六》高祖武德七年(六二四)二月丁未条记载:

始州(此后的剑州)獠反。遣行台仆射窦轨讨之。

《新唐书》卷四二《地理志》真州条记载:

第四章　北朝后期四川地区的状况

> 真州……鸡川（中下。先天元年析翼水县地，开生獠置。本隶悉州，天宝元年隶翼州）。昭德（下。本识曰。显庆元年，开生獠置，隶悉州。天宝元年，隶翼州）。

《册府元龟》卷九八五《征讨四》武德七年（六二四）条记载：

> 五月，吐谷浑寇松州，遣益州行台左仆射窦轨自翼州道……击之。是月窦轨击反獠于方山（今阿坝州境），俘二万余口。

以上展开了对唐代獠的若干考察，以下再来看一下《太平寰宇记》所载赵宋时期的獠。

（1）风俗……州民与夷獠错居。华人其风尚侈。其俗好文。夷人椎髻跣足，短衣左衽，酷信鬼神，以竹木为楼居。礼义不能化，法律不能拘。（《太平寰宇记》卷七四《剑南西道三》嘉州条）

（2）风俗，此郡与夷獠相杂，愈于诸郡。（《太平寰宇记》卷七五《剑南西道四》邛州条）

（3）风俗，同邛州。邛雅之夷獠，妇人娠七月

东亚古代的诸民族与国家

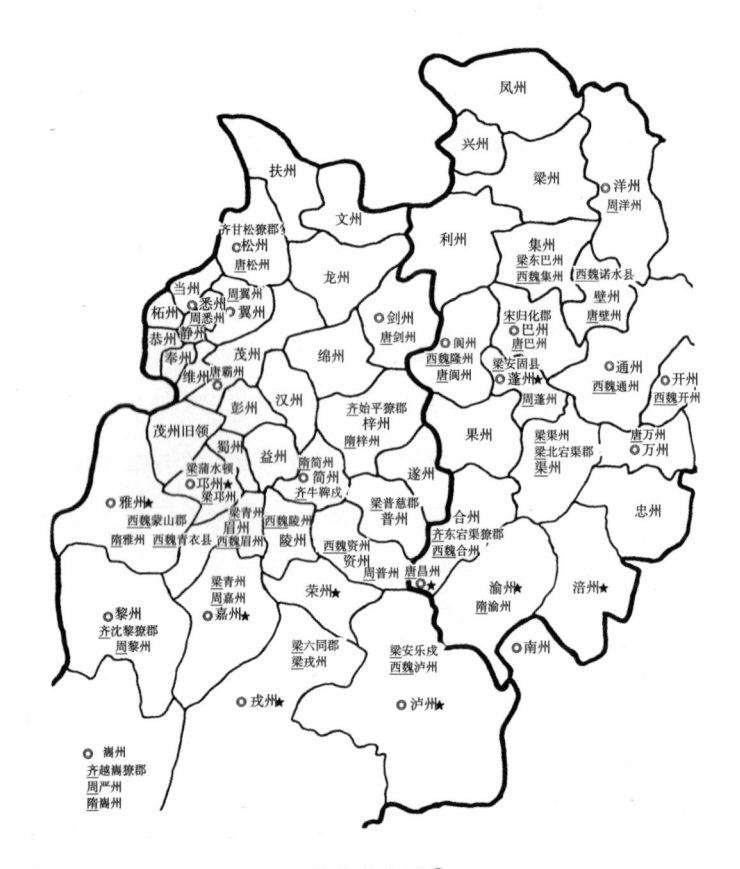

獠的分布图②

  本图以唐开元年间剑南道北部、山南西道各州的配置为基础,重叠记录了从晋至唐各时代中,与讨伐、招抚獠相关而设的州郡县戍等的名称。带有下划线的时代名称后的州郡县戍等表示的是与各时代相对应的名称。在前边附有◎符号的州表示的是在史料中可以确定的唐代分布有獠的州。标志有★的是在《太平寰宇记》中可以见到至宋代依然分布有獠的州。此外,粗线表示道的界线,细线表示州的界线。

· 440 ·

第四章 北朝后期四川地区的状况

而产。产毕置儿向水中。浮者取养。沉者弃之。千百无一沉者。长则拔去上齿如狗牙。各以为华饰。今有四牙长于诸牙,而唇高者,别是一种,能食人。无长齿者不能食人。俗信妖巫,击铜鼓,以祈祷。至今卢山县新安乡五百余户,即其遗人也。(《太平寰宇记》卷七七《剑南西道六》雅州条)

(4) 风俗,其土有四族,黎、嵤、虞、牟。夷夏杂居,风俗各异。其蛮獠之类,不识文字。不知礼教,言语不通。嗜欲不同。椎髻跣足,凿齿穿耳,衣绯布羊皮莎草,以鬼神为征验,以杀伤为戏笑。少壮为上,衰老为下。男女无别,山冈是居。(《太平寰宇记》卷七九《剑南西道八》戎州条)

(5) 风俗,夏人少,蛮獠多。男不巾帻,女衣班布。姓名颠倒,不知礼法。(《太平寰宇记》卷八五《剑南东道四》荣州条)

(6) 泸川,禹贡梁州之域。春秋战国时为巴子国。秦为巴郡。汉为犍为郡之江阳符二县。后汉因之。……户,唐开元户一万六千五百九十四,皇朝管汉户主二千四十七,獠户二千四百一十五。风俗,地无桑麻。每岁畲田,刀耕火种。其夷獠则与汉不同。性多犷戾,而又好淫祠。巢居岩谷,因险凭高,着班布,击铜皷,弄鞘刀。男则露髻跣足,女则椎髻横裙。

夫亡妇不归家，葬之崖穴。刻木为契，刺血为信。衔冤则累代相酬。乏用则鬻卖男女。其习俗如此。(《太平寰宇记》卷八八《剑南东道七》泸州条)

(7) 土产……按《茶经》云："泸州之茶树。夷獠常携瓢，穴其侧，每登树采摘芽茶，必含于口，待其展。然后置于瓢中旋塞其窍。比归必置于暖处。其味极佳。又有粗者，其味辛而性热。彼人云，饮之疗风，通呼为泸茶。"(《太平寰宇记》卷八八《剑南东道七》泸州条)

(8) 风俗，有夏风，有獠风。悉住丛菁，悬虚构屋，号阁阑。男则蓬头跣足，女则椎髻穿耳。以生处山水为姓名，以杀为能事。父母丧不立几筵。(《太平寰宇记》卷八八《剑南东道七》昌州条)

(9) 涪州……土产，连头獠布……宾化县……按《新图经》云："此县民并是夷獠，露顶跣足，不识州县，不会文法，与诸县户口不同，不务蚕桑，以茶蜡供输。"(《太平寰宇记》卷一二〇《江南西道一八》涪州条，相当于现在涪陵、长寿、南川地区)

(10) 渝州……风俗，大凡蜀人风俗一同。然边蛮界乡村有獠户，即异也。今渝之山谷中有狼猱乡，俗构屋高树。谓之阁栏。不解丝竹。唯坎铜鼓，视木叶，以别四时。父子同讳，夫妻共名，祭鬼以祈福也。

第四章 北朝后期四川地区的状况

(《太平寰宇记》卷一三六《山南西道四》渝州条)

(11) 蓬州……风俗，杂以獠户。(《太平寰宇记》卷一三九《山南西道七》蓬州条)

正如本章以上的考察中所见到的那样，《太平寰宇记》中有关唐代以前獠的记载涉及叛乱、招抚、郡县的设置等方面。纵观上述宋代的史料，可以发现与前代不同，有关獠的记述几乎全部出现在"风俗"条中，这一点与前代形成了鲜明的对比，令人感到前代与宋代的獠之间存在本质上的差异。笔者检索到的有关唐宋时期獠的史料并未像南北朝时期那样全面。因此，关于这一点有必要在今后做进一步的探讨。不过，如果这一推测无误的话，无疑意味着存在两者间差异形成的原因。通过前章、本章的考察可以得知随着时代的演进，王朝的权力不断渗透。当考虑到这一情况之际，可以认为形成上述差异的主要原因之一是王朝与獠之间的军事对抗经过南北朝、隋唐的变迁，在唐代基本以王朝一侧的胜利而告终。作为这一问题的结论，笔者认为上述推测应基本符合事实。

结　语

继前章的内容，本章考察了南北朝时期北周以后四

东亚古代的诸民族与国家

川地区的民族问题。在考察过程中，明确了继梁代形成的趋势，北周以后王朝对于獠地的统治获得了进一步的发展。此外，另一方面，本章还明确了在这种进展的同时，獠一侧对于王朝统治的强烈反抗，并且这种倾向即使在进入唐代后仍在延续。然而，正如此前所论述的那样，对于唐代以后獠的问题，笔者尚未全面收集相关史料。因此，在本章有关唐宋时期四川獠的问题所获结论的基础上，仍有很多地方须做进一步的探讨。不过，尽管存在獠进行反抗的一面，但随着从五胡十六国至隋唐时期的演进，王朝的统治获得了强化，其结果是相比此前的五胡十六国、南北朝时期，甚至是魏晋、秦汉时期，唐代王朝的统治确实获得了大幅度的增强。有关这一点还可以从以下诸方面看出：与此前相比，唐代在四川境内设置的州明显更为密集（参照獠的分布图②）；在截止到前节的考察中笔者也曾列举了若干的事例，即随着时代的发展，在原为獠地的地方大量出现了新设置的县。以下，通过《元和郡县图志》记载的剑南道下有獠存在的各州属县的情况进行概观（☆符号表示史料中明确记载了"獠"的州县）。

☆邛州　　属县七　秦蜀郡地→宋齐梁不置郡县→梁蒲口顿（以备生獠）→梁置邛州

第四章　北朝后期四川地区的状况

☆临邛县	本汉临邛县→（李雄乱后，为獠所侵）	→西魏废帝再置
大邑县	汉江原县地→	→唐割晋原县西置
安仁县	本临邛县地→	→唐割临邛、依政、唐兴县置
依政县	本临邛县地→	→西魏置
临溪县	本临邛县地→	→西魏置
火井县	本临邛县地→	→西魏置
蒲江县	本临邛县地→	→西魏置
☆简州	属县三　秦蜀郡地→汉犍为郡→（李雄据蜀，夷獠内侵）→南齐牛鞞戍→隋置简州	
阳安县	本汉牛鞞县→	→西魏置
金水县	本汉广汉郡新都县地→东晋金泉戍	西魏置
☆平泉县	本牛鞞县及符县地→（后为獠所居）	→西魏置
☆资州	属县八　秦蜀郡地→汉犍为郡资中县地→（李雄之乱，夷獠居之）→西魏置资州	
☆盘石县	本汉资中县地→（后为獠所居）	→北周置
☆资阳县	本资中县地→（李雄乱蜀，县荒废）	→北周置
☆内江县	本资中县地→（李雄之后，陷于夷獠）	→北周置汉安戍→北周置
丹山县	本资中县地→	→唐置
银山县	本资中县地→	→隋置

· 445 ·

东亚古代的诸民族与国家

☆龙水县　本资中县地→　　　　　→隋(招慰夷獠)置

☆清溪县　本资中县地→(自晋　→隋置牛鞞县
　　　　　讫梁,夷獠所居)　　　→唐改名

　月山县　本资中县地→　　　　→隋置

☆嘉州　　属县八　秦蜀郡地→汉犍为郡南安地→
　　　　　(后为獠所居)→梁置青州→北周改名

　龙游县　本汉南安县地→　　　→北周置平羌县
　　　　　　　　　　　　　　　→隋改名

　夹江县　本南安县地→　　　　→隋(废成)置
☆绥山县　本南安县地→　　　　→隋(招慰生獠)置
☆罗目县　本南安县地→　　　　→唐(招慰生獠)置

　峨眉县　本南安县地→　　　　→北周置平羌县
　　　　　　　　　　　　　　　→北周改名

☆玉津县　本南安县地→(夷獠　→(梁招慰)→隋置
　　　　　自牂柯入居)

　平羌县　本南安县地→　　　　→北周置

　犍为县　本南安县地→　　　　→北周置武阳县
　　　　　　　　　　　　　　　→隋改名

☆戎州　　属县五　汉犍为郡僰道县→(李雄窃据空
　　　　　废)→梁(讨定夷獠)置戎州

　僰道县　本汉僰道县→(永嘉　→梁置
　　　　　后荒废)

　义宾县　本汉南安县地→　　　→唐置

☆开边县　本汉僰道县地→　　　→北周置外江县
　　　　　　　　　　　　　　　→隋置→(后獠叛)

第四章 北朝后期四川地区的状况

南溪县　本汉南广县地→　　→梁置南广县→隋改名

☆归顺县　→唐(以生獠)置

☆雅州　　属县五　秦蜀郡地→(此地荒废,夷獠居之)→西魏置蒙山郡→隋置雅州

　严道县　秦严道县→(有蛮夷曰道)→　　→西魏置始阳县→隋改称

　百丈县　本秦严道县地→　　→唐置

　名山县　本秦严道县地→　　→西魏置蒙山县→隋改名

　鲁山县　本秦严道县地→　　→隋置鲁山镇→隋置鲁山县

　荣经县　本秦严道县地→　　→唐置

☆眉州　　属县五　汉犍为郡武阳县南境→梁(开通外徼)置青州→西魏置

　通义县　本武阳县南境→　　→西魏置

　彭山县　本武阳县　　　　　→北周置隆山郡→唐改名

　丹棱县　　　　　　　　　　→齐置齐乐郡→北周置洪雅县→隋改

☆洪雅县　本齐乐郡南境→(自晋迄宋夷獠有其地)→北周(攘却夷獠)置洪雅镇→隋置

· 447 ·

东亚古代的诸民族与国家

☆青神县　本汉南安县地→(李　　→西魏置青衣县
　　　　　雄之后夷獠内侵)

黎州　　属县二　汉沈黎郡→　　→北周(开越嶲)
　　　　　　　　　　　　　　　　置黎州

　☆汉源县　本汉旄牛县地→
　　　　　　　　　　　　　　　→隋(平夷獠,置
　　　　　　　　　　　　　　　汉源镇)→隋改名

　　通望县　本汉旄牛县地→　　→隋置大渡镇
　　　　　　　　　　　　　　　→唐改名

☆嶲州　　属县七　汉越嶲郡→(魏晋已还,蛮獠钞窃)
　　　　→北周(开越嶲)置严州→隋置嶲州

　　越嶲县　本汉邛都县地→　　→隋置
　☆苏祁县　本汉苏祁县→(后陷　→北周(重开越
　　　　　　夷獠)　　　　　　　嶲)复置
　　台登县　本汉台登县→　　　→北周(重开越
　　　　　　　　　　　　　　　嶲)复置
　　邛部县　本汉阐县地→　　　→北周置

☆荣州　　属县六　秦蜀郡地→汉南安县地→(夷獠
　　　　　居之)→隋置大牢县→唐置荣州

　　旭川县　→本汉南安县地→　→唐置

　　咨官县　本汉南安县地→东晋　→隋改名
　　　　　　置冶官县
　　和义县　本汉资中县地→　　→隋置
　☆威远县　本汉资中县地→　　→隋置威远戍
　　　　　　　　　　　　　　　(招抚生獠)→隋
　　　　　　　　　　　　　　　为县

第四章　北朝后期四川地区的状况

公井县	本汉江阳县地→	→北周置公井镇→唐为县
应灵县	本汉资中县地→	→隋置大牢镇→隋为县
☆泸州	属县五　秦巴郡地→汉犍为郡江阳符县地→(后为獠所没)→梁置泸川(县?)→西魏置泸州	
泸川县	本汉江阳县地→东晋穆帝置东江阳郡→	→隋废郡,置泸川县
绵水县	本汉江阳县地→	→东晋置
☆江安县	本汉江阳县地→(李雄乱后没于夷獠)	→东晋穆帝置汉安县→隋改名
富义县	本汉江阳县地→	→北周置富世县→唐改名
合江县	本汉符县地→东晋穆帝置安乐戍	→梁改置县→北周改名
☆昌州	属县四　本汉资中县地→	→唐置(以镇押夷獠)
静南县		→唐置
昌元县		→唐置
永川县		→唐置
大足县		→唐置

因此,并不能以唐代獠的频繁叛乱来否定自前代以来王朝权力的发展。不过,像这样被王朝统治囊括的獠,特别是在唐代以后的这些獠,是如何置身于王朝

的统治秩序之中的？这些獠又是如何进行汉化的？在看到唐宋时期四川地区社会经济方面的活跃景象时，可以说今后有必要将上述问题作为独立的课题进行深入的考察。

第四篇　汉唐间围绕民族的诸问题与东亚

基于以上各篇考察中所获得的结论，本篇将稍稍扩大考察的视野与对象，探讨其与中国史、东亚史、北亚史的整体问题间所存在的关联。

第一章　魏晋南北朝隋唐时期
　　　　历史研究的动向

——以民族问题为中心

前　言

笔者曾承蒙《中国史学》(『中国史学』)杂志的委托，写成了本章的原稿（二〇〇一年）。给予笔者这一论题，是希望笔者从自身所从事的有关民族问题的研究现况、问题等方面出发，总结近来魏晋南北朝隋唐史的学界动向。由于笔者并不是在全面的视野下研究有关隋唐时期民族问题的，因此非常担心能在多大程度上实现这一期望。以下是以笔者一直以来思考的问题为中心展开的拙论，希望以此完成这项任务。本文总结了当时笔者的认识方法，并论述了此后研究的立足点，这就是将此篇论文收录于本篇开篇的理由。

东亚古代的诸民族与国家

第一节 围绕朴汉济的学说

在近年有关这一时期民族问题的研究中,笔者一直关注朴汉济的一系列研究。朴汉济的研究已经以论著及多篇论文的形式发表。[1]二〇〇〇年秋季,在东京相继召开的两个学术会议(青年魏晋南北朝史研究者集会、中国史学国际会议)上,朴汉济进行了两次报告。从其报告中可以一窥其现阶段研究的概要,以及其展开对这一时期相关研究时所持有的问题意识。在前一个会议中,朴汉济报告的题目为"五胡—北朝时期胡族对中原的统治及其结构";后一个会议中,其报告的题目为"北魏时期胡族的中原统治与均田制"。前一个会议请现阶段活跃于魏晋南北朝史研究的研究者发表了对此前这一领域研究的总结与对今后的展望,朴汉济的报告是在此后进行的研讨会中做的报告之一,他在更为宏大的视野中展现了自身研究的主旨与展望;而在后一个报告中,朴汉济详细论述了其中有关均田制的部分。因此,以下主要通过朴汉济的前一个报告,来概括其见解与展望。

朴汉济首先从贵族制、封建制、奴隶制等观点出发,论述了此前有关五胡—北朝时期历史的研究,指出此前的研究认为,不论在任何方面胡族入华均未能改变一直以来

· 454 ·

第一章 魏晋南北朝隋唐时期历史研究的动向

中国的统治构造,然而,他认为这种认识存在一定问题,并探讨了胡族对这一时期的田制、身份制、村落制(都城制)造成的影响。

首先,关于田制,此前的研究将北魏初期实施的计口授田视为所谓均田制的准备阶段。基于这种见解,朴汉济认为均田制的基本精神反映了计口受田制的本质;并且计口受田制具有生产分配的性质,可以被称为"配量(摊派)生产",这也是其特征所在;相比于土地的均分,其原则在于征服者通过一定的分配,获得最大限度的统治资源。进而他还指出,这一制度的出现是与北魏初期特殊的社会状态紧密相关的,为了自身的创业与统治秩序的再建,征服王朝必须掌握大量的资源、吸收大量被征服的民众,但同时还保留了游牧民族的习惯等。其中,在与游牧民族习惯的关联上,朴汉济列举了柔然根据突厥等从属民本身所具有的技能让其从事各自的生产活动,以及清代的准噶尔部将回族迁至伊犁,并强制其耕种、纳税等事例,指出不能将计口受田制视作单纯的土地制度。

其次,关于身份制,朴汉济指出北魏时期大量存在的杂户、隶户、伎作户、乐户、牧户、绫罗户等隶属民与元代诸色户计间的类似之处;还援引《南齐书·魏虏传》中以"～真"称呼诸官的记载,关注了这类官员共有的"侍奉"皇帝的性质。并且,朴汉济探讨了刻印在当时身份制中的游牧民族的遗风。

此外，有关村落制（都城制），朴汉济指出在游牧民族建立的王朝中一般施行兵农分离的政策：在建造的都城中，被征服民被安置在一定的场所内，从事各种军用物资的生产工作，而征服民从事军事活动。基于这一点，他认为对于普遍从士庶有别的观点论述的韩麒麟的上书（分别士庶，不令杂居），应该从前述"配量生产"的角度来考察该上书中所见到的区别化的居住方式。从这样的观点出发，朴汉济进而还指出，伴随着北魏初期施行的部族解散（部落解散）政策，"分土定居"政策也被同时实施，对于这种政策同样不能单纯地从部落解散的方面来理解，有必要注意到其密切地关系着游牧民在农耕化过程中居住地区的分配。

最后，朴汉济强调了其基本立场，即并非主张五胡—北朝时期的制度整体均是受到游牧民族统治中原的历史条件的影响而形成的，并以均田制受到了西晋占田、课田制等制度的影响为例，论证了上述的观点。不仅如此，他还指出汉族王朝（汉晋）的诸制度并非由南朝，而是由北朝继承的。作为其立论的依据，朴汉济指出应当重视均田制出现于北朝而非汉民族建立的南朝所具有的意义。

以上为此前研讨会中朴汉济所做报告的概要。直截了当地讲，其内容再度具体地明确了朴汉济所命名的"胡

第一章 魏晋南北朝隋唐时期历史研究的动向

汉体制"论。根据他的观点,这里所谓的"体制"并非通常意义上的体制、制度等,而是相当于英语中的"Synthesis",绝非狭义的政治体制、制度的意思。朴汉济指出:不应从可被称为这一时期主线的贵族制、阶级斗争的角度去理解其所提出的"胡汉体制";在并存的胡汉两民族经过相互抗争、融合后形成统一文化的过程中呈现出所谓"胡汉的问题",应将"胡汉体制"作为这种"胡汉的问题"去认识。并且,他还指出"胡汉体制"是涉及与这种"胡汉的问题"有关的一切政治社会现象。换言之,朴汉济将"胡汉的问题"理解为从根本上限定了这个时期中一切社会体制的问题。进而朴汉济还主张汉族文化与胡族文化的相互融合最终形成了既不属于胡族也不属于汉族的被"综合"(Synthesize)的第三种新的文化。

此后,他的观点在两方面被人提出了质疑:其一,如果认为"胡汉体制"奠定了当时的时代基础,那么应如何根据这一理论来认识东晋、南朝的问题;其二,这一理论中未能包含南朝与隋唐间的关系。对此,朴汉济提出了江南的所谓"侨旧体制"的新视角。根据他的观点,"侨旧体制"与"胡汉体制"从根本上是由魏晋南北朝时期人口移动造就的一对孪生"体制"。由于永嘉之乱,华北汉族大量南迁形成了众多的侨民,在户籍制度上表现为所谓黄籍、白籍间的不同。而这种在社会、军事、文化等方

东亚古代的诸民族与国家

面形成的侨民与土著旧人之间的抗争与融合塑造了南朝的新体制——"侨旧体制"。朴汉济还鉴于"侨旧体制"与"胡汉体制"在根源、结构上的相同性质,将二者统合起来称为"侨民体制",并认为隋唐帝国正是经过了这一过程后出现的。

以上的论述是朴汉济在此前的研究中为理解这一时期所提出的、经过提炼的理论框架。对于朴汉济的观点,笔者在总体上是赞同的。甚至可以说笔者自身是与朴汉济在大约同一阶段开始研究这一时期的历史,并且是从与朴汉济相似的立场出发展开研究的。然而,这并不意味着笔者是站在与朴汉济完全相同的立场上来思考这个时期的问题。当然,朴汉济与笔者间也存在不同的见解,笔者希望在下文论述这一点。研究该时期历史的中国专家周伟洲曾指出朴汉济观点中存在的问题。[2] 为便于展开论述,这里先介绍周伟洲的相关观点。以此为基础,笔者将展开论述自身的见解。

如上所述,周伟洲在肯定了上述朴汉济观点的同时,也从以下两点对其进行了批判。其一,"胡汉体制"论将胡族与汉族视为同等的群体,或者说在没有区别主从的情况下展开了立论。相比汉族人口,迁移至内地的胡族毕竟属于少数群体。迁徙定居后,胡族也从以游牧为主的生活方式转至农耕的生活方式,而非相反的转变。北魏孝文帝

第一章　魏晋南北朝隋唐时期历史研究的动向

进行的汉化政策正是其代表性的事例，即周伟洲所谓的汉化过程。总之，虽然认可"胡汉体制"论，但周伟洲认为"胡汉体制"中的主流为汉族，胡族处于从属的位置，并且朴汉济也应会认可这一点。

其二，"胡汉体制"论主张，被"综合"的第三种文化的出现是这一时期特殊的历史现象。尽管如此，世界上任何民族的发展都不是孤立的，而是相互影响、融合而成的。朴汉济所述形成了第三种文化的融合现象在历史上并不多见；相反，大多数情况为占据主导位置的民族或其文化吸收、融合了非主导位置的民族或文化。[3]

朴汉济对于周伟洲批判的态度尚不确定。不过，可以说周伟洲的批判具有一定的说服力。然而，不知是否为笔者的个人感受，周伟洲的批判中具有将胡族的汉化等同于同化的倾向。笔者已多次论证过这一时期所谓的"汉化"是有别于同化的概念，[4]在此省略重复的具体论证。当时，笔者论述了府兵制与八国制的关系、墓志铭的普及等问题，指出胡族对汉文化、制度的接受并非单纯的模仿、同化，还对此前的汉文化、制度进行了提炼及汇总，由此创造了此后时代的典范。当立足这一观点时，可以看出周伟洲的观点中具有"汉族中心主义"的倾向。在这一点上，笔者更赞同朴汉济的观点。近年，日本的吉冈真发表了题为《北朝、隋唐统治阶层的推移》[5]的论文，整理了当时

· 459 ·

东亚古代的诸民族与国家

日本国内外的相关研究，指出以下问题。①此前的研究重视作为六朝、隋唐统治阶层代表的西魏北周系的西北贵族（即所谓的关陇集团）、东魏北齐系的山东门阀，以及自南朝以来延续的江左贵族那样的少数门阀贵族（主要为汉族出身的氏族），并认为其长期的延续与安定是不言而喻的。吉冈真指出此前的这种定论中存在一定问题。②汉化论认为由拓跋氏代表的五胡十六国时期以来的非汉民族被纳入了汉族社会的等级构造。有关这一时期统治阶层的现存氏族史料几乎从统治阶层中去除了当时存在的所有非汉民族集团，或者将其算作汉族。上述的汉化论正犯了这样的错误，这种错误甚至还演变为轻视非汉民族集团所具有的等级构造、变动性及与其展开了频繁交流的中下层汉族所具有的流动性。③基于①②，有必要对所谓关陇集团的实态进行再次验证。并且，在介绍近年来霍姆格伦（Holmgren）等人研究的同时，吉冈真指出在北魏官僚机构中非汉民族的比重一直占据着半数以上（60%～80%），在作为北魏汉化政策之一的迁都洛阳之后，汉族官员的比例与此前相比持续减少。[6]甚至，吉冈真还得出结论称：前述的这种倾向在此后仍然继续发展，在北魏至隋唐前期，被认为是统治阶层最高等级的山东、江左门阀一直属于绝对的少数派（占比在百分之几至百分之十几）。

在此虽然没有详细讨论近年来相关研究的余地，但基

第一章　魏晋南北朝隋唐时期历史研究的动向

于上述近年再研究的成果，可以说此前所述周伟洲"汉族→主、胡族→从"论中存在较大问题。此外，周伟洲在阐述"汉族→主、胡族→从"论之际，曾将人口的多寡作为其立论的依据之一。如果站在这一观点上，那么又该如何理解在此后对占据压倒性多数的汉族实施统治的所谓征服王朝呢？并且，正如笔者论述过的那样，当时胡族的总人口并非如此前一般认为的那么少。[7]

尽管笔者持有上述这样的认识，但并不意味着笔者赞同朴汉济那种魏特夫式的"出现了被'综合'的第三种文化"的观点。笔者主张的是这一时期的胡汉融合造就了"新中华"的出现。[8]笔者认为不能将其说成像"第三种文化"那样与前代完全异质的文化。此外，朴汉济论点的细节也并非没有问题。例如，最近佐川英治发表了题为《北魏均田制的目的与展开——以奴婢给田为中心》[9]的论文。佐川英治的观点与前述朴汉济对于均田制的认识间存在较大的龃龉之处。佐川英治的结论为均田制原本是作为兵役的等价交换而出现的，所谓课田那样的性质是均田制开始后才附加而成的。其理由是北魏吞并淮北之后，确保有人负担兵役成为重要的课题，豪族拥有大量土地的现状阻碍了这一课题的解决，故而三长制与均田制的职能就是使其解体，检括荫附之民，给予负担兵役者土地，以确保兵役的执行；此外，均田制在刚开始之际，其给田对象仅为男

· 461 ·

性。这种观点是将均田制置于计口授田制的延长线上来认识的，不同于重视均田制"配置生产"性质的朴汉济的观点。由于佐川英治详细地研究了现存与均田制相关的诸史料，因此其主张颇具说服力。如此看来，朴汉济对于均田制的认识可能存在一定问题。然而，现存有关均田制的史料极为有限，并不能因此认为基于五胡十六国、北魏史整体发展趋势的朴汉济学说失去了其立论的根基。在这种情况下，究竟是某一种观点存在偏差，还是实际状态中同时包含两种观点的情况？对于这一问题，有必要在今后做进一步的研究。

那么，正如此前所述，笔者并非完全否定周伟洲对于朴汉济观点的批判，但笔者认为其批判中存在以汉族为中心的倾向，并且，这是笔者感觉周伟洲观点中最不妥当的地方。笔者担心周伟洲的观点是在先验的认识中以汉族的存在为前提的。而且，笔者在朴汉济及此前所示吉冈真等人的见解中也发现了同样的问题。吉冈真指出这一时期的氏族史料犯了将胡族作为汉族对待的错误。在这种情况下，判断某一人物是胡族还是汉族，依据的是姚薇元通过广泛搜集相关史料所写成的名著《北朝胡姓考》[10]。[11]包括朴汉济、笔者等研究这一时期的学者在判断某一人物是胡族还是汉族时，多半依赖于姚薇元的研究。然而，笔者认为其中存在一个巨大的陷阱。例如，胡族男性与汉族女性所生子女在采用胡姓的情况下是否属于胡族？此外，其子

第一章 魏晋南北朝隋唐时期历史研究的动向

女与汉族或胡族，甚至是像他们一样的混血儿结成婚姻关系时，能否以从父母那里继承了胡姓或汉姓的方式来判断其子女的族属呢？众所周知，唐开国皇帝李渊为李昞与独孤氏所生之子，李世民为李渊与太穆皇后窦氏所生之子，"独孤""窦"（原姓纥豆陵）为胡姓是众所周知的事情。这样一来，如果将李昞与独孤氏及太穆皇后窦氏三人分别视为"血统上""纯粹的"汉族及胡族的话，在"血统上"李渊为胡汉各半的混血儿，李世民就成为拥有四分之一汉族、四分之三胡族血统的混血儿。然而，即使承认李渊、李世民等是继承了胡族血统的人物，也没有研究者主张他们为胡族。也就是说，并不能简单地判断此前所提出的问题，即胡族男性与汉族女性间所生子女在采用胡姓的情况下是否为胡族，以及其子女与汉族或胡族，甚至是像他们一样的混血儿结成婚姻关系时所生的子女，能否以其所获姓氏为胡姓即断定其为胡族，获得汉姓则断定其为汉族。总而言之，在姚薇元《北朝胡姓考》的基础上，我们可以确定的是某一人物的"姓"是否为胡姓。这一点并不能立即作为确定该人物是否为胡族的基准。基于这样的考虑，尽管难以获知最初的相关情况，但判断此后的人物是否为胡族的问题关系到血统、所使用的语言，以及风俗、习惯、信仰等各种各样的问题，甚至还包括其本人自身认为属于哪个集团，其他人物、集团认为该人物属于哪个集团等意识层面上的非常复杂的问题。那么，此前的研究可以说已经足够关注到这些方面了吗？遗憾的是，不得不说答案是否定的。这一点展现出至今仍采用的以胡姓、汉姓来确定胡族、汉族的粗放研究中存在问题。

总之，明确地区分这一时期中汉族与胡族的界限是极为困难的。像这样考虑到胡族、汉族处于逐渐融合的状态时，可以说不经详细考证就以汉族的存在作为先验的前提展开讨论的研究有成为谬论的危险。笔者认为在考察这个时期的民族问题之际，必须首先认识到当时的汉族是"形成过程中的汉族"。

在自身迄今的研究中，笔者一直关注所谓汉族是在经历了怎样的过程后出现的这一问题，并以此出发展开了考察。因此，在论及这一时期的民族问题之际，笔者总是将汉族与其他民族作为某一具体时间点、具体时代"阶段"中的问题来进行讨论，强烈地意识到不能固化地看待他们。[12]现在讨论的主题集中在这一时期的中国北部，而上述的这种认识在研究中国中南部时将变得更为强烈。以下，笔者希望将这一方面也作为考察对象展开进一步的讨论。

第二节　这一时期中国中南部地区的民族问题

笔者于二〇〇〇年秋在早稻田大学召开的中国史学国

第一章 魏晋南北朝隋唐时期历史研究的动向

际会议中的魏晋南北朝分会上做了题为"魏晋南北朝时期民族问题研究的展望"的报告,其中曾引用以下史料展开讨论。《后汉书》卷八六、板楯蛮夷条记载:

> 板楯蛮夷者,秦昭襄王时有一白虎,常从群虎数游秦蜀巴汉之境,伤害千余人。……时有巴郡阆中夷人,能作白竹之弩,乃登楼射杀白虎。……至高祖为汉王,发夷人还伐三秦。……余户乃岁入賨钱,口四十。世号为板楯蛮夷。

这条史料中记载了巴郡阆中地区夷人的存在。同为东汉的《巴郡太守张纳碑文(一八七年重庆立碑)》(《隶释》卷五)中也可见到"阆中"的豪族"严氏"。对于被认为该严氏后裔的巴地严氏,在《北史》卷九五《獠传》中记载:

> 朝廷以梁益二州控摄险远,乃立巴州以统诸獠。后以巴酋严始欣为刺史。又立隆城镇,所绾獠二十万户。

《魏书》卷六五《邢峦传》记载:

> 又巴西、南郑相离一千四百,去州迢递,恒多生

·465·

东亚古代的诸民族与国家

动。昔在南之日,以其统绾势难,故增立巴州,镇静夷獠。……<u>彼土民望,严</u>、蒲、何、杨,非唯五三,族落虽在山居,而多有豪右。<u>文学笺启,往往可观。冠带风流,亦为不少</u>。

基于诸如以上的记载,笔者同时指出今后有关这一时期的民族问题研究将力求进一步明确从汉代至六朝时期中国各地区的变迁。当时,笔者的头脑中已有在考察江南诸地区的民族问题之际所获得的结论。[13]例如,笔者曾考察魏晋南北朝隋唐宋各时期福建的情况,当时针对唐宋的情况进行了以下论述[14](以下关于福建的记述是作为展现具体资料出处而提出的,因此有未能全面地传达出笔者观点之虞。[15]因此,这里再次引述与本章相关记载中的一部分,并展开讨论)。

已经列举了若干事例来阐述有关这一时期(六朝时期)以降此地区的情况。以下,将补充论述这一时期以降(唐宋时期)福建的若干情况。

《元和郡县图志》卷二九《江南道福建观察使》福州尤溪县条记载:

"尤溪县,开元二十九年(七四一)开山洞置。县东水路沿流,至侯官,县西水路溯流至汀州龙岩县。"

第一章 魏晋南北朝隋唐时期历史研究的动向

福州尤溪县即现在福建省尤溪县。上述史料记载了位于闽江上游的尤溪地区直到开元年间仍存在"洞"。

此外，同书卷二九《江南道福建观察使》福州古田县条记载：

"古田县，开元二十九年（七四一）开山洞置。东与连江接界。与沙县分界。"

这里记载福州古田县（现福建省古田县东北的东部）地区直到开元年间同样存在"洞"。此外，同书卷二九《江南道福建观察使》福州永泰县条也记载：

"永泰二年（七六六）观察使李承昭，开山洞置。"

福州永泰县为现在距福州市西南四十千米左右的地方，上述史料记载这一地区也存在洞。

以上全部为六朝时期的晋安郡，即唐代福州的情况。以下再来考察一下设置于唐代位于福建省南部漳州的情况。《元和郡县图志》卷二九《江南道福建观察使》漳州条记载：

"漳州本泉州地。垂拱二年（六八六）析龙溪南界置。因漳水为名。初置于今漳浦县西八十里。开元四年（七一六）改移就李澳川（李澳川为河流名）。即今漳浦县东二百步旧城是。……乾元二年（七五九）缘李澳川有瘴，遂权移州于龙溪县置。即今州

· 467 ·

理是也。"

唐设置了泉州（今泉州市），垂拱二年割其南部的龙溪设置了漳州。有关漳州的设置，《全唐文》卷一六四、陈元光条记载：

"元光，字廷炬，光州人。高宗朝，以左玉钤卫翊府左郎将，戍闽，迁岭南行军总管。"

此后，记载了他所奉上的《请建州县表》中的一节为：

"况兹镇地极七闽，境连百粤，左衽居椎髻之半。……穷凶极暴，积弊遂踰于十稔。……其本则在创州县。……窃以臣镇地曰安仁，诚为治教之邦，江临漳水。实乃建名之本。如蒙乞敕定名号……"

正如这里记载的那样，设置漳州依据的是陈元光的建言。有关陈元光的事迹，仅见于前揭《全唐文》所载《请建州县表》之后的《漳州刺史谢表》与《全唐诗》卷四五、《元和姓纂》卷三中的若干史料，此外没有见到其他出处。关于这一点，《漳州府志》卷二四《宦绩一》陈元光条记载：

"淳祐志称，陈元光父子，奉命讨贼，扫除凶丑。又为之立郡县，置社稷，捐躯殒命而后已。唐史阙而不载，使丰功钜烈无传，有遗憾焉。然而累代褒崇，庙食百世，山河不改，惠烈无穷。……"

第一章 魏晋南北朝隋唐时期历史研究的动向

这里的记载中可以见到有关对陈元光"无传"的批判。不过,正如上述史料中"庙食百世"的记载,人们曾为其建造了庙。根据庙碑的存在,可以在很大程度上复原有关陈元光的事迹。有关陈元光的庙,《重纂福建通志》卷二三《庙坛·漳州府》漳浦县条记载:

"威惠(烈)庙,在西门外三里许。祀唐左玉钤卫翊府左郎将陈元光。唐嗣圣间,始建于云霄。开元四年,随邑治徙今所。庙有绰楔。题曰盛德世祀之坊。国朝康熙二十六年知县杨遇,新殿寝。寝祀夫人种氏。一号瀛山庙。……一在云霄镇西门外,右为柔懿夫人宫。或曰夫人元光女,从元光征伐蛮有功。故特郊于此。康熙初,邑人蔡祚周重建。"

有关庙碑,冯登府撰《闽中金石志》卷一《陈元光威烈庙记》中记载:

"《舆地碑目》,唐垂拱二年(六八六)立。在漳州。碑云公姓陈,讳元光。永隆三年盗攻潮州。公(陈元光)击贼降之。公请泉潮之间,创设一州。垂拱二年,遂敕置漳州,委公镇抚,久之,蛮贼复啸。公讨之,战没。因庙食于漳。"

宋代王象之曾实地到访福建地区,其所撰《舆地纪胜》卷一三一《福建路漳州·官吏》陈元光条

东亚古代的诸民族与国家

记载：

"庙碑云，公姓陈讳元光，永隆三年（六八二）盗攻潮州。公（陈元光）击贼降之。公请泉潮之间，创置一州。垂拱二年（六八六），遂敕置漳州，委公镇抚，久之，蛮贼复啸聚。公讨之，战没。因庙食于漳。"

可见，该碑在宋代就已存在。从前揭《全唐文》等记载中推测，此庙碑无疑应为唐代所立原碑（顺便提及一下，同书卷一三一《福建路漳州·风俗形胜》中记载，"唐垂拱二年，《陈元光威烈庙记》云，公乞建一州于泉潮之间，以控岭表。即其屯，置县为治"，与前述史料间存在字句上的不同）。根据后代的地方志，《漳州府志》卷二四《宦绩一》陈元光条记载：

"陈元光……总章二年（六六九），随父领兵入漳。父卒代领其州。……嗣圣三年（六八六）上疏言，周官七闽，宜增为八，请建一州泉潮间，以控岭表。……朝议……元光父子久牧兹土，蛮民畏怀。……诏从之，给告身，俾建郡邑于绥安地。……乃率众辟土置屯。"

同书同卷、陈政条记载陈元光之父陈政的情况如下：

"陈政，字一民，光州固始人。父克，从唐太

第一章　魏晋南北朝隋唐时期历史研究的动向

宗……高宗总章二年蛮獠啸乱，民苦之，佥乞镇师有威望者。……进朝议大夫统岭南行军总管事……自许天正以下一百二十三员，俱禀号令。诏曰：'莫辞病，病则朕医，莫辞死，死则朕埋。'比至镇百凡草创，备极劳瘁。群蛮来侵，自众寡不敌，退保九龙山，奏请益兵。朝命以政兄敏暨兄敷，领军校五十八姓来。敏敷道卒。母魏氏多智，代领其众入闽。乃进师屯御梁山之云霄。……仪凤二年（六七七）四月卒，子元光。"

通过上述史料，可以一窥唐代出身于光州固始县（河南省固始县）的陈氏一族对福建南部进行"开拓"的大体情况。在与本章相关的范围内考察这一段"开拓"的历史时，可以发现福建南部地区在唐代依然具有作为蛮地的浓厚特征。特别是《漳州府志》卷四〇、古迹条中记载：

"六朝以来戍闽者屯兵于泉州尤溪，阻江（漳州的九龙江）为界，插柳为营。"

通过这一记载也可得知，将九龙江以东地区完全描述为蛮地绝非夸张的说法。

那么，福建东部又是怎样的状态呢？《元和郡县图志》卷二九《江南道福建观察使》汀州条记载：

"开元二十一年（七三三），福州长史唐循忠，

· 471 ·

于潮州北、广州东、福州西、光龙洞，检责得诸州避役百姓，共三千余户，奏置州。因长汀溪以为名。"

正如这里记载的那样，唐在跨潮州、广州、福州三州的光龙洞地区设置了汀州（州治位于今福建长汀）。另一方面，《新唐书》卷四一《地理志》汀州临汀郡条记载：

"开元二十四年开福抚二州山洞置。治新罗。大历四年（七六九）徙治白石，皆长汀县地。"

这里与前述史料存在抵牾之处。《舆地纪胜》卷一三二《福建路·汀州》州沿革条注文：

"而杜佑《通典》以为元和二十六年分置汀州，或为临汀郡。与唐志年月亦不同。象之谨按，开元二十一年福州所奏得避役百姓三千余户，乃在潮、广、福之间，而开元二十四年于福、抚二州开置山洞，与二十一年地理小有不同，自开元二十一年建议至二十四年成郡，二十六年又分他郡之地，以益之，三者所书虽有不同，大率不过置郡之一节耳。"

这里探讨了出现抵牾的理由。然而，不管怎样，此州是由"洞"设置而成的，在了解当时这一地区的状况方面，可以说这一点有着重要的意义（顺便提及一下，前记《元和郡县图志》中所见洞居的人群为"诸州避役百姓"，因此其有可能是汉人）。

第一章　魏晋南北朝隋唐时期历史研究的动向

《太平寰宇记》卷一〇二《江南东道一四》汀州条记载：

"州（汀州）初置在杂（新）罗（今长汀县西南），以其地瘴，居民多死。"

可知此地与前见《元和郡县图志》卷二九漳州条中所记"漳州本泉州地。垂拱二年（六八六）析龙溪南界置。因漳水为名。初置于今漳浦县西八十里。开元四年（七一六）改移就李澳川（李澳川为河流名）。即今漳浦县东二百步旧城是。……乾元二年（七五九）缘李澳川有瘴，遂权移州于龙溪县置。即今州理是也"中所述漳州地区同样为"瘴疠之地"。此外，《资治通鉴》卷二五九《唐纪七五》昭宗乾宁元年（八九四）条记载：

"是岁，黄连洞蛮二万围汀州（胡注：黄连洞，在汀州宁化县南……），福建观察使王潮遣其将李承勋将万人击之。蛮解去。承勋追击之，至浆水口，破之。"

这里记述了黄连洞蛮的攻击。关于黄连，《新唐书》卷四一《地理志五·江南道》汀州宁化县条中记载：

"本黄连，天宝元年更名。"

《太平寰宇记》卷一〇二《江南东道一四·汀

州》宁化县条记载：

"武德初，为黄连。以地有黄连洞，因以为名。"

正如上述记载的那样，黄连是宁化县改名前的名称。总之，所谓黄连洞蛮是指汀州管内的蛮。

根据以上的考察，可以看出这一地域在唐代与此前所见漳州的情况大同小异。顺便提及一下，《太平寰宇记》卷一〇二《江南东道一四·汀州》长汀县新罗故城条记载：

"新罗故城，牛肃《记闻》云：'开元末，杂（新）罗县令孙奉先，昼日坐厅事，有神见庭中。披戈执殳。状甚可畏。奉先见之惊起。神曰：吾杂（新）罗山神也。今从府主，求一牛为食，能见祭乎。祭吾当佑尔。奉先对曰：神既有请，诚不敢违。然格令有文，杀牛事大，请以羊豕代牛，可乎。神怒曰：惜一牛，不以祭。我不佑尔。其能宰乎。因灭。于是瘴疠大起。月余不息。奉先病死。其家二十口亡尽。'"

这里所见新罗县的前身，应为《舆地纪胜》卷一三二《福建路·汀州》州沿革条中记载的：

"晋武平吴，分建安置晋安郡。又立新罗县，而汀州始基于此。宋齐梁陈隋废置无所考据。"

这里记载了新罗县此后的沿革。以上所见汀州即

第一章 魏晋南北朝隋唐时期历史研究的动向

使在唐代仍明显地保持着蛮地的特性。基于这一点，可以说这里所见当地的神，即新罗山神极有可能为蛮神。如果这一推测恰当的话，可以说在宗教范畴内了解蛮汉间宗教、政治斗争方面的情况时，以上的事例是非常引人关注的。

此外，《宋史》卷四一《理宗纪一》绍定三年二月戊戌条记载南宋时的情况为：

"诏汀、赣、吉、建昌蛮獠窃发，经扰郡县，复赋税一年。"

赣为江南西路的赣州，治所在今江西赣州；吉为江南西路的吉州，即南北朝时期的庐陵郡地区，治所在今江西吉安；建昌为江南西路建昌军，治所在今江西南城；汀州的位置与唐代相同。总之，上述记载展现出即使进入南宋后，在汀州治所范围内仍有蛮出没，以及当地的蛮寇与邻接的江西地区呈联动的态势。此外，前揭史料中所见汀、赣、吉、建昌地区均位于隔开江西与福建的武夷山脉的东西两侧。从这一点可以推测，当时蛮的居住地被挤压到武夷山山脉之中。实际上，还可举出很多像这样"联动"的事例。这一点将在下节论述江西地区蛮的问题时进行考察。

东亚古代的诸民族与国家

关于唐宋时期福建地区的民族问题，此后佐竹靖彦进一步展开了更为彻底的研究。[16]佐竹靖彦认为：自汉代以来该地区曾长期为"蛮夷之境"，伴随着汉族的迁入，少数民族的社会面貌发生了转变；在唐宋时期，福建地区社会面貌的剧变中正蕴含着这种少数民族社会的变迁。从这一观点出发，佐竹靖彦展开考察，并阐述了如下的内容：

> 根据福建新县、旧县的设置状况，与浙东、广东地区间依靠海上交通的联系支撑了福建东南部汉族居住地区的建成与发展；与江西地区间的联系支撑了西北部汉族居住地区的建成与发展。总之，汉族的迁入是以通过海路连接的位于浙东南边界上的福州，以及通过陆路连接的位于江西东部边界上的建州为中心展开的。进入唐中期后，伴随着大量新县的设置，此前被切断的西北部与东南部的汉族居住地带逐渐结合在一起。在西北部的山岳地带出现了汀州，通过汀州与漳州间的联系，汉族居住圈形成了对原住民居住地带的包围。总之，可以说唐中期的福建正处在位于交界地带的汉族活动据点已基本建成的阶段。唐开元期间的新县设置在残留有原住民居住地区的周边，对其呈包围的态势。此后，从唐中期至唐末，汉族迁入了从建州经古田县通向福州的旧有路线的周边地区，与此

第一章　魏晋南北朝隋唐时期历史研究的动向

同时，还逐渐迁入了位于建宁与宁化间在当时被称为黄连洞的广大少数民族的居住地带。而且，这一地区的北半部也大致在唐末开始汉化，与原住民对峙的最前线推移至宁化南部的潭飞磜。……另一方面，五代宋初的新县位于建州、福州、泉州的周边，逐渐将其包围。并且，这些新县均是从镇、场升级而来的，与此同时，这些新县的发展过程与地区商品流通间具有密切的关系。这一点暗示出以下情况：宋代福建地区的科举登第者数量呈现压倒性优势，且福建社会进入成熟期，对于这一点具有决定性重要作用的是支撑民众日常生活的商品流通网的建成。

可以说以上观点是经过透彻论证的超群高见。通过该论文，从六朝至唐宋福建社会变迁的实态已基本明了。今后，希望能从这一视角进一步阐明中国中南部其他地域的实态。在《中国史学》一〇号（二〇〇〇年）中，中村威也发表了一篇引人关注的论文，该文题为《中国古代西南地域的异民族——特别是关于后汉巴郡的"民"与"夷"》(「中国古代西南地域の異民族——特に後漢巴郡における「民」と「夷」について——」)。其中，中村威考察了巴郡张纳碑、张禅诸人题名等材料中所见有关东汉民族关系的资料。与此同时，中村威抓住了其中所见汉

东亚古代的诸民族与国家

族、非汉民族使用了几乎共通的"姓"这一点，阐述了他们均为同族这一值得关注的见解，并且得出如下结论：在东汉的巴郡，即使同为非汉民族，也存在以下的区别，即接受了无异于一般郡县民的统治，并学习中原文化成为地方官府掾史的非汉民族，以及适用于"奏谳书"中所见的蛮夷律并生活于君长之下的非汉民族。后者在资料中又被记为"夷"，而前者在资料中并未被记作"夷"，而是被等同于一般的编户。张禅等题名的第一列记载了作为县长的张禅本人与其下的郡掾杨甫、郡掾杨雄、议曹掾杨除、议曹掾杨立等人名；第二列记载了夷侯李伯宣、夷侯杨伯宰等（夷侯九名），邑长爰文山等（邑长三名）人名；第三列记载了邑君兰世兴等（邑君三名）、夷民李伯仁等（夷民六名）人名；在最后第四行可以见到白虎夷王谢节、白虎夷王资伟等人名。中村威由此将其分为：作为"夷"姓被记录下来的姓氏，即李（二例），杜（二例），资（二例），爰（二例），杨、牟、屈、苌、兰、宋、谢（以上各一名）；以及"非夷"姓的姓氏，即杜（二例），杨（八例），屈、谢、赵（以上各一名）。可以注意到其中八成以上的姓氏为"夷"与"非夷"所共通的。

在考虑本章所探讨的魏晋南北朝隋唐时期的民族问题之际，上述后汉时"夷"与"非夷"的关系也具有重要的参考价值。另外，本节的开篇处曾讨论了汉代至南北朝

第一章　魏晋南北朝隋唐时期历史研究的动向

时"阆中蛮"严氏的变迁。可以说在考察汉至魏晋南北朝间的变迁过程时，这是必须参考的重要情况。

笔者曾经考察了从魏晋至南北朝间四川非汉民族的实态，特别是獠的动向；并且还考察了在这一时期，甚至进入此后的隋唐时期，獠的存在都具有极为重要的意义（本书第三篇第三章、第四章）。[17]有关这一点也可从以下史料中直接看出。《太平寰宇记》卷一七八《徼内南蛮·獠传》中记载：

> 獠，盖南蛮之别种。初出自梁益之间。自汉中达于邛筰，川洞之间，所在皆有。……按蜀本无獠。李势时，诸獠始出。巴西、渠川、广汉、阳安、资中、犍为、梓潼，布在山谷十余万落，攻破郡县，为益州大患。自桓元子破蜀之后，力不能制。又蜀人东流，山险之地多空，獠遂挟山傍谷，与夏人参居。参居者颇输租赋。在深山者仍不为编户。至梁武帝时，梁益二州（今汉川蜀川二郡县也），岁岁伐獠，以自裨润，公私颇藉为利。后魏正始初，梁将夏侯道迁，举汉中附魏。魏遣尚书邢峦为梁益二州刺史，以镇之。其后以梁益二州控摄险远，乃立巴州，以统诸獠。后以巴酋帅严始欣为刺史。又立隆城镇，所绾獠二十万户。所谓北獠是也。……自此又属梁矣。后周文帝平

东亚古代的诸民族与国家

梁（达奚武平之）益之后（尉迟迥平之）。令所在抚慰。其与华人杂居者，亦颇从赋役。然天性暴乱，旋至扰动。每岁命随近州镇，出兵讨之，获其人以充贱隶。谓之压獠焉。后有商旅往来者，亦资以为货。公卿逮于民庶之家，有獠口者多矣。然其种类滋蔓，保据岩壑，依林走险若履平地。性又无知，殆同禽兽。诸夷之中，最难以道义招怀也。

随着时代的发展，当时作为这种半獠地的四川逐渐设置了压倒性多数的新县，本书第三篇第三章、第四章中说明了其具体的情况。正如其中所介绍的那样，《元和郡县图志》中通过以下的形式，在展现有关獠的大量记载的同时，也展现了上述新县设置的情况。[☆符号表示史料中明确记载了"獠"的州县。此外（ ）中的小字为《元和郡县志》的原文。]

☆邛州　　属县七　秦蜀郡地→宋齐梁不置郡县→梁蒲口顿（以备生獠）→梁置邛州

☆临邛县　本汉临邛县→（李雄乱后,为獠所侵）　→西魏废帝再置

　大邑县　汉江原县地→　　　　→唐割晋原县西置

第一章 魏晋南北朝隋唐时期历史研究的动向

  安仁县　本临邛县地→　　　→唐割临邛、依
　　　　　　　　　　　　　　　　政、唐兴县置

  依政县　本临邛县地→　　　→西魏置

  临溪县　本临邛县地→　　　→西魏置

  火井县　本临邛县地→　　　→西魏置

  蒲江县　本临邛县地→　　　→西魏置

☆简州　　属县三　秦蜀郡地→汉犍为郡→(李雄据蜀,
　　　夷獠内侵)→南齐牛鞞戍→隋置简州

  阳安县　本汉牛鞞县→　　　→西魏置

  金水县　本汉广汉郡新都县地　→西魏置
　　　　　→东晋金泉戍

 ☆平泉县　本牛鞞县及符县地→　→西魏置
　　　　　(后为獠所居)

☆资州　　属县八　秦蜀郡地→汉犍为郡资中县地→
　　　　(李雄之乱,夷獠居之)→西魏置资州

 ☆盘石县　本汉资中县地→(后　→北周置
　　　　　为獠所居)

 ☆资阳县　本资中县地→(李雄　→北周置
　　　　　乱蜀,县荒废)

 ☆内江县　本资中县地→(李雄　→北周置汉安戍
　　　　　之后,陷于夷獠)　　→北周置

  丹山县　本资中县地→　　　→唐置

  银山县　本资中县地→　　　→隋置

 ☆龙水县　本资中县地→　　　→隋(招慰夷獠)置

☆清溪县　本资中县地→（自晋　→隋置牛鞞县
　　　　　讫梁，夷獠所居）　→唐改名

月山县　本资中县地→　　　→隋置

……（以下省略）

此前提及了福建出现的现象，即"蛮地"的"内地化"。尽管非汉民族进行了顽强的抵抗，但可以说上述新县的设置展现出这一地区也不断发生了与福建相同的现象。

不过，在此也有必要注意到以下史料中所记载的情况。《隋书》卷二九《地理志》梁益条中关于獠记载道：

傍南山杂有獠户，富室者颇参夏人为婚，衣服居处言语，殆与华不别。

《隋书》卷二九《地理志》梁益条还记载：

又有獽狿蛮賨。其居处风俗，衣服饮食，颇同于獠，而亦与蜀人（应指汉人）相类。

像这样，非汉民族经历了汉化的过程，达到了与汉族难以区分的程度。经过这一时期，可以认为非汉民族已成

第一章　魏晋南北朝隋唐时期历史研究的动向

为"汉族"。然而，正如上述史料中所见"颇同于獠，而亦与蜀人相类"的记载那样，可以看出汉族本身也处于与非汉民族非常接近的状态。笔者多次论述过这种汉族的"蛮化"。[18]笔者关注的是经过这样的相互融合，诞生了新的"汉族"。笔者将这一点作为本章的结语，来探讨其与前节所述朴汉济等人观点间存在的关联性。

结　语

二〇〇〇年，在日本早稻田大学召开的中国史学国际会议中的魏晋南北朝隋唐分会上，作为这一时期民族问题的专家，东洋大学的谷口房男提出了三国时期吴的孙权是否为"汉族"的问题。这可能是一个令人略感惊讶的问题。实际上，这一时期的史料《魏书》卷九六《僭晋司马睿传》中记载：

> （司马）睿僭即大位，改为大（太）兴元年（三一八）。其朝廷之仪，都邑之制，皆准模王者，拟议中国。遂都于丹阳，因孙权之旧所，即禹贡扬州之地，……厥田惟下下，所谓"岛夷卉服"者也。……睿因扰乱，跨而有之。中原冠带呼江东之人，皆为貉子，若狐貉类云。巴、蜀、蛮、獠、溪、俚、楚、越，鸟

声禽呼,言语不同,猴蛇鱼鳖,嗜欲皆异。江山辽阔将数千里,睿羁縻而已,未能制服其民。

《魏书》卷五四《高闾传》中记载了汉族官僚高闾的言论:

汉之名臣,皆不以江南为中国。

《魏书》卷一〇八《礼志》太和一四年八月条同样记载了汉族官员高闾的言论:

僭拟之属,远如孙权、刘备,近若刘裕、(萧)道成,事系蛮夷,非关中夏。

《晋书》卷六五《王导传》记载了苏峻之乱后,兴起了迁都至予章或会稽的议论。当时,王导以作为迁都后补地的予章为蛮地、会稽为越地而表示反对。基于诸如此类的事例,这一问题也并非那么简单。当然,以上《魏书》记事中所见的认识受到了北朝称南朝为"岛夷"、南朝称北朝为"索虏"风潮的强烈影响。正如早期陈寅恪所论证的那样,以上《司马睿传》是依据了一定事实的记载。[19]此外,我们有必要足够重视此前所见如福建、四川

第一章 魏晋南北朝隋唐时期历史研究的动向

那样的地区在六朝至隋唐间成为汉地的新见解。

笔者基本是按照上述认识来看待当时的汉族的。然而，有的见解将汉族本身作为一种先验的对象来认识，没有重视汉族在吸收了其他要素的同时，处于变化的状态。站在前述那样的立场上来看，这种见解存在很多有悖于当时实际情况的东西。

正如此前所述，朴汉济提出了所谓"侨旧体制"的新理论，然而，其中几乎不见在"胡汉体制"论下对民族问题展开论述的视角。总之，朴汉济的论述没有涉及对于中国中南部非汉民族的关注。但是，如果认为这一时期庞大的人口流动造就了"胡汉体制""侨旧体制"的话，那么就不能无视中国南部非汉民族的问题。并且，朴汉济学说对于北朝地区是从"胡汉体制"这一民族问题的观点出发展开的考察，而在南朝则是从另一种侨民的观点进行的考察。笔者认为如果将中国中南部的民族问题也纳入这一视野，朴汉济学说可以获得进一步的完善。

此外，以这一时期庞大的人口流动为基础，笔者希望在阐明当时的时代面貌之际，还应将人口流动与中国中心地带的周边地区，例如朝鲜、日本、云南、岭南等地区的关系也纳入视野，这是因为当时源自中原的人口流动也深远地影响了这些地区。在这种状况之下，周边各地的君长被授予了官职、将军号等。谷川道雄从贵族制的观点出发，

东亚古代的诸民族与国家

对于这样的问题提出了一定的见解。[20]朴汉济如果要提高其观点的有效性，需要摆脱仅关注中国中心地带的立场，将视野扩大到上述的范围。另外，还应进一步论述民族问题与国际关系间所存在的关联，这一点笔者期待有其他机会进行考察。

第二章　围绕辽金的正统观

——与北魏的比较

前　言

笔者发表过一篇题为《关于鲜卑的文字——与汉唐间中华意识的广泛传播相关联》的小文[1]。一般认为北亚最初拥有文字的民族是突厥。在突厥以前，鲜卑是否也有文字呢？从这种问题意识出发，拙文阐明了以下诸点。①一直以来，鲜卑被认为没有文字，但为了记录鲜卑语，拓跋鲜卑中也存在过某种文字。②这种文字是在北魏第三代皇帝太武帝时期制定的。③笔者推测这种文字利用了汉字的读音，是类似于万叶假名那样的文字；在连接单词与单词时，像助词与词尾那样的语词采用了固定的文字。④根据《隋书》等文献的记载，可以确定当时存在用鲜卑语写成的书籍，其中还可见到翻译为鲜卑语的中国古代

东亚古代的诸民族与国家

儒家经典等典籍,这种翻译有助于鲜卑人理解中华文化。总之,可以推测与其说鲜卑希望通过这种文字记述、保存自身的文化、历史,不如说这意味着鲜卑种族意识的丧失与衰退。⑤然而,另一方面,当时的鲜卑人逐渐将鲜卑语遗忘,在这样的情况下,从鲜卑语书籍的编纂中还可看出其民族意识觉醒的一面。⑥在用鲜卑语写成的书籍中,除翻译而成的儒学经典等书籍外,还有鲜卑民族自身的英雄传记、诗歌集等,这与日本《古事记》《万叶集》等书籍的编纂存在共通之处,应被给予关注。⑦如果展开来看现存《魏书·序纪》中所见神话部分的记述,难以认为这是一部完备的文献,在《魏书·序纪》之前应存在过可被称为原《序纪》的资料,即鲜卑也可能拥有过类似于蒙古《元朝秘史》一样的文献。⑧现存《乐府诗集》中收录有鲜卑的诗歌,在这些诗歌中可以看到可汗等从鲜卑的语言中翻译而成的词语。⑨不过,必须注意到现存《乐府诗集》中所见鲜卑歌是用汉语翻译并记载下来的。⑩这意味着在《乐府诗集》的编纂阶段,鲜卑语已逐渐失传。⑪如果反过来考虑这一情况的话,《乐府诗集》中所载鲜卑歌最初有可能是由鲜卑语记述而成的。

以上是此前拙论中有关鲜卑文字的个人观点。正如从这一有关文字的问题中所见到的那样,在与此后中国史、北亚史发展的联系上,仍存在大量值得探讨的有关鲜卑的

第二章 围绕辽金的正统观

其他问题。例如，鲜卑与契丹间的关联性问题。契丹曾创造了契丹文字，关于契丹，《新唐书》卷二一九《契丹传》中记载：

> 契丹，本东胡种。其先为匈奴所破，保鲜卑山。魏青龙中，部酋比能稍桀骜，为幽州刺史王雄所杀。众遂微，逃潢水之南，黄龙之北。至元魏，自号曰契丹。

这里记载契丹原为鲜卑。尽管尚难以确定这是否属实，但由于鲜卑与契丹在神话上也存在联系，因此二者间的关系还可以从以下的情况中进行推测。《辽史》卷三七《地理志》记载契丹的神话如下：

> 相传，有神人乘白马。自马盂山浮土河而东。有天女驾青牛车。由平地松林泛潢河而下。至木叶山二水合流，相遇为配偶，生八子。其后族属渐盛，分为八部。每行军及春秋时祭，必用白马青牛，示不忘本云。

这里展现了神人（男）与天女间的圣婚。《魏书》卷一《序纪》记载鲜卑拓跋部首长圣武帝时期的神话如下：

· 489 ·

东亚古代的诸民族与国家

> 初圣武帝尝率数万骑田于山泽。欻见辎𫐐,自天而下。既至见美妇人。侍卫甚盛。帝异而问之。对曰:"我天女也。受命相偶。"遂同寝宿。旦请还曰:"明年周时复会此处。"言终而别,去如风雨。及期帝至先所田处。果复相见。天女以所生男授帝曰:"此君之子也,善养视之,子孙相承,当世为帝王。"语讫而去。

这里记载了鲜卑神话中存在与契丹传说中相似的圣婚。前揭《辽史》的记事还记述了契丹八部的由来,鲜卑拓跋部中也存在八部的制度。[2]应该说由此可以看出契丹与鲜卑(拓跋部)在起源上存在的关联性。

此后,众所周知,拓跋鲜卑进行了南迁,建立起北魏,并在五世纪末迁都至位于中原的都城洛阳。《洛阳伽蓝记》卷三、龙华寺条记载迁都洛阳后的情况如下:

> 伊洛之间,夹御道,东有四夷馆。一曰金陵、二曰燕然、三曰扶桑、四曰崦嵫。道西有四夷里,一曰归正、二曰归德、三曰慕化、四曰慕义。

正如这里记载的那样,在与汉族接触、融合的过程中,尽管身为鲜卑,其也逐渐具有了将自身视为中华的意

第二章　围绕辽金的正统观

识。关于这一点及形成这种中华意识的东亚世界所具有的历史意义，笔者曾在题为《汉唐间"新"中华意识的形成——围绕古代日本、朝鲜与中国的联系》[3]《关于五胡十六国北朝时期的"正统"王朝》[4]等小文中进行了阐述。那么，契丹与鲜卑有着相似的起源，在由契丹所建立的辽，中华意识又是如何发展的呢？或者作为征服王朝的辽有没有产生"中华"意识等思想呢？

本章将以这样的问题意识为线索，基于与北魏对比的观点，希望考察在辽，以及灭亡辽并征服了华北的由非汉民族建立的国家——金之中，中华意识、正统意识的存在与否及其发展。本章所述的中华意识是指将自身的民族、国家视为"中华"的意识，正统意识是指继承了这一"中华"正统的意识。

第一节　有关辽的正统意识

本节将考察辽的正统意识是如何发展的。《辽史》卷七二《义宗倍传》记载耶律倍成为太子之际的情况：

> 神册元年（九一六）春，立为皇太子。时太祖问侍臣曰："受命之君，当事天敬神。有大功德者，朕欲祀之，何先。"皆以佛对。太祖曰："佛非中国

教。"倍曰:"孔子大圣,万世所尊。宜先。"太祖大悦,即建孔子庙。诏皇太子春秋释奠。

这里记载了在开始统治中国之前,太祖最初并未祭祀佛,而是优先祭祀了孔子。由此可以看出,相比佛教,太祖与皇太子首先重视的是儒学,这一点与以下的情况完全不同。《高僧传》卷九《竺佛图澄传》中记载:

(石)虎下书曰:"(王)度议云:佛是外国之神。非天子诸华所可宜奉。朕生自边壤,忝当期运,君临诸夏。至于飨祀应兼从本俗。佛是戎神,正所应奉。"

辽代之前五胡十六国时期后赵的皇帝石虎(出身于五胡之一的羯族)将佛教视为与自己相关的宗教而尊崇。那么,在这种情况下,太祖、义宗(耶律倍)是如何认识自身与中国间的关系的呢?

《辽史》卷七六《张砺传》中关于张砺的记载如下:

会同初(九三八),升翰林承旨,兼吏部尚书。从太宗伐晋入汴。诸将萧翰、耶律郎伍、麻答辈肆杀掠。砺奏曰:"今大辽始得中国。宜以中国人治之。不可专用国人及左右近习。苟政令乖失,则人心不

第二章　围绕辽金的正统观

服。虽得之，亦将失之。"

这里表现出了将"中国人"（汉人）与"国人"（契丹）区别开来的认识。此外，《旧五代史》卷七五《晋书·高祖纪一》清泰三年（九三六）十一月条记载了辽太宗对石敬瑭所说的话，其中：

（太宗）谓帝曰："我三千里赴义，事须必成。观尔体貌恢廓，识量深远，真国主也。天命有属，时不可失。欲徇蕃汉群议，册尔为天子。"帝饰让久之。既而诸军劝请相继，乃命筑坛于晋阳城南。

这里说明太宗将蕃与汉区别开来。难以想象太宗自身使用了蕃一词，可以推测其使用的应是类似于前揭《辽史·张砺传》中所见"国人"那样的用语。可以从中看出太宗具有将自身视为与汉族不同的族群的意识。《旧五代史》卷一三七《外国列传》中记载契丹在进行连年征战之际，太宗之母述律皇后说：

时契丹诸部频年出征。蕃国君臣稍厌兵革。德光（太宗）母常谓蕃汉臣僚曰："南朝汉儿争得一向卧耶。自古及今，惟闻汉来和蕃，不闻蕃去和汉，待伊汉儿的当回心，则我亦不惜通好也。"

这里也可见到同样将蕃、汉区别开来的事例。

通过以上的考察，可以说契丹在辽建国之初，并不认为自身属于中原王朝，这种观点比较符合实际情况。这样一来，在中原王朝的中华意识之下，当时契丹并未形成将自身视为中华正统的意识。更何况也并未存在《旧五代史》中所见的那种自认为是蕃族的意识之类的观念。

然而，到了辽中期的圣宗、兴宗以后，出现了与上述考察中所获结论有别的史料，即《辽史》卷一〇四《刘辉传》中记载刘辉的上奏如下：

> 大安末（一〇九四）为太子洗马。上书言："西边诸番为患。士卒远戍，中国之民疲于飞挽，非长久之策。为今之务，莫若城于盐泺，实以汉户，使耕田聚粮，以为西北之费。"言虽不行，识者题之。寿隆二年（一〇九六），复上书曰："宋欧阳修编《五代史》，附我朝于四夷，妄加贬訾。且宋人赖我朝宽大，许通和好，得尽兄弟之礼。今反令臣下妄意作史，恬不经意。臣请以赵氏初起事迹，详附国史。"上（道宗）嘉其言。迁礼部郎中。

第二章 围绕辽金的正统观

上文中所见的"中国之民"可能并不包含契丹兵。然而，从上文后段可以看出辽反对欧阳修所著《五代史》将辽视为四夷的立场，并主张将赵宋兴起的事迹详附于辽的国史。道宗对此表示赞许。由此可见，辽朝中出现了理解华夷之别的具体内涵，并且基于华夷思想对抗赵宋的倾向。此外，《辽史》卷二一《道宗纪一》记载道宗即位前的情况如下：

> （重熙）二十一年（一〇五二）为天下兵马大元帅，知惕隐事，预朝政。

这里采用了"天下"这一用语。可以说这一现象与上述对华夷思想的接受相辅相成，并且在辽朝接受中原王朝政治思想这一点上应关注到这种情况。[5]

此外，《高丽史》卷一二《睿宗一》睿宗三年（一一〇七）二月丙午条所见辽末皇帝天祚帝致高丽的册书中写道：

> 朕以王者底绥四海，利建于侯封。诸侯各守一邦，会归于王统。故上必优于爵命，下克其忠诚。

基于中国的政治思想，在送致的册书中写有与"天

· 495 ·

下"同义的"四海"一语。可以说这显示出到了辽末，辽基于中华意识已逐渐将自身视为"正统"。

《松漠纪闻》中记载辽道宗朝之际的情况如下：

> 大辽道宗朝，有汉人讲《论语》。……至"夷狄之有君"，疾读不敢讲。则又曰："上世獯鬻、猃狁，荡无礼法，故谓之夷。吾（道宗）修文物，彬彬不异中华，何嫌之有。"卒令讲之。

众所周知，以上所见《论语》中"夷狄之有君"出自《论语·八佾篇》：

> 子曰："夷狄之有君，不如诸夏之亡也。"

根据《松漠纪闻》中的史料，在道宗面前讲述以上内容的汉人正当犹豫之际，道宗指出自身修得文物，文质彬彬，与中华无异（彬彬不异中华），令讲解者不必在意。

总之，道宗将是否保持着中华文明作为华夷之别的基准，认为其自身乃至辽已经"文明化"，而并不忌讳讲述《论语》中夷狄云云的记述。

顺便提及一下，作为北魏时期的事例，《北史》卷三

第二章　围绕辽金的正统观

六《薛聪传》记载孝文帝时期的情况如下：

> 帝（北魏孝文帝）曾与朝臣论海内姓地人物。戏谓聪曰："世人谓，卿诸薛是蜀人。定是蜀人不。"聪，对曰："臣远祖广德，世仕汉朝。时人呼为汉。臣九世祖永，随刘备入蜀，时人呼为蜀。臣今事陛下。是虏非蜀也。"帝，抚掌笑曰："卿，幸可自明非蜀。何乃遂复苦朕。"聪因投戟而出。帝曰："薛监醉耳。"其见知如此。

这里记述了在北魏后期推进汉化政策的北魏孝文帝在询问薛聪其是否为"蜀"时，被反驳陛下原本不也是"虏"（鲜卑）吗？当时，存在将"蜀"与"虏"（鲜卑）同样视为夷狄种族的认识。[6]与此相对，孝文帝认为尽管自身曾经是"虏"，但通过掌握中原文化，最终成为中华。可以说孝文帝以"抚掌而笑"的形式表现出了自信。这一点与前述辽道宗围绕《论语》的内容所言"吾（道宗）修文物，彬彬不异中华，何嫌之有"的言论极为类似。两者间的相似非常引人注目。

《大金德运图说·省判》中记载了金代讨论金朝德运的经过，其中一节记载：

> 秘书郎吕贞干、校书郎赵泌以为，圣朝先辽国，以成帝业。辽以水为德。水生木。国家宜承辽运为木德。

就管见所及，现存以《辽史》为首的有关辽代的史书中，并未见到辽采用水德的记载。然而，这一情况如果属实的话，显示出辽标榜自身是中华世界中的一个正统王朝。一直以来，岛田正郎的胡族国家论[7]、魏特夫等人的征服王朝论[8]都强调辽的独立性，认为其不同于此前作为浸透王朝的五胡诸国。可以说辽标榜自身为中华世界的正统王朝这一点与上述学者的观点间出现了微妙的龃龉之处。

为进一步展开相关论述，笔者将在下节考察与辽同时代的非汉民族王朝金的正统意识的实态。

第二节　有关金的正统意识

《三朝北盟会编》卷一六六《炎兴下帙六六》起绍兴五年（一一三五）正月乙巳朔尽二月十三日丁亥条记载：

> 今虏主完颜亶（熙宗）也。童稚时，金人已寇中原，得燕人韩昉及中国儒士教之。其亶之学也，虽

第二章 围绕辽金的正统观

不能明经博古,而稍解赋诗翰雅歌儒服烹茶楚香奕棋战象,徒失女真之本态耳。由是则与旧大功臣,君臣之道殊不相合。渠视旧大功臣,则曰:"无知夷狄也。"旧大功臣视渠,则曰:"宛然一汉家少年子也。"既如是也,欲上下同心,不亦难乎。

总之,从以上史料可以看出金在进入第三代皇帝熙宗之际,早已在儒者等学者的影响下,疏远了女真族的大臣。并且,形成了女真族出身的皇帝称女真族大臣为"无知夷狄"的事态,由此招致了大臣的反抗。

另一方面,《魏书》卷四〇《陆凯传》中记载北魏孝文帝之际的情况如下:

高祖(孝文帝)将议革变旧风,大臣并有难色。又每引刘芳、郭祚(刘芳、郭祚均为汉人)等密与规谟,共论时政,而国戚谓遂疏已,怏怏有不平之色。乃令凯私喻之曰:"至尊但欲广知前事,直当问其古式耳,终无亲彼而相疏也。"国戚旧人意乃稍解。

这里表现出以成为中华皇帝为目标、坚决执行汉化政策的北魏孝文帝在重用汉族士大夫之际,被疏远的国人

东亚古代的诸民族与国家

（鲜卑）表现了强烈不满。[9]这一记载也与此前所见金朝的情况类似，这一点非常引人关注。

笔者曾考察了在实施均田制等方面非常著名的北魏孝文帝对诸制度的汉化改革、迁都洛阳，以及以统一天下为目标而发动的南伐等事件，与此同时还探讨了这些事件所具有的历史意义。[10]其事迹与金海陵王的事迹存在很多相似之处。[11]《金史》卷八四《耨盌温敦思忠传》记载了海陵王的言论：

> 思忠曰："太祖伐辽，犹且数年，今百姓愁怨，师出无名。江淮间暑热湫湿，不堪久居。未能以岁月期也。"海陵怒顾视左右，若欲取兵刃者。思忠无所畏恐，复曰："老臣历事四朝，位至公相。苟有补于国家，死亦何憾。"有顷，海陵曰："自古帝王，混一天下，然后可为正统。尔耄夫固不知此。"

同书卷一二九《佞幸·李通传》同样记载了海陵王的言论：

> 海陵恃累世强盛，欲大肆征伐，以一天下。尝曰："天下一家，然后可以为正统。"……遂议兴兵伐江南。

第二章　围绕辽金的正统观

这里所见"混一天下，然后可为正统""天下一家，然后可以为正统"明确地表现出海陵王希望灭亡南宋，以此成为中国天下之主的想法，从中可以看出其与坚定地迁都洛阳、讨伐南朝、以再次统一中国为目标的北魏孝文帝具有在本质上相同的意识。正如笔者论述过的那样，孝文帝希望成为中华皇帝的意识在他之前的北魏诸帝中也可见到。[12]从这一点中可以推测，北魏与金虽然是由非汉民族建立的王朝，但两者具有相似的发展轨迹。

关于这一点，以下笔者将考察金代出现的有关德运之议的情况，并指出北魏与金对正统性的主张在本质上是相同的。

众所周知，至今已有多位先学论述了有关所谓正统性的问题。作为其中的代表，可以列举出神田喜一郎[13]、内藤虎次郎[14]、饶宗颐[15]等人的高论。其中，饶宗颐的《中国史学上之正统论——中国史学观念探讨之一》在广泛地搜集相关史料的基础上展开了全面的研究，获得了很高的评价。在本章所关注的辽金时期，赵宋位于南方。如果读过陈芳明[16]、重泽俊郎[17]、土田健次郎[18]、盐出雅[19]、东英寿[20]、林文孝[21]诸人的高论的话，可以很容易地获知赵宋曾激烈地讨论有关正统论的问题。

当时，议论的中心是欧阳修所提出的正统论。根据上述诸研究，其思想可以总结为：

（1）全面否定了此前作为主流正统论前提的五德终始说；

（2）代替五德终始说，以"正"与"统"两个要素构成的概念定义了"正统"，并在此条件下，判定了各个王朝的正统性（这种形式被此后的正统论所继承）；

（3）将此前专门重视时间上连续性的"统"再次定义为空间上的统一；

（4）"正统"有时出现了断绝。

然而，尽管形成了上述思想，但在与赵宋对峙的另一方即女真族的金盛行着基于五德终始说的议论。[22]

《大金德运图说·省判》记载了详细内容：

> 至泰和元年（一二〇一），都省将众人前后议论编类成六册，转进过其间。众人议论不同。其岐有四。刑部尚书李愈以为，本朝太祖以金为国号。又自国初至八十余年，以丑为腊。若止以金为德运，则合天心，合人道，合祖训。……户部尚书孙铎、侍读学士张行简、太常卿杨庭筠等以为，唐为土德。五代朱梁，自前世已不比数。后唐本非李氏子孙。又强自附于唐之土德。外，石晋十二年，刘汉四年，郭周九年，皆乘时攘窃，其祚促短。何足以当德运。宋不用赵垂庆之言，不肯继唐统。乃继郭周为火德。是彼自失其

第二章　围绕辽金的正统观

序，合为闰位。圣朝太祖圣训，完颜部，色尚白，白即金之正色。自今本国可号大金。又尝纯白鸟兽瑞应。皆载之国史。<u>请依旧为金德，上承唐统</u>。盖亦依太祖圣训，自然符应，而取越恶承善，越近承远之说也。秘书郎吕贞干、校书郎赵泌以为，圣朝先辽国，以成帝业。辽以水为德。水生木。<u>国家宜承辽运为木德</u>。此盖别一说也。惟太常丞孙人杰造为倾险之论，……本意欲朝廷继宋运，而为土德，而忮心求胜故也。大理卿完颜萨喇、直学士温德赫、大兴应奉完颜恩楚、弘文校理珠嘉珠敦等，<u>皆以为合继宋运，而为土德</u>。

《大金德运图说·省札》记载：

　　自前来议论有四说。不论所继，只为金德，刑部尚书李愈之说也。继唐土运为金德，户部尚书孙铎太常卿杨庭筠等之说也。继辽水运为木德，秘书郎吕贞干之说也。继宋火运为土德，太常丞孙人杰之说也。

总之，根据此次议论，可以得知金朝中存在四种观点：①不继承前代王朝，将金德作为本朝德运的观点；②继承唐代土德，选择金德的观点；③继承辽的水德，选择木德的观点；④将承袭后周的宋视为火德，定金为土德的观点。换言之,金朝中存在自定五行、跳过五代直接继承唐、继承辽(这种观点起源于辽继承石晋的金德而为水德)、继承宋的四说。

此外,《四库全书·史部一三·政书类二》提要记载:

> 《大金德运图说》一卷。臣等谨案,《大金德运图说》一卷,金尚书省会官集议德运,所存案牍之文也。案《金史·本纪》,金初色尚白。章宗泰和二年(一二〇二)十一月,更定德运为土,腊月辰。诏告中外。至宣宗贞佑二年(一二一九)正月,命有司复议本朝德运。是书所载,盖即其事。……书中但有诸臣议状,而尚书省臣无所可否。考史载兴定元年(一二一七)十二月庚辰,腊享太庙。是终金之世,仍从泰和所定德,而未尝重改。疑是时当元兵深入,宣宗南迁汴梁。此议遂罢。故尚书省亦未经奏覆也。

根据此提要可以得知,在距金灭亡大约三十年前的泰和二年,金将德运由金德改为了土德;并且即使到了金末,仍留有尚未议定之处,不过由于王朝的衰亡,最终未能完成相关事宜的议定。

前揭《大金德运图说·省判》中记载:

第二章　围绕辽金的正统观

圣朝太祖圣训，完颜部，色尚白，白即金之正色。自今本国可号大金。又尝纯白鸟兽瑞应。皆载之国史。

正如这里记载的那样，金最初选择金德，被认为依据的是完颜部崇尚白色，并且国初有纯白鸟兽的瑞应。依据五行说中方色的观点，白色对应于金德。基于这一点，可以说金在其草创期就已受到阴阳五行思想的影响。

总之，金德在章宗泰和二年十一月被改为土德，此后直到金末，仍存在种种议论。

由上述的情况可以得知，当决定德运之际，是继承五代十国诸国、辽，还是继承曾统一天下的唐、宋，是一条在判断上非常明确的分界线；并且，在决定土德之际，后一种观点战胜了前一种观点，即继承统一过天下的王朝的观点占据了优势地位。

再次引用与前揭史料有重复之处的《大金德运图说·省判》中的记载：

至泰和元年（一二〇一），都省将众人前后议论，编类成六册，转进过其间。众人议论不同。其岐有四。刑部尚书李愈以为，本朝太祖以金为国号。又自国初至八十余年，以丑为腊。若止以金为德运，则合天心，合人道，合祖训。……户部尚书孙铎、侍读学士张行简、太常卿杨庭筠等以为，唐为土德。五代朱梁，自前世已不比数。后唐本非李氏子孙。又强自附于唐之土德。外，石晋十二年，刘汉四年，郭周九年，皆乘时攘窃，其祚促短。何足以当德运。宋不用赵垂庆之言，不肯继唐统。乃继郭周为火德。是彼自失其序，合为闰位。圣朝太祖圣训，完颜部，色尚白，白即金之正色。自今本国可号大金。又尝纯白乌兽瑞应。皆载之国史。请依旧为金德，上承唐统。盖亦依太祖圣训，自然符应，而取越恶承善，越近承远之说也。秘书郎吕贞干、校书郎赵泌以为，圣朝先辽国，以成帝业。辽以水为德。水生木。国家宜承辽运为木德。此盖别一说也。……至章宗泰和二年，奉章宗敕旨……当年十月二十五日，尚书省奏，辽据一偏，宋有中原。是正统在宋。

《大金德运图说·省札·议》中记载：

本朝得天下，太祖以国号为金，只为金德，复如何。尚书奏，辽据一偏，宋有中原，是正统在宋。其辽无可继。张邦昌、刘豫，皆本朝取宋以后，命立之，使守河南山东陕西之地。即本朝之臣耳。吕贞干何得言。楚齐更霸，不可强继宋孽。李愈所论太祖圣训，即分别白黑之姓，非关五行之叙。皇朝灭宋，俘其二主。火行已绝，我乘其后。赵构假息江表，与晋司马睿何异。

可以直截了当地讲，如果将金德运的变迁与北魏的情况进行对比的话，可以发现两者是极为相似的。

为确认这一点，笔者将在下节考察有关北魏时期的德运之议。

第三节　与北魏的比较

《魏书》卷一〇八之一《礼志一》太和一四年（四九〇）八月条记载了中书监高闾之议：

> 诏曰："丘泽初志，配尚宜定。五德相袭，分叙有常。然异同之论，著于往汉，未详之说，疑在今史。群官百辟，可议其所应，必令合衷，以成万代之式。"中书监高闾议以为："……臣闻，居尊据极，允应明命者，莫不以中原为正统，神州为帝宅。……<u>计五德之论</u>，始自汉刘，一时之议，三家致别。……故以承周为火德。……<u>赵承晋，金生水，故赵为水</u>

东亚古代的诸民族与国家

<u>德。燕承赵,水生木,故燕为木德。秦承燕,木生火,故秦为火德</u>。秦之未灭,皇魏未克神州,秦氏既亡,大魏称制玄朔。故平文之庙,始称太祖,以明受命之证,如周在岐之阳。若继晋,晋亡已久,若弃秦,则中原有(无?)寄。推此而言,承秦之理,事为明验。故以魏承秦,魏为土德。……又秦赵及燕,虽非明圣,各正号赤县,统有中土,郊天祭地,肆类咸秩,明刑制礼,不失旧章。奄岱踰河,境被淮汉。非若龌龊边方。僭拟之属,远如孙权、刘备,近若刘裕、道成,事系蛮夷,非关中夏。伏惟圣朝(指北魏),德配天地,道被四海,……正位中境,奄有万方。<u>今若并弃三家(赵、燕、秦),远承晋氏,则蔑中原正次之实</u>。……<u>臣愚以为宜从尚黄,定为土德</u>。"

也就是说,活跃于孝文帝时期出身于渤海郡的汉人士大夫高闾认为德运的顺序为西晋(金)→赵(水)→燕(木)→秦(火)→北魏(土),主张继承五胡十六国时期建立于华北的胡族诸国家的德运才是正统。《大金德运图说·省判》中记载:

户部尚书孙铎、侍读学士张行简、太常卿杨庭筠

第二章　围绕辽金的正统观

等以为，唐为土德。五代朱梁，自前世已不比数。后唐本非李氏子孙。又强自附于唐之土德。外，石晋十二年，刘汉四年，郭周九年，皆乘时攘窃，其祚促短。何足以当德运。宋不用赵垂庆之言，不肯继唐统。乃继郭周为火德。

户部尚书孙铎、侍读学士张行简、太常卿杨庭筠等人的议中可以见到将唐（土）→石晋（金）→刘汉（水）→郭周（木）→宋（火）的传承视为正统的主张。可以说这与前述高闾的主张一脉相通。

在金朝内部，这种观念遭到了主张应继承统一了天下的唐、宋王朝观点的非难。有关这一点，在此前已进行了讨论。在前引《魏书·礼志》记载的高闾的言论中：

今若并弃三家（赵、燕、秦），远承晋氏，则蔑中原正次之实。

在北魏存在并未将赵、燕、秦视为正统，而主张继承此前统一天下的西晋的动向，可以说在这一点上也出现了与金同样的情况。

此外，《大金德运图说·省判》中记载：

东亚古代的诸民族与国家

> 圣朝太祖圣训,完颜部,色尚白,白即金之正色。自今本国可号大金。又尝有纯白鸟兽瑞应。皆载之国史。

这里记载了崇尚白色的金朝中出现了纯白鸟兽的瑞应,并且这是一个与金朝德运相关的事件。《魏书》卷一〇八之一《礼志一》天兴元年(三九八)条中记载北魏第一代皇帝道武帝之际的情况如下:

> 天兴元年,定都平城,即皇帝位,立坛兆告祭天地。祝曰:"……。"事毕,诏有司定行次,正服色。群臣奏,<u>以国家继黄帝之后,宜为土德。故神兽如牛,牛土畜。又黄星显曜,其符也。于是始从土德</u>,数用五,服尚黄,牺牲用白。

这里所见将北魏视为"黄帝"后裔的观念,在《魏书》卷一《序纪》开篇所载拓跋氏的渊源中也有记述。

> 昔黄帝有子二十五人,……昌意少子,受封北土。国有大鲜卑山,因以为号。……<u>黄帝以土德王。北俗谓土为托,谓后为跋,故以为氏</u>。

第二章 围绕辽金的正统观

像牛一样的"神兽"是指《魏书》卷一《序纪》圣武帝诘汾条所载之物。

> 献帝命南移，山谷高深，九难八阻，于是欲止。<u>有神兽，其形似马，其声类牛</u>。先行导引，历年乃出，始居匈奴之故地。

所谓"黄星"是指同书卷一〇五之三《天象志》道武帝皇始元年（三九六）条中记载的现象。

> 是秋，太祖启冀方之地，……而天街彗之，盖其祥也。先是，<u>有大黄星出于昴毕之分，五十余日</u>。慕容氏太史丞王先曰："当有真人起于燕代之间，大兵锵锵，其锋不可当。"冬十一月，<u>黄星又见，天下莫敌</u>。

总之，北魏在建国之初，与基于五行说的五行行次无关，依据自身是皇帝的子孙、受到了神兽土畜的保佑、黄星的出现而采用了土德。根据传说，金的始祖来自高丽。[23]金在建国之初，与基于五行说的五行行次无关，依据自身崇尚白色，并有白鸟的瑞应，而采用了金德。可以说在这一点上北魏与金有着类似的经历。

此外，正如此前所见，金在后来出现了视五代诸朝为正统，以及主张唐（土）→石晋（金）→刘汉（水）→郭周（木）→宋（火）→金（土）的德运传承。前揭北魏中书监高闾曾言及"赵承晋，金生水，故赵为水德。燕承赵，水生木，故燕为木德。秦承燕，木生火，故秦为火德。秦之未灭，皇魏未克神州，秦氏既亡，大魏称制玄朔"。北魏以继承五胡诸朝正统性的形式，改变了自建国之初基于"黄帝土德"的土德说，主张采用基于五德相生说的德运。可以说上述金与北魏的情况有着相同的发展趋势。也就是说，金、北魏在最初阶段，均没有以继承前代王朝德运的形式来决定自身王朝的行次，而是依据各自的"传统"决定自身的行次。此后，两者经历了以继承占领过中原的五代、五胡王朝的形式，采用相应行次的过程。

之后，金认为五代、辽没有实现天下的统一，因此不应继承这种在正统性上有欠缺的王朝，而应继承统一了天下、具有正统性的王朝。在这种观念下，金又将此前的金德变更为继承于宋的土德。

在这一点上，北魏的情况又是怎样的呢？《魏书》卷一〇八之一《礼志一》记载了与高闾的意见相对的秘书丞李彪、著作郎崔光等人的看法：

秘书丞臣李彪、著作郎崔光等议以为："尚书闾

第二章 围绕辽金的正统观

议,继近秦氏。臣职掌国籍,颇览前书,惜此正次,慨彼非绪。辄仰推帝始,远寻百王。魏虽建国君民,兆朕振古,祖黄制朔,绵迹有因。然此帝业,神元为首。案神元晋武,往来和好。至于桓穆,洛京破亡。二帝志摧聪勒,思存晋氏,每助刘琨,申威并冀,是以晋室衔扶救之仁,越石深代王之请。平文、太祖,抗衡苻石,终平燕氏,大造中区。则是司马祚终于郏鄏,而元氏受命于云代。盖自周之灭及汉正号,几六十年,著符尚赤。……自有晋倾沦,暨登国肇号。亦几六十余载,物色旗帜,率多从黑。是又自然合应,玄同汉始。且秦并天下,革创法度。汉仍其制,少所变易。犹仰推五运,竟踵隆姬,而况刘石苻燕,世业促褊,纲纪弗立。魏接其弊,自有彝典。岂可异汉之承木,舍晋而为土耶。夫皇统崇极,承运至重,必当推协天绪,考审王次,不可杂以僭窃,参之强狡。神元既晋武同世,桓穆与怀愍接时。晋室之沦,平文始大。庙号太祖,抑亦有由。绍晋定德,孰曰不可。而欲次兹伪僭,岂非惑乎。臣所以悾悾惜之,唯垂察纳。"诏令群官议之。

正如这里所记载的那样,李彪等人反驳了此前所见高闾的"中原占据说",并基于汉代继周的故事,主张应继

东亚古代的诸民族与国家

承最近的统一王朝西晋。

在这种情况下,李彪等指出"刘石苻燕,世业促褊,纲纪弗立",认为这些国家是"僭窃""伪僭",可以说这一点是与高闾的观点正面对立的,并且值得关注的是其与金代对五代诸国、辽的看法相同。

北魏接受了李彪等人的议,同书《礼志》中记载:

> (太和)十五年(四九一)正月,侍中司空长乐王穆亮、侍中尚书左仆射平原王陆叡……言:"臣等受敕共议中书监高闾、秘书丞李彪等二人所议皇魏行次。尚书高闾以……。彪等据神元皇帝与晋武并时,桓穆二帝,仍修旧好。始自平文,逮于太祖,抗衡秦赵,终平慕容。……二家(高闾与李彪)之论,大略如此。臣等谨共参论。伏惟皇魏世王玄朔,下迄魏晋赵秦二燕,虽地据中华,德祚微浅,并获推叙,于理未惬。又国家积德修长,道光万载。彪等职主东观,详究图史。所据之理,其致难夺。今欲从彪等所议,宜承晋为水德。"诏曰:"越近承远,情所未安。然考次推时,颇亦难继。朝贤所议,岂朕能有违夺。便可依为水德,祖申腊辰。"

正如这里的记载,北魏决定改变此前的土德,继最近的统一王朝西晋的金德,将本朝的德运改为水德。

北魏与金的德运发展轨迹正是如此酷似。[24]

结　语

总结本章的结论如下：

（1）在辽代的后期,也出现了受到中原政治思想影响的中华意识、正统思想。这一点与此前所谓征服王朝论、胡族国家论间存在龃龉之处;

（2）受到中原政治思想影响的中华意识、正统思想在金代的初期就已出现;

（3）通过探讨金选择德运的实态已经阐明,当时其选择德运的标准从瑞兆故事逐渐转向继承中国史上曾统一天下的王朝的德运;

（4）辽、金与北魏德运的变迁如出一辙,这绝不仅仅是偶然的一致。

那么,本章阐明的上述内容又具有怎样的历史意义呢？以下将考察这一点来作为本章的总结。

作为本章考察对象的辽、金,自魏特夫的研究以后常被称为征服王朝。然而,正如本章所探讨的那样,除燕云十六州以外,几乎没有稳固地占领中原本土的辽在其后期甚至也出现了基于中原政治思想的天下意识,以及将自身视为中华的华夷意识。值得注意的是当时辽被认为在五运之中采用了水德,这继承了隋(火)→唐(土)→石晋(金)以来的行次。其行次是基于将燕云十六州割让给契丹的石晋被契丹所灭而采取的德运。

另一方面,金最初采用了金德,独立于汉(火)→魏(土)→晋(金)→北魏(水)→北周(木)→隋(火)→唐(土)→石晋(金)→刘汉(水)→后周(木)→赵宋(火)这一北朝隋唐系行次的传承。在中原王朝化不断加深的过程中,金在其后期通过继承赵宋火德的形式,选择采用土德。这一选择是基于金统治中原,并继承唐、宋这样统一了天下的王朝的德运。本章还指出其发展轨迹酷似于北魏采用水德的过程。

总之,作为主张自身正统性的依据,中原王朝基于五德相生的原理,继承前代以来的某一德运。上述两王朝在本质上均具有中原王朝这一方面的特征。基于这样的史实,笔者认为对于将两王朝仅仅作为所谓胡族国家、征服王朝来对待的认识,有必要持一定保留态度。

宫川尚志从"六朝隋唐＝中世"的立场出发,对汉至宋时期内的禅让进行了考察,在其著名高论《基于禅让的王朝革命的研究》[25]的末尾论述道:

第二章　围绕辽金的正统观

宋太祖之际，禅让形式的最终阶段被压缩、简化到了短暂的三日之内，并且是以令人印象深刻的陈桥兵变的形式展现出来的。如果回顾自魏曹丕以来七百余年的王朝革命史的话，诗人所言"千秋疑案陈桥驿"也就迎刃而解了。太祖创建了前所未有的强大的中央集权国家，提升了天子的权威，让宋朝免于自身接受禅让而子孙不得不传禅于人这一报应的命运。要探究东亚史上的剧变时期，就必须以陈桥兵变为中心，依次展开讨论其前后千年的历史。太祖极为厚待周的子孙（赵翼《札记》卷十五"宋待周后之厚"）。这表现出宋室的安定局面。此后，直至遭到非汉民族的全面征服，中原王朝再未被权臣、军阀、门阀的力量所左右。换言之，在中世时，王朝革命发生于宗族间的政权转移，而近世时则发生于种族间的政权转移，从中已可见到新时代的先兆。

另一方面，本章关注的基于木火土金水五行变迁的五行相生说是西汉末期出现的学说，这种学说发展了汉高祖为赤帝子的感生神话，以刘氏为帝尧的子孙，继炎帝、唐帝为火德，并成为此后东汉、三国、六朝王朝交替的原理。而且，直到本章探讨的辽金时期，各王朝仍按照以下的脉络继承发展：

东亚古代的诸民族与国家

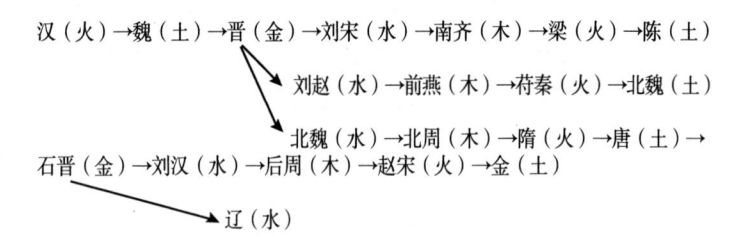

汉（火）→魏（土）→晋（金）→刘宋（水）→南齐（木）→梁（火）→陈（土）
　　　　　　↘刘赵（水）→前燕（木）→苻秦（火）→北魏（土）
　　　　　　　　　　北魏（水）→北周（木）→隋（火）→唐（土）→
石晋（金）→刘汉（水）→后周（木）→赵宋（火）→金（土）
　　↘辽（水）

　　在这一过程之中，北魏是一个特例。关于这一点，笔者有过如下的论述，即"当通观汉至赵宋之间的历史时，可以说作为称霸中原的王朝，北魏是一个具有特殊性质的国家，这一点可以从已有的考察中看出。北魏不同于曹魏、西晋等接受了前王朝禅让的王朝，正如此后蒙古族建立的元等政权那样，北魏是没有接受前王朝禅让而建立起来的国家"[26]。

　　在前节也曾论述，北魏最初采用的是并非继承前王朝的、根据瑞兆等因素选定的土德。并且，在前节中还论述过金在建国之初同样采用了与前王朝无关的金德，上述北魏选择德运的方式与金朝极为相似。

　　这两个王朝在不断进行中原王朝化的同时，从继承中原正统王朝的立场出发改变了德运，其中北魏继承西晋，将此前的土德改为水德，金继承宋，将此前的金德改为土德。

　　正如此前引用宫川尚志的论述中所展现的那样，自赵

第二章　围绕辽金的正统观

宋接受了后周的禅让以后，禅让就不再实施了。宫川尚志从中看到了中国史上近世的形象。受禅是与五行相生有关的概念。自宋代以后不再见到禅让的现象意味着五行相生的观念实质上在宋代已经消亡了。本章第二节中介绍了欧阳修的正统论可以总结为以下几点：

（1）全面否定了此前作为主流正统论前提的五德终始说（五行相生与五行相胜）；

（2）代替五德终始说，以"正"与"统"两个要素构成的概念定义了"正统"，并在此条件下，判定了各个王朝的正统性（这种形式被此后的正统论所继承）；

（3）将此前专门重视时间上连续性的"统"再次定义为空间上的统一；

（4）"正统"有时出现了断绝。

上述五行相生在宋代消亡的认识显然依据的是从（1）获得的结论。

与宋同时代的金将金德改为了土德，如果从上述的观点来看金的这种施策，对比金与宋的政策，可以明确金虽然受到了中原政治思想的影响，但其接受的并非近世的思想，而是"中世的"思想。

那么，这种德运的认识在此后的王朝，即元、明、清，特别是作为非汉民族王朝的元、清又是怎样的状态呢？对于该时期知识贫乏的笔者来说，这是一个难以解决的问题。《大金德运图说·御题德运图说》中记载乾隆皇帝的言辞如下：

> 德运之论，固未之前闻也。自汉儒始言，五德迭王，遂推三皇五帝，各有所尚。后更流谶纬，抑又惑之甚矣。夫一代之兴，皆由积德累仁。岂遂五行之生克，而服御所尚。自当以黄为正，余非所宜。元明制度尚黄，不侈陈五德之王。其议甚正。本朝因之，足破汉魏以后之陋说。因题是编，并阐而正之。

《钦定四库全书提要》中《大金德运图说》一卷记载了乾隆四六年（一七八一）三月编纂官员纪昀、陆锡熊、孙士毅、陆费墀等人的上书：

> 臣等谨案《大金德运图说》一卷……五德之运，不见六经。惟家语始有之，而其书出于王肃伪撰，不可据为典要。后代泥于其说，多侈陈五行传序之由，而牵合迁就，附会支离，亦终无一当。仰蒙我皇上折衷垂训，斥妄祛疑。

这段记述非常耐人寻味，即这里将五行相生的观念视为汉魏之际的谬说而加以排斥，认为王朝的兴亡依据的是

第二章 围绕辽金的正统观

"积德累仁",并且明确地阐述了采用与元明二朝相同的服色即黄色。由于黄色是土德的颜色,因此有观点指出元以后的王朝有可能固定采用了在五德中占据中央位置的土德。至少,这再次确认了见于前代的根深蒂固的五行相生思想在当时已不存在了。

正如此前所述,不同于曹魏、晋等接受了前王朝禅让的王朝,北魏正如此后蒙古族建立的元等政权那样,是一个没有接受前王朝禅让而建立起来的国家。总之,北魏最初采用的是与前代王朝无关的、根据瑞兆等因素选定的土德。这一点,即未受到前代王朝五德影响的立场,并不符合赵宋以前中国的时代观念。在元代选择德运的背景中,除可见到欧阳修等人思想的影响外,还可能受到了北方民族思维的影响,这一点将作为今后的课题。

第三章
崔致远与阿倍仲麻吕
——从古代朝鲜、日本在"中华化"上的关联所见

前　言

众所周知,崔致远在新罗时代入唐并通过了科举,此后在黄巢之乱时,于唐朝高骈幕下执笔写成了《檄黄巢书》,如此活跃于当时的历史舞台。在朝鲜,崔致远是一位被称为"朝鲜汉文学的鼻祖""海东文宗"的著名历史人物。而阿倍仲麻吕是唐玄宗之际遣唐使中的一员,与学问僧玄昉等人一同入唐,此后出仕并逝于唐朝。通过《古今集·羁旅歌》中所收其"远天翘首望……"的诗句,阿倍仲麻吕也成为一位广为人知的人物。

笔者发表过一篇题为《汉唐间"新"中华意识的形成——围绕古代日本、朝鲜与中国的联系》的小文。[1]其中

第三章　崔致远与阿倍仲麻吕

阐明了以下诸方面的问题：在古代日本形成了受中国思想影响的中华意识；在日本之前，古代朝鲜半岛的高句丽、百济、新罗也存在同样的动向；这种动向的先驱是形成于中国史上所谓五胡诸国中的中华意识。

本章将聚焦于出现在上述历史发展过程中的古代日本和朝鲜（统一新罗）史上的两个著名人物，希望探讨古代日本、朝鲜的中华意识在此后是以怎样的形态存在、发展的。

如前所述，崔致远通过了科举考试，作为唐朝的官僚活跃于当时的历史舞台。在这种情况下，崔致远是在怎样的意识下作为异国唐朝的官员展开活动的呢？阿倍仲麻吕也曾官至唐朝的秘书监、卫尉卿，他又是如何整合日本所持有的中华意识与自身身份的呢？据记载，阿倍仲麻吕与崔致远一样通过了科举考试，并作为唐朝的官员活跃于当时的历史舞台，这种相似的经历在历史上有着怎样的意义？管见所及，通过科举成为中国王朝官员的日本人物仅有阿倍仲麻吕一人。然而，朝鲜并非只有崔致远通过了科举考试，此外也有多位登第者，并且并非只在唐朝，甚至直到此后的元明时期也有过同样的情况。其中存在朝鲜与日本在接受科举制度上极为显著的差异，这种差异又是基于怎样的原因产生呢？

经过魏晋南北朝时期，古代日本与朝鲜形成了中华意识。在上一段落所述的问题意识之下，本章将在对比朝鲜与日本之际，指出唐以后仍被纳入以中国为中心的册封体制的朝鲜，与尽管不能无视作为东亚中心的中国但致力于摆脱这一体制的日本间所存在的差异。相比隋唐时期已发生质变的日本及朝鲜国内国家主义的抬头也影响了后世对于阿倍仲麻吕、崔致远的评价。本章还将同时指出两者在这方面所存在的显著差异。

第一节 作为唐朝官僚的崔致远的自他意识

传至今日的崔致远文集《桂苑笔耕》卷一七《七言纪德诗三十首·谨献司徒相公》兵机一条写道：

> 惟将志业练春秋，早蓄雄心划国仇，二十年来天下事，汉皇高枕倚留侯。

在崔致远的诗句中可以见到"天下"一词。从全文的文意来看，这种情况下的"天下"明显是指中国或以中国为中心的世界。此外，《桂苑笔耕》序文中记载有李朝时代洪奭周的言论：

> 吾东方之士，北学于中国，而以文声天下者，亦自崔公始。

第三章　崔致远与阿倍仲麻吕

这里所见"天下"也明显指的是以中国为中心的世界。五世纪获加多支卤大王（雄略天皇）之际的埼玉县稻荷山古坟出土铁剑铭文记载：

> 辛亥年（四七一），七月中记。乎获居臣……世世为杖刀人首，奉事来至今。获加多支卤大王寺，在斯鬼宫时，吾左治天下，令作此百练利刀，记吾奉事根原也。

熊本县船山古坟出土铁刀铭文记载：

> 治天下获加多支卤大王世，奉事典曹人，名无利弖，八月中……

正如以上的记载，古代日本的倭国将倭国的领域或以倭国为中心的世界称为"天下"，前揭《桂苑笔耕》中所见"天下"与此形成了鲜明的对照。也就是说，对于朝鲜人来说，朝鲜被认为包含在以中国为中心的世界（"天下"）之中；而倭国主张存在一个从以中国为中心的世界中独立出来的、以倭国为中心的世界。[2]当然，如果说朝鲜诸国完全没有形成像这样以本国为中心的天下思想也并不妥当，例如《续日本纪》卷一二、天平七年（七三五）

· 525 ·

东亚古代的诸民族与国家

二月癸丑条记载：

> 新罗国辄改本号曰王城国。因兹返却其使。

这里所见的国号明显依据的是《三礼图》王城条中所见"天子之城"中的中华思想。

> 匠人营国，方九里，旁三门。国中，九经九纬，经涂九轨，左祖右社，面朝后市。贾释注云：营谓丈尺其大小，天子十二门。

虽然新罗统一以后的朝鲜成为中国的册封国，但在祭天礼仪等方面仍保持着变形的中华思想。[3]可以说上述各方面明显地表现出朝鲜诸国并非完全没有形成以本国为中心的天下思想。

在唐科举登第，并成为唐朝官员的崔致远在《桂苑笔耕》卷一〇、新罗探候使朴仁范员外条中记载新罗使节赴唐时的情况如下：

> 忽奉公状，备睹忠诚。……今者仰恋圣朝，远衔王命，捧琛执贽，栈险航深，能献款于表章。……况奉贵国大王，特致书信相问。将成美事，不惜直言。

第三章　崔致远与阿倍仲麻吕

这里采用"今者仰恋圣朝,远衔王命""贵国大王"等表述。可以说这里表现出作为唐朝官僚的崔致远至少在表面上将自己的主君新罗王或本国新罗置于中国皇帝或唐朝之下。

要想了解当时他的具体认识并不容易。《桂苑笔耕》卷一八、长启条记载:

> <u>某东海一布衣</u>也。顷者万里辞家,十年观国。本望止于榜尾科第,江淮一县令耳。前年冬罢离末尉,望应宏词,计决居山,暂为隐退。学期至海,更自琢磨。俱缘禄俸无余,书粮不济。辄携勃帑,来扫膺门。岂料太尉相公迥垂奖怜,便署职秩。……特赐奏荐,重言天应,悉获超升……某自江外一上县尉,便授内殿宪秩,又兼章绂。且见圣朝,簪裾煊赫子弟出身入仕,二三十年,犹挂蓝袍,未趋莲幕者多矣。况如<u>某异域之士</u>乎。……但恐买戎狄之笑,沽史传之讥。昔<u>汉朝金日䃅</u>,常在武帝左右。帝欲别加宠遇。日䃅辞曰:"臣外国人,且使匈奴轻汉。"

值得注意的是崔致远将自己卑称为"东海一布衣""异域之士",并将自己比喻为西汉时归顺中原王朝的匈奴金日䃅。同样的记载散见于崔致远的文集《桂苑笔耕》

中,同书卷一九、贺除礼部尚书别纸条记载:

> 况是万里远人……某迹忝诸生,身拘碎职。

崔致远在这里将自己称为"万里远人"。同书卷一九、与客将书条记载:

> 某腐芥无依,断蓬自役,长走而未离尘土,独行而转困路歧。……伏蒙将军念。以来自异乡,勤于儒道,曲垂提挈,得遂献投,指喻情深。

同书卷一七、初投献太尉启条记载:

> 某新罗人也。身也贱,性也愚。才不雄,学不赡。虽形骸则鄙,年齿未衰。自十二始别鸡林……。

这里直言自己是"卑微的""新罗人",其中存在其不得不采用这种自称的背景。在前揭《桂苑笔耕》长启条匈奴金日磾部分之后,他从一个方面表现了这种背景:

> 某今日之请,实在于兹。诸厅郎官,早陈公议,盖以贱无妨贵,欲令夷不乱华。某伏自前年得在门

第三章 崔致远与阿倍仲麻吕

下,更无知识。唯谒诸厅幕中垂情,幸而获宥。窃聆太尉相公去年夏于东塘顾问某之时,诸郎官同力荐扬,和之如响,遂沾厚遇遽窃殊荣。昨者继陈说言,不徇尊旨。实乃惜太尉相公之名望,存淮南藩府之规仪。事体不亏,裨赞斯在。冬末面奉处分,欲使别开院宇。虽承恩诺,转切忧怀,何者……

同书卷一九、与客将书条记载:

但以某无媒进取,有志退居。以诗篇为养性之资,以书卷为立身之本。<u>却缘虽曾食禄,未免忧贫</u>。……况乃<u>家遥四郡,路隔十洲。穷愁则终夜煎熬,远信则经年阻绝</u>。时情冷澹,俗态浇讹。买笑金则易求,读书粮则难致。<u>天高莫问,日暮何归</u>。始知学者之心须托至公之力。今幸遇相公,山包海纳,雨润风行。有片言可奖者,称誉出群,有小技可呈者,随才入用。是以无一物不归美化,无一夫不荷深恩。然则举中国之人,咸承煦育。岂可令外方之士,独见弃遗。某不揆庸才,敢投清德。岂料将军许垂拯拔,每赐吹嘘……小子之升沉进退,只在恩私。

上述记载如实地反映了崔致远的形象,即一直无奈地

东亚古代的诸民族与国家

秉持着作为外来者的意识,认为天高却无人问询,如果没有人推举自己,自己就只是一个无依无靠的异域之人。

不过,正如此前所见同书卷一七、初投献太尉启条中的记载:

>　　某新罗人也。身也贱,性也愚。才不雄,学不赡。虽形骸则鄙,年齿未衰。自十二始别鸡林,……

有必要关注上述这一记载。这是因为在此条史料中,对于将新罗视为东夷的唐人,崔致远有意强调自己为"新罗人",从中可以看出其直面唐人的轻视而表现出的作为"新罗人"的强烈自豪感。中国五胡十六国时期的石勒出身于羯族,并且建立了十六国之一的后赵。《晋书》卷一〇四《石勒载记》中所见对于来自汉族刘琨的书信,石勒在回复中言及:

>　　勒报琨曰:"事功殊途,非腐儒所闻。君当逞节本朝。吾自夷,难为效。"遗琨名马珍宝,厚宾其使,谢归以绝之。

同载记中记载西晋末群雄之一的汉族王浚在抱有僭逆之志时的情况如下:

第三章 崔致远与阿倍仲麻吕

> 时王浚署置百官，奢纵淫虐。<u>勒有吞并之意</u>。欲先遣使以观察之。……乃遣其舍人王子春、董肇等，多赍珍宝，<u>奉表推崇浚为天子曰："勒本小胡，出于戎裔。"</u>

正如这里所载，尽管石勒抱有"吞并之意"，但他向王浚隐藏了这种志向，并称"勒本小胡，出于戎裔"。在单纯地对比群雄与文人的发言时，也许应保持谨慎的态度。然而，此前作为群雄崭露头角的石勒在遭到汉族强烈蔑视的同时，形成了自身的性格。基于这一点，石勒在汉族面前直言自己为夷狄。[4]崔致远在少年时曾致力于在中国登科，此后长期以外邦人的身份生活于唐朝并历经挫折。将以上两个人物的意识构造进行比较，也并非一种不恰当的考察。崔致远在唐朝处于怎样的境遇呢？在中国一侧的史籍中几乎没有关于其事迹的记载，仅仅在《新唐书》卷六〇《艺文志》中有：

> 崔致远《四六》一卷，又《桂苑笔耕》二十卷。高丽人，宾贡及第，高骈淮南从事。

这是有关崔致远的明确记录。李氏朝鲜前期模仿中国的《文选》编纂而成的朝鲜汉文文学的集大成之作《东文选》中载有新罗人的作品一百九十二篇，其中崔致远的作品有一百四十六篇，可以说明显地展现了彼此间的差异。

第二节　阿倍仲麻吕与科举登第

杉本直治郎在其毕生大作《阿倍仲麻吕传研究　朝衡传考》中写道：

> 从学生生活步入官吏生活的关键是所谓的科举，尤其当时登进士第对于要成为官吏的人来说有如登龙门。不难想象被誉为"名成太学，官至客卿"的朝衡是以优异的成绩突破了这一难关。如果不是这样的话，一个外邦人又如何能从众人中脱颖而出，以"校书"的身份成为储光羲诗中"高驾仕春坊"那样的人物，并且迈出将在日后通向显达官吏生活的第一步呢？……太学毕业的人作为"学生"具有接受官吏录用考试的资格。在此过程中，他凭借这一资格，无疑接受并通过了在科举科目中最适合自身，并且是最有声望的进士科的考试。于是，他担任了储光羲诗中所述的"校书"一职。

第三章 崔致远与阿倍仲麻吕

这里叙述了阿倍仲麻吕在唐通过了科举考试,并实现了进士及第。[5] 此后这种观点成为定说,后来砺波护在《隋唐的佛教与国家》中论及:

> 阿倍仲麻吕的外国国籍没有成为障碍,他通过了科举中的进士科考试,步入了精英阶层。并且,他获得了玄宗的信任,甚至担任了位于大臣之列的秘书监。阿倍仲麻吕没能实现回国的愿望,留在唐朝五十余年,最终尸骨埋葬于异国的土地。而吉备真备等人则在十八年后回国。[6]

王勇在《从唐朝所见的遣唐使——混血儿的大唐帝国》中述及:

> 正如王维诗中"名成太学,官至客卿"所歌颂的那样,当时不满二十岁的年轻的阿倍仲麻吕在入唐后,进入太学并科举及第,也就是说其迈入了精英阶层。[7]

正如以上所述,杉本直治郎的观点得到了众多研究者的支持,其观点的依据在于成寻《参天台五台山记》卷五、延久四年(一〇七二)十二月廿九日条:

东亚古代的诸民族与国家

>廿九日天晴。于梵才三藏房,见奝然法桥并寂照大师来唐日记。即借取,书取《杨文公谈苑》如右:公书,雍熙初(九九四),日本僧奝然来朝,献其《职员令》《年代记》。奝然依录自云:"姓藤原氏,为真连,国五品官也。"……尽有《日本年代记》一卷及《奝然表启》一卷……案日本倭之别种也……开元中有朝衡者,太学应举,仕至补阙。

这里所见杨文公即杨亿,其《谈苑》为以下《说郛》卷二一逸文中所见《杨文公谈苑》。

>《杨文公谈苑》,十五卷,宋黄鉴纂集。故翰林杨文公大年(字),在真宗朝掌内外制,有重名,为天下学者所伏。……但杂抄广记,交错无次序。好事者相与名曰谈薮。予因而掇去重复,分为二十一目,勒成一十五卷,辄改题曰《杨公谈苑》。中书后阁宋庠序。

作序文的宋庠为宋真宗之后仁宗天圣初年(一〇二三)的进士。因此,成寻抄录其内容在时间上是吻合的。然而,在现存《杨文公谈苑》逸文中,不见前述史料中"雍熙初,日本僧奝然"以后的内容。也就是说,今日我们所见到的朝衡即阿倍仲麻吕科举登第的史料,只有前见

第三章 崔致远与阿倍仲麻吕

《参天台五台山记》中的记事。以下为便于展开讨论，笔者再次不厌其烦地引用《参天台五台山记》中"奝然依录自云"以后直至"开元中有朝衡者，太学应举，仕至补阙"的全文，其内容如下：

> 奝然依录自云："姓藤原氏，为真连，国五品官也。"奝然善笔札，而不通华言。有所问书以对之。国有五经及释氏经教，并得于中国。有《白居易集》七十卷。地管州六十八。土旷而人少。年长寿多百余岁。国王一姓，相传六十四世。文武僚吏皆世官。印在史局，阅所降禁。尽有《日本年代记》一卷及《奝然表启》一卷。因得修其国史，传其详。奝然归国，附商人船。奉所贡方物为谢。案日本倭之别种也，以国在日边，故以日本为名。或言倭之名不雅改之。盖通中国文字。故唐长安中，遣大臣真人来贡，皆读经史，善属文。后亦累有使至，多求文籍释典以归。<u>开元中有朝衡者，太学应举，仕至补阙</u>。

也就是说，从"案"等用语来看，"开元中有朝衡者，太学应举，仕至补阙"的记述，可以说是杨亿在阅览过奝然等带来的书物、表启或是经中国人之手记录下来的与他们的问答后，依据自己的判断记录下来

· 535 ·

的内容。在这种情况下,其记载中包括由于语言不通而借助笔记留下的传闻在内的史料,以及加入了一部分杨亿个人判断的史料。凭借这样的史料,是否能够确认阿倍仲麻吕进士及第呢?对此,笔者有所怀疑。顺便提及一下,此前宫崎市定就曾提出对阿倍仲麻吕进士及第的怀疑。[1]

总之,笔者对阿倍仲麻吕科举及第的这一由来已久的定说抱有怀疑的态度。并且,笔者的这种观点还存在其他理由。《拙蒿千百》卷二《送奉使李中父还朝序》记载:

> (唐)长庆初(八二一),有金云卿者,始以新罗宾贡,题名杜师礼榜。

这里记载唐代新罗人最初科举及第是在长庆初年。根

---

[1] 宫崎市定曾论及:"(清朝)决定于一九〇四年最后一次施行科举,此后科举被废止。不过,作为通过科举者称号的进士仍然被沿用。对于大学毕业者或从海外归国者,清朝根据其学历给予这一称号。有意思的是,日本的服部宇之吉博士被清朝招募并任命为京师大学堂的师范教习,一九〇九年归国之际,被赠予了进士称号。有朝鲜人进入中国后参加科举并成为进士。然而,除不能确定阿倍仲麻吕是否在唐朝成为进士以外,日本仅有服部博士在科举制废除后成为进士。"(『宫崎市定全集』第一五卷『科举』岩波书店,1993年,264页)二〇〇六年杉本直治郎『阿倍仲麻吕伝研究手沢補訂本』(勉诚出版)出版,其中在第321页,杉本直次郎引用了上述宫崎市定的论述作为注释。

第三章 崔致远与阿倍仲麻吕

据《增补文献备考》一八五《选举考》宾贡科条,唐代来自新罗的科举合格者有上述的金云卿,其次为前节探讨过的崔致远,以及崔慎之、崔承祐、朴充、金夷鱼、崔利贞、金叔贞、朴孝业、金允夫、金立之、朴亮之、李同、崔霙、金茂先、杨颖、崔涣、崔匡裕、金绍游、金可纪、朴仁范、金文蔚、金渥,共计多达二十三名。依据该书及《高丽史》卷七四《选举志》制举条等文献的记载,唐以后可统计的来自朝鲜的科举及第者,宋代有九人、金代有一人、元代有二十人、明代有一人。

那么,金云卿以后的人应试的宾贡科是怎样的一种科举形式呢?关于宾贡科,最近高明士发表了一篇优秀的论文,阐明了宾贡科始于唐长庆年间,是面向朝鲜等来自中国以外的应举士人的特定科目。[8] 这一点在以下《拙藁千百》卷二《送奉使李中父还朝序》等史料中有明确的记载。

> 然所谓宾贡科者,每自别试,附名榜尾。不得与诸人齿,所除多卑冗。或便放归。钦惟圣元一视同仁,立贤无方。东士故与中原俊秀并举,列名金榜已有六人焉。

总之,直到元代的改革之际,宾贡在科举的科目中具有"别试"的性质。合格者的名字被附在榜尾，被任命的也多为卑冗之官。可以推测这种特别的措施基于的是现实的问题，即如果中国以外的科举应试者被要求与中国人在同一标准下进行考试的话，将面临较大的障碍而难以合格。然而，不能认为这种措施是出于希望优待他们而实行的，这还可以从宾贡科的合格者多被任命为卑冗之官中得到印证。可以说，在制定宾贡科的背景中存在中国方面强烈的中华意识。

阿倍仲麻吕被认为通过科举是宾贡科制度开始实施前的事情。正如此前所述，自古以来朝鲜与中国文化有着最为密切的关系，而朝鲜历史上首位科举登第者是在崔致远之前于长庆初年（八二一）登第的金云卿。如果阿倍仲麻吕科举登第的话，应是在金云卿约百年前的唐玄宗开元年间。在这样的历史时期内，日本留学生是否能与中国士人一起参加并通过相同的考试呢？这一点是笔者最为怀疑的。

《全唐诗》卷一二七《王维三·送秘书晁监还日本国》一诗的序文中：

> 卑弥遣使，报以蛟龙之锦。……晁司马结发游圣。负笈辞亲……名成太学，官至客卿。……

第三章　崔致远与阿倍仲麻吕

《全唐诗》卷一三八《储光羲三·洛中贻朝校书衡即日本人也》一诗中：

> 万国朝天中，东隅道最长。朝生美无度，高驾仕春坊。出入蓬山里，逍遥伊水旁。伯鸾游太学……

以上王维的序文中记载秘书晁监（即朝衡、阿倍仲麻吕）为"名成太学"。此外，后一条诗文中所见伯鸾是东汉梁鸿的字（《后汉书》卷八三《逸民传》），其传中有"授业太学"的记载。结合以上两条史料，可以确认朝衡曾进入太学学习。实际上《旧唐书》卷一八九上《儒学上》记述了唐代的学制：

> （高祖）以义宁三年五月，初令国子学置生七十二员，取三品已上子孙，太学置生一百四十员，取五品已上子孙，四门学生一百三十员，取七品已上子孙……（贞观年间）凡三千二百六十员……有能通经者，听之贡举。是时四方儒士，多抱负典籍，云会京师。俄而高丽及百济新罗高昌吐蕃等诸国酋长，亦遣子弟请入于国学之内。鼓箧而升讲筵者，八千余人。

东亚古代的诸民族与国家

《新唐书》卷四四《选举志上》贞观一三年(六三九)条记载:

> 四夷,若高丽、百济、新罗、高昌、吐蕃,相继遣子弟入学,遂至八千余人。

正如这里记载的那样,唐初众多来自四夷的留学生在中国的学校里学习,其中不见有关倭国、日本的记载。然而,《唐语林》卷五中记载:

> 太学诸生三千员。新罗日本诸国,皆遣子入朝受业。

这里记载了太学中有来自日本的留学生。阿倍仲麻吕也曾在太学之中学习。此前曾论述了有关后世宾贡科的情况,以及在现有史料的范围内,通过科举的朝鲜人是在宾贡科成立后才出现的。考虑到这些情况,认为阿倍仲麻吕毕业于太学并科举登第的观点真的能成立吗?由于史料上的限制,对于四夷之人参加科举考试、担任官职的问题,在现阶段难以展开更进一步的论述,还有待今后的研究。即使阿倍仲麻吕通过了科举考试,他可能接受的也是与后世相似的待遇。在这种情况下,从整体来看,阿倍仲麻吕也曾置身于与前节所见崔致远共通的作为外邦人的境遇。笔者认为上述的认识应是基本符合事实的。

第三节　对于阿倍仲麻吕而言的中国与日本

《文苑英华》卷二九六中胡衡所作题为《衔命使本国》的诗文如下：

> 衔命将辞国，非才忝侍臣。天中恋明主，海外忆慈亲。伏奏违金阙，骈骖去玉津。蓬莱乡路远，若木故园邻。西望怀恩日，东归感义辰。平生一宝剑，留赠结交人。

《古今和歌目录》所引《国史》中也有以下记载：

> （开元）十九年，京兆尹崔日知荐之。下诏褒赏，超拜左补阙。二十一年，以亲老，上请归。不许。赋诗曰："慕义名空在，愉（输？）忠孝不全，报恩无有日，归国定何年。"

正如在先学的研究中已经阐明的那样，这两组诗文是少数流传至今的阿倍仲麻吕的遗文。[9]前者是其渴望归国之际所作的诗文,从其中"天中恋明主""伏奏违金阙,骈骖去玉津""西望怀恩日"等语句中可以看出其对唐帝的钦慕之情。《旧唐书》卷一九九上《日本国传》记载:

> 其(日本的)偏使朝臣仲满,慕中国之风,因留不去。改姓名为朝衡,仕历左补阙,仪王友。衡留京师五十年,好书籍,放返乡,逗留不去。

可以说这里有关阿倍仲麻吕钦慕中华的记载与前一则遗文中所见的内容完全吻合。

不过,众所周知,《隋书》卷八一《倭国传》大业三年(六七)条记载遣隋使上呈隋炀帝的著名国书中有:

> 其国书曰"日出处天子致书日没处天子无恙"云云。

历经魏晋南北朝时期,古代日本形成了中华意识,这种中华意识的存在构成了倭国在隋帝前自称"天子"的背景之一。有关中华意识的形成,本章前言中基于此前发表的拙稿[10]进行了概述。日本的这种意识在遣隋使之后,也"顺利地"得到了强化。经过了采用天皇号、在中国只有统治天下的皇帝才能使用的年号(大化以后

第三章 崔致远与阿倍仲麻吕

的年号），以及日本的国号，日本逐渐完成了律令制国家的建设。阿倍仲麻吕所在奈良朝的日本正处于这样的时代。阿倍仲麻吕在前见《文苑英华》所载遗文中曾述及"天中恋明主""西望怀恩日"，表达了对唐帝玄宗的仰慕之情。如果考虑到阿倍仲麻吕所处的时代，他的这种行为在当时难道没有引发问题吗？他曾在太学学习，并成为唐朝的官僚，这一经历本身不就造成了同仕二君的问题吗？阿倍仲麻吕自身也没有意识到这一矛盾吗？对于留学生阿倍仲麻吕的这种行为，在日本朝廷内部难道没有引发异议吗？如前所见，中国科举中的宾贡科始于八二一年，菅原道真建议废止遣唐使是在八九四年，因此，其间作为日本遣唐使随员来到唐朝的人应有参加宾贡科的机会。如崔致远一样来自朝鲜或波斯等地的学生通过科举考试的事例被如实地记载了下来，却没有来自日本的学生参加科举考试的记载。综合以上的情况来看，可以推测其中包含着复杂的缘由。现在并无详细探讨这种缘由的余地，然而，从宏观来看，古代日本致力于摆脱自卑弥呼以来作为中国的册封国的地位，这一点与上述的情况绝非没有关系。

不过，至少可以确定以下这一点。《日本书纪》卷二二《推古天皇纪》记载：

东亚古代的诸民族与国家

> 十五年……秋七月戊申朔、庚戌,大礼小野臣妹子,遣于<u>大唐</u>。以鞍作福利为通事……十六年夏四月,小野臣妹子,至自<u>大唐</u>。唐国号妹子臣曰苏因高。即大唐使人裴世清下客十二人,从妹子臣,至于筑紫……爰妹子臣奏之曰:臣参还之时,<u>唐帝</u>以书授臣。

正如这里的记载,古代日本称中国为"大唐",称其政治领袖为"唐帝"。在古代日本,中国是用"大"来称呼的国家,其领袖是"帝"。[11]从某种意义上来说,这也许是理所当然的事情。然而,考虑到起源于中国的东亚政治思想,即天下是由上承天帝之命的天子一人来统治的思想,以及受到中国文明影响形成了自身中华意识的古代日本,如果日本的中华意识极度扩大,甚至会出现日本的天皇否定中国王权的正统性,并主张自身是唯一上承天帝之命的天子的事态。然而,前揭《隋书·倭国传》中见到的是"日出处天子致书日没处天子"的记述。这在中国来看,不过是东夷之一的倭国将自己称为"天子",主张与中国的对等关系。尽管这一点值得注意,但更应关注到倭国无论如何并没有无视并凌驾于中国之上的观念(也有观点认为"日出""日没"的表述体现了倭国优于中国的意识,但此处笔者依据的是增村宏的观点,认为这两个

· 544 ·

第三章　崔致远与阿倍仲麻吕

表述中并不存在上下关系的差异[12]）。

此外，众所周知，《日本书纪》成书于奈良初期的七二〇年。在《日本书纪》中，可以见到前揭"大唐""唐帝"的表述。可以说这些称谓基本上表现出《隋书·倭国传》中所见两国中均存在天子的观念延续到了奈良时代。

此前所见阿倍仲麻吕在唐朝任官一事发生在古代日本具有上述这种认识的时代。笔者认为正因如此，他的任官才没有在当时的日本遭到非难。《续日本纪》卷三五、宝龟一〇年（七七九）五月丙寅条记载七十三岁的阿倍仲麻吕于长安去世的九年后：

> 前学生阿倍朝臣仲麻吕，在唐而亡，家口偏乏，葬礼有阙，敕赐东绝一百匹、白绵三百屯。

天皇的这种恩赐也支持了前述笔者的观点。

不过，不能将始于八二一年的科举宾贡科的情况等同于上述情况。正如此前所述，笔者现在无意对此展开详细的探讨。然而，因个人受到了偶然的（恐怕应为玄宗的）恩宠成为唐朝的官僚，与遣唐使的随员参加定期面向外国人的官僚任用考试并在合格后成为官僚，二者间存在本质上的不同。考虑到在派遣遣唐使之际，日本非常在意有关

东亚古代的诸民族与国家

国书的表述这一点，恐怕当时的日本已经充分认识到了这种本质上的差异。

以下再来考察有关阿倍仲麻吕对日本的感情。他曾怀有强烈的思乡之情，这可以从《古今集·羁旅歌》收载的著名"远天翘首望……"的诗句，或他在开元二十一年（七三三）希望与多治比广成担任大使的遣唐使团一同回国（参见赵骅《送晁补阙归日本国》），以及天宝十一年（七五三）希望与以藤原清河为大使的遣唐使团一同回国（参见王维《送秘书晁监还日本国》）等事件中看出。不过，这种感情可能源自诗文在修辞上的表达，或者如同此前所见崔致远在接待新罗使节时那种衣锦还乡一样的夸耀心情。然而，确实有旁证能证明阿倍仲麻吕怀有超越一般抒情式的极为强烈的思乡之情，这是基于王维《送秘书晁监还日本国》序文中记载的：

名成太学，官至客卿。必齐之姜。不归娶于高国。在楚犹晋，亦何独于由余。

这里所见"必齐之姜。不归娶于高国"依据的是《诗经·陈风·衡门》中的诗句：

岂其食鱼，必河之鲂。<u>岂其取妻，必齐之姜。</u>岂

第三章　崔致远与阿倍仲麻吕

其食鱼，必河之鲤。岂其取妻，必宋之子。

对于这一诗句，东汉郑玄笺注：

此言何必河之鲂，然后可食。取其口美而已。何必大国之女，然后可妻。亦取贞顺而已……齐姜姓。

总之，王维的诗文中引用了"岂其取妻，必齐之姜"的部分，暗示两度希望回国的阿倍仲麻吕在当时并未娶大国唐朝的女性为妻，当时阿倍仲麻吕应已五十六岁。他作为遣唐留学生到达长安是在玄宗开元五年（七一五），当时年仅二十岁。如此算来，他在入唐以来长达三十多年的时间里并未娶妻，他为何会做出这种选择呢？尽管今日已难以详细阐明当时的情况，但从中可以一窥其思乡之情的强烈程度。顺便说一下，此前所见《续日本纪》卷三五、宝龟一〇年（七七九）五月丙寅条中记载七十三岁的阿倍仲麻吕于长安去世的九年后：

前学生阿倍朝臣仲麻吕，在唐而亡，家口偏乏，葬礼有阙，敕赐东绝一百匹、白棉三百屯。

根据这一史料，阿倍仲麻吕有所谓的"家口"。同样

· 547 ·

东亚古代的诸民族与国家

是《续日本纪》的卷五、和铜四年（七一一）十月甲子条记载：

> 凡私铸钱者斩。从者没官，家口皆流。

根据上述等记载，"家口"是指除家长以外的家族成员。而阿倍仲麻吕的具体情况又是怎样的呢？如果这里的"家口"是阿倍仲麻吕在入唐时留在日本的亲戚或亲戚的子孙的话，那么自然没有问题。如果其"家口"中包括其自己的子女的话，那么就与此前的论述出现了抵牾之处。在这种情况下，又该如何理解这种矛盾呢？如果此前的论述所幸无误的话，那么其子女应为庶子，而他并未在唐娶有正妻，这可能是顺理成章的认识。"葬礼"是指有关葬仪的事务。其葬礼是在何处举行的，是在中国，还是在日本？尚遗留有许多诸如此类不明确的地方。不得不说仅通过以上零星的史料是难以阐明上述这些问题的。

那么，《旧唐书》卷一九九上《东夷传》日本国条记载阿倍仲麻吕的情况如下：

> 衡（朝衡，即仲麻吕）留京师五十年，好书籍。放归乡，逗留不去。天宝十二年，又遣使贡。上元中，擢衡为左散骑常侍、镇南都护。

第三章　崔致远与阿倍仲麻吕

阿倍仲麻吕担任镇南都护（安南都护）是在六十岁至六十五岁之间，其返回长安任职时已年届七十。因此，有观点认为其赴安南任职一事并非史实。不过，本章依从杉本直治郎的观点，认为其确实曾至安南赴任。[13]阿倍仲麻吕怀有强烈的思乡之情，与此同时两度错过了归国的机会。对于这样的阿倍仲麻吕来说，到遥远的"南蛮"之地安南赴任可以说是极为残酷的现实。而崔致远在年纪轻轻的二十九岁时回国。尽管与崔致远相比，阿倍仲麻吕受到了皇帝的"优遇"，处于较为良好的境遇之中，但可以推测其作为"异国人"置身官界中十分孤立的处境。笔者认为这样的推测应基本符合事实。

第四节　后世对于阿倍仲麻吕、崔致远的评价与国制的变迁

十二世纪成书的《江谈抄》卷三、阿倍仲麻吕咏歌条记载：

> 仲麿渡唐之后不归朝。于汉家楼上饿死。吉备大臣后渡唐之时，见鬼形，与吉备大臣谈，相教唐土事。仲麿不归朝人也。

东亚古代的诸民族与国家

这里记载了阿倍仲麻吕在中国饿死并化身为鬼的传说。尽管这是虚构的情节,但值得注意的是阿倍仲麻吕在十二世纪时成为一种负面形象:①没有回到日本的人物;②饿死于异国;③变为鬼。此外,成书于十八世纪初的《大日本史赞薮·阿倍仲麻吕传赞》中记载:

> 选学生而遣之唐。欲使之学圣贤之道。成就人才也。阿倍仲麻吕,慕唐之文物,留而不归。易姓名,受官爵,是蔑祖先,而二本也。岂圣贤之道也?世徒眩于才藻,不究其本,而歆艳其为唐廷文士所推奖,过矣。

这里指出,世间认为阿倍仲麻吕在唐朝受到推崇,但这种观点仅仅看到了其个人才能的方面,没有认清其本质;并且明确地指责阿倍仲麻吕因仰慕中国而没有返回日本,在他国改换了祖先授予的姓名,接受了他国的官爵,蔑视祖先,怀有二心。藤田东湖(一八〇六~一八五五)在《东湖歌话》"遣唐使饯行歌"条中更为强烈地表达为:

> 僧人成寻入唐之时,其母告诫说:"唐国也是天下之国,但不能忘记日出之国(日本)啊。"其情深沉,言辞巧妙,而且也道出了上下内外有别之理,虽说是女子却不逊男儿。而阿倍仲麻吕等辈,入唐随

第三章　崔致远与阿倍仲麻吕

俗，忘却日出之国，成为李隆基（指唐玄宗）的臣民，形为男儿身，心志却远不如一老妪。

这里讽刺仲麻吕与身为女性的成寻之母相比应感到羞耻。尽管上述评价出现于水户学派国粹主义思想高涨的过程中，但可以说这是了解后世的日本在如何看待阿倍仲麻吕方面非常令人关注的记述。

那么，在本章中作为对比对象的崔致远的情况又如何呢？正如在第一节的结尾处所指出的那样，李氏朝鲜前期模仿中国《文选》编纂而成的朝鲜汉文文学集大成之作《东文选》中收录的新罗人作品多达一百九十二篇，其中崔致远的作品有一百四十六篇。而另一方面，传至今日的阿倍仲麻吕的遗文只有寥寥数篇。阿倍仲麻吕与盛唐时期王维等文人交好，甚至《文苑英华》中还收录有其遗文。从这些方面来看，其众多优秀的作品应早已散佚。尽管这种现象也可以被看作一种偶然，但笔者认为这从另一方面也明显地表现出两者所处背景上的差异。韩国的崔三龙在其题为《崔孤云传的主题与民族意识》的论文中阐述道：

壬辰、丙子两次动乱过后，进入十七世纪后半期，我们迎来了对所受外民族屈辱进行反省的时期，开始了本民族的新觉醒。当时出现的北崖子的《揆园史话》是可以举出的代表民族史学的仙家史书。……《揆园史话》的特色在于其是以故事的形式编纂而成的。对于作为大国的中国，其展现了我辈同胞的优越性，可以从中看出反中国的历史意识。反中国的历史意识是作为道仙家所具有的独特的历史观，表现了檀君确实存在，以及东夷文化的优越与民族历史的悠久。北崖子在《檀君记》中引用了崔孤云（致远）的鸾郎碑文，指出孤云为人精敏，文章拔群，不仅博古通今，文誉出众，并且其言辞吸收了先圣垂训中的精华。书中将崔致远作为掌握了上古风流思想精髓的人物而对其崇仰。……韩日合并以后，我们民族再次落入日本天皇的统治之下，遭受苦难，尊崇檀君的大倧教兴起，《天符经》开始传播。桂延寿所著《天符经》（一九一七）中记载，其曾进入太白山，发现了刻于岩壁上的《天符经》，一方面欣喜于其内容是有关檀君的重要文献；另一方面也为发现了孤云先生的奇妙遗迹而感到欣悦。有关这一点，金永毅在《天符经注解》中说檀君的《天符经》是在古代碑石上用篆字书写而成的，崔文昌侯孤云解读了其文字，并将其刻于太白山。虽然崔致远《鸾郎碑序》中著述的根据可靠，但难以如此就确定其解读了《天符经》。然而，直到最近，崔致远一直被民族

第三章 崔致远与阿倍仲麻吕

<u>主义者尊崇为宣扬我们民族精神的人物,这一事实告诉我们不能将其视为事大主义者。</u>[14]

笔者对于朝鲜史的认识不深。并且,《揆园史话》也被认为是近代作成的伪书。虽然尚难以确定上述崔三龙的理解在多大程度上是正确的,但考虑到崔致远的文章被大量收录于《东文选》之中,以及即使在现在的韩国崔致远也是备受尊重的人物,可以肯定崔致远是一位长期以来受到朝鲜人尊重的人物。

那么,在古代东亚有着相似境遇的阿倍仲麻吕与崔致远所受评价的差异又是如何形成的呢?要解答这个问题,必须对多种因素进行分析,不能简单地回答。作为这一现象出现的要因并且是重要的要因之一,笔者认为其中存在日本与韩国对中国文化、中国认识上的差异,以下将阐述笔者这一观点的理由。

《太平广记》卷四八一《蛮夷二》新罗条记载了中国商人马行余漂流至新罗时新罗国王的言论:

> 吾虽夷狄之邦,岁有习儒者,举于天阙,登第荣归,吾必禄之甚厚。

这里记载了来到中国并通过科举的新罗人在回国之际

东亚古代的诸民族与国家

会受到新罗厚遇的情况。此外,《燃藜室记述别集》卷九《官职典故·科举一》所引《芝峰类说》中记载:

> 我国贡士不得赴举于天朝者,以洪伦(人名)弑君,金义杀使之故也。在我朝固无干焉。若举此请之,则天朝无不从之理。我国人龌龊无奇节,不喜远游。故至今蒙此恶名,而不得齿于宾贡,可胜叹哉。许筠尝问于贾郎中维钤,言安南琉球皆赴举,安南人陈儒,正德间(明武宗)中第,官右都御史。阮鹗,嘉靖年登第,为工部右侍郎。

这里展现了在李氏朝鲜时代,朝鲜由于"弑君"事件而未能向明派遣宾贡之际,对此感到惋惜,甚至其中还指出琉球、安南等国派人参加了科举,并有人登第的情况。感叹之余,这里更多表现出的是焦急的情绪。可以说这一点与此前所见江户时代藤田东湖等人对阿倍仲麻吕的评价截然不同。《高丽史》卷七四《选举志》制举条记载:

> 大明颁科举诏,令就本国乡试,贡赴京师至会试,不拘额数选取。

在明代,朝鲜甚至被允许在本国举行乡试。这已不是

第三章　崔致远与阿倍仲麻吕

局限于朝鲜是中国的册封国而日本是非册封国这种层次上的问题了，而体现出朝鲜与中国之间的深厚关系。根据桃裕行《上代学制的研究》[15]，古代日本的学制如下：

（1）从大学寮举送至太政官的大学举人与诸国贡人一起接受式部省举行的国家考试。国家考试的科目有秀才、明经、进士、明法四科。（二十五页）

（2）考试合格者的叙位为：秀才的上上为正八位上，上中为正八位下；明经的上上为正八位下，上中为从八位上；进士的甲为从八位下，乙以及明法的甲为大初位上，乙为大初位下。（选叙令）（二十七页）

正如这里所见，效仿中国之制，日本古代同样基于面向学生、贡生等的考试制度，采取了让合格者任官的制度。然而，同书也记述道：

（3）从学制的实施来看，<u>在母法中学制是与科举制紧密联系在一起的，构成了从广泛分布于地方的士族或读书人阶层中选用官吏的一种手段。然而，在我国并不存在与此相当的广泛阶层。</u>……律令制的流变即使在进入平安时代后也没有停止，其残骸留存至

很久以后的后世，而平安时代施行的是以格式为中心的制度，并且当时活跃于政治舞台上的是以藤原氏为主的贵族。（四百八十四页）

（4）作为学制核心的人才录用主义原本在中国同样被限制在士族阶层的范围内。而在我国，具有与此相当实力的阶层并不参与其中，其对象较为有限。随着氏族间关系的巩固、官职世袭倾向的出现，人才录用主义越发有名无实了。（二百五十二页）

正如这里所阐述的那样，日本并不像中国那样有着广泛的读书人阶层，基于考试的官员录用制度在日本逐渐变得有名无实了。元圣王四年（七八八），新罗效仿唐朝制度，开始根据科目选拔士人（这被称为读书出身科，又被称为读书三品科）。高丽光宗（九五八）时，该国接受了来自中国后周之人双冀的建议，首次施行了科举制；此后，逐渐完备了文科中乡试、会试（监试）、殿试三阶段等制度；直到一八九四年甲午改革被废止，科举制在朝鲜一直根深蒂固。可以说在这一点上，日本与朝鲜有明显的区别。[16]

也就是说，笔者认为朝鲜与日本间这种国制上的差异是崔致远与阿倍仲麻吕所受评价有别的一个关键因素。

第三章　崔致远与阿倍仲麻吕

结　语

本章阐明了以下内容：

a. 朝鲜与日本对于"天下"的认识存在差异。朝鲜认为的"天下"包括中国、朝鲜；日本认为的"天下"是以日本为中心的天下，包含的现实领域基本上被限定于日本一国之内。

b. 尽管成了中国的册封国，但朝鲜仍然存在变形的中华思想。

c. 成为唐朝官僚的崔致远将本国君主新罗王置于唐朝皇帝之下。

d. 崔致远在自称"东海一布衣""万里远人"的同时，还保持着作为新罗人的强烈意识。

e. 崔致远、阿倍仲麻吕等在唐外族留学生，或多或少在中华思想的影响下，都强烈地意识到自己被视为"夷狄"。

f. 可以确定阿倍仲麻吕曾进入太学学习。然而，现阶段尚缺乏足够的证据证明其通过了科举考试并且是进士及第的观点。即使他确实通过了科举考试，可以推测也应是类似于后世宾贡科那样的科。

g. 阿倍仲麻吕曾为唐的官僚，也就是说其处于身仕

东亚古代的诸民族与国家

二君的状态。对于他本人或当时的日本朝廷,很难说这是完全无关紧要的事。不过,当时的日本对于中国,并没有像后世那样强烈的国家主义情绪,而是采取了将中国与日本视为各自独立的中华的立场。并且,即使当时的日本拘泥于国家主义的立场,也并未将其与是否拒绝唐朝的任官联系到一起。

h. 阿倍仲麻吕直到晚年仍保持着作为日本人的强烈意识,这一点可以从其始终未在唐正式娶妻的行为中看出。

i. 阿倍仲麻吕与崔致远均曾在唐朝任官。后世二者的祖国对于两人评价的分歧根植于各自国家在体制、历史等方面的差异。当时,朝鲜是中国的册封国而日本不是,这强烈地影响了对于二者的评价。两国接受科举制度的程度差异,也同样与此相关。

以上是对本章考察内容的总结。本章所得结论还有待更进一步的验证。此外,在遣隋使时代日本国家意识的实态、遣唐使与朝贡使的差异、遣唐使废止的意义等方面,还存在很多与本章有关且应进一步阐述的问题,对于这些问题的探讨将留待今后完成。

第四章
关于中国前近代所谓中华帝国构造的小记

——北魏与元、辽，以及汉的比较

前　言

笔者发表过数篇关于北魏史方面个人见解的小文，当时的考察以北魏建国初期实施的所谓部族解散，以及体现北魏前期国家特色的所谓内朝制度的研究为出发点。[1]此后拙著收录了这些论文，并通过汇总的形式展现了这些研究间的关联。[2]基于学界近年来相关研究所取得的进展，笔者在最近发表的一篇题为《再论北魏内朝》的小文中又重新讨论了上述的问题。[3]

此外，笔者还指出，以内朝为首的北魏诸制度及其变

东亚古代的诸民族与国家

迁过程与其前后时代或周边诸国中所见制度及其变迁过程具有相似之处。笔者最初在一篇题为《四、五世纪的中国与古代朝鲜、日本》的小文中较为系统地提出了对这一方面的认识。[4]此后笔者还继续考察了这一问题，即北魏与其前后的王朝或周边诸国的制度及其变迁过程中存在的相似之处。不过，相关问题并未涉及后世的元等所谓征服王朝，以及作为汉民族王朝的汉或古代日本等广阔的范围。正因如此，有关这一方面的考察尚存在不足之处。

在这种情况下，从前近代中华帝国具体构造的观点出发，来进一步探讨上述问题时，将面临以下四个课题。

a. 元代的怯薛（由非汉民族建立的国家元的皇帝侧近官集团）与北魏内朝（由非汉民族建立的国家北魏的皇帝侧近官集团）之间存在的相似性具有怎样的历史意义？

b. 中国史上由非汉民族建立的国家中出现的由皇帝侧近官构成的怯薛（元）、内朝（北魏）的组织与此前由汉民族建立的汉朝的内朝间存在相似性，它们彼此间具有怎样的关系？

c. 古代日本的国制变迁与北魏的国制变迁之间存在相似之处，其中又有怎样的历史意义？

d. 通过这些考察，来探讨内朝这样的组织数次出现在中国历史上的原因，以及应如何认识前近代中华帝国的

第四章　关于中国前近代所谓中华帝国构造的小记

核心。

笔者此前主要的研究方向之一是有关魏晋南北朝时期北魏王朝中存在的内朝制度，上述研究正发端于此。

北魏的这一组织原本起源于拓跋部在王权发展过程中，将追随于自己的诸部首领子弟作为"人质"，并让其担任侧近的职务。此后，这一组织发展为守护皇帝的宿卫军队或在国政中枢负责政务的官僚群体。

内朝的显著特征之一在于其成员是以鲜卑为中心的北方民族，也可以说所谓内朝即鲜卑统治中国的中枢。

在关于北魏内朝的研究之后，笔者扩展了视野，在拙著《中国史上的诸民族》一书中论及在中国史上北方民族建立国家之际，其国制中存在酷似北魏内朝制度的事例。[5]

例如，元朝的怯薛，怯薛的显著特征之一同样是其成员多半是非汉民族。《元史》卷九九《兵志二》记载元代宿卫时曾述及这一点：

> 凡怯薛长之子孙，或由天子所亲信，或由宰相所荐举，或以其次序所当为，即袭其职，以掌环卫。虽其官卑勿论也，及年劳既久，则遂擢为一品官。而四怯薛之长，天子或又命大臣以总之，然不常设也。其它预怯薛之职而居禁近者，分冠服、弓矢、食饮、文

史、车马、庐帐、府库、医药、卜祝之事，悉世守之。……其名类盖不一，然皆天子左右服劳侍从执事之人，其分番更直，亦如四怯薛之制，而领于四怯薛之长。

或者，从《南齐书》卷五七《魏虏传》中可以见到用汉语记录的有关北魏内朝官的鲜卑语表述，其中：

国中呼内左右为直真，外左右为乌矮真，曹局文书吏为比德真，檐衣人为朴大真，带仗人为胡洛真，通事人为乞万真，守门人为可薄真……

这里明确地记载了比德真（即元代怯薛官中的必阇赤）、胡洛真（即元代怯薛官中的火儿赤）等。

有关这一问题的具体论证请参见笔者此前发表的拙稿。[6]那么，应该如何看待北魏与元之间存在的大约八百年的时间差呢？在这种情况下，对于两者间存在的契丹、辽代国制的研究具有非常重要的意义。这是因为，作为辽前身的契丹是与北魏同时期并存的北方民族，并且，史书还记载了其与建立北魏的鲜卑之间存在一定的关系。[7]此外，如果辽代也存在与北魏相同的国制的话，那么就可以揭示出贯穿北魏、辽、元的共通性（依据杉山

第四章 关于中国前近代所谓中华帝国构造的小记

清彦的研究,类似于元怯薛那样的制度也存在于此后的清朝[8])。因此,笔者在别稿中指出这一点的同时,曾考察了北魏与辽之间的联系。[9]不过,此前那篇小文专门探讨的是有关辽代正统性的问题。此外,自岛田正郎的研究以降,至笔者开始思考上述问题之际,很难说辽代史研究取得了突破性的进展。甚至当时笔者关注的有关北魏历史中皇帝侧近官或宿卫的研究尚未完善,岛田正郎的研究中未能对两者进行比较。[10]因此,本章希望首先对这一方面的问题展开探讨。

汉代史研究中关于由皇帝侧近官构成的内朝制度的研究已取得了丰硕的成果。[11]关于汉代的内朝,笔者有过以下论述:

> 在有关汉代内朝的研究中,认为内朝形成于西汉武帝时期的观点似乎占据着主流。在此类见解中存在以下这样的观点,即承袭武帝时期的变革,汉朝最终形成了内朝即中朝[12]。笔者并不反对这种观点,内朝确实形成于此时,并且开始产生变化。然而,如果像北魏的情况那样,将内朝作为皇帝侧近官的总称来看待的话[13],就不应将内朝的形成指定在武帝时期了。总之,在作为侍官总称的这一限定范围内,可以肯定在武帝以前内朝既已存在(本书第一篇第五章第

二节)。

　　这里应该关注的是在武帝以前汉廷中郎官的存在。……郎官中有相当数量的人是以任子的身份被起用的。当关注到郎官的职掌时,可以发现其在一定程度上是与三郎那种北魏内朝武官性质相同的皇帝侧近官。[14]此外,如果将中朝视为皇帝侧近官的总称,那么虽然北魏的内朝与汉代的中朝在名称上有别,但二者都可以被视为具有相同性质的机构。汉代的郎官很多是从汉初创业功臣的子弟中选拔出来的。此后,与任子性质不同的察举制被最终导入。由此,随着孝廉数量的增加,郎官的职务被侵蚀。郎官虽然仍是皇帝的侍官,但与孝廉那样的近侍官之间存在明显的界限。而且,出现的空位也逐渐被新的侍中之类的官职所填补。

　　在这一点上,北魏怯薛式的内朝官与汉代的郎官虽然在民族、时代上有别,但在主要从创业功臣子弟中选拔这一点上具有相似之处。

北魏的内朝、元的怯薛在本质上具有作为守护在皇帝身边的宿卫武官的性质,这与汉代郎官作为天子宿卫的性质相同。总之,笔者认为如果将内朝视作侧近官集团的话,那么所谓的内朝自西汉建立初期就已出现;而基于改革,

第四章　关于中国前近代所谓中华帝国构造的小记

武帝时期以后的内朝相比此前内朝在形态上发生了本质改变。并且，武帝时期以前的内朝与北魏、元代时所见内朝、怯薛相比，尽管存在一方是由汉族而另一方是由非汉民族构成的区别，但在与帝权的关系上，两者是极为相似的。[15]

因此，本章希望在前述 a 课题之后，考察 b 西汉武帝以前内朝的实态，探讨其与北魏内朝具有相同性质的意义。

对于上述 a、b、c、d 课题的一部分个人见解，笔者已在前揭拙稿《再论北魏内朝》[16]中进行了阐述。本章希望探讨在此前尚未被充分考察的有关辽代国制的问题，以及汉与北魏在国制上的相似所具有的历史意义。

顺便提及一下，笔者曾考察了由鲜卑建立的北魏的历史发展过程，当时指出北魏建国以前代国时代的部族联合体在建国后经过改编，变身为基于八部体制的、实现了王权权力集中的"部"体制国家。[17]与此同时，笔者还指出，作为中原王朝化中的一环，北魏的"部"体制国家被在历史上因创设了均田制等制度而闻名的孝文帝进行了根本性的改造。

北魏的内朝存在于"部"体制国家中上层权力构造的顶点。经过孝文帝的改革，内朝被废止。[18]作为鲜卑族王朝的北魏实施此次改革的目的在于全面废除此前一直保持着的氏族、部族体制。

· 565 ·

东亚古代的诸民族与国家

另一方面,在古代日本,基于氏姓的族制秩序被纳入律令制,可以说日本通过这一过程完成了古代国家的建设,成为自称"中华"的国家。例如,《续日本纪》卷四、桓武天皇延历九年(七九〇)五月庚午条中记载:

> 陆奥国言。……既洗浊俗,更钦清化。志同内民,风仰华土。

在陆奥国看来,都城成为用"华土"一词来表达敬仰的地方。《日本后纪》卷五、延历一六年(七九七)二月己巳条记载:

> 遂使仁被渤海之北,貊种归心,威振日河之东,毛狄屏息。化前代之未化,臣往帝之不臣。

这里记载日本成为虾夷等民族希望前来归化的"中华"之地。笔者曾指出北魏史与古代日本史在发展轨迹上的相似性。[19]

基于诸政权均标榜自身为所谓的"中华"王朝,当站在前述的视角上,对于古代日本(倭国)与北魏,甚至是西汉、元之间的对比无疑关系到历史上所谓中华王朝的本质问题。此外,这种对比还与上述诸课题的核心,即

第四章 关于中国前近代所谓中华帝国构造的小记

为何会出现这种相似及其在东亚历史发展中所具有的意义这两点密切相关。

这些是与上述课题 c、d 有关的问题。本章希望在思考课题 c、d 的同时，进一步展开对上述课题中有关 a、b 问题的考察。

第一节 与辽的比较

正如前言中所述，笔者关注与北魏史相关的有关契丹、辽的研究。然而，此前也言及，直到最近在以青年研究者为中心的研究取得进展之前，日本的辽代史研究主要以岛田正郎[20]、爱宕松男[21]等人的研究为中心。其他领域的研究者在思考辽的问题时，往往只参考上述两人特别是岛田正郎的研究，这种情况延续了很长的时间。

在这种状况下，笔者近年有幸参加了在大阪召开的辽金西夏史研究会。当时，森安孝夫是主持此研究会的研究者之一，笔者拜闻了他在该研究会上的呼吁，即希望有地方能出版其本人保存的在大学纷争期间东京大学的一篇毕业论文。由于该论文的内容与笔者长年考虑的问题不谋而合，于是笔者向笔者所在大学的研究刊物提出了刊载申请。于是，这篇论文在二〇一三年三月《九州大学东洋史论集》四一号中以特别投稿论文的形式刊行，即加藤

东亚古代的诸民族与国家

修弘《关于辽朝北面的统治机构——以著帐官与节度使为中心》(「遼朝北面の支配機構について——著帳官と節度使を中心に」)。有关其内容及其刊行的经过,森安孝夫在同一期《九州大学东洋史论集》中做了简要的介绍。尽管以下的引文较长,但由于本章与加藤修弘的论文有关,以及其还关系到本章的定位华东外单分拣中心,因此在这里全文引用森安孝夫的介绍。

　　本论文是在距今约四十五年前的昭和四一年(一九六六),由加藤修弘向东京大学文学部提交的毕业论文。本论文是以四百字一页的稿纸写成的共一百七十页的大作。不仅如此,令人惊叹的是其远远超过了毕业论文的水平,并且,东洋史学科的诸位教授对此篇论文寄予了厚望。顺便提及一下,当时负责审查的教授(包括非定职的教授)共有七位,按年龄顺序依次为:周藤吉之、田川孝三、山本达郎、榎一雄、西嶋定生、护雅夫、山崎利男。

　　不过,当加藤修弘在东京大学大学院人文科学研究科硕士课程(东洋史学专业)学习期间,爆发了"东大斗争",即常说的"东大纷争"。置身于"全共斗"之中的加藤修弘,用其本人的话来讲"在大学斗争之中,研究者主体的贫弱已达到了令人厌恶的程

第四章 关于中国前近代所谓中华帝国构造的小记

度,对此感到'绝望'"。与此同时,加藤修弘还提出了"不想放弃在全共斗运动中感受到的对于新学问的预感,哪怕只有一瞬间这种积极的"理由,最终离开了大学。此后,加藤修弘作为高中的历史教师,以非全日制高中为开端在多种学校任职过。与此同时,加藤修弘还致力于参与战后补偿运动,特别是对于中国性暴力受害女性的支援、调查活动。

"东大斗争"时期,我本人在东大驹场的教养学部学习。进入本乡的文学部后,虽然隶属于同一东洋史学科,但未能与加藤修弘一起参加榎一雄、护雅夫两位教授关于北亚—中亚史的课程与研习班。然而,当时对北亚、中亚、西亚感兴趣的本科生、研究生、青年教师组成了不分大学的"亚洲文化研究会",在这个研究会上本人与加藤学长相识。我在参会以前就已涉足这一领域的研究。从当时开始,亚洲文化研究会杂志《亚洲文化研究》(『アジア文化研究』)就一直刊登"国家权力与宗教"这一具有共通性题目的论文。该杂志于第三期停刊,而其中刊登有加藤修弘关于契丹史研究的《契丹君长权的历史考察》(「契丹君長権の史的考察」创刊号,一九六八年,31~51页)与《关于契丹社会中统治权力的形成》(「契丹社会における支配権力の発生について」第

东亚古代的诸民族与国家

二号，一九六九年，5~19页）两篇论文。虽然这两篇论文均涉及与其毕业论文相关的内容，但它们并非其毕业论文本身，而是补充了毕业论文中没有论及的地方。如果不看其毕业论文的原文，将难以理解后两篇论文。然而，其最关键的毕业论文，仅发表了前半部分极短的概要，即《游牧君长权力论——有关辽代著帐官制的历史意义》（「遊牧君長權力論——遼代著帳官制の史的意義について」创刊号，14~15页）。我本人在仅仅阅读了《亚洲文化研究》中加藤修弘两篇论文的情况下，曾感到难以全面把握其整体思想。对我而言，加藤修弘的毕业论文是一篇"幻作"。

不过，此后在机缘巧合之下，我与已经离开大学的加藤学长及其伴侣，以及比我先参加亚洲文化研究会的内人交往密切。已记不清具体的时间了，这篇"幻作"最终交由我来保管，当时得到了加藤修弘让我负责处理这篇论文的嘱托。此后，从我成为大学教师开始，我不仅一有机会就让学生阅读这篇论文，还希望将其公开出版以飨学界，一直在寻找合适的刊物。

进入二十一世纪，本人担任了有关辽、西夏史研究入门的撰写工作，在向契丹史研究者武田和哉征求意见之际，为了商谈发挥加藤修弘毕业论文价值的方

· 570 ·

第四章　关于中国前近代所谓中华帝国构造的小记

式，我将论文原文交给了武田和哉。当时，几乎不抱希望的我获得了一定要实现这一夙愿的激励。与此同时，甚至还获得了对方希望协助出版这篇论文的支持。尽管如此，最终仍未能实现这一愿望。无奈之下，我迎来了在大阪大学的退休。正当此时，在大阪大学召开的辽金西夏史研究会第十一届大会的致辞中，我偶然谈起这篇"幻作"时，有幸获得了九州大学川本芳昭教授有关出版这篇论文的提案。

于是，在首先获得了加藤修弘的谅解之后，我又与武田和哉商议，并联系了川本教授。与此同时，制定了具体的工作日程，并在短时间内决定了以下的事项：在九州大学将原来的手稿录入电脑；武田和哉凭借关西契丹史研究团体"读辽史会"中的有志之士，完成共同撰写的"补注"；此后通过在"读辽史会"内部交换意见，由武田和哉最终写成《解题》。至此，这篇论文的出版才得以实现。

在本论文及《亚洲文化研究》中刊载的共三篇加藤修弘的论文中，可以见到其恩师护雅夫教授的强烈影响。护教授的学术成就涉及众多方面，其中与这三篇论文关系紧密的有以下两点：为理解形成于内陆亚洲的游牧国家的国家构造，对于"Nökör"（那可儿）这一概念的关注；还有对于作为游牧君长权力

东亚古代的诸民族与国家

渊源的萨满的关注。本论文特别在前半部分的第一章是将"著帐官"本身作为对应于"那可儿"这一概念乃至制度的官职展开讨论的。可以毫不夸张地讲，我给予这篇论文高度的评价，并致力于将其出版的理由正在于此。当然，本论文后半部分的第二章同样是有关契丹史研究的重要成果。有关这一部分的意义，可以参见武田和哉执笔的《解题》。在这里，我想强调的是论文第一章将契丹的"著帐官"比定为蒙古帝国草创期的"Nökör"（那可儿）所具有的学术意义。

根据《亚洲文化研究》中刊登的加藤修弘的两篇论文，耶律阿保机的权力即家父长式的君主权力。耶律阿保机凭借个人家产式的臣下集团，控制了自己所属的部、氏族，随后统合了契丹的其他诸部、氏族。作为当时其势力扩大的原动力是促使家产式臣下集团获得扩充的"心腹部"。"心腹部"在此后被整备为"著帐官制"。"著帐官制"发挥了将各部、氏族中实力突出家族的子弟吸收到国家之中，并建立起以契丹皇帝为中心的家父长式君臣关系的作用。

而且，在本论文的第一篇中，加藤修弘指出十世纪由耶律阿保机创建的契丹帝国（辽朝）的国家构造乃至其统治机构的核心正是"著帐官制"，其起源可以追溯至建国者阿保机所组建的"心腹部"。并

第四章　关于中国前近代所谓中华帝国构造的小记

且,加藤修弘还将这种"心腹部""著帐官制"的本质与我们共同的恩师护雅夫年轻时研究的成吉思汗的那可儿进行了对比。

当然,即使再出色,此次出版的也是出于本科生之手的毕业论文,其中散见着论证不足的地方。实际上,在对第一篇进行总结的第七章"与蒙古帝国'Nökör'的比较"的末尾,作者写道:"以上尝试对比了初期蒙古帝国中'Nökör'与辽代著帐的形态,其相似性令人惊讶。我认为两者均是基于北方游牧民族固有传统的制度,可以说两者在本质上是完全相同的。"在上述内容的栏外,某位审查的东大教授写着"过犹不及"。然而,我的评价与此完全不同,本篇论文最大的价值正在于此。并且我坚信今后对于中央欧亚史研究来说,这篇论文无疑是一篇必须参考的先行研究。另一方面,在加藤修弘开始撰写毕业论文的两年前,实际上岛田正郎已经发表了讨论著帐官、御帐官的论文(参见武田和哉所著《解题》),而作者完全没有注意到这一点。当时东大东洋史是由学生负责指导毕业论文的。在这种情况下,要求本科生完整地梳理先行研究的确有些严苛,但对于公开发表来说,不得不说这确实是一个缺陷。然而,此次公开发表是由我而并非加藤修弘自身来负责的。由于在将这

东亚古代的诸民族与国家

篇论文与岛田正郎的论文进行对比后，我认为该论文的价值并未受到任何的影响，于是在请求酌情出版后得以发表。武田和哉在《解题》中也认可了本人的上述判断。

对于历经游牧国家兴亡的中央欧亚史的探索，自十九世纪以来一直未曾中断。尽管如此，"国家"这一概念的定义是在追溯农耕都市文明世界中的国家变迁，以及探讨国家成立的要素与国家构造的过程中得出的，因此在世界史中并不满足于这些条件的游牧国家往往被低估。在起源于西欧的近代国家论及马克思主义唯物史观兴盛的时代中，从与此不同的观点出发来构建中央欧亚史是一件极为艰难的工作。不过，今日世界的情势与学界的状况均发生了明显的变化。今后为理解游牧国家的本质，应在广阔的视野下探讨包括"著帐官"在内的"Nökör"（那可儿）这一历史学上的概念，甚至是与此表里如一的"Käsig"（怯薛）的概念乃至制度。最近，对能够预示出这一点的史料发掘工作也变得引人注目。今后，对于可以与契丹的"著帐官"、蒙古的那可儿乃至怯薛进行对比的，例如北魏的"中散""直后/直后真""直真/直寝""乌矮真""比德真""可薄真""胡洛真""乞万真"等，北齐、隋的"直后""直寝"，隋、唐的

第四章 关于中国前近代所谓中华帝国构造的小记

"库真"（由于其也被误记为"库直"，因此有待确定其是否相当于元的库直真）、"驱咥真（也被误记为驱咥直）/屈咥真"，突厥、回鹘的"窟合真/枯合振/胡膳振＝库合真""Tarqan（达干）"，以安史之乱为首兴起的粟特系集团中"柘羯/赭羯""曳落河"，伊斯兰诸国家的"ghulām""mamlūk"，奥斯曼帝国的"Kapıkulu"，大清帝国的"Guchu""Hiya"等，也应从以上的视角展开考察。

由于那可儿与怯薛间的差异至关重要，这里基于同为护雅夫门下的学长志茂硕敏的见解，来阐述我的个人观点。那可儿在蒙古语中的原意为"友人、同僚"。侍奉成吉思汗的人，即蒙古草创期的那可儿是隶属于主人的"心腹部下、家臣"。从其中归纳出的作为一般历史学概念上的那可儿为：在此后成为国家君主的主人夺取权力之前，与主人共同起居，并负责主人衣食住行的家产式臣下集团；在发动军事行动之际，其构成了守护主人的近卫集团；在建国后，其听命于君主辅佐军事、国政。总之，所谓那可儿是仅限于夺取权力前，作为心腹的部下与其子孙的范围之内，因此应该说其是不再增加的世袭家族的家臣。另一方面，在主人夺取权力前，怯薛几乎与那可儿相同。在夺取权力后，怯薛将新从属的集团君长的子弟

东亚古代的诸民族与国家

作为人质吸收到宫廷之中,并对其进行训练、教育,此后将其录用为军人、高级官僚等。因此,理论上怯薛可以无限地扩大。总之,那可儿包含于怯薛之中,怯薛的首领被出身于那可儿家族的人所占据。不过,应该注意的是后蒙古时期波斯语史料中出现的"nawkar"("Nökör"即那可儿的讹音),其与怯薛乃至"柘羯/赭羯"有所混淆,相比"心腹部下、家臣",其更多地被作为"(将性命交给主人的)食客"或是单纯的"随从、用人、仆人"的意思来使用。

对于今后的研究来说,不仅在考察超越时代与地域的中央欧亚游牧国家时,而且在探讨曾被称为"征服王朝"的"中央欧亚型国家",甚至是此前北魏、北朝、隋唐等所谓"拓跋国家"的国家构造之际,这篇论文都是不可或缺的先行研究。在汉文中有被写作"亲信""侍卫""宿卫""近侍""内侍"等的侧近集团或近卫队那样的组织。汉文、伊斯兰史料,甚至是希腊、拉丁语等史料中,也存在乍看上去有着像奴隶一样卑微的身份,但实际上是侍奉于君主身边的人。有必要考虑这些身份不正是作为历史概念的那可儿、怯薛吗?在这种意义上,本论文能在自三十年前就对北魏"内朝"持同样的观点并坚持研究的川本芳昭教授手下发表,绝非偶然的事情。

第四章 关于中国前近代所谓中华帝国构造的小记

以上是森安孝夫对刊行加藤修弘论文所做的介绍。正如此前所述,这里引用的部分较长,但由于本章与加藤修弘论文有关,并且其也关系到本章的定位,因此特意在这里进行了介绍。

此外,武田和哉对加藤修弘的论文进行了补注,并承担了相关《解题》的工作。武田和哉论述道:

> (加藤修弘)还分析了著帐官制的起源与沿革,并指出:"这可能是辽朝朝官的起源。心腹部的性质是……担任太祖身边的护卫及宿卫之人,是真真正正的'心腹'。这一心腹部在此后直属于太祖,甚至在军事上也发挥了极大的作用。因此,心腹部被视作斡鲁朵的起源已成为定说。我(加藤修弘)认为其同时也成为著帐的起源……"加藤修弘在这里所指出的是具有类似特征,并且被辽阔的蒙古帝国所继承的、发挥了重要作用的"斡鲁朵"……在制度研究方面也应给予关注的视角。

与森安孝夫相同,武田和哉也关注到了加藤修弘对于心腹部的考察,甚至还指出了其与斡鲁朵间的关系。[22]加藤修弘曾指出:

· 577 ·

东亚古代的诸民族与国家

奚人中具有实力者的子弟在年轻时,首先进入皇帝直辖的著帐,在皇帝身边负责日常的事务,由此建立起皇帝与其个人间的纽带。此外,即使是奚人中相对地位较低的人,在一定机缘巧合之下担任了护卫等职务,也可建立起这种与皇帝间的纽带。如此一来,虽然皇帝出身于异族,但拥有与其建立起个人关系的官僚预备军。皇帝从这种预备军中选出适当的人物,让其负责奚族的政治。此外,将具有一定实力的人物的子弟纳入著帐,也是因为认为他们是极有价值的人质。

武田和哉认为上述加藤修弘的论述指出了著帐官的本质,并给予其高度的评价。[23]

拓跋北魏的内朝被认为起源于代国时代,以下是《魏书》卷一一三《官氏志》中有关代国时代设置侍直左右的侧近官的史料。

建国二年(三三九),初置左右近侍之职,无常员,或至百数,侍直禁中,传宣诏命。皆取诸部大人及豪族良家子弟仪貌端严、机辩才干者应选。

结合这条史料中的记载,上述诸点是非常值得关注

第四章 关于中国前近代所谓中华帝国构造的小记

的。[24]也就是说，依据上述史料，北魏的内朝起源于拓跋部的部族联合时代。当时，部族联合中吸收了拓跋部以外的诸部，从这些部中也选拔出左右近侍。这一点与前述契丹之外的奚人成为著帐官的情况具有同样的原理，即伴随着组织的扩大，将外部势力纳入内部的原理发挥了作用。笔者曾指出：北魏从建国前的漠北时代开始直到建国之后，新依附的人群或集团（新人）与国家旧有的成员（旧人）之间处于严重对立的关系；尽管如此，当时存在不断更新的构造，即新人在经过一定时间后作为旧人成为国家成员；而且，这种国家构造同样存在于当时北魏以外的东亚诸国之中。笔者将其称为"新人、旧人构造"。[25]

此外，武田和哉还论述道：

> 在最后一段，加藤修弘曾尝试将其与蒙古帝国的"Nökör"进行了对比。引用护雅夫的研究……整理了蒙古帝国初期的主从关系形态。与此同时，辽的著帐成员包括从百官子弟至没籍之户，这一特征乍看起来令人惊奇，但如果对比"Nökör"在成立过程中包括了从对等关系至隶属关系的极为多样的身份的话，可以得知上述著帐那样的特征在北族之中绝非特殊的情况。[26]

东亚古代的诸民族与国家

北魏的内朝官同样具有这一特点,其成员也包含在身份上属于下层的人。

上述的论述如实地反映出辽朝的著帐官制与北魏的内朝、元的怯薛是具有相同根源的制度。在加藤修弘论文的其他地方中,也可见到值得像笔者这样从事北魏史研究的人关注的论述。该论文写道:

> 这一心腹部在此后直属于太祖,甚至在军事上也发挥了极大的力量。因此,心腹部被视作斡鲁朵的起源已成为定说。我认为其同时也是著帐的起源。也就是说,有关心腹部的职能应收录在《百官志》的北面御帐官之中,《辽史》有如下记载:"辽之先世,未有城郭、沟池、宫室之固,毡车为营,硬寨为宫,御帐之官不得不谨。出于贵戚为侍卫,著帐为近侍,北南部族为护卫,武臣为宿卫,亲军为禁卫,百官番宿为宿直。"[27] 从这条记载可以得知,侍卫、近侍、护卫、宿卫、禁卫、宿直均担负着守护之责,其职能在本质上并无差异。太祖设置的心腹部包含了以上所有的职务,因此,也成为著帐官的起源。此后斡鲁朵是以隶属民构成的,而值得关注的是太祖设置心腹部时,挑选了诸部刚健两千余人加入心腹部。一般认为,此后的斡鲁朵多半是由外藩的俘虏、进献的生

第四章 关于中国前近代所谓中华帝国构造的小记

口、犯罪没入者构成。因此，能感到诸部刚健之人在性质上稍有不同。尽管著帐郎君院之中的官职大半被横帐、国舅帐占据，但不管怎样，当考虑到其门户同时向着突吕不、楮特等从出身于契丹诸部者到奚人的广大部族民开放这一点时，诸部刚健之人的选拔与著帐郎君院在性质上存在联系。总之，随着制度上的完善，这一时期开始设置的心腹部最终分化为斡鲁朵、御帐官、著帐官。[28]

有关北魏的情况，根据上述《魏书·官氏志》所见有关诸部大人子弟的记载，以及以下同书同志太祖道武帝天赐四年（四〇七）五月条中有关设置侍官的记载，可以看出内朝处于不断扩充的状态。

> 增置侍官，侍直左右，出内诏命，取八国良家，代郡、上谷、广宁、雁门四郡民中年长有器望者充之。

此外，笔者考察过北魏的宿卫制度。《魏书·官氏志》登国元年（三八六）条记载：

> 是年，置都统长。又置幢将及外朝大人官。其都

·581·

统长，领殿内之兵，直王宫。幢将员六人，主三郎卫士直宿禁中者。自侍中已下、中散已上，皆统之。外朝大人，无常员。

在引用此条史料的同时，笔者曾阐述了在北魏初期的宿卫分为两类：（ⅰ）由都统长率领的负责王宫警卫的殿内宿卫；（ⅱ）由幢将率领的负责禁中警卫的三郎（胡洛真）、卫士等构成的宿卫。[29] 此前已经论述了三郎即胡洛真，[30] 可以说对于北魏宿卫的考察而言，上述有关辽代宿卫的情况同样非常值得关注。

此外，对于岛田正郎认识辽代的方式，加藤修弘曾论及：

在这里首先岛田正郎先生的……"……（辽朝的）各部族的成员未必是基于血缘关系联系在一起的，担任其统帅之人也不过是与成员没有血缘关系的国家官吏。换句话说，氏族制被完全打破，每个契丹人通过被纳入部族制度成为辽国的国民。即可以认为，作为行政上、军事上的单位，部族制度成为在本质上与汉族王朝州郡制度完全无异的地方行政制度。……"这是岛田先生的结论。然而，我不得不怀疑是否能如此断定这一结论正确。不难看出，在部族

第四章　关于中国前近代所谓中华帝国构造的小记

中作为被征服民族的奚部，以及由宫分人、俘虏人口构成的部等范围内，国家权力在这些部形成之际已分别将其控制。然而，对于自古以来契丹传统的部族进行"完全"的解体，使之成为辽朝"国民"的结论，就必须非常慎重地进行论证了。[31]

正如此前所述，笔者考察过北魏的部族解散。当时，学界对于此前北魏部族解散的研究，一直以来持有以下这种立场，即通过部族解散，此前存在于胡族社会的部族、氏族被全面地解体、消灭，或者说基本上解体了，此后仅遗留有部族、氏族的残余。然而，笔者认为这种认识并没有完整地反映出部族解散的实际情况。这是因为，从宏观来说，北亚社会中的部族或氏族的集团被定义为在具有共同祖先的认识下结成的血缘或地缘集团（鲜卑也不例外）。正因如此，很难想象这种集团仅仅凭借道武帝施行的部族解散这种由上至下的改革就能在短时间内瓦解。笔者认为在长久的传统中培养起来的部民间的纽带并不能被简单地瓦解。此外，现在仍保留有展现道武帝部族解散后部民间纽带的史料。总之，以上这一点展示出有必要对于此前部族解散的理解做进一步的探讨。[32]笔者曾经对此前北魏史研究的疑虑与加藤修弘的怀疑不谋而合。

加藤修弘进一步展开论述了以下这种认识：

· 583 ·

东亚古代的诸民族与国家

"世官制"的存在是在权力层面对被统治游牧部族中的实力派进行妥协的产物。作为强化这种实力派与帝国间联系的手段,著帐官制被采用了。太祖的心腹部是一个极为家产制式的组织。辽著帐官制的特色正在于将这种组织进一步推广,并使之具有作为部族实力派子弟出仕途径的职能。

他进而论述道:

在辽朝统治下的游牧部族社会中,存在作为对其中实力派的恩惠而被授予世官的家族。其子弟在年轻时进入著帐,侍奉在皇帝身边,与皇帝一起生活。著帐官中有著帐户司与著帐郎君院。在著帐户司中,著帐郎君担任其职务,著帐郎君院中配有以上所述世家之官的子弟。他们在此成为皇帝的"心腹",凭借与皇帝结成个人间的纽带,成为将来构成辽朝统治机构的官僚预备军,或者担负起连接辽朝中央与被统治部族社会间的桥梁职能。他们中的多数会返回自己出身的部族并担任职务。在这种情况下,对于他们来说,与皇帝个人间的纽带意识,即直接从属于皇帝的意识非常重要。这是因为,他们一边保持着与皇帝间家产制式的关系,一边维持着与部族民间的亲族关系,柔

第四章　关于中国前近代所谓中华帝国构造的小记

化了皇帝对部族民的统治,支撑着辽朝在游牧社会中的权力基础。

此外,加藤修弘还论述道:

> 可以认为,由于他们被任命为著帐官,所以首先被要求离开部族,成为直接隶属于皇帝的官员。然而,这归根结底只是一种期望,实际上要斩断其与自己出身部落间的关系是比较困难的。提出这样的言论本身就证明了这一点。除此之外,完全有理由认为著帐官(尽管史料中不能明确地证明)还具有人质的意味。著帐官结合了以下两方面,即作为官吏出仕途径而被授予的一种恩惠性官职,以及作为地方实力派的人质。[33]

总之,在基于辽部族制延续的同时,加藤修弘关注了其中在辽帝这一家父长之下组织起来的家产制式的国制。而且,其在论文的结论中阐述了以下有关辽代部族制的内容:

> 在辽代的契丹人社会中,一直以来由氏族共同体那种凭借血缘关系维系的部族早已不复存在了。然而,这绝不是因为辽朝凭借着中央权力对部族实施的

东亚古代的诸民族与国家

解体所造成的,而体现出在游牧民族契丹人的经济史中已经出现了相应的变化,即游牧社会的构成单位相比之前大幅度缩小,部族全体不再基于某一纽带而被结合在一起。然而,部族尚未完全丧失作为传统地缘政治集团的性质。在其内部,具有实力的一族乃至一家掌握着部族的指挥权。在处于这种历史阶段的契丹人社会中,随着辽朝的迅速兴起,朝廷一方并不希望从根本上改变这种部族的状况。辽朝所采取的态度不如说是一种妥协的政策,即在部族的统治中,设置作为其最高责任者的节度使。尽管节度使是由中央任命的官吏,但其实质性的权力绝对未能达到能够有效掌握全体部族的程度,甚至不如说多数情况下其是授予部族中实力派的一种恩惠性称号。辽朝似乎最终成功地大幅削弱了部族内部弱小集团的统治权力。而另一方面,对于部族内部的实力派,辽朝始终贯彻了妥协的政策,其表现就是"世官制"。通过将部族内部的实力派家系任命为"世官之家",获取他们对中央权力的忠诚。然而,仅仅凭借世官制,难以完全地将他们与中央维系在一起。所以在单纯妥协的同时,虽然著帐官制具有恩惠的意味,但其目的在于希望凭借强大的中央权力将部族中的实力派与皇帝结成紧密的个人关系。辽的著帐源于北方游牧民族历史中传统的

第四章 关于中国前近代所谓中华帝国构造的小记

"Nökör",其原本具有与君长间拟制式的家族关系,并凭借这一纽带结合成君长的心腹集团。随着帝国的发展、统治范围的扩大,辽同样通过这种拟制式的家族纽带来维系被统治的部族,这最终成为一种将被统治部族纳入以皇帝为中心的家产制统治的有效手段。并且,在这种目的之下,著帐官制作为一种制度被确定下来。正如以上所述,辽朝北面的统治机构是以北族固有的传统主从关系为基础,独立发展而来的。这就是笔者希望提出的结论。[34]

对于北魏前期基于八部制的国家,笔者曾简要地阐述道:

> 北魏第一代皇帝道武帝在建国后将麾下的诸部族集中到以首都平城(今山西大同)为中心的京畿一带,并施行了意将诸部族首领所具有的统率部民的权力收归国家的改革。与此前的五胡政权相比,道武帝实现了对自身帝权的显著强化。像这样被集中在一起的鲜卑诸族中的大部分,被按照东西南北部的方位原则重新编成八个"部"。这些在史书中被称作八部或八国的诸部,在此后作为北魏国家军队的核心力量,成为统一华北的原动力。

东亚古代的诸民族与国家

  最初的这八部在此后逐渐递减为六部、四部，由此八部制被认为随着时代的发展而日趋形式化。然而，在北魏第六代皇帝孝文帝即将迁都洛阳前，可以确定尚存在六部（《魏书》卷五四《高闾传》）。笔者并非要全盘否定八部制随时代变迁而日渐形式化的这一点，而是非常担心这种形式化的全面出现反而令人忽略了孝文帝迁都洛阳以前北魏极为强烈的由非汉民族建立的国家性质。换言之，笔者认为八部制是鲜卑拓跋部族联合自草创期以来保持的部族制的最终形态，或许可以说，北魏前期是一个基于八部制的、权力集中于国家的"部"体制国家。[35]

  将以上所述与此前加藤修弘的观点进行比较之际，可以看出两者间存在难以用单纯的相似来形容的构造上的类似，加藤修弘所取得的结论与笔者对于北魏部族制的个人观点具有相同的性质。在思考部族制度或北魏内朝的状态时，加藤修弘的结论极富启发意义。

  此外，加藤修弘认为"随着帝国的发展、统治范围的扩大，辽同样通过这种拟制式的家族纽带来维系被统治的部族，这最终成为一种将被统治部族纳入以皇帝为中心的家产制统治的有效手段"。在指出这种家产国家体制的同时，加藤修弘还总结了护雅夫的学说：

第四章　关于中国前近代所谓中华帝国构造的小记

护雅夫在其论文《Nökör 考》中论述道，蒙古部族社会传统中存在的"Nökör"这种特殊的人际关系最终扩大为蒙古帝国的统治机构。其主旨如下。蒙古帝国初期成立的主从关系存在三种类型：（A）互为"Nökör"；（B）大体上依据自己的自由意识成为首领的"Nökör"，与其缔结为主从关系；（C）原本作为首领（君主）"家中的奴隶""门内的私奴"，在被给予了作为首领弟弟、儿子的身份后成为"Nökör"。并且，通过主从两者相对的势力关系的变化，（A）型最终也被纳入了（B）型。此外，（C）型中"Nökör"对于主君的关系被认为是非常明确的隶属关系。弗拉基米尔佐夫在其《蒙古社会制度史》中将主君对"Nökör"的关系视为基于契约的平等人格关系的结合，并将其等同于中世纪欧洲的封建关系。护雅夫在对其进行批判的同时，提出了以下的结论：一般来说，不论主从关系是否成立，"Nökör"均被视作主君（首领）的"隶属民"，（A）（B）两种类型也被纳入（C）型。在实际中，"Nökör"的侍奉职务包括军事上的特别是作为亲兵的职务，以及与主君一同起卧饮食、担任家内杂役的职务。并且，护雅夫还指出家父长式的恩惠——家族式的恭顺、原始的权力——屈从、双方利害的一致这三点均是以上述情况

东亚古代的诸民族与国家

下的主从关系作为纽带的。在成吉思汗兴起的阶段，"Nökör"成为其手足并组建起有效的家臣集团，见证了蒙古帝国的形成。有关这一阶段的情况，护雅夫做了如下的说明。

成吉思汗在第一次即位之际，虽然统一了蒙古部族，但其拥有的作为汗的权力仍极为微弱。这是因为推戴他的游牧首领们并没有失去与其相对的对等性和独立性，常常从内部制约着汗的权力。而且，支撑这些首领独立性的是对于自身家产式臣下（Nökör）的独立保护，以及作为支配权所有者所具有的权力。然而，成吉思汗将自身家产式统治下由手足所构成的机构、管理组织作为纽带，试图将自己的统治权力扩大到原本不属于自己"家"组织的独立的家产式首领中。并且，凭借在这一方面的成功，成吉思汗成为强大的君主、帝王，建立了自己的国家。

以上……与此前所述辽朝的情况进行比较时，可以注意到其间存在显著的相似性。辽的著帐成员包括从百官子弟至没籍之户，这一特征乍看起来令人惊奇，但如果对比"Nökör"在成立过程中包括了从对等关系至隶属关系的极为多样的身份的话，可以得知上述著帐那样的特征在北族之中绝非特殊的情况。……以上尝试着对比了初期蒙古帝国的"Nökör"与辽的著帐，

第四章　关于中国前近代所谓中华帝国构造的小记

其相似性程度令人惊讶。我认为两者均基于的是北方游牧民族固有的传统，可以说其在本质上是完全相同的。[36]

这里比较了"Nökör"与著帐，指出了其相同的性质，可以注意到其中存在的家父长式的、家产制式的关系。

伴随着进入中原地区，北魏将其国制从漠北时代的拓跋部部族联合国家转变为基于八部制的"部"体制国家，并在约百年后迎来了孝文帝的改革。凭借着孝文帝的改革，北魏实现了中原王朝化，变身为律令国家。可以说以上所见有关辽的家父长式、家产制式国家的问题，对于北魏史研究者来说也是极为重要的。正如此前所见《魏书》卷一一三《官氏志》中记载的：

> 建国二年（三三九），初置左右近侍之职，无常员，或至百数，侍直禁中，传宣诏命。皆取诸部大人及豪族良家子弟仪貌端严、机辩才干者应选。

同书同志太祖道武帝天赐四年（四〇七）五月条中记载的：

> 增置侍官，侍直左右，出内诏命，取八国良家，

代郡、上谷、广宁、雁门四郡民中年长有器望者充之。

这里所见"诸部大人及豪族良家子弟仪貌端严、机辩才干者""八国良家,代郡、上谷、广宁、雁门四郡民中年长有器望者"同样也可以被视作像辽、元时代中所见家父长式统治体制下的那可儿一样的身份。

第二节　与汉的比较

目前尚不清楚北魏时期存在的如同怯薛、著帐官那种组织的鲜卑语称呼。这些组织与《魏书》中所见内朝这一用语[37]间存在联系,这种联系具有怎样的意义呢?关于这一点,笔者曾指出《魏书》作者魏收或国史编纂者受到了三国时期曹魏内朝的影响。[38]

总之,笔者认为,北魏的内朝与汉的内朝尽管存在民族、时代上的差异,但在内涵上两者有着性质相同的一面。此外,在此前发表的小文中,关于形成这种类似的理由,笔者论述道:

贵族、高官子弟具有人质的性质,与此同时还担任着皇帝的侧近。正如增渊龙夫所指出的那样,这种

第四章　关于中国前近代所谓中华帝国构造的小记

构造很早就已出现。经历春秋战国时期的变迁，至汉代形成了"郎官"，可以说在西汉的"郎官"中仍残存着上述特征。另一方面，北魏前期，鲜卑族占据着以皇帝为中心的律令国家的中枢，北魏的内朝正存在于这样的时期之中，[39]类似于倭国中具有近侍性质的伴制、人官。基于两者均是在族制秩序中出现的近侍官，从某种意义上说上述的这种类似点也是理所当然之事。此外，元、清也出现了类似于北魏内朝的组织。基于古代的族制原理而形成的集团（蒙古、满洲、鲜卑）占据了高度发达的以皇帝为中心的中华王朝的中枢。可以说元、清出现类似的组织正是出于这一原因。

在本文（《再论北魏内朝》）的开篇笔者曾提出了应如何从国家论的立场出发看待拓跋鲜卑中"部"体制国家的这一课题。当按照以上的思路展开考察时，可以将"部"体制国家视为其核心在很大程度上被虚拟的或实体的族制秩序所掌控的初期国家或前期国家，以及其核心部分具有通过军事力量来支配高度发达的中原官僚机构和社会的征服王朝形态的国家。[40]

在这种认识之下，本节将在引用上述增渊龙夫观点的

东亚古代的诸民族与国家

同时,对这一问题展开进一步的讨论。

对于侯外庐的观点,增渊龙夫进行过论述。在与作为奴隶制典型形态的古典古代进行对比之际,侯外庐提出了中国古代社会的固有构造问题。他以城市国家这一概念来认识两者在外在上的相似。与此同时,他指出两者的根本差异在于中国古代社会存在作为固有历史条件的氏族制所造成的强大制约。增渊龙夫关注到了侯外庐的这一见解。在此基础上,增渊龙夫对侯外庐提出的顽固的氏族制残余在春秋战国的变革过程中瓦解,中国由此进入封建制阶段的观点提出了质疑,并指出侯外庐的这种认识方式难以说明秦汉帝国的成立过程。并且,与此同时,增渊龙夫提出了应如何在秦汉前后的历史发展过程中去理解秦汉帝国的历史特性与其成立过程的问题,这正是其自身所追求的终极问题之一。由于先秦时期氏族式的邑共同体瓦解,分裂成了一个个独立的家、独立的人,新的人际关系将这些各自的家、人维系在了一起,由此形成了新的秩序。同样,在氏族式的邑共同体崩溃的过程中,形成了新的国家权力。增渊龙夫指出,在与这种新的国家权力的关系方面,应如何理解上述新的人际关系及新的秩序是一个非常重要的问题。[41]在这种情况下,增渊龙夫关注到了基于在氏族秩序崩溃过程中形成的任侠习俗而成立的新的人际结合关系,并提出了以下这一根本性的问题,即在现实的历史发

第四章　关于中国前近代所谓中华帝国构造的小记

展过程中,这种新的人际结合关系是如何获得家父长制式的统治结构的。[42]

根据中涓、舍人等刘邦举兵之际最初的游民追随者所用官名的字义,西嶋定生将其理解为基于家内奴隶制的支配关系。增渊龙夫对于这一点提出了异议。增渊龙夫认为,虽然可以确定刘邦的这些游民处于所谓"拟制家族式的"隶属关系之中,但在以家内奴隶制这一普遍概念来单一地认识这种"patriarchal"(增渊龙夫原本的表述,以下同)的隶属关系之前,如果从这种关系的内部考察自举兵以前刘邦与各游民间的具体关系的话,应该注意到在内部支撑这种隶属关系的固有形态,即任侠的习俗在其中同样也发挥着作用。并且,在沛县父老的指示下,刘邦集团凭借着垄断了县令所具有的公权统治力的末端,成为一股军事势力。处于这一集团中心的组织干部是与刘邦结交的及归属于他的同伴徒属,他们与刘邦间的关系并未在本质上发生改变。正如作为亡命亭长、游民魁首的刘邦通过举兵而自称沛公一样,其效仿战国以来作为贵族权门私属的职名,给予其同伙中涓、舍人等称谓,展现了自身新获得的权势。《史记·高祖本纪》中记载楚怀王为进攻秦都,放弃了项羽,选择派遣刘邦,这是由于与项羽的剽悍滑贼相比,侧近老将一致推荐刘邦是一位"宽大长者"。至少在《史记》的用例中,"宽大长者"一词包含了保持

· 595 ·

东亚古代的诸民族与国家

着高度任侠意识规范的人,即所谓豪侠的意思。增渊龙夫在指出诸如以上各点的同时,关注到了这一集团所具有的任侠性格。[43]

换言之,增渊龙夫确认了即使在刘邦集团扩大的过程中,从当时任侠式习俗中形成的"patriarchal"集团的性质也没有发生本质上的变化;而且指出隶属于刘邦的诸游民被给予了各自的封邑,被封为了列侯,由此刘邦集团的性质从"patriarchal"的支配形态逐渐向"patrimonial"的支配形态转变。采取这种"patrimonial"的支配形态是为了防止由集团内部经济上的分立所造成的人际结合关系的松弛。在限定、削减"封建"诸侯势力的同时,迫切需要扩大直辖统治,以及为统治直辖地而任用新的直属官僚群,最终"patrimonial"的支配形态以郡县制这一官僚行政组织的形式得以实现。增渊龙夫指出,在这种情况下,直属于刘邦的组织化的新官僚群早已不再是以任侠式习俗为纽带的那种形式了,而是正如韩非子所见到的且基于秦父权式机构而实现的那种在专制君权下统御一切的法术纽带。[44]

在增渊龙夫的这些论述中,涉及汉代郎官的研究关系到其立论的基础。这是因为汉代的官僚制是从作为其核心的君主侧近的内官(家臣群)分化而成的,这种内官的原始形态是战国时期作为君主、贵族侧近家臣的庶子等。庶子是战国时期诸国君主,以及贵族、高官的近侍家臣,

· 596 ·

第四章 关于中国前近代所谓中华帝国构造的小记

给事的发展。在这一点上也展现了两者间的同步性"。[48]

这显示出汉代的郎官与北魏的内朝官所具有的共通点：两者均曾作为皇帝的近侍之官，伴随着王权的扩展，从最初在皇帝身边警卫的武官逐渐演变出具有文官性质的职务；甚至这两类官职还进入了诸行政官衙，并形成了职能上的分化扩大。

增渊龙夫在总结了汉代的郎的同时，阐述了"我们必须注意到以下这两个事实。第一，郎宿卫于宫闱，同时又是经常给事于宫中诸署的侍从左右的宫官。与外朝及郡国行政诸官署等官僚的性质不同，其属于作为天子近侍的家臣。然而，与此同时，登上显位的高级行政官僚中的大多数也是由这种出身于具有家臣性质的'郎'补任的。在这一点上，行政官僚也具有对于汉代特别是西汉的官僚制来说不容忽视的重要特征"。[49]在这种认识之下，增渊龙夫对西嶋定生的学说提出了异议，即郎官虽然是官僚，但是专属于天子家的，或者说是近侍的家臣，与从事管理民众与土地等国政的所谓外朝官僚从属于不同的职掌体系。当认识到这一点，郎官与中涓、舍人间存在的上述那样的对应关系就不是奴隶的关系。从氏族制秩序的崩溃过程中分离出来的，虽然属于下层却自负才能的士的阶层被吸收到同样在氏族秩序崩溃过程中不断壮大的家父长式的集团之中，形成了新的秩序。这一点包含着战国时期重要的历

东亚古代的诸民族与国家

史特性。并且,这种新兴的下层的士所秉承的生活习惯与生活伦理被吸收到新的家父长式的支配意识之下,并被纳入组织。在这种情况下,虽然同为家父长式的规制,但在现实中发展出极为特别且多样的支配关系。[50]沛公成为汉王,并进一步登基称帝。与此相伴,其集团干部从中涓、舍人成为郎官,并进一步升任为汉帝国的高级官僚。此外,将他们维系在刘邦身边的内在纽带的重心也从"德"的因素逐渐转向"术"的因素。从春秋末至秦国,氏族秩序中凸现出来的家父长式的政治集团逐渐发展为具有完备官僚制的家产国家。增渊龙夫认为在这一波澜壮阔的历史洪流中,不应对立地去理解上述刘邦集团干部身份上的改变与其内在纽带重心上的变迁这两条轨迹。[51]

考虑到以上增渊龙夫所指出的春秋战国秦汉时期的发展动向,当站在北魏史的立场上来看刘邦集团、汉代郎官、汉代官僚制的发展时,又应如何理解北魏官僚制的发展呢?鲜卑经过始于拓跋力微时代的草创期,以及作为北魏前身的代国时代中以拓跋部为中心的部族联合时代,最终发展到北魏的建国。在这一过程之中,北魏逐渐改变了基于氏族、部族制的国家体制,与此同时建立起了以八部制为中心的"部"体制国家,最终,从实现了华北统一之际开始,统一中国全境的趋势愈发明显。由于孝文帝的改革,北魏施行了对"部"体制国家的扬弃,上述的这

第四章　关于中国前近代所谓中华帝国构造的小记

种趋势转而向着基于律令制的、实现了汉化的中华帝国时代的方向发展。

正如前节所述，在考虑到蒙古、契丹等民族的情况时，自然就能想到在漠北时代以拓跋部为中心的势力的成员之中也存在拥有如蒙古那可儿一样身份的人。不过，伴随着王权的扩大，鲜卑也设置了左右近侍等官，随即出现了不同于此前的以家父长权力为中心的新型国家体制。最终，其创造出八部制，克服了此前的部氏族制，迎来了远超前代的强大王权时代。然而，其依然不得不经过源自部氏族制的"部"体制国家的时代。直到孝文帝改革之际，都不能说北魏已经完全摆脱了部氏族制。内朝的存在明确地反映了这一点。

汉代郎官在起源、职掌、发展等方面，类似于北魏内朝的变迁过程。这是由于在继氏族制崩溃后形成的权力与王权这一点上，两者间具有在国家形成史上的同轨性。不过，在以汉代郎官为中心的国制中，并没有氏族制那样的影响。汉代的郎官源自春秋战国时期从氏族制崩溃中形成的新型家父长权力，而郎官的存在本身与氏族制的存在并无关系。在这一点上，可以说增渊龙夫所谓的任侠式结合那样的形态与北魏的内朝并不相同。

当综合地来看以上内容时，可知汉代的郎官是经春秋战国秦汉这一漫长的历史时期后形成的；北魏的内朝是在

东亚古代的诸民族与国家

氏族、部族尚未完全退出历史舞台的阶段出现的。可以说两者在这一点上存在较大的差异。不过，如果站在家父长式权力下家产制式国家的建设过程这一更高层次的视角上来看的话，出现这样的相似不如说是理所当然的事情，这一点是不应忽视的。此外，如前所见，北魏在意识到汉制的同时实施了公主下嫁[52]、子贵母死[53]，以及设置三郎等政策。甚至，作为北魏国号的魏这一名称也被认为是在考虑到了汉的情况下制定的。[54]对于汉与北魏的关系，今后有必要从这一方面展开比较。

中文版后记

本书中所收录各篇各章的原标题、发表刊物按照出版年代顺序如下所示。

（1）「北朝国家論」『岩波講座世界歴史』九巻、岩波書店、1999年。

（2）「民族問題を中心としてみた魏晋期段階における四川地域の状況について」唐代史研究会編『東アジア史における国家と地域社会』刀水書房、1999年。

（3）「民族問題を中心としてみた北朝後期段階における四川地域の状況について」『九州大学東洋史論集』二七号、1999年。

（4）「民族問題を中心としてみた五胡十六国南北朝期段階における四川地域の状況について」『史淵』一三六輯、1999年。

（5）「北魏文成帝南巡碑について」『九州大学東洋史論集』二八号、2000年。

(6)「民族問題を中心としてみた魏晋南北朝隋唐時代史の研究動向」『中国史学』一一号、2001年。

(7)「漢唐間における「新」中華意識の形成」『九州大学東洋史論集』三〇号、2002年。

(8)「崔致遠と阿倍仲麻呂——古代朝鮮・日本における「中華化」との関連から見た——」『九州大学東洋史論集』三一号、2003年。

(9)「隋書倭国伝と日本書紀推古紀の記述をめぐって」『史淵』一四一輯、2004年。

(10)「倭国における対外交渉の変遷について——中華意識の形成と太宰府の成立との関連から見た——」『史淵』一四三輯、2006年。

(11)「鮮卑の文字について」『九州大学21世紀プログラム統括ワークショップ報告書』、2007年。

(12)「三国期段階における烏丸・鮮卑——交流と変容の支店から見た——」『共同研究「『三国志』魏書東夷伝の国際環境」研究報告』国立歴史民俗博物館、2009年。

(13)「遼金における正統感をめぐって——北魏の場合との比較」『史淵』一四七輯、2010年。

(14)「北魏内朝再論——比較史の観点から見た——」『東洋史研究』七〇-二、2011年。

（15）「倭の五王の自称と東アジアの国際情勢」『史淵』一四九輯、2012年。

（16）「唐漢間における雲南と日本との関係について——比較史の観点から見た——」『九州大学東洋史論集』四一号、2013年。

（17）「前近代における所謂中華帝国の構造についての覚書——北魏と元・遼、および漢との比較——」『史淵』一五一輯、2014年。

正如标题中所示，本书旨在揭示笔者对于东亚古代民族与国家问题的个人见解。这些观点的基础是应如何理解东亚史上有关民族的问题意识。此外，笔者是中国前近代史，特别是六朝史的研究者，尽管从这一狭窄的视野出发，笔者也希望全面把握有关中国古代诸民族的问题。基于这样的观点，笔者以前近代作为主要的考察对象，出版了题为《中国史上的诸民族》（『中国史のなかの諸民族』山川出版社、2004年）的著述。笔者至今仍持有这样的问题意识。

顺便提一下，笔者在本书中经常使用"民族"这一用语，而且以下也将频繁用到这一词语。这里需要对"民族"的概念进行一定说明，希望将其作为能使本论更为严谨的立足点（在此前的拙著中笔者已经提示过这一定义[1]）。

东亚古代的诸民族与国家

众所周知,"民族"这一概念是伴随着近代民族国家的形成才逐渐受到关注的。如果在考察前近代时采用这一概念的话,会出现将近代才出现的民族主义用于过去的危险,并且将其作为表现前近代集团的用语会遭到不够严谨的批判。正因如此,可能应该分别使用种族、部族、氏族,或近年来在中国比较常用的族群(ethnic group)这样的用语。但这些用语本身在其概念、范围等方面也极为模糊。笔者认为在不够严谨这一点上,这些词语与一直以来使用的"民族"这一用语并无明显的区别。然而,人类的某种集团从很早的时期开始,以相同的语言、文化等为核心凝聚在一起,或生活在一起也是历史事实。《春秋左氏传》卷一二、成公四年条所见"非我族类,其心必异。楚虽大,非吾族也"中"我族类"意识的存在展现了这种集团起源之古老。现阶段尚未确立能够替换"民族"这一词的用语。尽管考虑到这一点,笔者也不希望在本书中像历来惯用的那样使用这一用语。

在现代中国国内的研究中,此前"民族"这一用语的英译为"nation",在中国改革开放及苏联解体之后,近年来逐渐转为采用"ethnic group"(族群)。只有在表述"中华民族"[2]这样的概念之际,仍采用"nation",此外在总称中国域内的少数民族时记作"ethnic minorities"。

众所周知,所谓黄河文明是由原本自称为夏人、华夏

中文版后记

等居住于黄河中下游流域的人群创立的。最初,其居住在极为有限的区域内,其领域在相当大范围内与今日中国的领域相重合是在秦始皇统一中国以后。然而,"中国"这一用语被限定于华北即所谓中原地区的用法一直延续到此后的时代。[3]此外,今日中国领域内长城以北的内蒙古、东北,以及中国西南的云南、贵州等地,在秦始皇统一后也在很长一段时间内尚未归属于中原王朝。在这些地区,存在大量的所谓汉民族以外的民族。众所周知,这些地区至今依然存在很多少数民族。江南地区可以说是与黄河流域并列的另一个中心,从秦始皇时代以来一直到此后的三国孙吴的时代,江南地区也广泛分布着相当数量的非汉民族(山越等),他们曾给当时的孙吴政权带来了极大的影响。[4]当关注到现在中国的主要民族——汉民族时,其各地的方言极富多样性,衣食起居的文化也不尽相同,甚至可以看出中国北部与南部间的汉民族在身体形态上的显著区别。这些现象展示出经过漫长的形成过程,直到今日汉民族是在不断接触、融合极为多样的地域、文化、民族的同时发展而成的民族。

当关注中国的历史时,尽管自古以来匈奴、鲜卑等众多民族曾与汉民族上演了激烈的对抗,但在考虑民族间的相互排斥、对立时,首先要肯定今日中国最主要的民族——汉民族正是在经历了上述过程后形成的民族。

东亚古代的诸民族与国家

民族的定义多种多样。某一集团的成员在"认识他人"的同时,对于所属集团是否持有"我们的"这样的认识是判定这个集团是否为民族的最低标准。正如此前《春秋左氏传》成公四年条中所见到的那样,在这种意识之下形成的各民族间相互的不信任、抗争在古代中国曾反复上演。《通典》卷二《边防一六·北狄七》中北朝的事例展现了其一端,傅奕曾言及:

> 周、齐每以骑战,驱夏人为肉篱,诧曰:"当刲汉狗饲马,刀刈汉狗头,不可刈草也。"

不过,以上记载中所见到的这种"攻击"在中国史上并不仅仅专门针对汉民族,汉民族也并非始终作为"被害者"。例如,记载了与以上同一时代江南历史的《宋书》卷九七《蛮夷传》:

> 夫四夷孔炽,患深自古,蛮、僰殊杂,种众特繁,依深傍岨,充积畿甸,咫尺华氓,易兴狡毒,略财据土,岁月滋深。自元嘉将半,寇愿弥广,遂盘结数州,摇乱邦邑。于是命将出师,恣行诛讨,自江汉以北,庐江以南,搜山荡谷,穷兵罄武,系颈囚俘,盖以数百万计。至于孩年齓齿,执讯所遗,将卒申好

中文版后记

杀之愤，干戈穷酸惨之用，虽云积怨，为报亦甚。张奂所云："流血于野，伤和致灾。"斯固仁者之言矣。

从这一记载中可以很容易地看到作为汉族王朝的宋讨伐江南非汉民族的情况。直到近世，中国历史上不断出现同样的情况。例如：十八世纪至十九世纪，清朝为贯彻对西南非汉民族地区的统治，强行实施了所谓的"改土归流"（即废止地方的土司、派遣流官的政策）。《清史纪事本末》卷三〇中记载了镇压当时发生的苗族起义的情况：

苗族常为边患，而云贵为尤甚。自雍正四年鄂尔泰巡抚云南，建策改土归流，因极言从前以夷治夷之失计。然欲改土为流，非大用兵不可。宜悉令献土纳贡，违者剿。……至一三年春，各寨蜂起，众集清江拱台间，陷黄平以东诸城。积忿于鄂尔泰督军时，所获苗皆刳肠截腽，分挂崖树几满。至是抵抗之志益坚。至手刃妻女，而后出战。……凡烧二百二十四寨，赦三百八十八寨。贵州苗族悉平。

另一方面，也不能忽视的是，希望克服这种对立的意识贯穿中国历史，也发挥着重要的作用。前揭《宋书》记事的结尾处记载：

东亚古代的诸民族与国家

> 将卒申好杀之愤,干戈穷酸惨之用。虽云积怨,为报亦甚。张奂所云,流血于野,伤和致灾。斯固仁者之言矣。

这一评语展现了不赞成实施报复的立场,从一个方面表现了此类意识的存在。在进行对抗的同时,这种意识的存在成为中国自古以来诸民族的融合,以及中国文明发展的重要原动力。[5]

如果宽泛地理解民族的定义,可以说在今日汉民族形成的很久以前,中国民族间的差异在黄河流域的主要文明自称"华人""华夏"之际,就已开始出现了。这一点明确地表现在华夏群体将四方之人称为蛮、夷等,视其为劣于自身的人群。[6]这种现象在其他先进文明中同样可以见到。正如被称作"中华意识""中华思想"那样,这种意识在此后的中国展现了独立的发展轨迹,一直到近代。当时中国将其他民族区别开来,将周边诸国的民族冠以野兽的名称,与周边诸国在政治上进行不对等的交往,将对方置于中国之下。然而,这种区别对待并非人种上的区别,在大多数场合下是不同于中国文化、生活方式的,在政治、文化领域形成的区别。这一点明确地表现在即使是夷狄,如果能学习中国的文化,也能成为中华之民的认识上。

中文版后记

正如此前所述，笔者的研究领域是中国的六朝史。有关这一时代的研究认为来自北方的诸民族"侵入"了中原，尽管起初他们曾作为统治者统治中国，但最终被占压倒性多数的汉民族吸收、同化。从对于这种认识的反省出发，近年来的研究普遍否定了单纯的同化论观点，认为当时北方民族在中华文明中留下了深刻的印迹，对中华文明做出了重要的贡献。然而，绝大多数学者均认为与汉民族相比，当时北方诸族是绝对的"少数"。总之，这一时代的北方诸族被现代学者看作"少数民族"。

笔者的认识与上述观点存在一定差异，以下是笔者的理由。

内田吟风是前近代中国及北亚民族史研究的著名专家。他曾推定在出身于匈奴的刘聪的统治下华北胡汉民族的总数，指出"《晋书·载记》中记载刘聪之际，单于左右辅分别统治着六夷［胡（匈奴）、羯、鲜卑、氐、羌、巴蛮］十万落。根据这一记载，可以认为当时汉（前赵）有匈奴在内约二十万落，即二三百万的夷狄。……概括来看，在鼎盛时期，汉的总人口中，匈奴及其他游牧诸部族民的人数与汉人的人数基本相等，胡汉大致应各为二三百万人"。此外，在关于北魏道武帝之际诸部解散的一节中，内田吟风曾阐述道，"在前赵单于左右辅下各有六夷二十万落，后赵中也至少存在十四万落。并且，正如以下

东亚古代的诸民族与国家

所述，北魏天赐元年由于部落解散而失业并获得赐爵的大人达到了两千余人。尽管被解散的部及部族民的总数不详，但参照以上两个事例，可以推测核心部族的三十六国九十九姓（《魏书·官氏志》《周书·本纪》）及此外大小约二千部的总计人口达数百万"，将北魏初期非汉民族的人口总数推定为数百万人。正如此前《通典》的记载中所见到的那样，北魏极盛期的户数达五百余万。如果将其乘以东魏时每户平均3.78人的话（依据的是梁方仲编《中国历代户口、田地、田赋统计》[7]中的数据），可以推定当时国家掌握的总人口数将近二千万。存在大量脱漏户的北魏前期的总人口数应远少于这一数字。如此一来，如果对照此前所见刘聪时代的情况来看，以上所见部族解散之际数百万的部族民总数与当时北魏所控制的汉人总数的差距应该并不显著。当然这里的数百万并不全为鲜卑国人，国人的总数应少于这一数字。此外，出于强化对户口掌握的目的，孝文帝时期所实行的三长制发挥了相应的效果，如果对比在进一步控制了脱漏户口后的近二千万人口数与国人总数的话，即使除去二千万中所包含的国人数，在与汉人的数量进行对比之际，也不得不说国人处于少数。然而，其终归是相对少数，并非绝对少数。何况正如这里所见到的那样，在三长制实施以前两者间的差距更小。

中文版后记

以上仅仅是这一时代华北的状况，在华中、华南也同样如此，甚至还可见到比华北更为严峻的情况。[8]

《宋书》卷七七《沈庆之传》中记载了当时雍州范围内蛮的反叛：

> 元嘉十九年，雍州刺史刘道产卒，群蛮大动，……庆之专军进讨，大破缘沔诸蛮，禽生口七千人。进征湖阳，又获万余口。迁广陵王诞北中郎中兵参军，领南东平太守，又为世祖抚军中兵参军。世祖以本号为雍州，随府西上。时蛮寇大甚，……分军遣庆之掩讨，大破之，降者二万口。……平定诸山，获七万余口。郧山蛮（郧山即坐落于湖北省随州市西南五十千米处的大洪山的别名）最强盛，鲁宗之屡讨不能克，庆之剪定之，禽三万余口。……雍州蛮又为寇，……大破诸山，斩首三千级，虏生蛮二万八千余口，降蛮二万五千口，牛马七百余头，米粟九万余斛。

同书卷九七《夷蛮传》记载：

> 史臣曰：……自元嘉将半，……自江汉以北，庐江以南，搜山荡谷，穷兵鏖武，系颈囚俘，盖以数百

· 613 ·

东亚古代的诸民族与国家

万计。

《魏书》卷四五《韦珍传》中可见到有关桐柏山地区降蛮的记述：

> 高祖初，……朝廷思安边之略……招慰蛮左。……至桐柏山，穷淮源，宣扬恩泽，莫不降附。……凡所招降七万余户，置郡县而还。

同书卷一〇一《蛮传》中记载了大阳蛮的内属：

> 延兴中，大阳蛮酋桓诞拥沔水以北，滍叶以南八万余落，遣使内属。……景明初，大阳蛮酋田育丘等二万八千户内附。

上述《宋书》中的两处记事记载的是同一事件，其中后者记载当时作为俘虏的蛮达到了数以百万计的程度。虽然这里不免有夸张的成分，但仅《宋书》前一记事中所见实际俘虏的总数已达到十八万三千余人。这一数字相比当时南朝宋在大明八年（四六四）这一时间点上的总口数（四百六十八万五千五百零一人），以及上述讨伐的主战场雍州的总口数（十六万七千四百六十七人）、荆州的总户数（六万五千六百四户），已是一个非常庞大的数字了。此外，这些蛮被作为俘虏送至京师等地后，在本地依然存在大量的蛮。上述《魏书》中的两个记事记载了相关的情况。如果按照刘宋时期每户平均 5.98 口计算的话，上述前一则《魏书》记事中所见七万余户即约四十一万八千六百人。每户平均 5.98 口依据的是梁方仲编《中国历代户口、田地、田赋统计》。5.98 是用总人口数除以总户数后得到的数字。如果仅关注位于湖北一带的雍州的话，这一数字是 4.25。因此，将其乘以七万得到的是二十九万七千五百人。《魏书·蛮传》中所记为八万余落，其并不比户中的人口数少。因此，如果将其看作八万余户，并加上同传中二万八千户的话，总数达到了十万八千余户，将其乘以 4.25 则为四十五万九千余人。由于上述《魏书》中的两处记载是几乎同时期的两个降附事例，合算起来是八十七万七千六百余人。在这一时代，仅湖北就存在如此规模的蛮，这是非常值得关注的。

此外，由于汉民族的大量迁入，直到这一时代长期作为"蛮夷之境"的福建地区的面貌也发生了转变。当时汉民族的移民、迁入是以通过海路连接的处于浙江东南部边境的福州，以及通过陆路连接的处于江西东部边境的建州为中心进行的。进入唐中期后，汉民族不断迁入的福建西北部与东南部逐渐连接在了一起，汉民族进而又向着西

东亚古代的诸民族与国家

北部山岳地带与南部迁徙。汉民族形成的环形居住区逐渐将原住民的居住地带包围在其中。此后至唐末汉民族开始向着从建宁至宁化的这一地区迁徙,这里是当时残留的被称为黄连洞的广大非汉民族的居住地带。这一地区的北半部基本在唐末实现了汉化,与原住民交界的最前线移至其南部的潭飞磜。与此同时,地区开发与商品流动获得了急速的发展,最终宋代的福建地区发展到科举登第者居于全国首位的阶段,福建的社会面貌为之一变。[9]总之,可以看出福建地区的汉民族世界不再是点状分布而呈现出区域分布的态势。

此外,笔者曾经指出,与福建的情况相同,这一时期四川地区全境存在大量的非汉民族,并阐明了同样经过六朝唐宋时期,这里逐渐融合为汉民族地区的过程。[10]

以上通过对华北、湖北、福建、四川等地的探讨,笔者考察了六朝隋唐时期中国南北方所谓的非汉民族的情况。在这种情况下,笔者指出,将现代的认识用于过去,将这些民族作为"少数民族"进行研究隐藏着严重的问题。

不得不说时至今日,学界仍然尚未从以上视角对相关问题的实态展开充分的探讨。例如,韩国的中国史研究中的重要人物朴汉济重视在隋唐帝国形成过程中胡族所发挥的作用,并且其进一步发展了这种观点,认为隋唐时期的

中文版后记

国家、社会是一个胡汉融合后形成的新的国家、社会。与朴汉济的这种观点相对，中国历史学界的重要学者周伟洲从以下两个方面进行了批判。其批判的第一点是朴汉济的学说将胡族与汉族同等对待，或者说在没有区分两者主从关系的情况下展开立论。周伟洲指出，与汉族人口相比，移民至中原的胡族毕竟是少数，移民后胡族也从以游牧为主的生活方式转变为农耕生活，而非与之相反的转变，其代表性的事例就是北魏孝文帝推行的汉化政策，这就是周伟洲所说的汉化过程。总之，周伟洲尽管在一定程度上认可了朴汉济的观点，但强调胡汉融合中的主流是汉族，胡族处于从属的位置。其批判的第二点是：朴汉济主张被"Synthesize"（综合）的第三种文化的出现是这一时代特殊的历史现象，不过世界上任何民族的发展都不是孤立的，而是相互影响、融合的，朴汉济所述的那种形成了第三种文化的情况在历史上并不多见；与此相反，大多数情况是占据主导位置的民族或其文化吸收、融合占据非主导位置的民族、文化。

对于周伟洲观点的个人认识，笔者已在别稿中进行了论述（本书第四篇第一章），因此这里不再赘言。可以直截了当地讲，笔者认为其观点暴露出在相关研究中以汉族为中心的问题。[11]而且，其观点的根据之一是将当时的非汉民族视为"少数"。

东亚古代的诸民族与国家

那么，当被问到为什么会出现上述这样的问题时，尽管有着各种各样的原因，但笔者认为究其根本是存在以下的成见：即使连研究者也先入为主地将今日中国的领域或汉民族视为自久远的古代就已形成的固定概念，认为其至少在秦汉时期就已存在。换言之，这种认识源自将"中国"看作不变的、自古以来就已存在的概念。关于上述这种并不妥当的认识，拙稿中曾进行了详细的讨论，这里不再赘言。[12]不过，即使是抱有这种观念的研究者也认为有的学者将翻译了《法华经》等佛典的著名西域佛僧鸠摩罗什称为"中国人"是不恰当的。[13]

在本书的结尾处，笔者希望简要说明以下的情况。本书是本人的第二部论文集。第一部论文集题为《魏晋南北朝时期的民族问题》（『魏晋南北朝時代上の民族問題』），由汲古书院于一九九八年十一月出版（以下简称前著）。前著随后也会在中国翻译出版，由于多种原因该书的刊行一直延迟。本书承接于前著，其中的论证部分多参照前著。如果这一点给本书的读者带来困惑的话，笔者深表歉意。幸好在前著刊行后，笔者将前著的内容进行汇总，又出版了面向一般读者的《中华的崩溃与扩大：魏晋南北朝》（『中華の崩壊と拡大：魏晋南北朝』講談社、東京、2005 年）一书。该书由余晓潮翻译，已于二〇一四年由广西师范大学出版社出版。如果中国读者能结

· 618 ·

中文版后记

合参考以上的译著，笔者将深感荣幸。不过，前著中收录了相关的史料依据，但由于尚未刊行，非常遗憾不能向中国的读者以译著的形式展现。在日本国立情报学研究所公开的日本学术论文中，收载有与本书相关的大部分拙论（无偿使用），其网址为 https：//ci.nii.ac.jp。可作为参考，补充原著的不足。

此外，本书是由南京师范大学社会发展学院刘可维翻译的，刘可维是南京大学历史学院张学锋教授的弟子，在九州大学留学期间由笔者指导完成博士论文。对于其辛勤的付出，在此深表谢意。

注　释

序　言

1. 『魏晋南北朝時代の民族問題』（汲古書院、1998 年）。
2. 「魏晋南北朝時代における民族問題研究についての展望」（收录于『中国の歴史世界　統合のシステムと多元的発展』第一回中国史学国際会議研究報告集、汲古書院、2002 年。）
3. 「中国を中心とした漢唐間における交流と変容について」（收录于『二一世紀 COE 和文紀要二号』九州大学、2004 年。）
4. 「魏晋南朝の世界秩序と北朝隋唐の世界秩序」（收录于『史淵』一四五輯、2008 年。）
5. 「北朝の国家支配と華夷思想」（收录于『東方学会・中国社会科学院歴史研究所編第二回日中学者中国古代史論文集』、2010 年。再收录于『魏晋南北朝にお

ける貴族制の形成と三教・文学——歴史学・思想史・文学の連携による——』汲古書院、2011年。)

第一篇

第二章

1. 参照川本芳昭「北魏の内朝」(『九州大学東洋史論集』六号、1977年)。该文又收录于『魏晋南北朝時代の民族問題』(汲古書院、1998年) 第二篇第一章。

2. 关于此处的第二列第四行至第九行,《文物报告》中记为"残93字",并没有述及这九十三个字的内容。此外,从该论文所载照片中也难以看出行数。因此,姑且采用正文中这种分配方式。

3. 在《文物报告》第七十八页中的此处,作者在"扬将军'斛'鹰扬将军斛"的地方并没有使用"」"的换行符号。但由于该碑中没有同一人物具有两种将军号的事例,因此笔者在这里换行了。

4. 仅第三列49中没有记载内三郎。其原因仍不明了,有可能与49所见"贺浑吐略渥"有关。

5. 参照川本芳昭「北魏高祖の漢化政策についての一考察——北族社会の変質との関係から見た——」(『東

洋学報』第六二卷、三・四号、1981年)。该文又收录于前揭拙著的第二篇第四章第一节。此外，参照川本芳昭「北朝国家論」(『岩波講座世界歴史』第九卷、岩波書店、1999年)，又可参考本书第一篇第一章。

6. 参照注5所揭拙稿。

7. 参照注1所揭拙稿。

8. 参照『アジア歴史研究入門1　中国1』(同朋舎、1983年) 第166页。

9. 参照注1所揭拙稿。

10. 参照川本芳昭「五胡十六国・北朝時代における「正統」王朝について」(『九州大学東洋史論集』二五号、1997年)。该文又收录于前揭拙著第一篇第二章。

11. 参照川本芳昭「北魏時代における所謂良奴制の成立——良の問題を中心として見た——」(『史学雑誌』九六編一二号、1987年)。该文又收录于前揭拙著第三篇第一章。

12. 参照注11所揭拙稿第56页，以及前揭拙著第363页。

13. 参照注1所揭拙稿。

14. 有关中散，参照郑钦仁《北魏官僚机构研究》第二编"中散官"(牧童文史丛书，台湾牧童出版社，1976年)。

注　释

第三章

1. 川本芳昭「四~五世紀における東アジアにおける天下意識——中国政治思想の伝播との関連から見た——」，收录于田中良之・川本芳昭編『東アジア古代国家論』（すいれん舎、2006年4月）。

2. 参照川本芳昭「北朝国家論」（『岩波講座世界歴史』第九巻『中華の分裂と再生：3~13世紀』岩波書店、1999年），又收录于本书第一篇第一章。

3. 参照何德章《"鲜卑文字"说辩正》（《北朝研究》1992年第2期，第18页）。

4. 有关鲜卑文字的研究，参照前揭何德章论文中所录诸论考。

5. 参照渡辺信一郎「隋文帝の楽制改革——鼓吹楽の再編を中心に——」（收录于『唐代史研究』八号、2005年），又收录于同氏所著『中国古代の楽制と国家——日本雅楽の源流』（文理閣、2013年）。

第四章

1. 内田吟風『北アジア史研究——匈奴篇』（同朋舎、

东亚古代的诸民族与国家

1975年)、同氏『北アジア史研究——鲜卑柔然突厥篇』(同朋舎、1975年)。

2. 马长寿《乌桓与鲜卑》(上海人民出版社,1962年)。

3. 参照米文平《鲜卑史研究》(中州古籍出版社,1994年)等。

4. 魏坚主编《内蒙古地区鲜卑墓葬的发现与研究》(科学出版社,2004年)。

5. 孙危《鲜卑考古学文化研究》(科学出版社,2007年)。

6. 参照前揭米文平著作。

7. 参照川本芳昭『中華の崩壊と拡大』(講談社、2005年)、川本芳昭「魏晋南朝の世界秩序と北朝隋唐の秩序」(收录于『史淵』一四五輯、2008年)。

8. 在战国七雄时期,中山国立国于太行山脉东侧,被认为是由游牧民族白狄建立的国家。在其王墓中曾出土了独特的金属器。

9. 众所周知,此后中国领域内的南部、西部等地区仍存在蛮、越、羌等非汉民族,在此暂不探讨这一方面的问题。相关研究可参照川本芳昭『魏晋南北朝時代の民族問題』(汲古書院、1998年)、『中国史のなかの諸民族』(山川出版社、2004年)、『中華の崩壊と拡大』(講談社、2005年)等。

10. 指鲜卑中分布于东部的鲜卑,源于东汉末檀石槐统一

注 释

鲜卑后将鲜卑编成的东、中、西三部。关于檀石槐，将在后文展开探讨。

11. 根据《后汉书·乌桓传》，乌桓种植两类谷物，一种是像黍一样没有黏性的穄，另一种是有着像葵一样籽实的东墙。

12. 当时，护乌桓校尉驻扎于作为幽州治所的蓟（现北京），并设置有府。关于护乌桓校尉，参照船木勝馬『烏桓校尉・匈奴中郎将をめぐる諸問題』（『江上波夫教授古稀記念論集　歴史編』山川出版社、1977 年）。

13. 乌桓校尉起初在汉武帝时被称作护乌桓校尉，治所在幽州。《通鉴》胡注中有"至王莽时，乌桓叛，校尉由是罢"之语。然而，《后汉书·南匈奴传》中可以见到王莽时期有护乌桓使者，这似乎是由护乌桓校尉改称而来。《汉官仪》中有记载称"长史一人，司马二人，皆六百石，并领鲜卑客赐、质子，岁时胡市马"。所谓客赐是指客人接受主人的赐物。

14. 有关南匈奴，参照前揭内田吟風『北アジア史研究——匈奴篇』。

15. 《后汉书》这条记载的来源被认为是《魏书》中"鲜卑亦东胡之余也。别保鲜卑山，因号焉。其言语习俗与乌丸同"的记载。两者间可见到若干不同之处。

625

东亚古代的诸民族与国家

16. 参照山田統「天下という概念と国家の形成」（『山田統著作集』第一卷、明治書院、1981 年、初版 1949 年），安部健夫「中国人の天下観念——政治思想史的試論」（ハーバード・燕京・東方委員会、1961 年），渡辺信一郎『中国古代の王権と天下秩序——日中比較史の視点から』（校倉書房、2003 年）等。

17. 时二京倾覆，幽冀沦陷，廆刑政修明，虚怀引纳，流亡士庶多襁负归之。廆乃立郡以统流人。冀州人为冀阳郡，豫州人为成周郡，青州人为菅丘郡，并州人为唐国郡。于是推举贤才，委以庶政。以河东裴嶷、代郡鲁昌、北平阳耽为谋主。北海逄羡、广平游邃、北平西方虔、渤海封抽、西河宋奭、河东裴开为股肱。渤海封奕、平原宋该、安定皇甫岌、兰陵缪恺以文章才儁任居枢要。会稽朱左车、太山胡毋翼、鲁国孔纂以旧德清重引为宾友。平原刘赞儒学该通，引为东庠祭酒。其世子皝率国胄束修受业焉。廆览政之暇，亲临听之。于是路有颂声，礼让兴矣。

18. 有关中韩两国间对高句丽历史争论的论述极多，这里仅列举近年古畑彻的研究成果：「中韓高句麗歷史論争のゆくえ」（弁納才一・鶴園裕編『東アジア共生の歴史的基礎——日本・中国・南北コリアの対話』

御茶の水書房、2008 年)。

19. 关于三国时期以后鲜卑的动向,参照本书,以及川本芳昭『魏晋南北朝時代の民族問題』(汲古書院、1998 年)、川本芳昭『中華の崩壊と拡大』(講談社、2005 年)。此外,笔者曾从这样的视角出发,尝试整体把握中国的历史。相关研究参照『中国史のなかの諸民族』(山川出版社、2004 年)。

第五章

1. 川本芳昭「北魏の内朝」(收录于『九州大学東洋史論集』六号、1977 年)。又收录于川本芳昭『魏晋南北朝時代の民族問題』(汲古書院、1998 年)第二篇第一章。

2. 川本芳昭「北魏太祖の部落解散と高祖の部族解散——所謂部族解散の理解をめぐって——」(收录于『佐賀大学教養部研究紀要』一四号,1982 年)。又收录于前揭拙著第一篇第四章。关于部族解散的研究成果发表于内朝论文刊行之后。上述有关部族解散的拙论是在一九七三年一月向九州大学文学部提交的毕业论文的基础上充实、修改而成的。在开题讲述该文相关构思时,松永雅生、古贺昭岑两位老师曾惠赐了宝

东亚古代的诸民族与国家

贵的意见。

3. 前揭注2的拙稿中,为阐明两者的不同,使用了"太祖的部落解散""高祖的部族解散"的表述来区别。

4. 直到近年有关北魏前期政治、国家构造的研究史,请参照礪波護等编『中國歷史研究入門』(名古屋大学出版会、2006年)87~89页(渡边信一郎氏执笔),松下憲一『北魏胡族体制論』(北海道大学大学院文学研究科、研究叢書一一、2007年)第一、二章。

5. 五胡十六国、北朝时期的史书中"胡""鲜卑""北人"等用语的具体内涵是多样的。笔者在思考这一长时间内上述用语内涵变迁的同时,此前基本采用"胡族"一词来表现那种受到了中华化的影响,但在本质上尚未丧失其种族性的五胡诸族;而采用"北族"一词来展现中华化的影响已触及其种族性本质部分的北方诸族。有关这一点,曾在拙著「胡族国家」(『魏晋南北朝隋唐時代史の基本問題』汲古書院、1997年)中指出。

6. 参照佐藤賢「北魏前期の「内朝」・「外朝」と胡漢問題」(收录于『集刊東洋学』八八号、2002年)、同氏「北魏内某官制度の考察」(收录于『東洋学報』八六卷一号、2004年)等。

7. 参照马长寿《乌桓与鲜卑》(上海人民出版社,1962

· 628 ·

年），内田吟風『北アジア史研究——匈奴篇』（同朋舎、1975 年）、『北アジア史研究——鮮卑柔然突厥篇』（同朋舎、1975 年），米文平《鲜卑史研究》（中州古籍出版社，1994 年），魏坚主编《内蒙古地区鲜卑墓葬的发现与研究》（科学出版社，2004 年），孙危《鲜卑考古学文化研究》（科学出版社，2007 年），川本芳昭「三国期段階における烏丸・鮮卑について——交流と変容の観点から見た——」（『『三国志』魏書東夷伝の国際環境』、『国立歴史民俗博物館研究報告』一五一集、2009 年。又收录于本书第一篇第四章）等。

8. 参照注 5 中川本芳昭「胡族国家」，以及川本芳昭「北朝国家論」（『岩波講座世界歷史』第九卷『中華の分裂と再生：3～13 世紀』岩波書店、1999 年，又收录于本书第一篇第一章）等。

9. 参照注 8 川本芳昭「北朝国家論」。

10. K. A. Wittfogel & Fend Chia–Sheng, *History of Chinese Society*：*Liao*（*907–1125*）, New York, 1949.

11. 参照上田正昭「辛亥銘鉄剣の意義」（『論究・古代史と東アジア』岩波書店、1998 年）29 页。原载于『古代の日本と東アジア』（小学館、1991 年）。

12. 上田正昭于二〇〇九年六月召开的东亚史学会上提出

了本文中所述的内容。不过，也可以认为两者均属于内廷。

13. 《南齐书》卷五七《魏虏传》中记载："国中呼内左右为直真，外左右为乌矮真，曹局文书吏为比德真，檐衣人为朴大真，带仗人为胡洛真，通事人为乞万真，守门人为可薄真……"

14. 笔者曾将"比德真"记作 bitigči（川本芳昭「四、五世紀の中国と古代朝鮮・日本」『新版　古代の日本』第二巻『アジアからみた古代日本』角川書店、1992年、178 页，前揭川本芳昭『魏晋南北朝時代の民族問題』第五編第二章、567 页）。这依据的是白鸟库吉、箭内亘等人的学说（白鳥庫吉「東胡民族考」『白鳥庫吉全集』四、岩波書店、1970 年所收。箭内亘「元朝怯薛考」『蒙古史研究』刀江書院、1930 年所收）。

比德真原本是从意为"文书"的 bitig/bicig、意为"书写"的 biti-/bici-派生出来的词语。在突厥语中作 bitig/bitigci、在蒙古语中作 bicig/bicigeci。由于"德"的上古音、中古音为 tak，因此在所见汉字读音的范围内，《南齐书》中所见"比德真"并非蒙古语，而是突厥语的音译。

上述对于蒙古语中 bicig/bicigeci、突厥语中 bitig/

注　释

bitigci，以及《南齐书》中所见"比德真"的认识，获得了元代史专家四日市康博、船田善之的指教，在此表示感谢。以下用"比德真"的方式进行表述。

另外，尽管比德真也有可能是满语，不过本章暂不采用这一观点。

15. khoreï 曾影响遥远的西亚。羽田正「コルチ考——一六世紀イランの近衛兵制度——」（收录于『史林』六七—三、1984 年）。

16. 参照前揭川本芳昭「四、五世紀の中国と古代朝鮮・日本」。

17. 参照前揭川本芳昭『魏晋南北朝時代の民族問題』、川本芳昭『中華の崩壊と拡大——魏晋南北朝』（『中国の歴史』第五巻、講談社、2005 年）等。

18. 参照杉山清彦「ヌルハチ時代のヒヤ制——清初侍衛考序説——」（收录于『東洋史研究』六二巻一号、2003 年）。依据这篇论文，Hiya 与蒙古语中的 kiy‑a 同义，入关后被翻译为侍卫。此外，亲卫队中除 Hiya 外，还有 Bayara，Bayara 是从甲士中选拔出来的精兵，此后被翻译为护军。Hiya 作为最值得信赖的 Guchu（朋友、从者），构成了侧近的核心。其职务包括近侍、宫殿警备、担任汗的使者、出兵、参与国政等。此外，其来源于从家仆（booi）、归顺首领的子弟、部下中选拔出的勇士，以及某一族中重臣的子弟（主要是后三者），也具有人质的性质。

19. 川本芳昭『中国史のなかの諸民族』（山川出版社、2004年）35页等。

20. 《元史》卷九九《兵志二》宿卫条中关于怯薛的番直情况："四怯薛，太祖功臣，博尔忽、博尔术、木华黎、赤老温。时号掇里班曲律。犹言四杰也。太祖命其世领怯薛之长。怯薛者，犹言番直宿卫也。凡宿卫每三日一更。申、酉、戌日，博尔忽领之，为第一怯薛。即也可怯薛。博尔忽早绝。太祖命以别速部代之，而非四杰功臣之类，故太祖以自名领之。其云也可者，言天子自领之故也。亥、子、丑日，博尔术领之，为第二怯薛。寅、卯、辰日，木华黎领之，为第三怯薛。巳、午、未日，赤老温领之，为第四怯薛。赤老温后绝，其后怯薛常以右丞相领之。"从比德真、胡洛真等身份，以及侍直制的存在等推测，拓跋鲜卑中也可能存在某种类似的番直制度。此外，四怯薛体制一直保持到了元末。有关这一点，参照片山共夫「元朝四怯薛の輪番制度」（收录于『九州大学東洋史論集』六号、1977年）。

21. 参照注14。

22. 白鸟库吉在前揭注14中的论文（『白鳥庫吉全集』第

四卷 175 页）中论述道："托跋语称带杖人为胡洛真。按《黑鞑事略》中记载'环卫则曰火鲁赤'，又《成吉思汗实录》卷七 274 页记载'箭筒士'（蒙语豁儿赤，明译带弓箭的。《元史·兵志》火赤儿，《塔察尔传》'火儿赤者，佩橐鞬侍左右者也'）。托跋语中的胡洛真明显与蒙古语豁儿赤、火儿赤、火鲁赤为相同的用语。"

23. 蒙古最初可能并无文字，因而可以认为必阇赤原本并不属于怯薛。当考虑到北魏前期作为文官近侍官的高允等人的情况时（参照后文），可以说这一点对于考察北魏内朝问题方面具有重要的意义。

24. 在当时的北魏，王被比拟为一品官、公被比拟为二品官（侯、伯、子、男亦相同），继承各自的爵位，并担任对应官品的官职。有关这一点，在川本芳昭「北魏の封爵制」（收录于『東方学』五七輯、1979 年，又在前揭川本芳昭『魏晋南北朝時代の民族問題』第二篇第三章）中进行了论述。

25. 参照注 1 川本芳昭「北魏の内朝」。

26. 即以下两例：①《魏书》卷三五《崔浩传》："泰常元年，司马德宗将刘裕伐姚泓，舟师自淮泗入清，欲溯河西上，假道于国。诏群臣议之。外朝公卿咸曰：'……'又议之内朝，咸同外计。太宗将从之。"②同书卷一〇八之一《礼志》:"天赐二年夏四月,复祀天于西郊。……帝立青门内近南坛西,内朝臣皆位于帝北,外朝臣及大人咸位于青门之外。"

此外还存在其他的外朝事例。例如,《魏书》卷一一三《官氏志》记载登国元年(三八六)之事:"是年,置都统长。又置幢将及外朝大人官。其都统长,领殿内之兵,直王宫。幢将员六人,主三郎卫士直宿禁中者。自侍中已下、中散已上,皆统之。外朝大人,无常员。主受诏命、外使、出入禁中。"

顺便言及一下,中华书局标点本将此处句读为"……自侍中已下中散已上皆统之,外朝大人无常员",这种句读不妥。

27. 笔者曾针对武官系统中的内侍官,探讨了内朝所具有的这种多层构造(川本芳昭「北魏文成帝南巡碑について」,收录于『九州大学東洋史論集』二八号、2000年,又收录于本书第一篇第二章)。此外,前见《南齐书》卷五七《魏虏传》"国内呼内左右为直真,外左右为乌矮真"中可以见到将左右官分为内外的记述,或注26中所揭《官氏志》"其都统长,领殿内之兵,直王宫。幢将员六人,主三郎卫士直宿禁中者"中可以见到存在王宫、殿内、禁中等区别。从这些记载中,也可以推测出内朝存在多层结构。

注　释

28. 参照注 6 佐藤贤论文。

29. 参照松下憲一「北魏崔浩国史事件——法制からの再検討——」（收录于『東洋史研究』六九卷二号、2010年）。

30. 参照注 17 拙著。

31. 参照注 6 佐藤贤论文「北魏前期の「内朝」・「外朝」と胡漢問題」32 页。

32. 《魏书》卷四上《世祖纪上》始光二年夏四月条（《北史》卷二略同）记载："诏龙骧将军步堆、谒者仆射胡覩使于刘义隆。"同书卷五《高宗纪》和平二年十月条（《北史》卷二略同）记载"诏假员外散骑常侍游明根、员外郎昌邑侯和天德使于刘骏"，同四年十月条（《北史》卷二略同）记载"骁骑将军昌邑子娄内近、宁朔将军襄平子李五鳞使于刘骏"等。以上所见的步堆、和天德、娄内近应为胡族（参照姚薇元《北朝胡姓考》中华书局，2007 年修订版）。再者，有关北魏与刘宋间使节的往来，参照郑钦仁《宋魏交聘表》（收录于《大陆杂志》二二卷六期，1961 年）。

33. 有关南巡碑，参照注 27 川本芳昭「北魏文成帝南巡碑について」，松下憲一「北魏石刻史料に見える内朝官——「北魏文成帝南巡碑」の分析を中心に」（收录于『北大史学』四〇，2000 年，又收录于前揭

东亚古代的诸民族与国家

    松下憲一『北魏胡族体制論』北海道大学大学院文学研究科研究叢書一一、2007 年、第三章）等。

34. 在当时的北魏官廷中存在鲜卑语与汉语并用的所谓语言二重性的问题。关于这一点，参照注 1 揭载川本芳昭「北魏の内朝」60～61 頁，前揭川本芳昭『魏晋南北朝時代の民族問題』204～205 頁。

35. 参照注 6 揭载佐藤賢「北魏前期の「内朝」·「外朝」と胡漢問題」26 頁。

36. 参照郑钦仁《北魏官僚机构研究》（台湾牧童出版社，1976 年，台湾稻禾出版社，1995 年再版）第二编"中散官"。

37. 参照前揭注 6 佐藤賢「北魏前期の「内朝」·「外朝」と胡漢問題」24 頁。

38. 参照前揭注 7 川本芳昭「三国期段階における烏丸·鮮卑について——交流と変容の観点から見た——」，又收录于本篇第四章。

39. 参照川本芳昭「民族問題を中心としてみた魏晋南北朝隋唐時代史研究の動向」（收录于『中国史学』一一号，2001 年，又收录于本书第四篇第一章）。

40. 这里顺便提及一下，自前揭注 1 中的旧稿发表以来，笔者认为北魏前期国家中存在内朝支配外朝的构造。然而，在这种情况下，尚书的位置可能会成为一个问题。这是因为，尚书左右仆射等尚书省高官中的大多数职位是由北族所占据的。有关这一常识，甚至不必去参考严耕望等人的研究。在旧稿中，由于笔者急于展示内朝、外朝的构造，可能在论述之际过于注重理念上的说明。这是由于笔者认为当时尚书省的实态是显而易见的。笔者这样认为的理由之一是：正如本章在引用旧稿中的部分内容时所展现的那样，道武帝在与后燕的对抗过程中，建立了台省，设置了百官，采用以汉民族为中心的具有文书行政能力的"文人"作为行政官员尚书郎以下的官吏（表现这一点的史料为《魏书·太祖纪》皇始元年条中所见"初建台省，置百官，封拜公侯、将军、刺史、太守、尚书郎已下悉用文人"）；并且，北族经过内朝，最终被任命为包括尚书省官员在内的内外要职。此外，这也依据在北魏时也存在本章第一节中引用的《元史》卷九九《兵志》所载元代宿卫中"其它预怯薛之职而居禁近者，分冠服、弓矢、食饮、文史、车马、庐帐、府库、医药、卜祝之事，悉世守之。虽以才能授任，使服官政，贵盛之极，然一日归至内庭，则执其事如故，至于子孙无改"所见的情况。

41. 参照古瀬奈津子「中国の「内廷」と「外廷」—日本古代史における「内廷」「外廷」概念再検討のた

めに―」（收录于『東洋文化』六八号、1988 年）。此外，还可参照東野治之「内廷と外廷―宮内省の性格を中心として―」（收录于『続日本紀研究』二一二号、1980 年）。

42. 注 1 川本芳昭「北魏の内朝」第 51 页中曾论述了以下内容："作为内朝一词的定义，也有观点将内朝理解为后宫诸官（特别是宦官。在皇后称制并坐镇朝堂的情况下，还包括其侍官。在这种情况下，侍官有可能并非宦官而是士人）。不过，笔者依据当时的用法希望将其视为侍官的总称。以下笔者将阐述将内朝看作大量侍官总称的理由。……尽管内朝中有可能包含着作为后宫之官的宦官等官员，但后宫诸官绝不等于内朝。可以说内朝具有比这更为广阔的含义……"

43. 直木孝次郎『日本古代国家の構造』（青木書店、1958 年）212~213 页。

44. 关于人制，还可参照吉村武彦「倭国と大和王権」（『岩波講座　日本通史』第二卷、古代 1、1993 年）。

45. 参照前揭川本芳昭『魏晋南北朝時代の民族問題』572~575 页。

46. 参照石田英一郎「氏族制時代論」（『石田英一郎全集』第一卷、筑摩書房、1970 年）。

47. 参照吉田孝「古代社会における「ウヂ」」（『日本の

注　释

社会史』六卷、岩波書店、1988 年)。

48. 参照注 2 川本芳昭「北魏太祖の部落解散と高祖の部族解散——所謂部族解散の理解をめぐって——」、前揭川本芳昭『魏晋南北朝時代の民族問題』160～161 页。

49. 武田幸男「六世紀における朝鮮三国の国家体制」(『東アジアにおける日本古代史講座』4、学生社、1980 年)。

50. 参照注 14 川本芳昭「四、五世紀の中国と古代朝鮮・日本」174～175 页。

51. 参照田中良之、川本芳昭编『東アジア古代国家論　プロセス・モデル・アイデンティティ』(すいれん舍、2006 年) 108 页。此外，为了简洁地表现其主旨，这里在引用的表述上略有修改。

52. 参照同上『東アジア古代国家論　プロセス・モデル・アイデンティティ』250、255、256 页。

53. 这一点在注 8 川本芳昭「北朝国家論」191 页中有所提示。

54. 参照注 1 川本芳昭「北魏の内朝」。

55. 作为近年关于公主下嫁研究的成果，藤野月子「漢唐間における和蕃公主の降嫁について」(收录于『史学雑誌』一一七編七号、2008 年)，又收录于『王昭

· 639 ·

君から文成公主へ——中国古代の国際結婚——』（九州大学出版会、2012年）。

56. 《魏书》卷三《太宗纪》中记载："初，帝母刘贵人赐死，太祖告帝曰：'昔汉武帝将立其子而杀其母，不令妇人后与国政，使外家为乱。汝当继统，故吾远同汉武，为长久之计。'帝素纯孝，哀泣不能自胜，太祖怒之。"此外，另参照《廿二史札记》卷一四保太后条。

57. 参照西嶋定生「武帝の死——塩鉄論の政治的背景」（收录于『中国古代国家と東アジア世界』東京大学出版会、1983年），冨田健之「内朝と外朝——漢代政治構造の基礎的考察——」（收录于『新潟大学教育学部紀要　人文・社会科学編』二七—二、1986年）、冨田健之「前漢武帝期以降における政治構造の一考察——所謂内朝の理解をめぐって——」（收录于『九州大学東洋史論集』九号、1981年），好並隆司『前漢政治史研究』（研文出版、2004年），米田健志「前漢後期における中朝と尚書——皇帝の日常政務との関連から」（收录于『東洋史研究』六四巻二号、2005年）等。

58. 杉村伸二「漢初の郎官」（『史泉』九四号、2001年）26~27页。此外，关于郎官，除后揭增渊龙夫的论文以外，还可参照严耕望《秦汉郎吏制度考》（收录于《台湾中研院历史语言研究所集刊》二三之上，1951 年）。

59. 增淵龍夫『新版　中国古代の社会と国家』（岩波書店、1996 年）260~261 页。箭内互在注 14「元朝怯薛考」的论文中，论述怯薛的意思为"蒙天子恩惠者""受到天子宠爱者"（213 页）。作为人质同时受到恩宠这一点，与注 18 杉山清彦论文中所见 Hiya 相同。

60. 增渊龙夫在前揭著作 230~231 页中论及："总而言之，西汉时担任官中宿卫的这些郎同时给事于其他九卿诸署的现象极为普遍。……张安世'少以父任为郎，用善书给事尚书'（《汉书·张汤传》）。此外，在东汉之初，冯勤'除为郎中，给事尚书'（《后汉书·冯勤传》）正是其显著的事例。……这意味着：西汉时，光禄勋主要负责天子宿卫，其所辖三署中的郎同时又给事于小府所属的尚书署，作为一种事实上的关系，这些郎也负责尚书的工作；进入东汉后，这种尚未明确分工的郎的职能逐渐制度化，给事于尚书的光禄郎从光禄勋的管辖下脱离，并作为小府所辖的尚书郎被固定下来。可以说在黄门郎等郎官中也存在同样的情况。"北魏前期的内朝由于孝文帝的改革而被废止。在此以前内朝的发展过程酷似西汉郎官给事的动向，即内朝诸官，特别是中散、给事、给事中等向诸曹给事发展。这一点也展现了两者间的同步性（参照前揭注1川本芳昭「北魏の内朝」）。

61. 对于作为征服王朝的辽金与北魏间的关联，笔者曾从这些王朝是如何主张各自正统性的角度，指出了其彼此间的相似性（参照川本芳昭「遼金における正統観をめぐって——北魏の場合との比較」，收录于『史淵』一四七輯、2010年。又收录于本书第四篇第二章）。

第二篇

第一章

1. 《书经·召诰》中描述洛阳为"自服于土中"。《汉书·地理志》又有"昔周公营洛邑，以为在于土中，诸侯蕃屏四方，故立京师"等。
2. 参照西嶋定生『倭国の出現』（東京大学出版会，1999年）。
3. 关于遣使的中断，参照坂元義種『古代東アジアの日本と朝鮮』（吉川弘文館、1978年）、同氏著『倭の五王』（教育社、1981年），川本芳昭「倭の五王による劉宋遣使の開始とその終焉」（收录于『東方学』七

注 释

六輯、1988年），池田温「義熙九年倭国献方物をめぐって」（同氏著『東アジアの文化交流史』吉川弘文館、2002年），川本芳昭「倭国の四一三年東晋遣使」（『新版　古代の日本』第二卷『アジアからみた古代日本』角川書店、1992年所収）等。

4. 参照西嶋定生『日本歴史の国際環境』（東京大学出版会、1985年）77~78页。

5. 酒寄雅志『渤海と古代の日本』（校倉書房、2001年）438页中论述道："（正如高句丽中原碑中所见到的那样）高句丽与新罗均进行'守天'。当然，这里的'天'与《牟头娄墓志》中所见的'天'相同，是属于高句丽自己的天。"

6. 参照武田幸男「高句麗勢力圏の展開過程」（同氏著『高句麗史と東アジア』岩波書店、1989年）。

7. 在此之前，高句丽已经接受了"天下"这一概念的可能性也很大。

8. 西嶋定生在前揭著作『日本歴史の国際環境』144页中，讨论了有关新罗使带到日本的贡物问题："（新罗带来的）土毛是指土地上的产物之意。所谓国信，如上所述是指一国赠予对等关系的他国的礼物之意。因此，日本一侧谴责了新罗，其态度是由于新罗是日本的附属国，所以其使者应带着贡物来到日本；然而，

东亚古代的诸民族与国家

> 新罗避开贡物采用了土毛的称呼,并且背弃了宗主国与蕃国间的礼仪,采用了意味着对等外交的国信的称呼。与此相对,可以说新罗一侧的态度是认为没有理由采用向日本朝贡的从属姿态,希望将两者改为对等的关系。"从本文所述王城国的称呼,以及新罗的中华意识来推测的话,可以说这种认识存在一定问题。

9. 关于五胡十六国时期诸国君主称号的变迁,参照三崎良章『五胡十六国——中国史上の民族大移動』(東方書店、2002 年) 174 页以下。关于可寒(可汗),参照米文平《鲜卑石室的发现与初步研究》(《文物》1981 年第二期)。

10. 参照川本芳昭『魏晋南北朝時代の民族問題』(汲古書院、1998 年) 17 页以后、619 页以后等。

11. 参照坂本太郎、井上光贞校注『日本書紀』上(日本古典文学大系六七、岩波書店)634 页等。

12. 参照川本芳昭「五胡における中華意識の形成と「部」の制の伝播」(收录于『古代文化』五〇卷九号、1998 年)。

13. 参照前揭川本芳昭『魏晋南北朝時代の民族問題』第三篇第一章「北魏における身分制について」352 页。

14. 参照谷川道雄「東アジア形成期の史的構造——冊封

· 644 ·

体制を中心として」（唐代史研究会編『隋唐帝国と東アジア』汲古書院、1979年）。

15. 记录北魏历史的《魏书》被作为正史，以北魏开始的华北王朝被视作"北朝"，这些都如实地反映出上述情况。关于这种变化，参照前揭川本芳昭『魏晋南北朝時代の民族問題』第一篇「胡漢抗争と融合の軌跡」。

16. 在当时的中国，出现了胡汉融合的现象。有关这一点，参照前揭拙著。

17. 本章是在二〇〇〇年度九州史学会大会上（二〇〇〇年十二月，九州大学）的公开演讲中笔者所做的同题目报告，以及在二〇〇一年八月中国山西大同召开的中国魏晋南北朝史学会第七届年会暨北朝史国际学术研讨会上所做"汉唐间新中华意识的形成——五胡、北魏同古代日本、朝鲜的关系"的报告的基础上修改而成的。

第二章

1. 虽然还存在稻荷山古坟铁剑铭文、船山古坟铁刀铭文等倭五王时代的铭文史料，但其中只保留了非常粗略的历史信息。

东亚古代的诸民族与国家

2. 《圣德太子传历》中记载，天皇询问有关隋朝送来的国书时，太子回答其虽然采用了天子赐给诸侯王的文书形式，但国书中以倭皇的称谓答复，因此并无不妥，天皇也认可了这一点。《经籍后传记》中记载太子厌恶倭王的称呼，在回复的国书中使用了天皇的称谓。《善邻国宝记》中虽未能确定采用的是倭皇还是倭王的称谓，但指出《日本书纪·推古纪》《圣德太子传历》中的记载应无问题。此外，新井白石采取了《经籍后传记》中的立场，本居宣长也基于这一立场，对于《圣德太子传历》中的记载指出"这本著作中存在很多像这样的虚假记载"。对于以上诸说，参照增村宏『遣唐使の研究』（同朋舍、1988年）82页。

3. 关于《隋书·倭国传》中此处的记载，川胜守曾指出："倭王绝对不可能说出'故遣朝贡''我夷人''僻在海隅''不闻礼仪'这样的话。这是中国一侧编造的言论。"（参照同氏著『聖徳太子と東アジア世界』吉川弘文館、2002年、201页）

4. 《日本书纪》卷一四《雄略天皇纪》二三年八月条中记载："八月庚午朔丙子天皇疾弥甚。与百寮辞诀，并握手歔欷，崩于大殿。遗诏于大伴室屋大连与东汉掬直曰：'方今区宇一家，烟火万里。百姓乂安，四夷宾服。此又天意，欲宁区夏，所以小心励己，日慎一日，

注　释

盖为百姓故也。臣连伴造，每日朝参，国司郡司，随时朝集。何不罄竭心府，诚敕殷勤。义乃君臣、情兼父子。庶藉臣连智力，内外欢心，欲令普天之下，永保安乐。不谓，构疾弥留，至于大渐。此乃人生常分。何足言及。但朝野衣冠，未得鲜丽。教化政刑，犹未尽善。兴言念此，唯以留恨。今年踰若干，不复称夭。筋力精神，一时劳竭，如此之事，本非为身。止欲安养百姓。所以致此。人生子孙，谁不属念。既为天下，事须割情，今星川王，心怀悖恶，行阙友于。古人有言：知臣莫若君，知子莫若父。纵使星川得志，共治国家，必当戮辱，遍于臣连，酷毒流于民庶。夫恶子孙，已为百姓所惮，好子孙，足堪负荷大业。此虽朕家事，理不容隐。大连等，民部广大，充盈于国。皇太子地居储君上嗣，仁孝著闻。以其行业，堪成朕志。以此，共治天下，朕虽瞑目，何所复恨。'"《隋书》卷二《高祖纪下》记载仁寿四年（六〇四）七月隋高祖杨坚驾崩之际的情况："丁未，崩于大宝殿，时年六十四。遗诏曰：'嗟乎。自昔晋室播迁，天下丧乱，四海不一，以至周、齐，战争相寻，年将三百。故割疆土者非一所，称帝王者非一人，书轨不同，生人涂炭。上天降鉴，爰命于朕，用登大位，岂关人力。故得拨乱反正，偃武修文，天下大同，声教远被，此又是天

· 647 ·

东亚古代的诸民族与国家

意欲宁区夏。所以昧旦临朝,不敢逸豫,一日万机,留心亲览,晦明寒暑,不惮劬劳,匪日朕躬,盖为百姓故也。王公卿士,每日阙庭,刺史以下,三时朝集,何尝不罄竭心府,诚敕殷勤。义乃君臣,情兼父子。庶藉百寮智力,万国欢心,欲令率土之人,永得安乐,不谓遘疾弥留,至于大渐。此乃人生常分,何足言及。但四海百姓,衣食不丰,教化政刑,犹未尽善,兴言念此,唯以留恨。朕今年踰六十,不复称夭,但筋力精神,一时劳竭。如此之事,本非为身,止欲安养百姓,所以致此。人生子孙,谁不爱念,既为天下,事须割情。勇及秀等,并怀悖恶,既知无臣子之心,所以废黜。古人有言:知臣莫若于君,知子莫若于父。若令勇、秀得志,共治家国,必当戮辱徧于公卿,酷毒流于人庶。今恶子孙已为百姓黜屏,好子孙足堪负荷大业。此虽朕家事,理不容隐,前对文武侍卫,具已论述。皇太子广,地居上嗣,仁孝著闻,以其行业,堪成朕志。但令内外群官,同心戮力,以此共治天下,朕虽瞑目,何所复恨。'"可以看出前者几乎完整地照搬了后者的内容。在考察炀帝国书时,有必要考虑到上述这一点。

5. 参照李成市『古代東アジアの民族と国家』(岩波書店、1998 年、305 頁),西嶋定生「遣唐使と国書問

注　释

題」（收录于『学士会会报』七七六、1987 年、44 页），直木孝次郎『日本歷史』（中央公論社、1965 年、100 页），本居宣长『馭戎慨言』（『本居宣長全集』六卷、159～160 页）等。堀敏一在『中国と古代東アジア世界』（岩波書店、1993 年）204 页中论述道，"非常有趣的是妹子报告其归国途中在经过百济时，被抢走了隋朝交给他的国书。有关这一点，可以推测由于不能将隋朝国书的内容向日本朝廷报告，因此以丢失为借口掩盖了其内容。然而，如果事实如此，这难道不是妹子个人的杞人忧天吗？因为《日本书纪》中明确记载了裴世清所带来的国书"，之后该书引用了裴世清所带来的国书。此外，他也在『律令制と東アジア世界——私の中国史学（二）』（汲古書院、汲古選書一七、1994 年）185 页（同氏『東アジアのなかの古代日本』研文出版、1998 年、211～212 页）中述及："我认为给予天皇的正式国书是由裴世清携带的。从唐代的事例来看，隋帝将敕书交给妹子个人的现象也并不稀奇。在这种情况下，敕书中有可能表达了炀帝的不悦之情。如果没有这样的敕书的话，妹子的行动可能是希望阻碍裴世清递交国书，并最终失败。"之后该书引用了裴世清所带来的国书。

6. 参照前揭李成市『古代東アジアの民族と国家』（305

页)。顺便说一下,李成市在同书第299~300页中指出当时隋与倭国间存在维系两国关系的力量,两国的外交正是在这种力量的作用下不断演进的。与此同时,他还指出:"对于隋来说,如果在这样的情势之下,即使倭采取了过分的外交姿态,隋也只能视若不见地接受,虽然接到了不逊的国书,隋只能无视,无法责备倭国,这也是理所当然的。这样的话,派遣裴世清包含着对倭国进行实际考察的意味。如果忽视了当时隋与高句丽间的紧张关系,将难以理解有关隋的一系列反应。"笔者赞同李成市关于隋的一系列反应是在考虑到与高句丽的关系后做出的,以及派遣裴世清包含着对倭国进行实际考察的意味这两方面的高见。然而,笔者并不赞同其中关于当时的隋"无法责备倭国,这也是理所当然的"的观点。这是因为正如将在后文中所指出的那样,笔者认为隋将对倭国的"训令书"交到了小野妹子的手中。不仅如此,在遣隋使被派来的大业三年前后,隋对于高句丽、突厥的态度尚未达到"视若不见地接受"这样软弱的程度,更何况是倭国,不如说当时的情况正好与此相反。

7. 《善邻国宝记》卷上所引《圣德太子传历》中记载天皇就小野妹子之罪征询圣德太子意见时:"太子奏曰:'妹子之罪寔不可宽。然修好善邻,妹子之功也。加以隋国使共来，思复如何。'天皇大悦，免罪。"这里展现出圣德太子密切地参与了小野妹子免罪一事。不过，如前所述，对于《圣德太子传历》本居宣长评价道："这本著作中存在很多像这样的虚假记载。"正如这样的评价所展现的那样，对于《圣德太子传历》的史料性质有必要持慎重的态度。

8. 有关小野妹子失书事件的先行研究，请参照前揭增村宏著作『遣唐使の研究』（81 页以后），前揭李成市著作『古代東アジアの民族と国家』（304 页以后）等。

9. 在前揭『遣唐使の研究』（130 页）中，增村宏论及："使者的说明是对文帝提问的回答，其内容并不像'日出处天子''东天皇'那样表达了倭国一方的主张。"

10. 在前揭『東アジアのなかの古代日本』第 215、217、218 页中，堀敏一指出，"如果将'日出处'国书中的语句视为一种传统的文书模式的话，那么以'敬白'开头的文书同样应是依据某种书仪写成的。主张其受到二王尺牍影响的李先尧指出，'白'是在朋友、亲戚等关系中具有上下等级的身份间使用的词语，是二王尺牍中最为常见的习语。根据唐代《吉凶书仪》等书籍的记载，对于辈分高的尊者，采用'某言'的起首形式，末尾采用'谨言'；对于兄姊等年长者（辈分相同但年纪大者），采用'某白'的文辞，末尾采用

· 651 ·

'谨白'之语。如果依照这样的用法，日本的天皇将隋朝皇帝视为年长者或兄长。这表现出天皇在保持相对对等的态度的同时，表达了对对方的尊重。……这样一来，可以认为在国书中也使用了天皇一词。与其如此，不如说天皇首先被用于外交文书之中，并与此前的王或大君并行使用，与此同时其成为国内通用的称谓。无疑这是由于国书在前，天寿国绣帐的年代在后。而且，这一词语最终在律令中被确立为天皇号。"

11. 有关"天皇"号的起源，前揭堀氏著作之外，请参照大津透『古代の天皇制』（岩波書店、1999年）第一章「天皇号の成立」，熊谷公男『大王から天皇へ』（『日本の歴史』第三卷、講談社、2001年）「「天皇」の出現」等。

12. 参照川本芳昭「漢唐間における「新」中華意識の形成——古代日本・朝鮮と中国との関連をめぐって」（收录于『九州大学東洋史論集』三〇号、2002年）、本书第二篇第一章。

第三章

1. 川本芳昭「漢唐間における「新」中華意識の形成——古代日本・朝鮮と中国との関連をめぐって」

（原载于『九州大学東洋史論集』三〇号、2002 年）。

2. 川本芳昭「隋書倭国伝と日本書紀推古紀の記述をめぐって——遣隋使覚書」（原载于『史淵』一四一輯、2004 年）。

3. 参照倉住靖彦『古代の大宰府』（吉川弘文館、1985 年）、田村圓澄『大宰府探求』（吉川弘文館、1990 年）等。

4. 参照田村圓澄「大宰府前史小論」（收录于『九州文化史研究所紀要』二一号、1976 年），以及前揭倉住靖彦、田村圓澄的著作等。

5. 关于中国的屯田制，参照西嶋定生『魏の屯田制——特にその廃止をめぐって』（收录于同氏著『中国経済史研究』、東京大学出版会、1966 年）。

6. 有关这一点，参照西嶋定生『倭国の出現』（東京大学出版会、1999 年）。

7. 参照柳田康雄「伊都国の考古学」（『大宰府古文化論叢』上卷、吉川弘文館、1983 年）26 页。

8. 参照前揭柳田康雄论文 22 页。

9. 对于所谓倭面土国、倭面上国的认识，依据西嶋定生的观点。参照前揭西嶋定生『倭国の出現』。

10. 参照前揭田村定生「大宰府前史小論」等论文。柳田康雄在前揭论文的第 3 页中指出："地域上不得不限

东亚古代的诸民族与国家

定于九州北部地区,从《魏志·倭人传》中记载的末卢国、伊都国、奴国等地区作为一个整体进行对外交涉开始,出现了以'伊都国'作为代表承担这一任务的时期。当时开始从'乐浪郡'输入中国方面的文物,与此后伊都国的'一大率'并非无关,作为大宰府的先驱,其职能与此密切相关。"

11. 参照宫崎市定『謎の七支刀』(中央公論社、中公新書七〇三、1984 年)。

12. 参照第一次冲之岛调查报告书『沖ノ島』(宗像神社復興期成会、1958 年)、第二次冲之岛调查报告书『続沖ノ島』(宗像神社復興期成会、1961 年)、第三次冲之岛调查报告书『宗像沖ノ島』(宗像大社復興期成会、1979 年)等。

13. 参照川本芳昭「倭の五王による劉宋遣使の開始とその終焉」(收录于『東方学』七六輯、1988 年),又收录于川本芳昭『魏晋南北朝時代の民族問題』(汲古書院、1998 年)。

14. 参照直木孝次郎『日本古代国家の構造』(青木書店、1958 年)。

15. 参照佐伯有清『古代を考える 雄略天皇とその時代』(吉川弘文館、1988 年)。

16. 在编纂《古事记》《日本书纪》时,编者为奠定日本的

注　释

大国地位，创造了三韩征伐，以及进行这一征伐的神功皇后的时代。依据现行的通说，倭五王时代初期有可能与上述这一时代重合。两书中肯定还加入了大量后世的润色与改动，并夹杂着神话般的故事。香椎宫为仲哀天皇庙，箱崎宫、宇美神社祭祀的是应神天皇，并且，在九州北部地区广泛流传着有关神功皇后的帆柱传说。当考虑到冲之岛祭祀文物与广开土王碑文中的记述、《宋书·倭国传》中所见倭五王与高句丽间的激烈对抗，以及在获得朝鲜半岛军政权上的强烈意志等情况时，笔者认为不能将前述的诸传说全部当作虚构的故事。

17. 参照津田左右吉『日本古典の研究』下卷（岩波書店、1950年）。后收入『津田左右吉全集』二卷（岩波書店、1963年）。

18. 参照倉住靖彦「那津官家の修造」（『大宰府古代文化論叢』上卷、吉川弘文館、1983年）140頁。

19. 参照八木充「筑紫大宰とその官制」（『大宰府古代文化論叢』上卷、吉川弘文館、1983年）323頁。

20. 参照倉住靖彦前揭论文「那津官家の修造」143頁。

21. 参照波多野晥三「大宰府淵源考——筑紫大宰の性格について」（『日本歷史』七二），八木充「筑紫における大宰府の成立」（『大宰府政庁跡』吉川弘文館、2002年）426頁。

22. 参照米倉秀紀「那津官家?——博多湾岸における三本柱柵と大型総柱建物群」（收录于『福岡市博物館研究紀要』三号、1993年）。与本文研究相关的还有米倉香紀「福岡市比恵・那珂遺跡、有田遺跡の倉庫群」（『郡衙正倉の成立と展開』奈良国立文化財研究所、2000年）、「筑前におけるミヤケ状遺構の成立」（收录于『考古学研究室創設三十周年記念論文集　先史学・考古学論究 IV』龍田考古会、2003年）。
23. 同注22。
24. 参照宮原武夫「不動倉の成立」（『日本古代の国家と農民』法政大学出版局、1973年）。
25. 参照米仓香纪前揭论文「那津官家の修造」144～147页。
26. 《日本书纪》大化元年八月庚子条中可以见到对于东国国司的诏书，其中也可见到作为国内机构的"官家"一语。
27. 参照前揭『大宰府政庁跡』（吉川弘文館、2002年）。
28. 从东亚史的视角来看，有关这一点所具有的意义请同时参照川本芳昭『中華の崩壊と拡大——魏晋南北朝』（『中国の歴史』第五卷、講談社、2005年）第十章「中華世界の拡大と「新」世界秩序」。

注　释

第四章

1. 坂元义种首次系统地论述了这一时期倭国、朝鲜的府官制。有关这一点，请参照其所著『倭の五王　空白の五世紀』（教育社、1981年）等，并结合参考佐伯有清編『古代を考える　雄略天皇とその時代』（吉川弘文館、1988年）中收录的铃木靖民的论文「倭の五王——雄略朝前史」、「武（雄略）の王権と東アジア」等。关于"府官制秩序"，森公章在『倭の五王　5世紀の東アジアと倭王群像』（山川出版社、日本史リブレット2、2010年）第47页中做出以下定义："王由中国王朝授予将军号及国王号，与此相伴，臣僚则效仿中国被假授、假行某官爵并受到除正的推荐，通过这种方式获得在权力内部政治秩序中的位置。通通这样的体系，形成了整顿统治国内的政治组织的开端。"不过古代朝鲜、倭国等国家中所谓的府官主要活动于外交场合，可以说与中国国内的府官存在显著的本质差异。

2. 收录于『東方学』七六輯、1988年。另参照川本芳昭『魏晋南北朝時代の民族問題』（汲古書院、1998年）第五篇第一章。

东亚古代的诸民族与国家

3. 收录于田村晃一、鈴木靖民編『新版　古代の日本』第二卷『アジアからみた古代日本』（角川書店、1992年）。另参照前揭拙著第五篇第二章。

4. 收录于『九州大学東洋史論集』三〇号、2002年。另参照本书第二篇第一章。

5. 收录于『史淵』一四一辑、2004年。另参照本书第二篇第二章。

6. 收录于『史淵』一四三辑、2006年。另参照本书第二篇第三章。

7. 收录于『史淵』一四五辑、2008年。

8. 此后直到派遣遣隋使之际，倭国中断向中国遣使。有关这一点，参照前揭注2 中川本芳昭「倭の五王による劉宋遣使の開始とその終焉」。

9. 《魏志·倭人传》中记载"景初二年六月，倭女王遣大夫难升米等诣郡"，"其年十二月，诏书报倭女王曰：'制诏亲魏倭王卑弥呼，带方太守刘夏，遣使送汝大夫难升米、次使都市牛利'"。同书正始四年条记载："倭王复遣使大夫伊声耆、掖邪狗等八人。"同书卑弥呼没后条记载："壹与遣倭大夫率善中郎将掖邪狗等二十人。"通过这些史料也可以确认倭国使者自称为大夫一事。

10. 参照大庭修『新魏倭王』（学生社、1981年）184、

189 頁。

11. 参照前揭坂元義种著『倭の五王　空白の五世紀』等。

12. 石井正敏在第一期日韩历史共同研究报告书（2005年）中发表了题为《五世纪的日韩关系》（「五世紀の日韓関係」）一文。其在整理了此前相关学说的同时，指出倭五王之一的倭国王济在元嘉二十八年这一时间点上，已经被进号为安东大将军。这是基于《宋书》卷五《文帝纪》元嘉二十八年（四五一）七月甲辰条中"安东将军倭王倭济，进号安东大将军"的记载所得出的观点，依据本章后文的论述，这一结论也是能够成立的。

13. 参照前揭川本芳昭「倭の五王による劉宋遣使の開始とその終焉」。

14. 参照前揭川本芳昭「倭の五王による劉宋遣使の開始とその終焉」8~9頁。

15. 川本芳昭『中華の崩壊と拡大——魏晋南北朝』（講談社、2005年）114、143、144頁。

16. 参照西嶋定生『日本歴史の国際環境』（東京大学出版会、UP選書二三五、1985年）。

17. 参照前揭川本芳昭『中華の崩壊と拡大——魏晋南北朝』303~305頁，以及本篇第一章等。

18. 参照赵灿鹏《南朝梁元帝〈职贡图〉题记佚文的新发现》(《文史》九十四辑，2011年第一辑)。

19. 参照前揭川本芳昭「漢唐間における「新」中華意識の形成」。收录于本篇第一章。

20. 有关笔者对于东夷校尉的个人见解，参照川本芳昭「三国期段階における烏丸・鮮卑について——交流と変容の観点から見た——」(『共同研究「『三国志』魏書東夷伝の国際環境」研究報告』『国立歴史民俗博物館研究報告』一四〇集、2009年)。本书第一篇第四章收录。

21. 参照川本芳昭「隋書倭国伝と日本書紀推古紀の記述をめぐって」(收录于『史淵』一四一輯、2004年)。收录于本篇第二章。

22. 参照川本芳昭「隋書倭国伝と日本書紀推古紀の記述をめぐって」72~73页。收录于本篇第二章。

   最近，对于笔者的这种见解，研究遣隋使、遣唐使问题的大家东野治之在其所著『遣唐使』(岩波新書一一〇四、2007年)第26页中论及：

   有关"天子"一语的使用，有人主张最初以天为兄的倭重视了第一次使者的反馈，在被指出这一观点的失礼后，其改为了天之子即"天子"(川本芳昭

注　释

「隋書倭国伝と日本書紀推古紀の記述をめぐって」)。然而，不管怎样，倭国使用天子一语不会是这样"无心"的举动。也有研究者认为在印度看来，隋与倭是同等级的国家（石上英一郎「古代東アジア地域と日本」)，尊崇佛教的倭基于这一观点使用了"天子"号，并准备了具有佛典修饰色彩的国书。

不过，笔者难以理解为何以"天之子"的意思来使用"天子"一语是"无心"的举动。当时"天子"已经是一个成熟的政治用语了，能在上述认识下使用"天子"一词，说明日本并非"无心"的。笔者当然不认为这是倭国的"无心"之举。详细的论述请参照前揭拙稿。基于当时紧迫的政治状况，以及倭国国家意识的成熟，笔者认为倭国是在充分考虑到中国一方的态度的前提下，采用了"天子"这一称谓的。倭国的这次遣使是在隋朝建立（五八一年）、时隔三百年隋对中国的再次统一（南朝灭亡，五八九年），以及由此衍生出的朝鲜半岛的紧张局势这种紧迫的政治环境中进行的。考虑到上述的情况，如果倭国仅仅是依据了佛典而使用"天子"这一称谓的话，那么倭国的这种决定不正是一种"无心"之举吗？

此外，东野治之认为六〇〇年的使节同样是倭国

东亚古代的诸民族与国家

派出的遣隋使,然而其几乎没有论及这一使节与六〇七年遣隋使间的关系。自四七八年倭王武派遣使节至南朝刘宋后,两国间经历了一百二十二年的沉默期。六〇〇年的遣隋使正是打破了这种沉默局面的派往中国的使节。当考虑到其所具有的重要性之际,可以认为前述隋朝的建立、时隔三百年隋对中国的再次统一、朝鲜半岛的紧张局势在其中发挥了重要的作用,否则就难以理解倭国打破百年以上的沉默局面,再度派遣使节的理由了。这样看来,六〇〇年、六〇七年的遣隋使正是在这种紧张的局势中被派出的使节。在考虑到外交这一能左右国家命运的问题时,作为六〇七年使节的小野妹子不可能在没有考虑到六〇〇年遣使之际中日间所展开交涉的情况下,做出所谓的"无心"之举。六〇七年的遣隋使应充分认识到了,六〇〇年遣隋使之际出现的围绕着训令的问题是涉及外交根本的问题。

23. 参照吉田孝『日本の誕生』(岩波新書、1997 年)35 頁以後。

24. 有关笔者对于一大率的认识,请参照川本芳昭「倭国における対外交渉の変遷について——中華意識の形成と大宰府の成立との関連から見た——」(收录于『史淵』一四三輯、2006 年)。收录于本篇第三章。

25. 有关卑奴母离，参照平野邦雄「邪馬台国の政治構造」（平野邦雄編『古代を考える邪馬台国』吉川弘文館、1998 年）。

第三篇

第一章

1. 参照向山寛史「明初の訪中日本人僧侶たちの雲南への流謫」（収録于『國學院雑誌』一〇一巻四号、2000 年）。村井章介指出对应于《嘉靖大理府志》卷二《日本四僧塔》记载的地点存在无铭的墓塔，以及一四三六年成书的《沧海遗珠》记载了日本僧人在大理所咏的诗歌，展现了其在流放地的生活情景（村井章介「一五世紀から一六世紀の東アジアの国際秩序と日中関係」，收录于『日中歴史共同研究報告書』勉誠出版、2015 年）。
2. 参照川本芳昭『魏晋南北朝時代の民族問題』汲古書院、1998 年。
3. 参照川本芳昭「三国期段階における烏丸・鮮卑について——交流と変容の観点から見た——」（『共同研究「『三国志』魏書東夷伝の国際環境」研究報告』

东亚古代的诸民族与国家

一五一集、国立歴史民俗博物館、2009 年、51 ~ 68 页)。收录于本书第一篇第四章。

4. 参照川本芳昭「遼金における正統観をめぐって——北魏の場合との比較——」(收录于『史淵』一四七輯、2010 年、77 ~ 102 页)。收录于本书第四篇第二章。

5. 参照川本芳昭『中国史のなかの諸民族』(山川出版社、世界史リブレット第六一册、2004 年)。川本芳昭「北魏内朝再論——比較史の観点から見た——」(收录于『東洋史研究』七〇巻二号、2011 年)。收录于本书第一篇第五章。

6. 参照川本芳昭「高句麗の五部と中国の「部」の関係をめぐって」(收录于『九州大学東洋史論集』二四号、1996 年、1 ~ 24 页),收录于前揭川本芳昭『魏晋南北朝時代の民族問題』。川本芳昭「漢唐間における「新」中華意識の形成」(收录于『九州大学東洋史論集』三〇号、2002 年、1 ~ 26 页),收录于本书第二篇第一章。

7. 参照川本芳昭「六朝期における蛮の理解についての一考察——山越・蛮漢融合の問題を中心として見た——」(收录于『史学雑誌』九五編八号、1986 年、35 ~ 59 页,又收录于前揭川本芳昭『魏晋南北朝時代

· 664 ·

注　释

の民族問題』)。

8. 参照川本芳昭「民族問題を中心としてみた魏晋南北朝隋唐時代史研究の動向」(收录于『中国史学』一一号、2001年、109~130頁)，收录于本书第四篇第一章。

9. 参照川本芳昭「民族問題を中心としてみた五胡十六国南北朝段階における四川地域の状況について」(收录于『史淵』一三六輯、1999年、1~26頁)、川本芳昭「民族問題を中心としてみた北朝後期段階における四川地域の状況について」(收录于『九州大学東洋史論集』二七号、1999年、1~26頁)。两篇论文均收录于本篇之中。顺便提及一下，现在中国等国的研究中也将"獠"写作"僚"。本文根据史料中的记载，采用"獠"字。另外，"獠"的读音应为 lao，而非 liao。

10.「倭の五王による劉宋遣使の開始とその終焉」，『東方学』(七六輯、1988年)，收录于前揭拙著『魏晋南北朝時代の民族問題』。

11.「四、五世紀の中国と古代朝鮮・日本」，收录于田村晃一・鈴木靖民編『新版 古代の日本』第三巻『アジアからみた古代日本』(角川書店、1992年)，又收录于前揭拙著。

12.「漢唐間における「新」中華意識の形成」，收录于

· 665 ·

『九州大学東洋史論集』三〇号、2002年，收录于本书第二篇第一章。

13. 「隋書倭国伝と日本書記推古紀の記述をめぐって」，收录于『史淵』一四一輯、2004年，收录于本书第二篇第二章。

14. 「倭国における対外交渉の変遷について——中華意識の形成と太宰府の成立との関連から見た」，『史淵』一四三輯、2006年，收录于本书第二篇第三章。

15. 「魏晋南朝の世界秩序と北朝隋唐の世界秩序」，收录于『史淵』一四五輯、2008年。

16. 「倭の五王の自称と東アジアの国際情勢」，『史淵』一四九輯、2012年，收录于本书第二篇第四章。

17. 三浦佑之『金印偽造事件——「漢委奴国王」のまぼろし——』（幻冬舎新書、2006年）等。

18. 有关滇王之印的外形，其印面为边长2.4厘米的方形，顶部为蛇钮。印文阴刻两行四字"滇王之印"。从其尺寸、形制来看，明显属于汉印，与《史记·西南夷列传》中武帝于元封二年下赐滇王王印的记事相对应。西嶋定生曾指出这枚滇王之印在形式上与日本福冈出土的汉委奴国王印相同，两印均为蛇钮，是其他民族的王接受汉王朝册封的标志物（西嶋定生『邪馬台国と倭国　古代日本と東アジア』吉川弘文館、

注　释

1994年、88页）。顺便提及一下，《初学记》卷一二《职官部下》太常卿条引《汉官仪》中有"孝武皇帝元狩二年（前一二一），令通官印方寸，大小官印五分，王公侯金，二千石银印龟钮"的记载。

19. 参照前揭「漢唐間における「新」中華意識の形成」。

20. 这里所见"遑耶"应为彝语中婚家的意思。有关这一点参照前揭川本芳昭『魏晋南北朝時代の民族問題』458页。

21. 《续汉书》志二三、永昌郡条刘昭注补引《古今注》："永平十年置益州西部都尉，治嶲唐，镇尉哀牢人楪榆蛮夷。"在永昌建郡的两年前，设置了益州西部都尉。

22. 参照严耕望《魏晋南北朝地方制度》（台湾中研院历史语言研究所专刊之四五，1963年）。

23. 中华书局标点本《南齐书》中作"氐"，但其为"氏"的可能性较高。

24. 大爨碑位于云南省陆良县南十四千米的贞元堡，建于南朝宋的大明二年（四五八），是一座高3.38米、上端宽1.35米、下端宽1.46米的巨碑。笔者承蒙云南大学关照，于二〇一二年获得了现场观摩该碑的机会，特在此表达谢意。该碑碑文收载于《金石续编》

卷一、《八琼室金石补正》卷一〇之中。

25. 有关蛮与豪强的关系，参照前揭川本芳昭『魏晋南北朝時代の民族問題』466～476页、493～494页、500～501页、503～504页、514页、523～525页。

26. 参照前揭严耕望《魏晋南北朝地方制度》。

27. 有关晋代的蛮府，《晋书》卷二四《职官志》中记载："护羌、夷、蛮等校尉，案武帝置南蛮校尉于襄阳，西戎校尉于长安，南夷校尉于宁州。元康中，护羌校尉为凉州刺史，西戎校尉为雍州刺史，南蛮校尉为荆州刺史。及江左初，省南蛮校尉，寻又置于江陵，改南夷校尉曰镇蛮校尉。及安帝时，于襄阳置宁蛮校尉。护匈奴、羌、戎、蛮、夷、越中郎将，案武帝置四中郎将，或领刺史，或持节为之。武帝又置平越中郎将，居广州，主护南越。"顺便提及一下，笔者曾在拙稿中考察过魏晋时期的东夷校尉，其也属于这类性质的官员（前揭川本芳昭「三国期段階における烏丸・鮮卑について——交流と変容の観点から見た——」，收录于本书第一篇第四章）。

28. 坂元义种首次系统地论述了这一时期倭国、朝鲜的府官制。有关这一点，请参照其所著『倭の五王　空白の五世紀』（教育社、1981年）等。并结合参考佐伯有清编『古代を考える　雄略天皇とその時代』（吉

川弘文館、1988年）中收录的铃木靖民的论文「倭の五王——雄略朝前史」、「武（雄略）の王権と東アジア」等。关于"府官制秩序"，森公章在『倭の五王　5世紀の東アジアと倭王群像』（山川出版社、日本史リブレット2、2010年）第47页中做出以下定义："王由中国王朝授予将军号及国王号，与此相伴，臣僚则效仿中国被假授、假行某官爵并受到除正的推荐，通过这种方式获得在权力内部政治秩序中的位置。通过这样的体系，形成了整顿统治国内的政治组织的开端"。不过古代朝鲜、倭国等国家中所谓的府官主要活动于外交场合，可以说与中国国内的府官存在显著的本质差异。

29. 参照前揭坂元義种『倭の五王　空白の五世紀』。
30. 参照前揭川本芳昭「隋書倭国伝と日本書紀推古紀の記述をめぐって——遣隋使覚書」。收录于本章第二篇第二章。
31. 有关日本国号的出现，请参照小林敏男『日本国号の歴史』（吉川弘文館、2010年）。
32. 有关"天皇"号的起源，参照大津透『古代の天皇制』（岩波書店、1999年）第一章「天皇号の成立」，熊谷公男『大王から天皇へ』（『日本の歴史』第三卷、講談社、2001年）「「天皇」の出現」等，并参照前揭川本芳昭「隋書倭国伝と日本書紀推古紀の記述をめぐって」。

33. 倭国王也称为倭王，两者间是否存在差异尚不能确定。

34. 参照前揭川本芳昭「隋書倭国伝と日本書紀推古紀の記述をめぐって」。

35. 《旧唐书》卷一九九上《东夷·日本国传》中记载，"日本国者，倭国之别种也。以其国在日边，故以日本为名。或曰，倭国自恶其名不雅，改为日本。或云，日本旧小国，并倭国之地。其人入朝者，多自矜大，不以实对，故中国疑焉"，其中体现了日本国号的变更。

36. 参照前揭川本芳昭「倭の五王の自称と東アジアの国際情勢」。

37. 参照前揭「倭の五王による劉宋遣使の開始とその終焉」。

38. 由于小爨碑（爨宝子）碑额可见"晋故振威将军建宁太守爨府君之墓"，因此可以说是一块墓碑。它现在保存于云南省曲靖市第一中学的爨碑亭内。小爨碑建于东晋义熙元年（四〇五），碑首为半圆形，碑身为长方形，高1.5米、宽0.71米、厚0.21米。笔者曾于二〇〇七年对其进行了实地考察。

39. 参照藤沢義美『西南民族史の研究——南詔国の史的

研究』（株式会社大安、1969年）。

40. 参照前揭藤沢義美『西南民族史の研究——南詔国の史的研究』64页。

41. 参照前揭川本芳昭「六朝期における蛮の理解についての一考察——山越・蛮漢融合の問題を中心として見た——」（收录于前揭川本芳昭『魏晋南北朝時代の民族問題』）、川本芳昭「民族問題を中心としてみた魏晋南北朝隋唐時代史研究の動向」、「民族問題を中心としてみた北朝後期段階における四川地域の状況について」（均收录于本书第三篇）等。

42. 参照前揭川本芳昭「漢唐間における「新」中華意識の形成」。

43. 参照前揭川本芳昭「魏晋南朝の世界秩序と北朝隋唐の秩序」。

44. 参照川本芳昭「日本と中国との関係」（收录于『学士会会報』八九三号、2012年）。

第二章

1. 川本芳昭「蛮の問題を中心としてみた六朝期段階における各地域の状況について」（收录于『史淵』一三二辑、1995年），收录于川本芳昭『魏晋南北朝時

代の民族問題』(汲古書院、1998年) 第四篇第三章。

2. 川本芳昭「蛮の問題を中心としてみた六朝期段階における各地域の状況について (その二)」(收录于『九州大学東洋史論集』二三号、1995年), 收录于前揭川本芳昭『魏晋南北朝時代の民族問題』第四篇第三章。

3. 《华阳国志》卷八《大同志》记载太康三年时"以蜀多羌夷,置西夷府,以平吴军司张牧为校尉,持节统兵。州别立治西夷治蜀,各置长史司马"。这条史料从一个方面展现了当时这一地区藏系种族的规模。

4. 《汉书》卷一九上《百官公卿表》县令条记载,"列侯所食县曰国,皇太后、皇后、公主所食曰邑,有蛮夷曰道"。

5. 参照川本芳昭「民族問題を中心としてみた五胡十六国南北朝段階における四川地域の状況について」(收录于『史淵』一三六輯、1999年)。又收录于本书本篇第三章。

6. 《华阳国志》卷四《南中志》记载:"夷人大种曰昆,小种曰叟。"对于此句,刘琳注释:"小种曰叟,是说昆明人中的一些部落自称为'叟'。'叟'也是'人'的意思。摩沙或么些的'沙''些',诺苏(黑夷自称)的'苏'、纳西的'西'、傈僳的'傈',等等,

注　释

均为'叟'音之转。……'叟'人主要分布在甘肃南部、四川西部及邻近的云贵地区。今日的彝族即从'叟'人的一部分发展而来。"（刘琳：《华阳国志校注》巴蜀书社，1984年，365页。）

7. 参照前揭刘琳《华阳国志校注》，309页注②。不过，任乃强在其所著《华阳国志校补图注》（上海古籍出版社，1987年）207页注11中，将其认定为昭觉县。

8. 《华阳国志》卷四《南中志》记载："先主薨后，越巂叟帅高定元，杀郡将军焦璜，举郡称王以叛。"

9. 《华阳国志》卷三《蜀志》越巂郡苏祁县条记载："汉末夷王冬逢及弟隗渠数背叛，以服诸种。张嶷先杀王。弟隗渠又叛遁入西徼。遣亲信二人，使嶷。嶷知奸计，以重赂使，使杀渠。渠死，夷徼肃清，县晋省。"同书同郡条开篇记载："蜀安南将军马忠讨越巂郡夷。郡夷刚狠，皆鸱视。忠率张嶷为越巂太守，嶷将所领之郡，诱杀苏祁邑君冬逢及其弟隗渠等，怀集种落。威信允着，诸种渐服。又斩斯都耆帅李承之首，乃手杀焦璜龚禄者也。又讨叛鄙，降夷人，安种落，蛮夷率服。嶷始以郡郭宇颓，更筑小坞居之。延熙二年，乃还旧郡，更城郡城。夷人男女莫不致力。……嶷迁后，复颇奸轨……乃置赤甲北军。"

10. 《华阳国志》卷三《蜀志》越巂郡条记载了蛮的采盐

法:"(定笮)县在郡西,渡泸水,宾刚徼,曰摩沙夷。有盐池,积薪,以齐水灌,而后焚之成盐。汉末,夷皆锢之。张嶷往争。夷帅狼岑,槃木王舅,不肯服。嶷禽挞杀之。厚赏赐余类,皆安。官迄有之。北沙河是。"同书同郡台登县条记载有关漆的情况:"又有漆,汉末夷皆有之。嶷取焉。"

11. 刘琳将蟾夷视为武陵蛮的一个支族(参照前揭刘琳著作90页)。

12. 刘琳认为"弜头"这种称呼是基于板楯蛮所着头巾装饰的形状,其形似重叠的弓(参照前揭刘琳著作36~37页)。

13. 《华阳国志》卷二《汉中志》记载:"魏武以巴夷王杜濩、朴胡、袁约为三巴太守。"《文选》卷四四、《檄吴将校部曲文》条记载:"巴夷王朴胡,賨邑侯杜濩,各帅种落,共举巴郡,以奉王职。"

14. 参照前揭刘琳著作100页。

15. 这一时期,巴族实现了广泛的迁移,并进入了官界。有关这一点,参照前揭注1拙稿第一节。

16. 任乃强在前揭著作188页注8中指出,"作五百石子"是"五"与"氏"字的草书字体极为酷似造成的讹误,《华阳国志》中的原文应为"作氏百石子"。刘琳在前揭著作299页中指出"百石子"为"白石子"

之误，并解释说："今茂汶境内羌人传说，在远古的时候，他们的祖先与强大的'戈基'人作战。因得到神的启示，用坚硬的白云石为武器，才得以战胜敌人。羌人为报答神恩，奉白云石为最高的天神。此种习俗一直相传至今。蜀中汉人因见汶山羌人奉白石为神。故称为'白石子'。"在一九九七年度的唐代史研究会上，古贺登做了题为《巴蜀古文化探求》的报告。根据此报告，该地区现在仍存在白石信仰。考虑到冬季入蜀的情况，这些作氏所从事的劳动应不是农耕。因此，相比"百石子"，"白石子"可能更为妥当。

17. 松岡洋子「チャン族の「羌暦年」」（竹村卓二編『儀礼・民族・境界——華南諸民族「漢化」の諸相』風響社、1994年）。

18. 南ゆりか「近代羌族の出稼ぎの諸形態——背背子・修堰・打井を中心として——」（收录于『史窗』四九号、1992年）。

19. 在本章前揭注16中阐述了笔者对这种差异的认识。

20. 参照陈寅恪《〈魏书·司马睿传〉江东民族条释证及推论》（收录于《陈寅恪先生论集》，历史语言研究所集刊之三，1971年）。

21. 参照前揭川本芳昭「六朝期における蛮の理解につい

ての一考察——山越・蛮漢融合の問題を中心として見た——」55 頁以后。

第三章

1. 参照川本芳昭「民族問題を中心としてみた魏晋段階における四川地域の状況について」文部省科学研究費基盤研究（A）（1）『東アジア史における国家と地域社会』（代表高橋継男）報告書、刀水書房、1999 年。收录于本书第三篇第二章。
2. 刘琳《獠人入蜀考》（收录于《中国史研究》1980 年第 2 期）。
3. 参照川本芳昭「六朝期における蛮の漢化について」（收录于『史淵』一一八輯、1981 年）、川本芳昭「六朝期における蛮の理解についての一考察——山越・蛮漢融合の問題を中心として見た——」（收录于『史学雑誌』九五篇八号、1986 年）等。又收录于川本芳昭『魏晋南北朝時代の民族問題』（汲古書院、1998 年）。
4. 参照前揭川本芳昭「六朝期における蛮の漢化について」、「六朝期における蛮の理解についての一考察——山越・蛮漢融合の問題を中心として見た——」，以及川本芳昭「蛮の問題を中心としてみた六朝期段階における各地域の状況について」（收录于『史淵』一三二輯、1995年）、川本芳昭「蛮の問題を中心としてみた六朝期段階における各地域の状況について（その二）」（收录于『九州大学東洋史論集』二三号、1995年）。又收录于前揭川本芳昭『魏晋南北朝時代の民族問題』。

第四章

1. 收录于『史淵』一三六輯、1999年。
2. 参照川本芳昭「北魏時代における所謂良奴制の成立——良の問題を中心として見た——」（收录于『史学雑誌』九六編一二号、1987年）。川本芳昭『魏晋南北朝時代の民族問題』（汲古叢书一六、汲古書院、1998年）362页。
3. 参照川本芳昭「六朝期における蛮の理解についての一考察——山越・蛮漢融合の問題を中心として見た——」（收录于『史学雑誌』九五編八号、1986年），又收录于前揭川本芳昭『魏晋南北朝時代の民族問題』。
4. 参照『史学雑誌』七一編九号、1962年、17～18页。

第四篇

第一章

1. 朴汉济的主要成果如下：《前期五胡政权和汉人士族——与胡汉问题相联系》（收录于《韩国学论丛》六，1984年，韩国，以下同）、《前秦苻坚政权的性格——关于胡汉体制和统一体制的建立过程》（收录于《东亚文化》二三，1985年）、《北魏均田制的成立和胡汉体制》（收录于《东洋史学研究》二四，1986年）、《北魏对外政策和胡汉体制——与统一体制指向相联系》（收录于《历史学报》一一六，1987年）、《北魏王权与胡汉体制》（收录于《震檀学报》六四，1987年）、《中国中世胡汉体制研究》（一潮阁，1988年）、《北魏洛阳社会和胡汉体制——以都城区划和住民分布为中心》（收录于《泰东古典研究》六，1990年）、《北魏王权与胡汉体制》（收录于《中国史研究的成果与展望》中国社会科学出版社，1991年）、《西魏北周时期胡姓的重行与胡汉体制——向三十六国九十九姓姓氏体制回归的目的和逻辑》（收录于《北朝研究》二，1993年）、《西魏北周时期的赐姓与乡兵的府

注　释

兵化》（收录于《历史研究》四，1993年）、《西魏北周时期胡汉体制的展开——胡姓重行的经过与其意义》（收录于《魏晋隋唐史研究》一，1994年）、《侨民体制的展开和南朝史——为整体理解南北朝史的一个提议》（收录于《东洋史学研究》五，1995年）、《东晋南朝史和侨民——侨民体制的形成与展开》（收录于《东洋史学研究》五三，1996年）、《新胡汉体制论》（收录于《魏晋隋唐史研究》四，1998年）、《北魏均田制成立的前提——征服君主的资源确保与督课制》（收录于《东亚文化》三七，1999年）。

2. 参照周伟洲《"胡汉体制"与"侨旧体制"论——评朴汉济教授关于魏晋南北朝史研究的新体系》（收录于《中国史研究》七三，1997年第1期）。

3. 周伟洲对于朴汉济的批判还包括围绕唯物史观的是与非，以下省略有关这一点的考察。

4. 参照川本芳昭「胡族国家」（『魏晋南北朝隋唐时代史の基本問題』汲古書院、1997年）、同「北朝国家論」（『岩波講座世界歴史』第九巻、岩波書店、1999年，又收录于本书第一篇第一章）等。

5. 参照吉岡眞「北朝・隋唐支配者層の推移」（『岩波講座世界歴史』第九巻、岩波書店、1999年）。

6. 北魏孝文帝改革以后，北魏宗室任官的现象非常显著。

有关这一点，请参照窪添慶文「北魏の宗室」（收录于『中国史学』九、1999 年）。

7. 参照前揭川本芳昭「胡族国家」。

8. 参照川本芳昭『魏晋南北朝時代の民族問題』（汲古書院、汲古叢书一六、1998 年）第一、二、三篇。

9. 参照佐川英治「北魏均田制の目的と展開——奴婢給田を中心として——」（收录于『史学雑誌』一一〇編一号、2001 年）。

10. 姚薇元《北朝胡姓考》（科学出版社，1958 年）。

11. 前揭吉冈英治论文第 263 页论及"……有必要具体地复原构成非汉民族统治阶层（'国人'）的氏族群。所幸，姚薇元近乎完美地完成了这一艰难的工作，由此可以轻松地获知整个北魏'国人'阶层的情况（共计一百一十八姓）"。

12. 参照川本芳昭「蛮の問題を中心としてみた六朝期段階における各地域の状況について」（收录于『史淵』一三二輯、1995 年）、同「蛮の問題を中心としてみた六朝期段階における各地域の状況について(その二)」（收录于『九州大学東洋史論集』二三号、1995 年）、「民族問題を中心としてみた魏晋段階における四川地域の状況について」（『東アジア史における国家と地域社会』刀水書房、1999 年，又收录于本书第三篇第二章）等。

13. 参照前揭「蛮の問題を中心としてみた六朝期段階における各地域の状況について」、「蛮の問題を中心としてみた六朝期段階における各地域の状況について（その二）」。又收录于前揭拙著第四篇第三章。

14. 前揭拙著 505~511 页。

15. 对于前揭拙著，三崎良章在书评中写道："其后，在第三章整理了蛮的具体情况。……本章作为展示史料的价值非常高，但将其置于第一、二章结论之后的这种结构令人感到不妥。第一、二章与第三章在顺序上相反，或有必要基于这些史料做进一步的考证。"（参照『唐代史研究』三、2000 年、88 页。）

16. 参照佐竹靖彦「唐宋期福建の家族と社会——山洞と洞蛮」（收录于東京都立大学『人文学報』二七七、歴史学編二五、1997 年）。

17. 参照川本芳昭「民族問題を中心としてみた五胡十六国南北朝段階における四川地域の状況について」（收录于『史淵』一三六輯、1999 年）、川本芳昭「民族問題を中心としてみた北朝後期段階における四川地域の状況について」（收录于『九州大学東洋史論集』二七号、1999 年）。

18. 参照川本芳昭「六朝期における蛮の理解についての

一考察——山越・蛮漢融合の問題を中心として見た——」（收录于『史学雑誌』九五編八号、1986年）等。又收录于川本芳昭『魏晋南北朝時代の民族問題』（汲古書院、1998年）第四篇第二章。

19. 参照陈寅恪《〈魏书・司马睿传〉江东民族条释证及推论》（又收录于《金明馆丛稿初编》1980年）。

20. 参照谷川道雄「東アジア形成期の史的構造——冊封体制を中心として」（唐代史研究会編『隋唐帝国と東アジア世界』汲古書院、1979年）。

第二章

1. 川本芳昭「鮮卑の文字について——漢唐間における中華意識の叢生と関連して——」（收录于『九州大学二一世紀プログラム「東アジアと日本：交流と変容」、統括ワークショップ報告書』、2007年3月。又收录于本书第一篇第三章）。

2. 有关北魏的八部可参见川本芳昭『魏晋南北朝時代の民族問題』（汲古書院、1998年）第一篇第四章「部族解散の理解をめぐって」、川本芳昭「北朝国家論」（『岩波講座世界歴史』第九巻『中華の分裂と崩壊』岩波書店、1999年），又收录于本书第一篇第一章。

注　释

3. 「漢唐間における「新」中華意識の形成——古代日本・朝鮮と中国との関連をめぐって——」（收录于『九州大学東洋史論集』三号、2002 年）。又收录于本书第二篇第一章。

4. 「五胡十六国・北朝時代における「正統」王朝について」（收录于『九州大学東洋史論集』二五号、1997 年）。又收录于前揭川本芳昭『魏晋南北朝時代の民族問題』第一篇第二章。

5. 在契丹的语言中，可能也存在与这里所见的"天下"相对应的词语。然而，即便如此，也不能否定当时辽的"天下兵马大元帅"这一用汉语称呼的官职所具有的意义。

6. 陈寅恪《〈魏书·司马睿传〉江东民族条释证及推论》（《陈寅恪集金明馆丛稿初编》，生活、读书、新知三联书店，2001 年）。

7. 参照岛田正郎『遼代史の研究』（創文社、1979 年）、同氏『遼朝官制の研究』（創文社、1978 年）等。

8. K. A. Wittfogel & Fend Chia-Sheng, *History of Chinese Society Liao（907–1125）*, New York, 1949.

9. 有关北魏的具体情况，参照前揭川本芳昭『魏晋南北朝時代の民族問題』212 页。

10. 参照前揭川本芳昭『魏晋南北朝時代の民族問題』第

东亚古代的诸民族与国家

二篇「北魏孝文帝改革前の政治・社会体制と孝文帝の改革」。

11. 赵翼《廿二史札记》卷二八、海陵荒淫条中记述了海陵王的荒淫,这一点与被视为旷世名君的北魏孝文帝的情况完全不同。然而,海陵王的恶逆之状记载于《金史》之中,有观点认为其中有后代的捏造成分。参照刘肃勇《论完颜亮》(收录于《中国史研究》1985 年第 4 期)、董克昌《谁是"小尧舜"》(收录于《民族研究》1990 年第 2 期)等。

12. 参照前揭川本芳昭『魏晋南北朝時代の民族問題』第一篇「胡漢抗争と融合の軌跡」。

13. 神田喜一郎「支那史学に現れたる論理思想」(『岩波講座倫理学』一〇册、岩波書店、1941 年)。

14. 内藤虎次郎『支那史学史』(『内藤湖南全集』一一卷、筑摩書房、1969 年)。

15. 饶宗颐《中国史学上之正统论——中国史学观念探讨之一》(龙门书店,1977 年;上海远东出版社,1996 年再版)。

16. 陈芳明《宋代正统论的形成背景及其内容——从史学史的观点试探宋代史学之一》(收录于《食货月刊》第 1 卷第 8 期,1971 年)。

17. 重沢俊郎『欧陽脩の正統論』(收录于『東方学会創

立二十五周年紀念東方学論集』東方学会、1972年)。

18. 土田健次郎「欧陽脩試論——理・人情・自然・簡易——」(收录于『中国——社会と文化』三、1988年)。

19. 塩出雅「北宋儒学の魁——欧陽脩」(橋本高胜編『中国思想の流れ（中）隋唐・宋元』晃洋書房、2000年)。

20. 東英寿『欧陽脩古文研究』(汲古書院、2003年)。

21. 林文孝「欧陽脩の正統論と歴史叙述」(收录于『中国——社会と文化』一八、2003年)。

22. 参照陈学林《金国号之起源及其释义》(收录于《辽金史论集》三，书目文献出版社，1987年)、刘浦江《德运之争与辽金的正统性问题》(原载《中国社会科学》2004年第2期，后收录于刘浦江《松漠之间——辽金契丹女真史研究》，中华书局，2008年)。

23. 参照三上次男「金室完顔家の始祖説話について」(『金史研究　三金代政治・社会の研究』中央公論美術出版、1973年)。

24. 有关北魏行次变更所具有的历史意义，参照前揭川本芳昭『魏晋南北朝時代の民族問題』第一篇第二章「五胡十六国・北朝時代における「正統」王朝について」。
25. 宮川尚志「禅譲による王朝革命の研究」『六朝史研究　政治社会編』（平楽寺書店、1964年）第二章。
26. 前揭川本芳昭『魏晋南北朝時代の民族問題』74頁。

第三章

1. 川本芳昭「漢唐間における「新」中華意識の形成——古代日本・朝鮮と中国との関連をめぐって——」（收录于『九州大学東洋史論集』三〇号、2002年）。此文是笔者在二〇〇〇年度九州史学会大会（二〇〇〇年十二月，于九州大学）的公开演讲中所做的同题报告，以及在二〇〇一年八月在中国山西大同召开的中国魏晋南北朝史学会第七届年会暨北朝史国际学术研讨会上所做"汉唐间新中华意识的形成——五胡、北魏同古代日本、朝鲜的关系"报告的基础上修改而成的。又收录于本书第二篇第一章。
2. 前揭拙稿3~7页。
3. 关于这一点，参照桑野栄治「高麗から李朝初期における円丘壇祭祀の受容と変容」（收录于『朝鮮学報』一六一輯、1996年）、同氏「朝鮮小中華意識の形成と展開——大報壇祭祀の整備過程を中心に——」（收

注 释

录于朴忠锡、渡辺浩編『国家理念と対外認識——十七~十九世紀——』慶應義塾大学出版会、149~185页、2001年），以及同书揭载的相关论文。

4. 参照川本芳昭『魏晋南北朝時代の民族問題』（汲古書院、汲古叢书一六、1998年）28~33页。

5. 参照杉本直治郎『阿倍仲麻呂伝研究　朝衡伝考』（育芳社、1940年）322、324页。

6. 参照礪波護『隋唐の仏教と国家』（中央公論社、1999年）24页。

7. 参照王勇『唐から見た遣唐使——混血児たちの大唐帝国——』（講談社選書メチエ一二五、1998年）73页。

8. 参照高明士《宾贡科的成立与发展——东亚士人共同出身法的探索》（收录于《唐代史研究》五号, 2002年）。

9. 参照前揭杉本直治郎著作157页。

10. 参照前揭拙稿。

11. 遣隋使时代的中国为隋朝，但《日本书纪》用隋之后的唐的国号来称呼当时的中国。

12. 参照増村宏『遣唐使の研究』（同朋舎、1988年）第一篇「遣隋使問題の再検討」。

13. 参照前揭杉本直次郎著作第二编「安南に関する

· 687 ·

朝衡」。

14. 参照崔三龙「崔孤雲伝の主題と民族意識」(『国語文学』全北大学、1985年) 第三节。

15. 参照桃裕行『上代学制の研究』(『桃裕行著作集』第一卷、思文閣出版、1994年)。

16. 有关朝鲜的科举制度，参照八木毅「朝鮮における進士概念の変遷」(收录于『東洋史研究』五四卷三号、1995年)；伊藤亜人、武田幸男監修『朝鮮を知る事典』(平凡社、1986年) 35页 (山内弘一执笔) 等。

第四章

1. 「北魏太祖の部落解散と高祖の部族解散——所謂部族解散の理解をめぐって——」(收录于『佐賀大学教養部研究紀要』一四号、1982年，此后收录于川本芳昭『魏晋南北朝時代の民族問題』汲古書院、1998年)、「北魏の内朝」(收录于『九州大学東洋史論集』六号、1977年，此后又收录于前揭川本芳昭『魏晋南北朝時代の民族問題』)。

2. 前揭川本芳昭『魏晋南北朝時代の民族問題』。

3. 川本芳昭「北魏内朝再論——比較史の観点から見

た——」（收录于『東洋史研究』七卷二号、2011年）。收录于本书第一篇第五章。
4. 川本芳昭「四、五世紀の中国と古代朝鮮・日本」（『新版古代の日本』第二卷、角川書店、1992年）。
5. 川本芳昭『中国史のなかの諸民族』（山川出版社、2004年）。
6. 参照前揭川本芳昭「北魏内朝再論」等。
7. 例如《新唐书》卷二一九《契丹传》中记载"契丹，本东胡种。其先为匈奴所破，保鲜卑山。魏青龙中，部酋比能稍桀骜，为幽州刺史王雄所杀。众遂微，逃潢水之南，黄龙之北。至元魏，自号曰契丹"。有关契丹与鲜卑之间的关系，参照川本芳昭「遼金における正統観をめぐって——北魏の場合との比較——」（『史淵』一四七輯、2010年）。又收录于本篇第二章。
8. 参照杉山清彦「ヌルハチ時代のヒヤ制——清初侍衛考察序説——」（收录于『東洋史研究』六二卷一号、2003年）。依据这篇论文，"Hiya"与蒙古语中的"kiy-a"同义，入关后被翻译为侍卫。此外，亲卫队中除"Hiya"外，还有"Bayara"，"Bayara"是从甲士中选拔出来的精兵，此后被翻译为护军。"Hiya"作为最值得信赖的"Guchu"（朋友、从者），构成了侧近官的核心，其职务包括近侍、宫殿警备、汗的使者、

东亚古代的诸民族与国家

出兵、参与国政等。此外，其来源于从家仆（booi）、归顺首领的子弟、部下中选拔出的勇士，以及某一族中重臣的子弟（主要是后三者），也具有人质的性质。

9. 参照前揭川本芳昭「遼金における正統観をめぐって——北魏の場合との比較——」。

10. 参照島田正郎『遼朝官制の研究』（創文社、1978年）、同氏『遼代史の研究』（創文社、1979年）。

11. 参照 西嶋定生「武帝の死——塩鉄論の政治的背景——」（『中国古代国家と東アジア世界』東京大学出版会、1983年），冨田健之「前漢武帝期以降における政治構造の一考察——所謂内朝の理解をめぐって——」（收录于『九州大学東洋史論集』九号、1981年）、同氏「内朝と外朝——漢代政治構造の基礎的考察——」（收录于『新潟大学教育学部紀要人文・社会科学編』二七―二、1986年），好並隆司『前漢政治史研究』（研文出版、2004年），米田健志「前漢後期における中朝と尚書——皇帝の日常政務との関連から——」（收录于『東洋史研究』六四卷二号、2005年），福永善隆「漢代における尚書と内朝」（收录于『東洋史研究』七一卷二号、2012年）等。

12. 对于《汉书》卷七七《刘辅传》本文中所见"中朝"

的用语，曹魏人孟康注："中朝，内朝也。大司马左右前后将军、侍中、常侍、散骑、诸吏为中朝。丞相以下至六百石为外朝也。"在本章以下的考察中，将依据通例，在汉代的场合中也使用"内朝"一词。

13. 前揭川本芳昭「北魏の内朝」第51页中曾论述了以下内容："作为内朝一词的定义，也有观点将内朝理解为后宫诸官（特别是宦官。在皇后称制并坐镇朝堂的情况下，还包括其侍官。在这种情况下，侍官有可能并非宦官而是士人）。不过，笔者依据当时的用法希望将其视为侍官的总称。以下笔者将阐述将内朝看作大量侍官总称的理由。……尽管内朝中有可能包含着作为后宫之官的宦官等官员，但后宫诸官绝不等于内朝。可以说内朝具有比这更为广阔的含义……"

14. 关于三郎，请参照前揭川本芳昭「北魏の内朝」，以及川本芳昭「北魏内朝再論」。在「北魏内朝再論」中，笔者曾指出其原本的读音与元代怯薛官中"khorči"相通。

15. 参照前揭川本芳昭「北魏内朝再論」。

16. 收录于『東洋史研究』七卷二号、2011年。

17. 川本芳昭「北朝国家論」（『岩波講座世界歴史』第九卷、岩波書店、1999年）。又收录于本书第一篇第一章。

18. 前揭川本芳昭「北魏の内朝」。

19. 参照前揭川本芳昭「四、五世紀の中国と古代朝鮮・日本」、川本芳昭「北魏内朝再論」。

20. 参照島田正郎『遼朝官制の研究』（創文社、1978年）、同氏『遼代史の研究』（創文社、1979年）。

21. 参照愛宕松男『契丹古代史の研究』（東洋史研究叢刊、東洋史研究会、1959年）。

22. 参照武田和哉「解題」94页。

23. 参照武田和哉「解題」95页。

24. 《元朝秘史》卷八中有成吉思汗时任命千户长、百户长的记载，其中有"其选护卫时，于千百户并白身人内子弟有技能身材好者充之"。这与《魏书·官氏志》中"建国二年（三三九），初置左右近侍之职，无常员，或至百数，侍直禁中，传宣诏命。皆取诸部大人及豪族良家子弟仪貌端严、机辩才干者应选"的记载相似，这一点同样值得关注。

25. 参照前揭川本芳昭『魏晋南北朝時代の民族問題』349~352页。

26. 参照武田和哉「解題」96页。

27. 《辽史》卷四五《百官志一》北面御帐官条。

28. 参照加藤氏修弘论考30页。

29. 参照川本芳昭「北魏高祖の漢化政策についての一考

察——北族社会の変質との関係から見た——」(收录于『東洋学報』第六二卷、三、四号、1981年)。又收录于前揭川本芳昭『魏晋南北朝時代の民族問題』第二篇第四章。

30. 参照前揭川本芳昭「北魏内朝再論」18 頁。

31. 参照加藤修弘论考 48～49 頁。

32. 参照前揭川本芳昭「北魏太祖の部落解散と高祖の部族解散——所謂部族解散の理解をめぐって——」,收录于前揭川本芳昭『魏晋南北朝時代の民族問題』第一篇第四章。

33. 参照加藤修弘论考 41～43 頁。

34. 参照加藤修弘论考 76～77 頁。

35. 参照川本芳昭「北朝国家論」(『岩波講座世界歴史』第九卷『中華の分裂と再生』、1999 年),191 頁。

36. 参照加藤修弘论考 45～46 頁。

37. 《魏书》卷三五《崔浩传》:"泰常元年,司马德宗将刘裕伐姚泓,舟师自淮泗入清,欲泝河西上,假道于国。诏群臣议之。外朝公卿咸曰:'……'又议之内朝,咸同外计。太宗将从之。"同书卷一〇八之一《礼志》:"天赐二年夏四月,复祀天于西郊。……帝立青门内近南坛西,内朝臣皆位于帝北,外朝臣及大人咸位于青门之外。"

东亚古代的诸民族与国家

38. 参照前揭川本芳昭「北魏内朝再論」19~20页。

39. 増渊龙夫在前揭著作230~231页中论及:"总而言之,西汉时担任宫中宿卫的这些郎同时给事于其他九卿诸署的现象极为普遍。……张安世'少以父任为郎,用善书给事尚书'(《汉书·张汤传》)。此外,在东汉之初,冯勤'除为郎中,给事尚书'(《后汉书·冯勤传》)正是其显著的事例。……这意味着:西汉时,光禄勋主要负责天子宿卫,其所辖三署中的郎同时又给事于少府所属的尚书署,作为一种事实上的关系,这些郎也负责尚书的工作;进入东汉后,这种尚未明确分工的郎的职能逐渐制度化,给事于尚书的光禄郎从光禄勋的管辖下脱离,并作为少府所辖的尚书郎被固定下来。可以说,在黄门郎等郎官中也存在同样的情况。"北魏前期的内朝由于孝文帝的改革而被废止,在此以前内朝的发展过程酷似西汉郎官给事的动向,即内朝诸官,特别是中散、给事、给事中等向诸曹给事的发展。这一点也展现了两者间的同步性(参照前揭注1川本芳昭「北魏の内朝」)。

40. 参照前揭川本芳昭「北魏内朝再論」22~23页。

41. 参照前揭増淵龍夫『新版中国古代の社会と国家』14~24页。

42. 参照前揭増渊龙夫著作24~28页。

注　释

43. 参照前揭增渊龙夫著作 93~100 页。

44. 参照前揭增渊龙夫著作 100~101 页。

45. 参照前揭增渊龙夫著作 225~226 页。

46. 参照前揭增渊龙夫著作 226 页。

47. 参照严耕望《秦汉郎吏制度考》（收录于《台湾中研院历史语言研究所集刊》二三之上，1951 年），前揭增渊龙夫著作第二编第一章「戦国官僚制の一性格」等。

48. 参照前揭川本芳昭「北魏の内朝」21 页。

49. 参照前揭增渊龙夫著作 232 页。

50. 参照前揭增渊龙夫著作 241~244 页。

51. 参照前揭增渊龙夫著作 264 页。

52. 作为近年公主下嫁研究的成果，有藤野月子「漢唐間における和蕃公主の降嫁について」（收录于『史学雑誌』一一七編七号、2008 年。又收录于同氏『王昭君から文成公主へ——中国古代の国際結婚——、（九州大学出版会、人文学叢书一、2012 年）。不过，在对比汉与北魏公主下嫁的实际情况时，两者间存在很大的不同。有关这一点，参照前揭藤野月子论文。

53. 《魏书》卷三《太宗纪》记载："初，帝母刘贵人赐死，太祖告帝曰：'昔汉武帝将立其子而杀其母，不令妇人后与国政，使外家为乱。汝当继统，故吾远同汉武，为长久之计。'帝素纯孝，哀泣不能自胜，太祖怒之。"此外，参照《廿二史札记》卷一四、保太后条。
54. 有关这一点，参照佐藤賢「もうひとつの漢魏交替——北魏道武帝における「魏」号制定問題をめぐって——」（收录于東方学会『東方学』第一一三輯、2007年）。

中文版后记

1. 川本芳昭『魏晋南北朝時代の民族問題』（汲古書院、1998年）19~20頁。
2. 关于中华民族，参照费孝通《中华民族多元一体格局》（中央民族学院出版社，1989年）、宁骚《民族与国家——民族关系与民族政策的国际比较》（北京大学出版社，1995年）等。
3. 例如，《魏书》卷五四《高闾传》记载了高闾与孝文帝间的问答："（高）闾对曰：'……臣（高闾）愿陛下从容伊瀍，优游京洛，使德被四海，中国缉宁，然后向化之徒，自然乐附。'高祖（孝文帝）曰：'愿从容伊瀍，实亦不少，但未获耳。'闾曰：'司马相如临终恨不见封禅。今虽江介不宾，小贼未殄，然中州之地，略亦尽平，岂可于圣明之辰，而阙盛礼。齐桓公霸诸侯，犹欲封禅，而况万乘。'高祖曰：'由此桓公屈于管仲。荆扬未一，岂得如卿言也。'间曰：'汉之名臣，皆不以江南为中国。且三代之境，亦不能远。'高祖曰：'淮海惟扬州，荆及衡阳惟荆州，此非近中国乎。'"正如这里所记述的那样，当时存在江南并非"中国"的认识。

4. 有关这一问题，请参照川本芳昭『魏晋南北朝時代の民族問題』（汲古書院、1998 年）第四篇第二章「六朝期における蛮の理解についての一考察——山越・蛮漢融合の問題を中心として見た——」。

5. 有关这种意识的存在，参照前揭拙著第一篇第一章「五胡十六国・北朝時代における華夷観の変遷」。

6. 在表现所谓夷狄的概念时，"夷"是自古以来使用的文字，其古字为"尸"。可以推测，最初夷被认为是死尸，换言之，其被看作存在于另一个世界的群体。

7. 上海人民出版社，1980 年。

8. 前揭川本芳昭『魏晋南北朝時代の民族問題』，第四篇第二章「六朝期における蛮の理解についての一考察——山越・蛮漢融合の問題を中心として見た——」、川本芳昭「民族問題を中心としてみた魏晋南北朝隋唐時代史研究の動向」（收录于『中国史学』一一号、2001 年）等。

9. 参照佐竹靖彦「唐宋期福建の家族と社会——山洞と

洞蛮」（收录于東京都立大学『人文学報』二七七、歴史学編二五、1997年），川本芳昭「民族問題を中心としてみた魏晋南北朝隋唐時代史研究の動向」（收录于『中国史学』一一号、2001年）。

10. 参照川本芳昭「民族問題を中心としてみた魏晋段階における四川地域の状況について」（唐代史研究会編『東アジア史における国家と地域社会』刀水書房，1999年）、「民族問題を中心としてみた魏晋南北朝隋唐時代史の研究動向」（收录于『史淵』一三六輯、1999年）、「民族問題を中心としてみた北朝後期段階における四川地域の状況について」（收录于『九州大学東洋史論集』二七号、1999年）。

11. 对于周伟洲、朴汉济学说的个人见解，参照前揭川本芳昭「民族問題を中心としてみた魏晋南北朝隋唐時代史研究の動向」。又收录于本书第四篇第一章。

12. 参照前揭川本芳昭『魏晋南北朝時代の民族問題』。

13. 由中国佛教史、哲学史研究的大家任继愈主编的《中国佛教史》第二卷（中国社会科学出版社，1985年，299页）概括了鸠摩罗什的历史功业，指出"鸠摩罗什祖籍印度，出生在我国，他实际是中国人，他的译经传教，既促进了中印文化的交流，也对当时我国少数民族与汉族文化间的交流起了促进作用"。

图书在版编目(CIP)数据

东亚古代的诸民族与国家 / (日)川本芳昭著;刘可维译. -- 北京:社会科学文献出版社,2020.4
 ISBN 978-7-5201-4062-1

Ⅰ.①东… Ⅱ.①川… ②刘… Ⅲ.①民族国家-研究-东亚-古代 Ⅳ.①D731

中国版本图书馆 CIP 数据核字(2018)第 286475 号

东亚古代的诸民族与国家

著　　者 / 〔日〕川本芳昭
译　　者 / 刘可维

出 版 人 / 谢寿光
组稿编辑 / 董风云
责任编辑 / 沈　艺　成　琳

出　　版 / 社会科学文献出版社·甲骨文工作室(分社)
　　　　　（010）59366527
　　　　　地址:北京市北三环中路甲29号院华龙大厦　邮编:100029
　　　　　网址:www.ssap.com.cn
发　　行 / 市场营销中心（010）59367081　59367083
印　　装 / 三河市东方印刷有限公司

规　　格 / 开　本:889mm × 1194mm　1/32
　　　　　印　张:22.375　字　数:407千字
版　　次 / 2020年4月第1版　2020年4月第1次印刷
书　　号 / ISBN 978-7-5201-4062-1
著作权合同
登 记 号 / 图字01-2017-3379号
定　　价 / 108.00元

本书如有印装质量问题,请与读者服务中心（010-59367028）联系

版权所有 翻印必究